KB218767

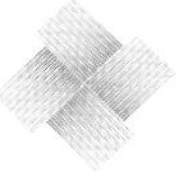

로컬의 일상과 실천

지은이
배윤기裵潤基 Bae, Yoon-gi 부산대학교 한국민족문화연구소 HK연구교수. 영미문화 · 소설 전공
조명기曺鳴基 Cho, Myung-ki 부산대학교 한국민족문화연구소 HK교수. 한국 현대소설 전공
신지은辛智恩 Shin, Ji-eun 부산대학교 한국민족문화연구소 HK교수. 문화사회학 전공
공윤경孔允京 Kong, Yoon-kyung 부산대학교 한국민족문화연구소 HK연구교수. 도시공학 전공
양흥숙梁興淑 Yang, Heung-sook 부산대학교 한국민족문화연구소 HK교수. 한일교류사, 한국지역사 전공
엄은희嚴銀姬 Eom, Eun-hui 서울대학교 아시아연구소 선임연구원. 지리학 전공
미즈오카 후지오水岡不二雄 Mizuoka, Fujio 히토쓰바시대학교 대학원 경제학연구과 교수. 지리학 전공
손은하孫銀河 Son, Eun-ha 부산대학교 한국민족문화연구소 HK연구교수. 영상정보공학 전공
이상봉李尙峰 Lee, Sang-bong 부산대학교 한국민족문화연구소 HK교수. 지역정치 전공

부산대학교 한국민족문화연구소 로컬리티 연구총서 13

로컬의 일상과 실천

초판인쇄 2013년 4월 5일 **초판발행** 2013년 4월 15일
엮은이 부산대학교 한국민족문화연구소
펴낸이 박성모 **펴낸곳** 소명출판 **출판등록** 제13-522호
주소 서울시 서초구 서초동 1621-18 란빌딩 1층
전화 02-585-7840 **팩스** 02-585-7848 **전자우편** somyong@korea.com **홈페이지** www.somyong.co.kr

값 27,000원
ISBN 978-89-5626-874-3 94300
ISBN 978-89-5626-802-6 (세트)

이 저서는 2007년 정부(교육과학기술부)의 재원으로 한국연구재단의 지원을 받아 연구되었음(NRF-2007-361-AL0001).

부산대학교 한국민족문화연구소
로컬리티 연구총서 13

로컬의 일상과 실천

Everydaylife and Locals

부산대학교 한국민족문화연구소 엮음

책머리에

오랫동안 일상은 부정적인 것으로 여겨져 학문의 대상으로 인정받지 못했다. 간혹 일상에 대한 연구가 있긴 했지만, 일상은 반복되고 표피적이고 진부하다는 점, 자본주의의 억압과 착취가 자행되는 장이라는 점, 일상을 살아가는 사람들이 소외되었다는 점에 주된 초점이 맞춰져 있었다. '로컬리티의인문학연구단'은 로컬리티 연구를 통해 근대성 사유를 비판적으로 다시 성찰하고, 이 과정 속에서 근대의 지배적 논리에 의해 타자화된 것들을 복권하는 데 연구 방향이 잡혀 있다. 이 속에서 우리는 국가나 거대담론 등에 의해 기록되고 관리되어 온 주요 사건이나 중심인물 위주의 역사가 아니라, 권력과 중심의 시각에서 줄곧 배제되어 왔던 일상 속의 작은 비명과 파열, 분노와 저항의 몸짓, 눈에 띄지 않는 관계를 끊임없이 만들어내는 실천, 변두리를 살아가는 이들의 이야기와 난무하는 소문, 온갖 속삭임과 꿍꿍이, 회유와 협박, 살과 살이 부대끼며 경험되는 로컬의 다중적인 움직임들에 주목하고자 한다.

이를 통해 우리는 구심력이 작동하는 중심에서 비껴나 있는 로컬의 탈중심적 일상 구조를 발견하게 될 것이다. 일상은 일견 반복되기만 할 뿐 어떠한 긍정적인 변화와 변혁이 가능할 것 같지 않아 보인다. 하지만 그것은 단순히 반복되기만 하는 것이 아니라 끝없이 반복되면서 변주되고, 이를 통해 자기조직화되고, 갈수록 더 복잡해진다. 그것은 결코 규칙적이고 일률적이고 동질적인 단순 구조가 아니라 오히려 미로와 같이 복잡한 형태로 존재하고 있기 때문에 우리는 그것을 쉽사리 의미화할 수 없을 것이다. 하지만 우리는 이러한 미결정의 공간, 온갖 타자성들이 얽혀 있는 탈중심적 로컬 일상이 분명 통제와 감시로 특징지어지는 권력의 시공간을 꿰뚫고 침투하며 그 위계 구조를 뒤흔들고 자기 식의 변주를 연속적으로 수행해 가고 있음을 볼 수 있으리라고, 과감하게 혹은 조심스럽게 기대해 본다.

이 책의 제1부는 로컬리티 연구가 중심과 권력 중심의 시선에서 벗어나 아래로부터의 시선을 구축하고 이 시선에 따라 로컬리티를 의미화하고 이해하는 것이 가능한가 하는 문제를 다루는 세 편의 글을 '로컬리티 기반의 갈등'이라는 제목 아래에 모았다.

배윤기는 로컬리티 연구가 전지구화라는 환경에서 지역의 상품화에 편승하거나 혹은 저항하는 로컬리즘localism뿐만 아니라 학문적, 이데올로기적 유행에 따라서 로컬리티를 본질적으로 가치화하려는 엘리트적 시선 또한 경계할 필요를 지적하고, 로컬리티-기반의 이해를 통해 로컬리티 연구의 또 다른 결을 제시한다. 특히 근대적 공간의 생산과 배제와 추방의 폭력적 메커니즘의 형성과 전개 과정을 근대적 언어의 생산과 연관시켜 논의하고 있다. 저자는 우선 근대적 개념들로 구성되는 경계와 공간은 그것들에 맞는 새로운 언어 체계를 통해 제도적으로 일반화됨에 따라 땅과 인간을 분리시키게 되는 과정에 주목한다. 그리고 이 분리에서 발생하는 '너머'의 공간과 시선(목소리)의 역설적 힘, 근대의 공간 권력에 의해 포섭 / 배제되는 사이(틈새) 공간의 저력을 확인하고, 로컬(리티)에 대한 이해를 위해 연구자에게 요청되는 성찰성을 지적하고, 로컬리티-기반 이해의 (불)가능성에 대해 논의한다.

조명기는 김소진의 『장석조네 사람들』에 나타나는 산동네와 도시 주변 공간을 지목하면서 이를 바깥세상과 구별하여 서술한다. 바깥세상은 이원적 대립의 공간, 거대담론의 공간인 반면, 산동네는 진술의 거부와 침묵 등으로 창출되는 미결성의 공간, 폐쇄적인 거대담론의 구조에서 배제된 가치를 구혈할 수 있는 공간, 이원적 대립 구조에 흠집을 낼 가능성을 내재하고 있는 공간이다. 또한 산동네는 오랜 무의식과 욕망, 이데올로기적 관습을 투사하는 소문을 통해 공동체 공간으로 재편되기도 하지만, 다른 한편에서는 도시 중심부의 거대담론과 이데올로기적 폭력이 은밀히 침투하는 공간이기도 하다. 자본주의적 전지구화로 인해 발생한 공간의 균질화에 대항하여 '지금 · 여기'의 가치를 재인식하고 공간적 정체성과 일상을 상호적으로 생산하는 데 로컬리티 연구의 미덕이 있다면, 저자는 소설 속 산동네를 문학적 · 인식적 측면에서 로컬리티가 생성될 수 있는 토대를 형상화하고 있는 것으로 해석한다.

신지은은 공간적 전환에 주목하면서 수 세기 동안 인문사회과학의 패러다임을 규정해 온 시공간 관념을 비판적으로 검토하고, 공간의 인식이 가능하기 위해 어떤 해석과 접근이 필요한지 묻고 있다. 특히 80년대 후반기 사회 문화적 차원에 대한 여러 논의들에서 발견되는 현대사회 비판을 공간론의 관점에서 검토하면서, 사회론, 공동체론, 윤리론에서 공간 인식이 결핍되어 있음을 비판하고, 공간적 상상력을 통해 시적 거주를 향한 가능성을 모색한다. 저자는 토포필리아, 역동적 뿌리내림 등의 개념에서 발견되는 신체와 공간의 관계를 강조하면서 복합적 공간의 의미에 주목할 것을 촉구하고 신체를 매개로 한 공간론의 생산을 제안한다. 신체-공간론을 통해 도시 공간과 인간 신체를 해방하는 데 주목할 때, 우리는 지배적인 공간 즉 도시계획가는 기술관료들의 공간을 우리의 몸에 체화된 상징의 힘을 통해 강렬한 대안 공간으로 변형시키는 가능성을 볼 수 있을 것이다.

제2부는 구체적인 로컬에서 벌어지는 다양한 사건과 실천, 일탈의 행위를 통해 로컬 시공간이 변형되는 과정을 추적하고 이 변형의 의미를 로컬리티 연구의 맥락 속에서 해석하고자 시도하는 글들을 '로컬 일상의 진동과 파열'이라는 제목으로 모았다.

공윤경·양흥숙은 부산 전포돌산공원을 대상으로 공원 재생과정에서 나타나는 주민들의 갈등과 참여, 공원에서 행해지는 주민들의 다양한 활동들을 분석한다. 저자는 오늘날 많은 도시에서 이루어지는 무질서한 도시화로 인해, 혹은 그곳에 살고 있는 이들의 욕망과 필요와 상관없는 계획으로 인해, 발생하는 수많은 사회적, 환경적, 문화적 부작용을 비판하고, 인간 삶의 질을 향상하고 지속가능한 성장, 문화·예술을 통한 창조성 등에 주목한 새로운 도시재생 패러다임이 필요함을 강조한다. 저자는 전포돌산공원 재생이 저소득층 거주지에 대한 일방적 재개발 정책이 아니라 주민 참여를 통한 재생이었다고 평가하고, 이 재생사업이 소속감과 장소애착을 가져오고 공공의식을 확산하며 희망 공간으로의 인식을 전환하게 하는 계기가 되었다고 해석한다. 전포돌산공원은 문화 및 참여 공간으로서의 역할을 수행하고 개방적인 마을분위기를 형성하며 단절된 이웃 마을과의 소통을 통해 주민들의 삶의 질을 향상하는 데 기여하는 결과를 가져 왔다.

양흥숙은 조선 후기 동래(부산) 왜관에 주목하면서, 이 공간에서 일어나는 반복적 일탈 경험이 관례화되고 공유되면서 새로운 그 지역의 로컬리티로 내재되어 가는 과정을 해석한다. 왜관은 외교와 무역이 진행되고 일본인들이 거주하는 구역으로 다른 이들에게는 출입이 통제되어 있다. 이런 통제 아래에서 교류도 역시 제한될 수밖에 없었지만, 제한과 금지의 경계를 뚫고 일탈적인 형태의 교류와 소통이 이루어졌다. 그리고 이러한 일탈은 단순히 일회적인 사건에 그치지 않고, 지속적으로 반복되고 점차적으로 묵인, 공유되면서 일상화되어 갔다. 저자는 왜관 주변에 거주하는 이들이 일본인들과 교류를 확대하기 위해 일탈을 필요로 했다는 점에 주목하고, 국가의 입장에서 볼 때 일탈은 범죄이지만, 이곳에서 살아가는 이들에게는 새로운 변화를 위해서 반드시 필요한 하나의 시도였다고 해석한다. 일상화된 일탈은 국가 제도와 규범에 대한 저항이 되기도 하고, 또한 해당 지역의 일상 구조를 변화시키는 계기가 되기도 한다.

엄은희는 2012년 1월 밀양에서 발생한 이치우 사건을 기존의 가치와 인식 체계에서 해명이 어려운 '파열'로 보고, 이 사건에 대한 새로운 의미의 구성에 주목한다. 저자는 우선 담론적 차원, 윤리적 지침 차원에 머물고 있는 환경정의 개념을 비판하고 환경정의 운동을 스케일의 정치학에 기초하여 실천적 해석을 제공하고자 한다. 이 사건은 한편으로는 송전탑 건설이 내세우는 국책사업의 일방적 추진에서 보이는 국가의 폭력성을 노골적으로 드러냈고, 다른 한편으로는 송전탑과 대규모 핵발전 단지 사이에 가려져 있던 연결고리를 가시화했다. 저자는 이 사건 이후 드러난 의미의 공백에서 탈핵 사회를 향한 사회 운동이 생성되고 확산되는 스케일 정치의 역동성을 보여주면서, 지역의 주체들이 환경과 지역에 대한 새로운 의미를 구성하고 시민들 사이에 새로운 윤리적 관계가 형성됨으로써 의존의 공간이 아닌 새로운 공간이 창출될 수 있음을 보여준다. 환경정의 개념을 공간성에 접목하려는 이 시도는 타자의 윤리학에 기초한 환경정의의 실천적 재정립에 대한 주장으로 이어진다.

마지막으로 제3부에서는 갈등과 파열, 진동의 과정을 거치며 대안적 로컬리티를 모색하는 실험들, 예컨대 민주적 공공성과 공유 공간을 재구성하고, 공간 포섭에 저항하며 행위 공간의 의미를 복원하려는 시도들을 '대안적 로컬리티의 실험'이라는 제목으로 묶었다.

미즈오카 후지오는 비판지리학자로서 공간 개념, 공간적 통합과 공간 포섭 등의 문제를 정리하고, 공간 포섭 개념을 중심으로 사회 공간적 관계의 변증법적 논리를 확립하며 표류 공간과 스케일 점핑 등을 통한 공간 투쟁의 다양한 전략들을 고찰한다. 공간은 흔히 지배 권력에 의해 통제되고 포섭, 독점되고, 지배적인 글로벌 사회는 표류 공간, 저항 공간, 대안 공간을 끝없이 감시하며 새로운 실험을 포기시키고자 시도하지만, 경계의 다공성을 이용한 사회적 투쟁과 행위 공간의 실천, 네트워크의 생산 등은 사람들이 지배적 공간 구조에서 벗어나 새로운 공간의 가능성을 열 수 있도록 만든다. 특히 현대의 맥락 속에서 개인 또는 집단은 자신의 행위 공간의 범위를 제한 받지 않기 때문에 투쟁을 위하여 공간적 스케일을 점핑하는 전략을 사용하여 공간 투쟁을 계속해 나가고, 이를 통해 고유한 사회 공간적 특성 즉 로컬리티를 생산하고, 대안 공간과 유토피아 공간의 생성을 꾀할 수 있다.

손은하는 최근 정보화로 인한 공간의 다원화와 새로운 공간의 출현에 주목한다. 현대의 변화 속에서 단순히 공적이지도, 단순히 사적이지도 않은, 반半공・사적 영역 즉 공유 공간이 출현하는데, 이는 기존의 공적 영역에서 볼 때는 폐쇄적인 부분이고 사적인 영역에서 볼 때는 개방적인 부분이다. 저자는 공유 공간을 현대의 정신적・정서적 병폐를 극복하기 위한 개방성, 친화성, 휴머니티 등을 가진 공간으로 해석하면서, 이 공유 공간 개념을 실질적인 건축 영역에 적용한 어메니티 플랜amenity plan 등을 소개하고 있다. 건축적 어메니티 플랜은 편리성, 심미성, 문화성 등에 관점을 두면서 환경의 종합적 쾌적성을 추구하는 것으로, 공간의 질과 삶의 질을 높일 수 있는 기획이다. 어메니티 플랜과 마찬가지로 공유 공간도 역시 사적 친밀감과 공적 커뮤니티를 동시적으로 고려한 개념인데, 저자는 이 개념을 통해 현대의 커뮤니티와 공간의 관계를 보여준다.

이상봉은 중층화, 다원화되고 있는 공공 공간의 구조변화를 바탕으로, 대안적 공공 공간으로서의 지역적 공공성과 민주적 공공성의 계기로서의 생활정치의 가능성을 모색한다. 저자는 국가적 공공성으로 대변되는 오늘날의 공공성이 위기 상황에 봉착하게 된 이유를 주체와 구성원리라는 두 가지 측면에서 제시하고, 그것을 극복할 대안적 공공성의 계기를 생활 공간에서 찾고 있다. 공공성의 위기라는 상황에서 요청되는 것은, 동일성을 둘러싼 권력의 투쟁에서 비롯한 공공성 논의의 개발이 아니라, 생활 공간을 매개로 한 참여와 차이의 인정이 이루어지는 정치를 바탕으로 한 공공성 논의임이 분명하다. 이러한 필요에 따라 저자는 국가적 공공 공간에서만 이루어지는 정치가 아니라, 중층화된 스케일의 각 등급마다 각기 상이하게 발생하는 다채로운 공공성 논의를 주장하고, 그 중 지역적 공공성을 대안적 공공성의 유력한 방안으로 제시한다.

'로컬리티의인문학연구단'은 현실의 로컬이 안고 있는 갈등의 양상에 주목하는데, 여기에는 국가와 로컬 간의 갈등은 물론, 로컬과 로컬, 로컬 내부의 갈등도 포함된다. 『로컬의 일상과 실천』이라는 기획으로 묶은 연구들은 일상에서 전개되는 갈등의 양상들을 살펴보고 또한 이 갈등을 통해 로컬이 분할되고 분리되는 복잡한 모습들, 그리고 이 갈등 상황을 협상과 자율, 저항과 실험 등을 통해 새로운 모습으로 전환하고자 하는 시도들을 다루고 있다. 이렇게 갈등이 어떻게 로컬의 일상을 규정하고 로컬리티를 재구성하는지 살펴보는 것은, 갈등과 문제에 대한 손쉽고 단순한 해결책을 찾기 위해서가 아니라, 로컬 지형이 변화되고 재구성되는 부단한 과정들을 보여줌으로써 지금까지 많은 부분 무시되어온 일상, '그 무엇에도 불구하고' 잠잠히, 끈질기게 흘러가는 로컬의 일상에 주목하는 기회가 될 것이다.

2013년 4월

부산대학교 한국민족문화연구소

로컬리티의인문학연구단

차례

2부 — 로컬 일상의 진동과 파열

3부 — 대안적 로컬리티의 실험

1부

로컬리티 기반의 갈등

경계, 근대적 공간, 그리고 그 너머*

로컬리티 연구에서 로컬리티-기반의 이해와 관련하여

배윤기

1. 경계에서

재일조선인 학자 서경식은 한 특강[1]에서 재일조선인 1세 여성 오기순吳己順의 문맹의 삶과 그 극복 노력의 사례에 침투해 있는 젠더(가부장제), 경제(빈곤), 민족(제국-식민지), 정치(한-일, 남-북) 등 배후의 사회사를 성찰했다. 교육받을 기회를 갖지 못하고 생존을 위해 일생을 싸워온 그녀는 생활하는 데 불편하고 때때로 괴롭기도 했지만, 그렇다고

---

* 이 글은 『인문과학연구』 vol.34, 강원대 인문과학연구소, 2012에 실린 글을 수정한 것이다.

1 부산대 인문학연구소가 2012년 6월 7일 개최한 연속기획특강 '재일조선인과 언어'에서의 발표문인 서경식, 「월경자越境者에 있어 모어母語와 읽고 쓰기-어느 재일조선인 1세 여성의 경험으로부터」, 2012, 1~16쪽.

해서 글을 읽고 쓸 수 없는 문맹이라는 문제가 그녀의 일상을 막아서지는 못했다. 그녀는 오히려 재일조선인 디아스포라 사회의 비공식적인 '민중적 네트워크'를 통해 자기 일상을 지혜롭고 활기차게 살아왔다. 또한 피식민지 여성인 자신에게 부과되었던 '국민'으로 편성될 기회의 '박탈'은 군국주의에 동원될 수 있는 기능 습득에 접근할 수 없도록 했지만, 이런 박탈로 인해 지식이나 이념적 매개가 없는 "소극적 저항"의 형태로 불복종하는 한편, 디아스포라 문화 속의 자기 자리에 서서 "국가를 상대화할 수" 있는 저력을 갖출 수 있었다. 그래서 그녀는 일본에 거주하는 생활인임에도 불구하고, 일본 군국주의의 패전에 대해 "내 일 같지 않았어"[2]라고 말할 수 있었다.

서경식은 그런데 자기 어머니이기도 한 오기순에게 문맹이라는 문제가 장벽이 되어 그녀의 일상을 가로막는 계기는 갑자기 닥쳤다고 말한다. 한국의 서울대로 유학 간 두 아들이 간첩단 사건으로 투옥되면서였다. 아들들이 출세할 것이라고 상상해왔을 그녀는 처음 그 소식을 접하고 몹시 탄식하면서, "너희들에게 공부하라고 거듭 말하며 공부를 시킨 것이 틀렸다며 방바닥을 두드리며" 울기도 했다[3]고 한다. 어머니의 기대와 달리, 아들들이 서 있던 자리는 남과 북, 그 분명하고도 명쾌한 경계의 '안'도 '밖'도 아니었다. 그들의 자리는 간첩間諜이라는 말이 암시하듯이 '사이'였다.

주지하는 바와 같이, 근대국가는 '순수'하다고 가정된 민족의 시간

---

2 위의 글, 8쪽.
3 위의 글, 7쪽.

과 공간을 준거로 생산되는 유토피아적 이념을 추구한다. 충분히 '국민화' 되지 않은 존재들이 일으킬 상상된 혼란과 무질서에 대한 두려움 그리고 그로부터의 도피는 민족의 순수성을 수호하는 애국적 행위로 포장된다. 국가가 이해하고 분류하여 통제·관리할 수 없다는, 그래서 '역사적 불투명성'이라고 간단명료하게 처방될 수 있다는, 그런 틈새 공간들을 내려다보는 통치자 혹은 그와 동일시하는 민족-국가의 근대적 주체의 자리는 애국적 / 반국가적 행위에 대한 극단적 경계 짓기를 병적으로 발생시키거나 조작할 뿐만 아니라, '실재하지 않지만 없을 수 없다'는 의미로 강변되는 신성하고 배타적인 '민족의 공간'이다. 그렇게 정연하게 구획 및 정리되는 민족사와 국가 이데올로기의 자리에서 보는 시선은 '사이'라는 어정쩡한 장소에 있던 그들의 사상과 양심의 자리를 이곳도 저곳도 아닌 '혼종'의 자리여서 '불순'하다고 정의했던 것이다.

이런 조건에서 오기순은 국가와 형무소의 장벽을 넘어가기 위해 글자를 배워야 했다. 출입국 서류와 면회 신청서의 작성은 자기 이름과 주소만이라도 분명히 쓰도록 했기 때문이다. 이미 일본인도 한국인도 아닌 '재일조선인' 자리에 있던 그녀는 아들들 면회를 위해 '숨겨지고 사적으로 간직되어야 할' 문맹과 식자識字 사이 공간의 당혹스럽고 불안정한 상황을 '공적으로 드러내야 하는' 국면으로 들어가지 않을 수 없었다. 한편, 국가는 면회에 앞서 어김없이 아들들을 전향시키라는 설교를 제공했다. 그녀의 대답은 한결 같았다. "나는 학교도 못 다녀 전향이 뭔지 잘 모릅니다." 그리고 아들에게는 "이 사람들이 전향을 권하라고 하는데, 나는 모르니까, 네가 옳다고 생각하는 대로 하거라. 다만, 사람을 배반하는 더러운 인간이 되어서는 안 된다"[4]라고 이야기했다. 그녀는 일본에서와 마찬가지로 '국가를 상대화하는 시점'을 유지했다. 어쩌면 일생을 배제와 박탈이란 조건에서 살아온 그녀에게 강제된 또 하나의 불안정한 위치가 그런 시점을 가능케 만들었는지도 모른다.

오기순의 일생에서 발견하는 분명한 점은 문맹과 식자 사이 그 불안정한 상황을 스스로 부인하거나 회피하지 않음으로써, 오히려 그것을 공적 공간이 수립하는 체계의 유혹 / 위협을 버텨내는 강한 힘으로 그녀 스스로가 변화시켰다는 사실이다. 서경식은 그렇게 외부에서 닥쳐오는 성적, 사회적, 역사적 강제들을 어머니가 자기 내적으로 변화시킬 수 있었던 원천을 어떤 특별함이라기보다 "더 많은 민중에게 공통적"인 '자신이 살아가는 원점'에 서 있었기 때문이라고 해석한다. 그래서 그는 언제나 "비굴한 태도를 보인 적이 전혀 없었"던 어머니가 자식들 "스스로가 부끄럽지 않은 판단을 하면 (…중략…) 어디까지나 응원하고 싶다는 원점을 놓지 않았다"고 덧붙인다. 그는 삶의 과정을 지속적으로 제한해왔던 일상적 경계라는 팍팍한 조건의 역사를 고스란히 간직해왔던 여성, 재일조선인, 피식민지인으로서, 문맹과 식자 사이라는 틈바구니 속에서 강고하게 삶을 버텨내며 자기 언어를 생성하는 "자신이 살아가는 원점에 뿌리내린 목소리"[5]에 주목한다.

이런 이해를 바탕으로, 서경식은 아이러니하게도 삶을 거의 마무리할 시간을 살아가는 한 여인을 대하는 지식인으로서 '자기 자리'를 성

---

4 위의 글, 2쪽.
5 위의 글, 9쪽.

찰한다. 어머니의 일생을 기록하여 정리하기 위해 대화하는 과정에서, 그는 그녀의 말, 그 "진정한 목소리를 담아낼 수 없다"고 생각하게 된다. 어머니의 목소리로 표현되는 그녀의 자리는 그로 하여금 "'해석'한다는 특권"을 "행사하고 있다는 '꺼림칙함'에 시달리"도록, "문자를 알아버려 교육이라는 것에 '오염'되어버린" 자신의 "통절한 반성을 재촉하는 힘"[6]을 발휘했기 때문이다. 그런 일상의 힘을 생산하는 저력을 고민하면서, 그는 그 생성 장소를 어머니 '자신이 살아가는 원점'이라고 생각했던 것이다.

나는 이 글을 서경식이 이야기하는 '그곳이 어떤 곳일까'라는 의문으로부터 시작해보고자 한다. 이 의문점을 조금 확장시켜본다면, 어쩌면 그곳은 근대성의 시선이 동질화 / 이질화의 장치들로 불확실성의 영역들을 포섭 / 배제하는 가운데 '투명성'과 '순종'을 가장하는 공적 정체성들의 경계로 밀어내기 해왔던 사적이고 구체적인 삶의 영역들이 아닐까? 군국주의와 개발독재가 식민과 포스트콜로니얼이라는 역사 과정 내내 이른바 '근대화'의 이름으로 이데올로기화시켰던 멸사봉공滅私奉公[7]의 논리로 끊임없이 유혹 / 위협해온 무자비한 폭력을 일상적으로 당면하면서도 '자연스럽다고 감각적으로 수용하게 된naturalized', 그렇게 '오염된' 우리들의 시야와 가청권에서 멀어진 그곳들과 거기서 생성되는 목소리들이 아닐까? 그렇다면 그런 장소와 거기서 생성되는 목소

6 위의 글, 11~12쪽.
7 '멸사봉공'은 이미 "구시대적" 용어로 전락하여 거의 사라진 말이다. 하지만 그 사용의 소멸과 망각의 이면에는 그런 용어의 요구 내용이 너무 일상화되어 쓸 필요조차 없게 된 순응주의적 상황도 있다고 나는 생각한다.

리들이 "다양한 인간적 무늬로 차이의 아름다움(그리고 추함)이 살아있는 로컬 장소들local places"[8] 그리고 거기서 생성되고 삶을 지탱해왔던 로컬리티-기반의locality-based 목소리들[9]과 조응하는 것은 아닐까?

이 글은, 로컬리티 연구가 글로벌화라는 환경에서 지역의 상품화에 편승하거나 단순 저항하는 로컬리즘localism 뿐만 아니라 학문적 혹은 이데올로기적 유행에 따라서 로컬리티를 본질적으로 가치화하려는 엘리트적 시선 또한 경계할 필요가 있다는 생각에서, 로컬리티-기반의 이해라는 접근을 통해 이런 제반 담론들의 주된 흐름들에 비판적인 하나의 결을 제시해보기 위한 예비적 시도이다.

이를 위해 먼저, 근대적 공간의 생산과 밀어내기의 폭력적 메커니즘의 형성과 전개의 역사적 과정을 근대적 언어의 생산과 연관 속에서 살펴보려고 한다. 근대적 공간 (재)구성의 과정은 제국, 민족-국가, 순수한 종족 따위의 개념화와 나란히 구체적으로 건조되는 건축물이나 경관, 이런 근대적인 정신적 · 물질적 공간의 스펙터클을 주관적 차원에서 '대상화하는 것'이 아니라, 오히려 내(인식)가 그것들에 의해 상대화될 뿐만 아니라 그 교화과정의 효과로 인해 그것들을 "내 일"이라고 도착倒錯하고 수용하도록 동(질)화됨으로써 실행된다. 나는 여기서 근대적 개념들로 구성되는 경계와 공간이 그것들에 '정합하는' 새로운 언

8 배윤기, 「경계 밖에서 만난 로컬리티」, 『로컬리티 인문학』 7, 부산대 한국민족문화연구소, 2012a, 276쪽.

9 배윤기, 「제주해군기지 건설에 대한 로컬-기반의 이해와 로컬리티의 정치」, 『한국민족문화』 43, 부산대 한국민족문화연구소, 2012b, 345~389쪽 참조. 위의 논문에서 나는 '로컬-기반local-based'라는 말을 처음 쓰게 되었는데, 영어식 표기에서 '목적어 명사-수동형 타동사'를 사용하고 있기 때문에 이 글에서는 '로컬리티-기반의'이라고 고쳐 쓰게 되었다.

어적 체계 수립을 통하여 법적·제도적으로 일반화됨에 따라서 땅(노·관계·생활문화)과 인간을 분리시키게 되는 지속적인 과정에 주목할 것이다. 다음으로, 그런 분리와 밀려남에서 기인하는 역설적인 힘 혹은 강함을 '그 너머'의 장소들과 관련하여 탐색해본다. 이는 근대적 공간 권력에 의해 포섭 / 배제, 침입 / 강탈되는 사이 혹은 틈새 공간의 곤경과 더불어 저력을 확인하는 작업이기도 하다. 그리고 마지막으로, 이런 부분들을 어떻게 접근하고 이해할 것인가 하는 연구(자)의 성찰적 문제와 연관시켜서 로컬리티—기반의 이해의 (불)가능성을 논의해 볼 것이다.

2. 근대적 언어와 공간의 생산

근대적 공간 생산의 이해에서 유용한 개념으로 앙리 르페브르Henri Lefebvre가 제안하는 '헤게모니'는 "문화와 지식을 포함하여, 정책, 정치 지도자, 또한 상당수의 지식인과 전문인들로 구성되는 정당과 같은 인적 매개를 통하여 전체 사회에 종합적으로 행사"[10]된다. 이렇게 행사되는 헤게모니는 단순히 강제되는 것이 아니라, 광범위한 사회적 동의 체계를 형성함으로써 이른바 '공공'적 질서를 구축하는데, 이 과정에서 질서 유지와 재생산을 위한 장치들[11]이 이미 항상 개입된다는 점이 중

10 H. Lefebvre, Trans. Donald Nicholson-Smith, *The Production of Space*, Oxford-Blackwell, 1991, p.10.
11 조르조 아감벤은 현대의 장치dispositif(dis분리시켜+position놓음)들은 주체화와 탈주체

요하다. 특히 공간과 관련하여 이런 장치들은 땅에 직접적으로 관련되어 살아가는 "'사용자'와 '거주민'과 같은 보잘 것 없고 멸시적인 수준으로 지칭되는 사람들의 공간"[12]을 사회적 효율성을 고도화하기 위해 '개척'되고 '개발'되어 '정비'되도록 근대적 시선에 의한 발견을 기다린다고 가정함으로써 언어적으로 가치 절하시킨다. 이와는 반대로 설계도와 조감도 따위로 제시되는 건축가, 도시개발자, 도시계획가 등의 전문적이고 스펙터클한 추상적 공간의 계획, 입안, 실행, 생산이라는 전 과정을 '공익' 혹은 '공공'의 이름을 내세워 사회적으로 정당화하는 한편, '반사회적'이라고 간주되는 저항의 목소리들을 체계적으로 배제하고 묵살함으로써 다시 헤게모니를 강화한다.

헤게모니는 이런 메커니즘 속에서 언어적 정의와 그를 기준으로 어떤 대상들을 공 / 사, 사회적 선 / 악 따위로 선명하게 갈라놓음으로써 신봉과 멸시의 이분법적 문화적 환경을 조성한다. 달리 표현한다면, 근대적 공간의 생산과 그 과정은 언어를 매개로 '전근대' 혹은 '비근대'라고 간주되는 일체의 대상들을 다룰 때, 그와 같은 개념적 정의가 구획하는 경계 밖 밀어내기를 처방해왔다. 이 절에서 밝히고자 하는 '그런 처리 혹은 관리의 폭력적 메커니즘 양상'을 언어적 맥락에서 다각도로 이해하고 논의하기 위해서는, 먼저 '근대'라고 하는 시공간 관념의 발생적 계기들을 살펴볼 필요가 있을 것 같다. 왜냐하면 '근대'라는 새

화의 동시 작동을 통해 인민들을 본래 위치에서 이동・분리시키는 데 주목하고 있다. 여기에 대해서는 Giorgio Agamben, Trans. David Kishik・Stefan Pedatella, *What Is an Apparatus?*, Stanford : Stanford UP, 2009, pp.15~19 참조.

12 H. Lefebvre, *op.cit.*, p.362.

로운 시대와 공간을 열었던, 그래서 오늘날까지 우리의 욕망, 감성, 인식 등을 체계적으로 관리하게 된, 근대적 언어를 형성시키는 뿌리에 대한 급진적 이해의 필요성 때문이다.

오늘날까지 언어를 매개하여 호출되며 유통되는 가운데, 이미 사회적 의식의 형태로 형성되며 이식되어왔던 그런 처리 혹은 관리의 폭력적 메커니즘을 모두가 당연하다고 감각하게 된 현실 속에서, 그에 대한 문제 제기들이 늘 단순한 절차의 문제로 환원되어왔다고 볼 수 있다. 때때로 굳이 그 폭력적 본성을 숨길 필요조차도 없게 된 '발전', '개선', '개량', '(재)개발' 따위의 법·제도적 논리가 이젠 무소불위의 위력을 발휘하는 실정이다. 또한 이런 가운데 문제제기 차원에서 수행되는 연구나 실천적인 작업들조차도 항상 해결의 문제를 우월적 힘의 논리에 맡겨버리지 않을 수 없는 결과를 낳아왔는데, 이런 결과들 역시 이미 수립된 논리 안에서 혹은 그 논리를 급진적으로 넘어서보지 않는데서 비롯되었다고 볼 수 있다. 요컨대 그런 작업들은 '발전'의 불가피성 혹은 필연성의 언어로 환원되는 근대적 인식과 지식 체계의 모순을 바탕으로 출발하여 그것을 다시 재생산하고 심화시켜왔던 까닭에, 우리는 대상에 대한 인식과 이해의 문제를 근원적으로 다시 논의하지 않을 수 없는 것이다.

이와 같은 급진적 이해의 맥락을 따라서, 나는 근대적 언어 및 공간의 생산과 관련하여, 16세기부터 17세기까지 영국에서 시작하여, 이후 전 유럽과 제국들의 식민지 영토들까지 구획하며 그 논리와 당위성을 이식시켜 나갔던 엔클로저 운동enclosure movements이 당대 제반 변화들의 핵심적 계기들 중 하나를 형성한다고 생각하게 되었다. 근대 자본주의 사회 형성의 초기 과정을 '양이 인간을 잡아먹는다'는 패러디로 집약시켰던 1516년 출간된 토마스 모어Thomas More의 『유토피아*Utopia*』는 당대의 사회변화와 경제적 토대의 변혁 논리를 적나라하게 그려낸다. 이 책은 땅을 지배하는 귀족과 성직자들의 탐욕을 충족시키기 위해 오로지 더 많은 이윤추구와 이를 위한 효율성을 배타적으로 정당화하는 사회적 논리가 구체적으로 어떻게 무자비하게 헤게모니를 구축하고 실행되는지를 낱낱이 보여주고 있다.

광범위한 토지의 (근대)법적 등기와 사유화라는 폭력적 과정에 의해 "정든 집을 떠나 낯선 곳으로 가야 하는" 농민들은 도둑질을 하다가 교수형에 처해지거나 구걸을 하다가 "게으른" 부랑자들로서 감옥에 갇히게[13] 되었다. 더 많은 이윤을 창출하는 토지의 산업적, 합리적, 근대적 이용을 위해, 어느 날 갑자기 멋모르는 농민들은 생산수단과 거주지를 빼앗기고 '게으른' 부랑자나 범죄자로 취급받게 되었던 것이다. 이런 문학적 형상화를 통해 우리는 당시의 일반적 관념과 사회적 실행이 전문적으로 개념화된 공간의 생산과 아울러, 그를 뒷받침하는 언어의 경계로 분류되는 '불순'하고 '비정상'적이며 '불투명'한 것들을 처리하고 그 사회의 치안이라는 '질서'와 '정상'적인 상태가 보장한다고 기약하는 '투명'성을 확보하기 위해 1553년부터 1701년까지 수많은 "교화소들"houses of correction이 세워지는[14] 날조된 이유들을 추론해낼 수 있다.

엔클로저 운동 논리와 그 전후 문화정치적 조건에 대한 탐색은 공간

---

13 토머스 모어, 권혁 역, 『유토피아』, 돋을새김, 2006, 52쪽.

14 R. P. Marzec, "Enclosures, Colonization, and the *Robinson Crusoe* Syndrome-A Genealogy of Land in a Global Context", *boundary* 2, summer 29(2), 2002, p.140.

이해의 사회적 변화, 사회적 공간의 생산, 그것들을 의미화하는 언어와 재현 양식 및 실행 등을 일관되게 이해할 수 있는 근거를 제공한다. 엔클로저 운동 논리의 사회적이며 그래서 민족-국가적인 진보하는 역사의 필연성은, 표면적으로 해당 시기 산업적 수요에 부응한다고 내세우는 한편, 심층적으로는 그런 논리의 사회적 수용을 위한 정당성과 당위성을 구축할 사회문화적 배경을 조성함으로써 그것을 뒷받침했다. 특히 새로이 발명되어 파급되고 있던 인쇄 매체들의 다양한 양식들과 제도화되어 수립되는 국민교육 혹은 보통교육 등은 근대적 공간 관념의 탄생과 그로 인한 문화정치적 토대의 지각 변동과 상호보완적으로 작용하며 뿌리를 내리고 번성하게 된다. 그렇다면 근대적 공간 관념은 어떻게 발아했던가?

근대적 공간 관념의 맹아과 관련하여, 무엇보다도 1492년의 이른바 "신대륙 발견" 사건을 거론하는 데는 거의 이의가 없는 것 같다. '신의 은총'으로 곧잘 미화되는 그 사건은 당시 대양 항해와 관련한 기술적 진보, 확대 팽창하는 공간적 이동 범위, 신흥 상인 계급의 정치경제적 권력 규모 및 그 영향력 등을 비례적 관계로 위치시켰다. 이를테면 신과 신을 대리하는 교회 중심의 '존재의 대 연쇄Great Chain of Being'[15]라는 중세적 공간 관념cosmology은 해체되고, 새로운 매체들을 통해 파급되는 다양한 영웅들에서 확인할 수 있듯이, 그런 존재의 '족쇄'에 더 이

15 이는 중세 유럽의 '신-교회-귀족-평민-동물(자연)'이라는 식으로 철저한 위계적 결속 관계를 정당화하는 관념으로 알려져 있다. 이는 인간의 신체적 속박으로서 주-종을 강제하는 신분제를 유지하는 강력한 이데올로기였으며, 바로 이것이 종교개혁과 신분 없는 신흥 부르주아들의 주된 공격 목표이기도 했다고 알려진다.

상 묶이지 않고 '해방'된 개인의 운명 개척의 모험적 시도 가능성이 그 문화 속[16]에서 생겨난다.

수없이 쏟아졌던 여행기, 모험담, 이것들을 감동적으로 재구성하는 새로운 이야기novel의 출현은 유럽 전역을 떠들썩하게 만들었다고 알려진다. 재현된 기록 속에서 전개되는 새로운 땅에 대한 꿈과 상상은 당시 발달하던 인쇄술과 다양한 매체들과 자국어 번역을 통해 평생을 같은 하늘 아래 땅에 붙박여 살 도리밖에 없었던 대중들의 마음에까지 새겨질 수 있었기 때문이다. 당시로선 꿈도 꿀 수 없었던 다양하고 기이한 '모험'과 '자유'의 상상, 천국 같은 평화로운 땅이나 금은보화 가득한 보물섬을 향한 '욕망' 따위들을 '섭리' 혹은 / 그리고 '사명'이라는 말로 포장하고 정당화함으로써, 그리고 여태까지 사람들이 운명적으로 받아들이던 현재의 공간에 대한 관념과 인간적 관계 일체를 봉건적 '속박'으로 싸잡아 정의해버림으로써, '탈출'과 '해방'을 기약하는 변화의 시대적 필연성을 기입하게 되는 사고(방식)의 혁명을 일으키게 된다.

여기서 주목해 볼만한 부분은 그렇게 문화적으로 형성되고 파급되는 꿈과 상상을 그 사실들의 진위나 옳고 그름을 떠나서 당대 사람들이 '자기 일'로 동일시하는 과정까지는 평등하고 자유로울 수 있었다. 하지만 그와 같은 인생역전 꿈의 실현은 긴 항해의 막대한 비용충당과 행정 · 기술적 관리 능력, 그리고 그런 능력을 연마하기 위해 스스로를

---

16 이언 와트Ian Watt는 "서구인의 특징적 열망 중 하나를 외곬으로 추구하는 주인공"으로 창조된 "불후의 이미지"가 근대 서구문명의 신화로 자리 잡았는데, 바로 파우스트, 돈 후안, 돈 키호테, 그리고 로빈슨 크루소라고 소개한다. 그는 이들이 형성하는 문화적 그림자를 "근대 개인주의 신화들"이라고 이름 붙이고 그로부터 근대화의 동인을 찾는다. 이언 와트, 이시연 외역, 『근대 개인주의 신화』, 문학동네, 2004 참조.

부단히 채찍질하기 위해 개혁적으로 교육되던 엄격한 개신교 이념과 자본주의적 노동 윤리로 무장한 집단이 챙기는 배타적인 몫이었다. 어쨌든 꿈과 상상의 대중적 각인 정도만큼 '지금'이라는 시간과 '여기'라는 공간은 더 이상 '운명'이 아니라, 오히려 상상되는 새로운 세계와 비교하여 질서도 체계도 없는 '개조', '개선' 혹은 '혁신'의 대상으로 전락한다. 또한 질서와 체계 확립을 계몽적 사명감으로 인식했던 엘리트들은 자기들이 생산하고 파급시키는 '보편적인' 지식과 정보들의 세계사적인 실현을 이른바 신의 섭리에 순응하는 '명백한 운명'으로까지 의미화하게 되었다. 이상적인 꿈과 상상의 유효한 측면들과는 별도로, 계몽적 엘리트들의 노력은 질서 있게 구획됨으로써 끊임없는 개량과 발전을 기약하는 '민족적인' 역사의 시간과 공간 및 그것을 살아가는 문명인으로 지금과 여기 및 그것을 살아가는 미개인들을 대체하기 위해 기획되었고, 이는 결국 매체의 발전과 제도 교육을 통하여 역사적 불가피성에 대한 광범위한 사회적 순응과 동의의 체계를 형성하게 된다.

이런 문화적 담화체계의 형성과 새로운 공간 관념의 구체적인 법령화 및 사회적 실행을 당연시하도록 만드는 새로운 용어들의 출현이 변화된 언어생활과 기존 언어의 의미 변화들과 연동되고 있음에 주목하는 로버트 마젝Robert P. Marzec은 엔클로저 운동의 문화정치적 지지 배경을 추적한다. 특히 토지의 법적인 등기 의무와 사유화는, 린네 식Linnaean "분류 탁자", 해외 "영토", 구획된 "들판", 설계된 "경관" 등의 용어를, '비과학적' 혹은 '비학문적'이라고 간주되기 시작하는 기존 언어들의 의미 '결여'를 보충하는 동시에 투명하고 체계적인 기능 분화를 용이하게 해주는 개념들로 격상시켜 생산하고 동원함으로써 이뤄진다. 공공적 담화체계의 변화를 성립시키는 초학문적인transdisplinary 공모[17]가 수립되고 그 의미를 실행시켜나갔으며, 다시 또 그 담화체계는 이를 통해 법적, 도덕적, 그리하여 마침내 시대적 정당성을 획득하도록 만드는 언어적・정신적 역량을 키울 수 있게 되었다.

"근대 유럽사상을 특징짓는 과정, 즉 방법적 체계화의 한 사례"로서 "민족성에 대한 유럽의 분류학taxonomy"에 주목하는 제프 리어센Joep Leerssen은 비슷한 시기에 일반적으로는 안정적이지도 체계적이지도 않았지만, 특정 단위에 관해 사람들이 사용하던 상투어와 편견을 개념화하는 작업이 유행했다고 한다. 이런 성과들을 바탕으로 "근대 초기에는 이런 비체계적인 민족의 뒤섞임을 인식 가능하고 고정된 패턴들로 구체화"시키게 되었는데, "르네상스 시대에 뿌리를 두고 고전주의적으로 정향된 17세기를 지배하는 근대사상은 방법과 계통학 그리고 '모든 것(일)들의 구분하기'에 강박"되어 있었다는 것이다. 당시 학계에서 유행했던 "백과사전식 저작들"을 예로 들면서, 그는 이런 풍조가 "목록 만들고, 질서 지우고, 구분하도록 거의 조병躁病에 걸린 듯 닦달했다"고 소개한다. 이를 토대로 구축되는 대조-비교의 체계화 결과는 수사적 분리 및 전치를 통해 "도덕적 칭송과 비난"[18]이라는 이항대립적 틀 속에 정치적으로 배치된다.

---

17 R. P. Marzec, op.cit., p.136.

18 J. Leerssen, "The Poetics and Anthropology of National Character(1500~2000)", Manfred Beller・Joep Leerssen(Eds.), *Imagology-The Cultural Construction and Literary Representation of National Characters*, Amsterdam : Rodopi, 2007, pp.64~65 참조. 리어센은 차이를 통해 동일성을 이야기하는 민족에 대한 성격 규정이 차츰 추상화와 보편화 과정을 거치면서 "민족정신"과 "민족의 영혼"을 이야기하는 19세기를 "민족적 사고의 전성기"로 열었다고 설명한다.

이와 같은 지식적인 담화의 사회적 형성이라는 조건 속에서, 엔클로저 담론이 체계화하는 공간적 질서 관념은 수 세기 동안 너무나 명백하고 뚜렷했던 '거주'를 모호, 무질서, 불결, 사회적 불안의 원인 등 의미로 대체했다. 마젝은 이런 담화적 전치와 대체에 도전했던 법적인 사례들 중 하나로 1603년의 "게이트워드 소송 사건Gateward's Case"을 소개한다. 그 내용은 방랑 혐의로 체포되어 '부랑자' 혹은 '침입자'라고 간주되었던 스티븐 게이트워드Stephen Gateward와 구획된 토지의 지주 로버트 스미스Robert Smith 사이의 논쟁이다. 법정 앞에 서게 된 게이트워드는 링컨셔의 스틱스우드Stixwould, Lincolnshire 부근에 살던 가난한 사람들의 문화와 언어를 옹호했다.

게이트워드는 자기가 "기억 없었을 때부터 그 땅의 거주자"였다고 진술하면서, 생활세계와 그 의미에 기초하여 땅에 대한 '사용권use rights 관습'을 내세웠다. 자기는 새로 구획된 재산의 울타리를 건너갈 수 있는 '합법적 권리'를 가진다고 주장했다. 하지만 공간을 보는 관념과 언어의 변화와 함께, 엔클로저가 지시하는 공간 안의 진보적 세계관으로 교육된 법정은 '거주자inhabitant'라는 단어의 뜻이 의미가 없을 정도로 아주 '모호하다'고 결정했다. 이 결정은 오로지 지주, 그 지주를 위해 일하는 '노동자', 그리고 '임차인'만이, 다시 말해 지주로부터 임차한 공간의 증명을 부여받음으로써, 기능적으로 파편화 혹은 개별화된 '개인들'만이 합법적으로 사용권을 호소할 수 있다는 판결[19]이었다.

---

19 R. P. Marzec, op.cit., p.141. 서구 근대사상의 기원을 정초했던 많은 학자들이 오늘날로서는 분과학문으로 분류된 다양한 분야들을 섭렵한 대가들임과 동시에 군인, 성직자, 정치인, 상인들이었다는 사실에 우리는 의심의 시선을 거둘 수 없다. 이들의 학문적 논의

바로 이 판결의 순간 게이트워드는 일정한 공동 생활구역의 상호관계 속에서 공통적으로 인정되던 '거주자' 혹은 '생활인'에서 그 동일한 지역 안에서 '위험인물' 혹은 '범죄자'로 변신 당한다. 법이 생기기 이전부터 "관습적인 사회적 관계들에 의해 합법적"이고 투명했던 사용권은 "사람들의 일상적 삶을 유지하기 위해 땅에 접근할 수 있는 자유"를 의미했다. 그 의미는 아무런 이의 없이 그 동네 안의 노동과 관계로 연결되는 생활 속에서 명백하게 뒷받침되어왔다. 사람들이 살아가야할 기반으로서 땅과 노동, 그 위에서 맺어지는 관계라는 공통성이 공감되고 있었다는 말이다. '거주자'란 단어를 말한다는 의미는 자아와 땅이 서로 관계없는 실체들로 사유되지 않음을 나타낸다. 따라서 그 말을 사용하는 사람들의 언어는 땅과 어울려 살아가는 그들 서로의 구체적인 관계들로부터만 사유되고 생성될 수 있으며, 그런 관계는 법적 구획과 경계가 생기기 전에는 생활세계 거의 전체를 움직이는 힘이었다.

'관계하다', '같이 살다', '체재하다', '거주하다'의 뜻을 모두 품는 '살고 있는habiting(프랑스어 habiter)'이란 단어에서 파생되는 거주하기inhabiting는 존재 그 자체를 뜻하는 라틴어 Habêre에 뿌리를 둔다. 그 뿌리 말이 담고 있는 '소유하다', '구성되다', '존재하다'라는 다층위의 의미들을 고스란히 간직한다. 다시 말해 "거주자는 일정한 땅에 체재하면서, 그 특정 장소와 관계하고, 구체적인 사람들과 같이 살고 있는 바로 그 사람"[20]이기 때문에, '거주'라는 단어 그 자체는 바로 '관계'와 '관계 속의

의 순수성과 투명성에 대한 지나친 의심이 '반지성적'이라고 비판될 수도 있겠지만, 문화정치적 맥락에서 본다면, 그것들에 대한 이른바 '보편적' 신뢰가 언제나 이미 '반인간적' 지식체계를 매개한 결과였다는 사실을 놓치게 만들었다는 현실이 중요할 것 같다.

존재' 지칭한다. 거주라는 단어가 뜻하는 장소에서 '관계'가 퇴거되는 기형적인 근대적 의미는 명백하게 다른 준거에서, 민족, 국가, 사회, 공공 등 추상적인 목적을 위해 구체적인 거주와는 무관하게 생산되고 이식되었던 것이다.

근대적이며 법적으로 체계화된 엔클로저 담론은 이제 사용권을 '합법적으로' 무효화시키고 그에 대한 정당한 주장을 "침입하는trespassing" 범죄 행위로 간주할 수 있게 만들었다. 엔클로저의 법령화는 분명한 의미를 가지고 있던 '거주자'라는 단어로부터 '관계 속에서 같이 살아간다'는 공통의 토대를 삭제함으로서, 사고파는 교환의 의미를 우선적으로 확보하게 된 땅과 관련하여 '임차인' 혹은 '지주'로 명칭의 기능적 변형과 생활문화를 구성해온 토대의 위치 이동[21]을 공적으로 천명한다. 한편으로 언어의 의미 경계를 한정하고 분류하는 이런 작업은 적어도 민족-국가의 영토 안에서의 산업적 발전이라는 목적을 위한 체계 속에서 유통과 교환의 가능성을 확대해나가는 작업이었던 것이다. 이른바 목적의식적 "지식의 통치"가 만들어낸 "이런 용어들은 엔클로저 담론들이 과학적, 정치적으로, 그리고 미학적, 정신적으로 당시 발전하고 있던 지리적 인지에 스며드는 정도"[22]까지 폭넓게 보여준다.

요컨대 표준화된 주체를 생산하는 '국민화 과정'은 다양한 공식적 장치들을 통해 모호하고 혼종적이어서 분류하기 까다로운 '~에 거주하는 사람'인 거주자[23]로서의 구체적인 공통성을 상실하게 만들면서 진

---

20 Ibid., p.141~142.
21 Ibid., p.142.
22 Ibid., p.138.

행되어왔다. 또 이를 통한 배타적 소유(권)의 투명하고 공적인 수립을 위한 전략적 구상과 실행들은 "18세기 말의 개인주의 관념과 20세기의 초월적 주체성을 향한 이상과는 현저하게 다른, 땅이라는 하나의 논리"를 전도시키는 역사적 뿌리를 키워냈던 엔클로저 담론을 광범위로 파급시킬 수 있게 만들었다. 추상적 공간의 생산과 정당화 논리에 토대를 두는 전반적인 의미들의 위치 이동은 단순한 '머무름'이나 기껏해야 '입주' 정도로 전락된 '거주(자)'에 대한 근대적 도착倒錯과 의미상의 착종錯綜을 부각시켜준다.

거주자들은 존재의 논리를 구체적으로 수립할 수 있는 생존의 매개였던 땅으로부터 분리됨으로써, 일체의 생활 공간과 관계들로부터 '독립'적인 존재로 거듭난다. 그리고 그 자체 보편적이고 본질적인 근원을 갖는다고 가정되는 근대적 휴머니즘과 인간성humanity의 표상 단위로 편입되는, 그들은 '개인'으로서 재생산될 수 있는 조건을 갖추게 된다. 이들에게 주어지는 '노동자'라는 상표로 수행되는 동질화와 '주체(성)의 상품화'는 '민족적 주체'라는 동일성 혹은 정체성 담화의 사회적(민족-국가) 형성으로 연결된다. 결국 그 과정적 구성 체계를 들여다보면, 근대 사회는 근대적 언어와 문화정치의 공간과 더불어 탄생하는 근대적 개인들로 구성된다.

달리 말해, 이는 신체의 움직임을 통해 노동(력)을 파는 방법 이외에

23 이런 거주와 존재의 문제에 대한 공통적인 의식들은 동서양을 막론하고 있었던 것 같다. 한국 사회의 전통적인 언어 습관 하나를 예로 들면, 결혼이나 이주를 통해 생활 공간을 이동했던 사람들, 특히 여성들에게 '~댁'의 표현들이 이런 의식에서 생겨났을 것으로 추론해볼 수도 있을 것이다.

어떤 생존 수단(땅-노동-관계)도 갖지 못하고 당장 끼니를 걱정해야 하는 사람들[24]로 재구성되는 근대 사회의 특징적 면모를 드러낸다. 이미 관계로부터 그리고 관계 속에서 생성되고, 관계 그 자체를 살아가며 존재하던 자아로부터 분리됨으로써, 개인들은 사회적 공간과 함께 부여되는 교환(대체)가능성이란 추상적 성격의 상품과 동등한 지위에서 '생산'된다. '노동(력)'이란 사회적 상품 이외에 어떤 것도 못 가진 개인들은 노동의 소비 주체인 '자본'의 선택에 의해서만 먹고 살 수 있는 존재이다.

서구에서 일어난 이와 같은 일련의 과정들은 마침내 제국 형성의 경쟁이라는 목적하의 민족-국가라는 절대화된 공간의 임차 경제 안에서 '임차인'에게는 상품화된 주체성과 '지주'에게는 자주성의 지위를 각각 부여[25]함으로써 질서를 구축한다. 구체적 관계들로부터 분리된 존재의 빈자리에 추상적인 '민족적 자아'를 이식받은, 개인들은 이른바 '동질적이고 공허한 근대의 시간'과 경계와 구획으로 정해지는 '영토적 공간'에의 귀속 자격을 취득함으로써 '국민'이 된다. 민족-국가 형성기에 가속화되는 구체적 땅으로부터 공간과 사람들의 추상적 분리와 전치 논리의 파급과 실행은 식민지들로도 또한 이식되는데, '문명화'라는 수사로 포장되는 그 논리는 '전근대'라는 시간적 가치 평가와 등치되는 땅과 관계에의 구체적인 귀속 혹은 속박으로부터의 '해방 / 자유'를 강

---

24 이렇게 생산되는 소위 '산업예비군'은 현대의 탈농업 도시화와 끊이지 않는 도시, 산업, 금융 등의 구조 조정들이 결과하는 도시 빈민, 홈리스 등의 광범위한 생산과 양극화 패턴을 같이한다고 볼 수 있다.

25 R. P. Marzec, op.cit., p.142.

조하면서 수행된다.

요컨대 근대적 문화정치의 과정은 한편으로 전근대적 장소와 관계의 속박으로부터 공간과 개인의 '자유', 다른 편으로 해방되고 확대된 민족-국가의 '공간'과 민족사의 '시간'으로 표준화되는 위치로의 개인의 '귀속'이라는 동시적 과정으로 정리될 수 있을 것 같다. 이것은 민족이라는 추상적인 동일성 공간에의 귀속을 일상적으로 유혹 / 위협 받음으로써, 주관적이어서 사적이라고 가치절하 되는 시공간의 주체성이, 사회적 동의체계를 매개하여 객관적이라고 인정된 공적인 시공간의 주체성으로 전치되는 패턴을 구성한다. 여기서 '해방', '자유' 등 추상적 수렴의 법적 · 도덕적 위력을 발휘하는 정치적 수사들은, 결국 실천적인 층위에서 구체적인 땅과 법 이전의 존재 권리의 강탈과 관계(터전)로부터 사람들의 추방을 은폐하는 한편, 근대 민족적인 '자아' 혹은 주체로의 재탄생을 강조하며 화려하게 치장되어온 학문적 · 전문적인 표현을 사회적으로 노출시키는 작업에 다름 아니다. 이런 조건에서 근대적 관계 양식은 마침내 글로벌 차원에서 보편화되어 생활적 관계와 터전으로부터 '독립'된 개인들로 하여금 가입과 탈퇴가 '자유'롭다고 가정되는 이익 추구를 위해 세워진 다양한 공모관계들 속에 '(고용)계약'을 통해 편입되지 않으면 생존할 수 없도록 만들어온 것이다.

지금까지 엔클로저라는 '자본의 야만적 축적' 과정을 통해 근대적 언어와 공간의 생산 과정을 낳는 문화정치적 토대를 살펴보았다. '근대'라는 말이 상징해온 '해방', '독립', '자유'의 역설과 "쇠사슬 소리"[26]는

---

26 로렌스D. H. Lawrence는 유럽인들이 미국의 '황야의 서부'로 이탈하거나 도망가는 '자유'와

'소외'와 '부조리' 등 인문학적 주제들로 다양하게 심문되어왔지만, 다른 한편으로 끊임없는 정신적·물질적 추방의 팽창적인 확산이 진행되고 있는 것 또한 현실이다. 글로벌화globalization의 신자유주의 단계에서는, 그런 추방의 강도와 범위가 오히려 심화확대 일로에 있는 것 같다. 그러니까 늘 수사적으로 장식된 의미와 공언된 그 의미의 실현이 지연되며 각개로 차별되어왔음에도 불구하고, 이미 상식화되어버린 '발전'이라는 시공간에 대한 근대적 기대와 이상 위에 형성되는 광범위한 동의체계는 여전히 압도적인 역량을 발휘하고 있다.

그런 동의체계의 영향은 이른바 '글로컬화glocalization'라는 말의 유행과 함께, 초국적 자본의 로컬리티에 관한 관심과 더불어 학문적 연구 및 담론들이 지방 정부와 연계되거나 자발적으로 혹은 지역 엘리트들 주도로 '도래하지 않은 미래'와 '장소 없는 장소placeless place'에 대한 조감도로 그려진 장밋빛 청사진과 나란히 지역 발전의 논리에 수렴되는 형국을 뚜렷이 나타내고 있다. 다른 차원에서는 하나의 상실 혹은 결핍의 기호로서 로컬리티를 어떤 본질적인 가치라는 개념적 틀 속에 포괄하려함에 따라, 의도하든 아니든, 근대성을 복제하는 엘리트적 노력들도 나타나고 있다. 이 글의 논의는 이런 (사회)과학적 혹은 최근 학제성이나 통섭을 강조하면서도 그 정치성을 배제하는 인문학적 주류의 흐름들에 인문적이고 비판적인 하나의 결을 제안하기 위한 시도이기도 하다. 이런 맥락에서 지금부터는 근대적 분리 이전의 공간 그 자체

그 자랑스런 외침을 '쇠사슬 소리'이며 '부자유한 영혼들'의 외침이라고 그 역설적 의미를 부각시킨다. D. H. Lawrence, *Studies in Classic American Literature,* New York : Penguin, 1978, pp.12~13 참조.

의 발생적 의미를 다시 환기하는 가운데, '그 너머'에 대한 로컬리티 연구의 대상을 마주하는 접근의 문제를 로컬리티-기반의 이해에 입각하여 모색해보고자 한다.

3. 그 너머와 로컬 목소리들

전대미문의 산업적 요구인 동시에 민족-국가적인 경제적 토대의 변화와 새로운 계급 구성의 발생을 선도하는 동시에 반영하는 근대적 언어와 공간 생산의 법·제도 수립이라는 연결고리를 살펴보았는데, 그런 변화와 발생 이전의 논리 맥락과도 유사하게, 마르쿠스 슈뢰르 Markus Schroer는 공간Raum의 어원적 의미가 "단순히 땅과 평원을 의미하는 것"은 아니고, 설사 지리적 공간이라 하더라도 "공간은 이미 존재하는 것이 아니라 인간의 활동을 통해서만 비로소 생겨나는 것"이라고 풀이한다. 또한 그 뜻이 설명해주는 공간은 "원래 존재하고 있는 공간, 즉 언제나 주어져 있는 자연적 공간과는 절대 연관되"는 것이 아니라, 이런 개념 생성의 토대는 거주 장소를 얻기 위한 황무지 개간과 계발 행위이며, 결국 공간은 이를 통해 '획득한 거주 장소 자체'를 나타낸다.

이런 어원적인 의미는 본래적 역량이 축소되거나 어느 정도 조작될 수는 있지만, 완전히 사라지지 않으며 언제나 '흔적'을 남긴다고 나는 생각한다. 근대적 언어의 생산 과정은 언어 그 자체, 언어가 담아내는 생활방식, 생활방식과 인간적인 연계가 구현하는 삶의 의미 따위를 '사회적 요구'라고 가정된 정신적·물질적 공간에 마치 '프로크루스테

스의 침대'와 같이 잘라내고 끼워 맞추는 과정으로 볼 수 있다. 투명한 사회적 유통을 위하여 언어, 방식, 인간 그 자체의 의미를 축소하고 유통 혹은 대체 가능하도록 조작함으로써 사회적 의식을 변화시키고, 이후의 나머지들과 일체의 의미들을 왜곡하여 '비정상'이라고 정의된 쓰레기 구역으로 밀어내기 하는 과정으로 볼 수 있다[27]는 말이다. 그럼에도 불구하고 공적 영역으로부터 추방된 인간의 신체와 삶의 관계적 과정 가운데 남아서 끊임없이 환기되는 그 흔적은 이른바 '민중적 네트워크' 등의 형태로 남아서 실제로는 오히려 일상의 더 많은 부분을 차지하고 있을 수도 있다.

어쨌든 슈뢰르의 말에서 추론할 수 있는 점은, 공간이 거주와 직접적으로 연결되고 있으며, 거주(자)는 지속적인 분리와 추방 가운데서도 일상 삶의 유지와 관련되는 집단, 관계, 노동, 문화 등과의 생성적 연계라는 발생적 의의와 완전히 절연될 수 없다는 사실이다. 그래서 그는 우리가 공간이라는 말을 쓸 때, 언제나 이미 어원적 의미를 반영하고 있는 "구성적 공간 개념"을 그 밑에 깔고 있다고 설명한다. 이는 '공간이란 무엇인가'라는 본질론적인 논쟁보다는 공간에 대한 어떤 재현들이 언제, 어떻게, 무엇 때문에 나타나고 변화했는지를 묻는 것이 더 중요하다는 그의 주장[28]을 뒷받침한다.

---

27 지그문트 바우만, 정일준 역, 『쓰레기가 된 삶들－모더니티와 그 추방자들』, 새물결, 2008, 46～69쪽 참조. "현대(성)는 설계 강박증과 설계 중독에 빠진 상태"라고 주장하는 바우만은 "쓰레기의 분리와 파괴는 현대적 창조의 비법이 되었다"면서, "여분의, 불필요한, 쓸모없는 것을 잘라내 버림으로써 아름답고 조화로우며 만족스럽고 좋은 것들이 나타나게 된다는 것이다"라고 현대의 경계 만들기와 '인간쓰레기'의 분리 및 밀어내기의 논리를 설명한다.

28 마르쿠스 슈뢰르, 정인모・배정희 역, 『공간, 장소, 경계－공간의 사회학 이론 정립을 위

지도의 붉은 실선만큼이나 명료하게 표현되는 공간적 "폐쇄각본과 차단전략"이 "허상이라고 증명되는" 분명한 사실에도 불구하고, 안정과 질서를 약속하는 용기container 공간관이 오늘날 "경계가 해체되는 배경" 때문에 오히려 더 호소력을 갖는 현실의 일면[29] 또한 생각해볼 수 있다. 이런 현실과 관련하여, 절대화된 하나의 용기를 전제하는 공간 논리를 비판하더라도, 이것이든 저것이든 어떤 "하나의 공간 개념을 유지하는 것"이 문제가 아니라, 오히려 여러 상이한 공간들(공간 이해들)과 상호관계에 있는 경험적 현실에 대한 구체적인 해명들이 중요해진다고 볼 수 있다. 슈뢰르의 "여러 가지 계기들에 유통되는 아주 다양한 공간 표상을 이해하는 것이 더 문제가 된다"[30]는 제안은 이런 국면에서 설득력을 얻는다.

문제들을 좀 더 가까이 가져와 고민해보기 위해, 철거와 추방의 형식으로 도시들에서 이뤄지고 있는 엔클로저 논리가 연장된 현대적 판본을 검토해볼 필요가 있을 것 같다. '도시정비'라는 논리가 다양한 이름들로 변신하기는 하지만, 항상 이미 그 밑으로 통치의 효율성을 제고하는 동시에 그에 부수되는 막대한 부동산 투기 이익을 노출 / 은폐하면서 '합법적으로' 진행되고 있는 사례들은 변함없이 반복되는 엔클로저의 실상을 고발하고 있다. 하나의 표준적 사례로서 현대 도시계획

하여』, 에코리브르, 2010, 29~30쪽.

29 S. Hall, "Old and New Identities, Old and New Ethnicities", Anthony D. King(ed.), *Culture, Globalization and the World-System,* Minneapolis : U of Minnesota P, 1997, pp.41~68 참조. 홀은 이 논문에서 초국적 글로벌화와 함께 특히 영국에서 민족주의뿐만 아니라 인종(종족)주의의 역설적 유행에 대해 비판적으로 논의하고 있다.

30 마르쿠스 슈뢰르, 앞의 책, 201~202쪽.

의 원형으로 인구에 회자되는 그 유명한 오스G. E. Haussmann의 파리대개조계획(1853~1869)을 프리드리히 엥겔스Friedrich Engels는 다음과 같이 비판한다.

> 근대 대도시의 팽창은 도시의 몇몇 지역, 특히 도시의 중심에 있는 토지의 가치를 인위적으로, 때로는 엄청나게 상승시킨다 (…중략…) 철거의 운명에 처해지는 것이 도시 중심지에 있는 노동자의 주택이다 (…중략…) 그 대신 상점, 창고, 공공건물들이 들어선다. 보나파르트주의는 오스만을 통해 파리에서 그들의 협잡질과 개인적인 치부를 위해 이러한 경향을 대대적으로 이용했다. 그런데 이 오스만의 정신은 런던, 맨체스터, 리버풀에도 확산되었으며 또한 베를린과 비인에서는 역시 고향에 온 것처럼 느끼는 것 같다. 그 결과 노동자들은 도시의 중심부로부터 변두리로 추방되고 노동자들의 주택 및 소규모 주택들은 보기 드물게 되고 또 값이 비싼데다가 때로는 전혀 구할 수조차 없는 형편이다.[31]

'고향에 온 것처럼 느끼는 것'이라는 표현은 결국 오스만의 정신을 하나의 보편적인 '시대정신'으로 받아들여 '자기 일'로 동일시함을 의미한다. 이는 그 당시 산업화된 도시들이 공통적인 문제들을 갖고 있었으며, 이를 통해 해결책을 찾은 것으로 볼 수 있다. 그렇다면 오스만식의 도시정비 사업은 무엇을 어떻게 해결했던가? 그것은 기본적으로 도시공간에서 중심부 도심의 무질서한 골목들을 없애고 일직선 대로를 중

31 F. 엥겔스, 김정수 역, 『주택 · 토지문제』, 두레, 1990, 37~38쪽.

심으로 질서 있게 구획, 배치하려는 계획과 실행이었다. 19세기 초부터 부쩍 잦아지는 파리의 노동자 봉기를 효율적으로 진압하기 위해 "시가전 때 포격을 쉽게 할 수 있도록 주요도로를 일직선으로"[32] 만들었던 것이다. "1848년 6월 이후 파리의 '험한 구역들'에서 반항적인 밑바닥 인생들은 대대적으로 소탕되었으며, '더러운 종자들great unwashed'은 해외로, 알제리로 집단 이송되었"[33]던 논리의 연장인 셈이다. 이런 비판적 논의는 엔클로저의 논리가 실행되었던 과거가 고스란히 언어적으로 재연되고 있음을 알려준다.

이와는 별도로 내가 다른 위치와 시각으로부터 엥겔스의 논의를 주목해보고 싶은 한 측면은, 위와 같은 비판에도 불구하고 그의 논리의 시공간적 준거가 엔클로저의 그것과 전혀 다르지 않다는 점이다. 이를테면 "역사적 발전과정"을 선도하는 "현대적 대공업"과 "전례의 모든 족쇄로부터 해방된 프롤레타리아트"의 진보에 대한 그의 신념은 "노동자들이 자기 집에서 쫓겨나는 사실"을 "노동자들의 정신적 해방의 첫 조건"이라고 보게 만든다. 논리적으로 따져보면, 대공업이 모든 사회적 공간을 장악하고 프롤레타리아트가 일체의 사적인 것들을 상실하여 철저히 사회화되는 상황이 "모든 계급적 착취와 모든 계급적 지배에 종지부를 찍는 위대한 사회적 변혁을 수행할 수 있는"[34] 필연적이고 진보적인 조건인 것이다.

구체적 공간과 시간을 보고 처리하는 방식에서, 진보적이고 추상적

---

32 위의 책, 38쪽의 각주 24 참조.
33 지그문트 바우만, 앞의 책, 75쪽.
34 F. 엥겔스, 앞의 책, 46~48쪽.

인 비전과 약속을 '자기 자리'로 삼는다는 점에서 개념화된 부르주아와 프롤레타리아트 모두가 동일하다는 사실이 엥겔스의 주장에서 포착될 수 있다. 도래하지 않은 미래의 시공간에 준거를 두는 근대성의 칼날 양편을 구성하는 우파와 좌파는 각각의 목적을 위해 현재의 시공간을 자기 식으로 요리하려는 일방적 책략을 개념적으로 생산된 개인들에게 부과한다. '역사의 종결'과 '혁명의 완성'이라는 최종 표어를 내세우며 사회의 '발전'을 위한다고 가정되는 목적론이 모든 사적인 영역을 희생시키고 덮어쓰기 하는, 이를테면 '필연성의 폭력'이 되는 셈이다. 결국 그 폭력은 구체적 삶의 영역이라는 관계로 구성되는 현재의 시공간 생성 현장을 강탈하고, 관계의 경합과 갈등으로 구성되어온 토착의 로컬리티 정치를 제도적으로 혹은 혁명적으로 탈취한다.

바로 이런 점은 기표 형태로 언어가 지시하는 의미의 지연과 차별, 그 과정에서 목소리를 부정당하는 상태로 분리되고 추방되는 잉여들이 거주하는 '그 너머'의 생성에 주목할 필요를 역설적으로 강조하고 있다. 그러니까 근대적 '지식으로 오염된' 우리들 시야에 들어오지는 않지만, 도처의 이런 '침묵의 소리들'의 존재가 곧 근대성의 정복에 의해 밀려난 "전근대적인 것들의 쓰레기통으로부터 사회들을 구한다고 주장하는 대안적 근대성들의 개념들에서는 얻을 것이라곤 없다"고 주장할 수 있는 근거가 되지 않을까? 호세 라바사José Rabasa는, 만약 "전근대"라는 말이 삶의 형식들을 "아직 근대가 아닌" 상황으로 조건 지우는 "전-pre-"이란 접두어에 내장된 목적론을 수반한다면, 접두어 "전-"에서 혹은 "반-anti-"이란 부정성의 의미로부터가 아니라, 근대성들이 정의하는 구획되고 배치된 공간적 울타리에 한정되지 않는 "비근대

nonmodern"라는 개념 혹은 상상은 "그 밖의 곳들elsewheres"의 지각 가능성을 포착하게 한다[35]고 주장한다.

라바사에 따르면, 서구중심의 역사주의 시간의 바깥 시간과 공간, 즉 거기서 생성되는 "서구 담론들로 단순히 번역될 수 없는 시각들"을 가짐으로써, 그 '역사 없는' 사람들은 자기들에게 강요된 '결여'를 하나의 '생산적인 외부성a productive exteriority'으로 만들 수 있다. 다시 말해, 서구적이어서 보편의 이름으로 이식된 문명과 역사라는 기준에 대비하여 열등의 징표로서 부과되는 '부재'와 '결여'를 역으로 아래로부터 들어올려서, "구원, 문명화 사명, 민족의 형성, 발전 그리고 시장 경제의 역사들 속의 숨어있는 목적론을 포위하기 위한 실천으로, 내실 있게 전환할 수도 있다"는 이야기다. "비근대적인 것이란 서구에 의해 정의되어온 제도들과 역사적 사건들과 철학적 개념들에 특권을 부여해온 역사에 대한 근대적 개념들의 구획에 귀속되지 않는 '그 밖의 곳'으로 고려되어야 한다"[36]고 그는 강조한다.

지금까지의 논의를 정리해보자. 앞서 슈뢰르의 주장을 근거로 하여 출발한다면, '공간이란 무엇인가'라는 질문이 공간 그 자체의 본질에 집착함으로써 발생적 토대와 의의를 부차적 문제로 만들기 쉬우며, 그래서 다양한 공간 재현들이 지시하는 자명한 의미가 은폐하는 인위성 혹은 조작성과 그 배후, 그것이 획정 분리하는 경계, 그리고 그 너머를 따져야, 공간 이해에 제대로 다가설 수 있으리라고 논리적으로 확장해

---

35 J. Rabasa, *Without History-Subaltern Studies, the Zapatista Insurgency, and the Specter of History*, Pittsburgh : U of Pittsburgh P, 2010, p.5.

36 *Ibid.*, pp.3~5 참조.

볼 수 있다. 이런 필요성은 절대 공간 혹은 공간의 절대화가 약속하는 체계의 안정과 질서 유지를 통해 어김없이 발생되는 정치경제적 효과의 차별적 실현이라는 문제에서 더욱 절실하게 도출된다. 그것은 한편으로 항상 공통의 준거를 공언하는 경계 내 공간의 '공공적 성격'을 노출함으로써 유혹하고, 다른 편으로 그 실행을 통한 혜택 및 이익 수혜의 '편파적 성격'을 은폐함으로써 위협하는 가운데, 이익은 예외 없이 차별적으로 분리 실현된다는 모순에 토대를 두고 있다. 전자에서 조감도나 청사진 따위로 약속되지만 결코 도래하지 않을 미래 시공간이 추상적 수준에서 공간 내 구성원들의 무차별적 수렴을 유혹하며 공언한다면, 후자는 구체적 수준에서 관제 혹은 이익의 각종 네트워크를 동원하여 위협하면서 구성원들에 대한 차별적 감시, 관찰, 분류, 배제를 통해 관리 및 통제한다.

실천적 차원에서 본다면, 오랜 세월에 걸쳐 갈등, 경합, 교섭해온 전래의 로컬리티 정치에 침입함으로써, 공간 재현들의 다양성과 차이들을 일거에 말소할 수 있는 용기 공간관에 기초한 이데올로기들의 선동능력과 법·제도적 지배력이, 일상적으로 투명성을 공언하면서도 불투명한 막으로 가려져 눈에 보이지 않는다 하더라도, 언제 어디서나 가장 폭력적인 문제로 대두되고 있는 까닭도 이런 조건에서 나오는 것 같다. 그러므로 공언되는 사회적 개념들과 그 실행의 '간극' 혹은 '사이'라는 "어정쩡한 공간the halfway between"[37]을 만들어내는 경계에서, 비로소 공통의 소속 혹은 귀속 의식을 조작하는 인위적인 동(질)화 메커

37 H. K. Bhabha, *The Location of Culture*, London : Routledge, 1994, p.14.

니즘을 벗어나 공적인 것이 완전히 덮어쓰고 지울 수 없는 그 너머(의 것들 혹은 존재들)의 저력을 포착할 수 있으며, 또한 그 너머의 저력은 동(질)화 메커니즘을 '상대화'하고 지속적으로 차이를 만들어내는 문화정치적 관계 양식들임을 확인할 수 있다. 또한 그런 위치와 시각에서 '국가를 상대화하는' 오기순의 진술과 같이 마침내 국가의 패망에 직면하여서도 "내 일 같지 않았어"라고 말할 수 있지 않을까?

정신적 범주 혹은 / 그리고 물리적 경계 따위를 한정하는 작업으로서 공간적 실행이 야기하는 다양한 언어적 / 비언어적 재현들과 재현 불가능성 등의 문제들은, 이와 같은 장치들이 전제하고 있는 시공간에 대하여 비판적으로 논의하기 위해서라도, 그 구체적인 과정을 미시적으로 조명할 필요를 제기한다. 특히 구체적 시공간을 초월하는 추상적 시공간의 압도적 역량이 발휘되는 "로컬리티 (재)생산의 미시적 과정들에 대한 해명은, 오랜 동안의 착취와 배제로 인하여 경제적, 정치적, 제도적(공적 공간에서) 권력을 가질 수 없었던 사람(집단)들의 자기 입장과 시선을 만들어갈 수 있는 토대가 되고 창조적 참여의 문을 열어준다"[38]고 말할 수 있기 때문이다. 이것은 현장에서 다양하게 연계되거나 상충적으로 제시되는 표현들 혹은 재현들과 그 배후의 관계(역학)들을 중층적으로 이해할 필요성과 그 언어들이 지시하는 시공간뿐만 아니라 그 너머에서 생성되는 수행적 시공간까지 밝혀볼 필요성을 제시한다.

---

38 조명기 · 배윤기, 「로컬 지배 카르텔과 로컬 정체성 형성의 주체 투쟁 – 강원남부 폐광지 사북을 중심으로」, 『인문연구』 제62호, 영남대 인문과학연구소, 2011, 318쪽.

이런 논의는 결국 언어의 지시적 의미와 수행적 의미의 무매개적 일치가 어떤 시공간적 조건에서 통치 가능성the governable 형태를 이겨내고 교섭 가능성the negotiable의 형태로 열릴 수 있는가 하는 로컬리티 연구의 궁극적 요구[39]에 다가설 문턱을 만들기 위한 작업이 될 수 있다. 근대적 언어는 시공을 초월하여 실재한다고 가정되는 보편적 이념과 그것을 잣대로 현실을 이항대립의 가치 구도에 대입함으로써 그 정당성을 확보해왔다. '전제', '가정' 등이 발붙이지 못하는 경계 혹은 문턱은, 삶을 초월함으로써 생활과 사유에서 인간(성)의 본질에 이르기까지 삶 그 자체를 거주하는 관계로부터 분리 및 소외시키는 근대적 언어를 역으로 상대화할 수 있는 시공간이 될 수 있다. 따라서 나는 다양한 패턴들로 자기 모습을 구성하고 말하는 경계 혹은 문턱과 그 목소리들에 대한 구체적인 모색이 바로 로컬리티 인문학 연구의 비근대적이어서 '시대착오적'인 요구일 것이라고 생각한다.

앞서 논의되었던 바와 같이, 근대적 언어가 정의하는 의미 범주 혹은 경계의 칼날은 그 의미의 실현을 언제나 연기하는 한편으로, 항상 이상화되지만 늘 '도래하지 않는 시공간'에 부조리하게 혹은 도착적으로 거주함으로써, 구체적 관계 속에서 교섭되지 않는 일방적 강요를 통해 욕망을 언어적으로 은폐한다. 정신적 · 물질적 거주 공간의 강탈은 언제나 거주자들에게 제시되는 도래하지 않는 시공간에 대한 '기다림'을 하나의 덕목으로 교육하고 교화시킨다. 이에 따라 일그러지는

39 여기서의 주장은 로컬리티 연구 일반의 '궁극적 요구'라는 것이 아니라 내가 생각하는 '로컬리티 연구'의 궁극적 요구라는 말이다.

현재에 대한 '불만'이나 '일탈'은 부도덕, 결함, 비정상으로 간주되는 반면, 착하게 순종하는 근면한 '기다림'은 규범적이고 도덕적인 정당성을 사회적으로 부여받는다. 그리하여 스펙터클하게 이상화된 미래상에 대한 기다림의 불확실한 대가로 유혹하는 동시에, 미리 가정된 '전체', '국가', '사회'의 발전을 기다리지 못하고 로컬리티라는 관계 속에서 생성되는 현재의 요구에 충실하려는 자들을 '이기적'일뿐만 아니라 '불량' 혹은 '불온' 따위로 간주하며 위협할 수 있게 된다. 따라서 로컬리티-기반의 이야기하기는 언제나 사회적 대의를 위해 희생되어야 하고 박물학적으로 수집·기록·전시되거나 향토사나 지방문학(문화) 등을 통해 잃어버린 것에 대한 '향수'로 환원될 수 있을 뿐이다.

그러나 나는 바로 그런 로컬리티-기반의 언어가 이야기하는 시공간에서, "공적인 영역 그 자체"에 "의문을 제기하는 의식의 경계성liminality 경험", 즉 그 문턱, 경계, "정치적인 이야기가 비롯되는 바로 그 '장소'"에서 자기 "'삶의 중심에서부터' 말하기"[40]가 시작된다는 주장을 옹호하고 싶다. 그 장소는 공적 공간 혹은 사회적 공간의 폭력적 생산 과정에서 침묵화된 수용을 강요당했던, 그럼에도 불구하고 해독 불가능한 언어들이 지속적으로 분출되는 장소다. 그곳은 바로 서경식이 말하는 '자기가 살아가는 원점' 그리고 월터 미뇰로Walter D. Mignolo의 '자기 자리'[41]와 연결될 수 있을 것 같다. 또한 그곳은 앞의 장에서 살펴보았듯

---

40 H. K. Bhabha, *op.cit.*, p.14.

41 미뇰로는 자신의 책, W. D. Mignolo, *Local Histories / Global Design,* Princeton : Princeton UP, 2000, p.130에서 사유의 장소와 존재의 장소가 매개되지 않는 불가분의 관계를 강조한다. 그는 라틴아메리카를 지배하는 '권력의 식민성'이 거주하는 언어를 '자기 자리 바깥에서 말하기saying out of place'라고 부르고 이것이 민중들의 삶의 영역을 지배하지만 결

이, 배타적인 근대적 질서의 성립 이전의 시간과 공간에 대한 기억이자 흔적이다.

여기서 '이전'이라는 말은 단선적인 시간 계열 위에 펼쳐지는, 그래서 근대성과 그것이 제공하는 근대적 시선이 발견하고 그것의 칼날에 의해 잘려지고 선택되며 대체되기를 기다리고 있다고 가정되는, 근대 역사학이 수집하고 전시하기를 집착해온 단순한 '시간적 과거' 혹은 '전'근대가 아니다. 그것은 근대적 욕망이 추구하는 결코 도래하지 않을 시공간의 유혹 / 위협에도 불구하고, 자기 자리와 거기에 기반하는 시선을 놓치지 않는 '장소' 혹은 '계기'라고 생각할 수 있다. 그 '이전'이라는 시간성의 기억 혹은 흔적 배후에 담겨 있는 역사는 그래서 단순한 과거의 사실들이 아니다. 그 역사는 관계들 속에서 겪는 무수히 많은 현재들이 켜켜이 쌓여서 하나의 관점을 만들고, 문화를 만들어, 근대적인 혹은 근대화된 시선의 시야에 들어오지 않지만, '지금, 여기'를 구성하고 로컬리티-기반의 언어들과 목소리들을 생성하고 있는 시공간이다.

'지금, 여기'를 구성하는 로컬리티-기반의 관점 혹은 시점은 다양한 식민의 경험들을 성찰함으로써 부각될 수도 있다. 백인들 혹은 백인화된 유색인들의 국가와 역사를 상대화함으로써, "부족 사람들의 이야기와 이 장소의 이야기는 하나의 이야기"라면서, "이 장소를 떠올리지 않고는 아무도 우리를 떠올릴 수 없"[42]다고 말하는 아메리카 인디언의

국 자기들 공동체에 '어울리지 않는out of place' 모순적 상황을 재생산하고 있음을 비판하고 있다.

42 알폰소 오르티즈, 「인디언과 백인의 관계 -'프런티어' 반대편에서 바라본 관점」, 프레더

언어에서 감지될지도 모르겠다. "사실은 ('특권 없음'을 암시하는) '사용자'와 ('주변적임'을 암시하는) '거주민'의 가장 기본적 요구는 큰 어려움을 겪고서야만 표현을 할 수 있는"[43] 이야기들이다. 여기서 비평(가)으로서 연구(자)는 그렇게 이야기되는 '지금, 여기'에 어떻게 접근하고 이해할 것인가의 문제와 부닥치게 된다.

상황을 갈무리하자면 다음과 같다. 이를테면 "해석하는 특권을 행사해버리는 상대"[44]를 향하여 그들이 "역사를 원한다면 그들에게 그걸 주자. 그러면 우리들은 계속 춤출 수 있고, 방해받지 않고 우리 이야기를 나눌 수 있다"고 생각하는 인디언 프에블로 지도자들은 교육받은 자들이 "자신들과 관련된 정말로 중요한 것들을 하나라도 드러내 보일 수"[45] 없다고 본다는 것이다. 이와 유사한 맥락에 놓일 수 있는 흑인 민중들의 이야기 전술도 음미해볼 가치가 있을 것 같다. 이 이야기는 흑인 문화인류학자이며 소설가인 조라 닐 허스턴Zora Neale Hurston이 소개하는 오랜 현장연구의 경험담이다.

> 민간전승 문화를 수집하는 일은 말처럼 쉽지는 않다. 제일 훌륭한 원천은 바깥의 영향들이 최소인 장소다. 그리고 대체로 그런 곳의 사회적 혜택을 받지 못하고 살아가는 사람들은 극히 수줍어한다. 그들은 특히 혼soul이 함께 살고 있는 어떤 것을 드러낼 때 가장 꺼린다. 그리고 흑인들은 순진한

릭 혹시 · 피터 아이버슨 편, 유시주 역, 『미국사에 던지는 질문』, 영림카디널, 2000, 32쪽에서 재인용.

43 H. Lefebvre, *op.cit.*, p.362.

44 서경식, 앞의 글, 12쪽.

45 알폰소 오르티즈, 앞의 글, 31쪽.

얼굴의 웃음과 외견상의 묵인에도 불구하고 독특하게 포착하기 어려운 태도를 보인다 (…중략…)

우리(흑인들)의 전술 배후에 있는 이론은 이렇다. "백인은 언제나 다른 누군가의 일에 간섭하여 알려고 애쓴다. 좋다. 나는 그가 갖고 놀고 다룰 어떤 것을 내 마음의 문 바깥에 내놓겠다. 그는 나의 말들을 읽을 수 있지만 내 마음을 읽을 수 없다. 나는 이런 장난감을 그의 손에 쥐어주고, 그는 그걸 쥐고 떠난다. 그러고 나서 나는 나의 이야기를 하고 내 노래를 부른다."[46]

이런 포착하기 어려운 태도로 나타나는 전술은 보편적 지식에 의해 '특수' 혹은 '특이'라는 명칭으로 로컬화되는 사람들이 자기들을 타자화시키는 상대들이라면 누구에게나 자기 혼을 보호하기 위해 나타내는 전략적 반응으로 볼 수 있을 것이다. 왜냐하면 "지식이라는 권력을 가지고 있는 인간이 배우지 못한 사람들의 말을 문자화하고, 또는 언설화할 때에 '해석'이라는 특권을 행사하는" 까닭이며, 그럼에도 불구하고 "해석 당하는 쪽은 그것을 교정하거나 비판할 수 없는"[47] 때문이다. 또 한편으로 이런 체험적인 판단은 "공적인 것 밖에 모르는 인간에게는 중층화 되어 있는 밑바닥 세계의 말하기에는 도저히 생각이 미치지 못"[48]하는 생활적인 근거에서 나오는 것이다.

이런 조건에서 비판적 로컬리티 연구의 접근[49]은 이미 공간적 실행

46 B. Johnson, "Thresholds of Difference-Structures of Address in Zora Neale Hurston", Henry Louis Gates, Jr. · K. A. Appiah(eds.), *Zora Neale Hurston-Critical Perspectives Past and Present*, New York : Amistad, 1993, p.137에서 재인용.

47 서경식, 앞의 글, 12쪽.

48 위의 글, 10쪽.

에 의해 공적인 것들이 침투하여서 일상적 착취와 강탈의 체계화를 직・간접적으로 겪고 있는 로컬리티 정치에의 '개입적인 작업'이라고 할 수 있다. 그 연구의 주된 관심사가 자리의 전치 혹은 상실, 그로 말미암아 말을 꺼내지도 못한 채 무의식화되는 혼종의 공간, 공식적인 발언들이 조성하는 투명성의 공간 '그 너머' 불투명성의 경계 지대와 모호한 사이 공간과 사람들의 목소리 등이 되어야 할 필요가 있다고 하는 이글의 핵심 주장의 근거는 지금까지 논의된 맥락 안에서 도출될 수 있다. 또한 이런 '시대착오적인' 연구가 '동시대적인' 온전한 연구로 되기 위해서는 "자본주의(혹은 오늘날 세계 역사를 지배하는 과정에 우리가 다 이름을 부여하고자 한다면 무엇이든)가 생산 활동의 몰수로 향해 있었을 뿐만 아니라 또한 무엇보다도 언어 자체의, 인간 존재의 소통적 본성의, 소외로 향해 있었다는 사실을 고려해야 한다"[50]는 주장도 이와 같은 배경에 대한 성찰에서 비롯되는 것 같다.

근대화 이데올로기와 그 실행은 '너무나 객관적인' 공적인 공간의 형성과 확산, 그것의 '영광스런 발전'을 약속하는 사회적 대의를 위해 진행되어 왔다. 이런 가운데 본격적으로 펼쳐져온 초국적 자본(지식 정보, 품 시장을 포함하여)의 글로벌 확장에서 기인하는 로컬리티의 단순한 유행에의 편승이 아니라, 그에 대한 비판적 각성은 근대화 과정이 초래

49 배윤기, 앞의 글, 2012b, 350~356쪽 참조. 그 주요 선행 연구로서 김용규, 「로컬리티의 문화정치학과 비판적 로컬리티 연구」, 『한국민족문화』 32, 부산대 한국민족문화연구소, 2008, 41~49쪽에서, 김용규는 글로벌 맥락에서 풍부한 논거들을 바탕으로 비판적 로컬리티 연구의 논점들을 체계적으로 정초했다.

50 G. Agamben. Trans. Vincenzo Binetti・Cesare Casarino, *Means without End-Notes on Politics*. Minneapolis : U of Minnesota P, 2000, p.96.

해온 인간 삶의 더 많은 부분들에 대한 침해, 왜곡, 배제, 침묵화 등의 현실에 대한 주목 혹은 시선의 급진적인 전환일 수 있다. 내가 제안하는 로컬리티-기반의 이해는 그런 과정에서 사회적 혹은 민족-국가적 대의를 결한다고 간주되어 그로부터 밀려나는 '너무나 주관적인' 삶의 자리, 나의 자리, 생존과 그것을 떠받치기 위해 몸을 끌고 움직이고 노동하며 형성하는 관계, 거기서 일어나는 일을 '나의 일'로 공감하고 서로를 받아 안을 수 있는 관계, 그 위치를 토대로 말하는 목소리 등에 연구(자)의 눈과 귀를 맞추고 행하는 이해의 (불)가능성 탐색이라고 할 수 있을 것이다.

4. 로컬리티-기반의 이해, 그 (불)가능성

조르조 아감벤Giorgio Agamben은 동물들의 공동체와는 달리 인간들의 공동체의 정치는 사람들이 실존한다는 사실, 삶 그 자체를 함께 나누고 함께 지각함으로 구성되지만, 자본주의 사회 속에서는 "대상없는 나눔"이라는 동무들의 우정이 교환과 합의의 문제[51]로 전치 혹은 치환시키는 장치들에 의해 통치된다고 설명한다. 모든 장치는 동의체계의 형성과 연관되는 주체화 과정[52]을 내포하는데, "이 과정이 없다면 장치는 통치 장치로 기능할 수 없고 그저 폭력 행사가 되어버린다"[53]는

51 G. Agamben, *op.cit.*, 2009, pp.36~37.

52 아감벤은 인간적인 것을 생명(삶)으로부터 '분리'시킴으로써 근대적 주체가 탄생한다는 점을 반복적으로 지적하고 있다.

것이다. 주체화의 과정은 앞서 논의되었던 동의체계의 형성 과정과 직결된다고 볼 수 있다. 따라서 '교환과 합의'를 공언함에도 그것마저 법적 절차 혹은 요식의 '퍼즐 맞추기' 정도로 변모되었을 뿐만 아니라, 기성의 권력 관계를 확인하고 공고히 하는 편법과 독점이 공적영역을 체계적으로 장악한 현 단계의 과제는 "장치들이라는 수단에 의해 포획되는 동시에 분리되어 있는 그것을 공통의 사용으로 되돌려놓기 위해 해방시키는"[54] 일인지도 모른다. 이것이 바로 수단을 목적화하고 신성화하는 과정을 역전시켜, 수단을 위해 삶과 인간 그 자체까지 도구로 처리되는 논리를 방치하는 것이 아니라, 수단을 놀이 도구로 원위치 시키는 지난한 작업, 즉 세속화 혹은 신성 모독profanation이다.

이런 통치가능성의 근대적 공간을 '상품의 공간'으로 설명하는 르페브르는 "상품의 공간은 특수성들로 구성된 동질성으로 정의될" 수 있다고 주장한다. 상품화를 통해 '교환과 합의'의 관계로 투명하게 이해되는 공간은 "성격상 추상적인 동시에 구체적이다. 그것의 모든 구성부분들의 교환가능성이라는 이유를 제외하고는 전혀 존재하지 않기 때문에 추상적이며, 그것이 사회적으로 실재하고 마찬가지로 로컬화되기localized 때문에 구체적"이라고 설명한다. 이를테면 그 자체가 주체로 동질화되는 동시에 기능적 파편화로 로컬화되는 현대의 개인들과 사회적 공간은 상품으로서 (재)생산된다고 볼 수 있다. 이런 과정에서 불량(불순)하다고 정의되는 존재들을 사회적 공간으로부터 분리해

---

53 G. Agamben, *op.cit.*, 2009, p.19.
54 *Ibid.*, p.17.

냄으로써, 더욱 순수하고 투명하게 (재)생산되는 그 공간은 “동질적이지만 동시에 파편들로 부서지는” 모순적 특성을 드러내는 동시에 또한 은폐하는 공간[55]이다. 르페브르에 따르면, 이런 모순적 특성은 공간뿐만 아니라 인간 그 자체와 심지어 신체 각 부위에까지 적용된다. 교묘한 방식으로 억압적인 추상적 공간은 분류를 위한 환원, 기능적 로컬화, 위계와 격리의 부과 등을 통하여[56] 관리되고 통치되는 공간이다.

이와 같이 ‘통치되는 공간’은 포스트모던 논자들이 주장하듯이 주체의 소멸이나 지양이 아니라 오늘날 장치들의 무한증식에 의한 주체화와 탈주체화의 동시적 실행에 따라, 오히려 “주체의 산종散種”으로 구성된다. 이는 마치 “인격적 정체성에 늘 따라다니는 가면무도회의 모습”[57]과도 같은데, 다양한 장치들에의 귀속이 분리되어 불안정한 상황에 놓인 인간에게 위안과 “편안한 밤의 휴식”[58]을 제공하는 까닭이다. 인간(여성, 유색인, 피식민자)을 물건으로 간주하는 인종주의, 남성・백인우월주의, 유럽 중심주의 등 이데올로기들 또한 유사한 장치로서 그 기능을 실행한다.

추상적 동일성에 동일화identification함으로써 주체화되는 그 주체는 동질화의 코드가 제공하는 위치와 시각에서 상대를 물건으로 가정 혹은 간주할 수 있게 된다. 이런 주체 중심의 객관화objectification라는 사유는 “사람들을 물건으로 실제 변화시키는 것(죽이기 전에 그리 될 수 없다)

55 H. Lefebvre, *op.cit.*, pp.341~342.
56 *Ibid.*, p.318.
57 G. Agamben, *op.cit.*, 2009, p.15.
58 S. Hall, op.cit., pp.42~43.

이 아니라, 그들이 물건인 척하도록 만들고, 더 중요하게는 적어도 억압자들과의 관계 속에서라도 그런 가장을 내면화하도록 지속적으로 강요"[59]한다. 이런 메커니즘은 민족-국가의 발전을 위해 궁극적으로 자기를 버리도록 만드는 것과 마찬가지로 '영생'을 위해 '현재적 삶'을 양도하고 근면한 노동을 통해 스스로를 개량하면서 기다리고 인내하도록 유도하는 종교적 신앙의 메커니즘과도 유사하다.[60] 다시 말해 순수로 포장되는 투명성을 공언하는 일체의 추상화된 신성한 공적 공간은 일종의 '길들임의 책략'으로 기획되고 설계되지만 영원히 연기되며 도래하지 않는 공간이 된다.

하지만 그런 책략과 실행에도 불구하고 "공식적인 것과 거리를 둔 중층화된 형태로 독자의 세계를 형성하고" 있는 "구전 세계"와 "민중적 네트워크"[61]에 기반을 두는 공간은 여전히 존재하고 있음을 삶의 현장들이라면 어느 곳에서나 어렵지 않게 감지할 수 있다. 나는 그런 '독자의 세계'가 불투명하고 모호하며 혼종적이기 때문에 이해될 수 없고 통치될 수 없는 서발턴의 공간을 구성한다고 생각한다. 그러므로 동시대의 "이런 '통치될 수 없는 것(존재, 장소, 관계)들the Ungovernable'이야 말로

59 Richard, Schmitt, "Racism and Objectification-Reflections on Themes from Fanon", Lewis R. Gordon · T. Denean Sharpley-Whiting · R. T. White(eds.), *Fanon-A Critical Reader*, Oxford : Blackwell, 1996, pp.36~39 참조.

60 여기서 나는 일정 정도 막스 베버Max Weber 논의에 기대고 있는데, "자본주의적 종교"에 대한 흥미로운 논의는 하용삼, 「자본주의적 종교와 로컬리티의 세속화—G. 아감벤의 성스러운 것과 세속적인 것을 중심으로」, 『철학논총』 제69집 제3권, 새한철학회, 2012, 336쪽 참조. 여기서 그는 성스러운 것과 세속적인 것의 분리를 극단화하는 자본주의는 "세속적인 것을 더 이상 남겨두지 않을 정도에 이른다"고 주장하면서, 아감벤이 '종교적 자본주의"라고 부른 의미를 따져간다.

61 서경식, 앞의 글, 9쪽.

모든 정치의 시작인 동시에 소실점"[62]이라는 주장에 동의할 수 있다. 통치불가능의 존재들이 거주하는 동시에 지속적으로 침범에 노출되는 로컬리티의 정치에 비판적 개입을 기획하는 로컬리티 연구는 바로 이곳에서 비롯될 수 있지 않을까? 만약에 그렇다고 한다면, 이제 그런 공간에 어떻게 접근할 것이며 그 재현(불)가능성을 학문적으로 어떻게 다룰 것인가를 생각할 필요가 있다. 여기서 '통치 불가능한 것들'의 공간과 그 가능성에 대한 탐색이 또 하나 별도의 과제로 대두된다. 그렇지만 이글에서는 지금까지의 논의를 바탕으로 공간적 실행과 관련한 로컬리티-기반의 이해라는 문제를 간단히 정리하는 가운데, 그에 대한 문제제기를 분명히 함으로써, 향후 논의의 기초를 다져볼 필요에 호응할 필요가 있을 것 같다.

먼저 공간적 실행이라는 과정은 로컬리티의 (재)생산을 둘러싸고 조사, 계획, 입안, 실행되는 로컬화localization라고 할 수 있겠는데, 나는 다른 글에서 로컬리티를 다양한 공간적 지향들과 그 표현 및 재현들의 경합, 갈등, 교섭의 과정이라고 설명한 바 있다. 그 논의는 자본과 권력에 의해 이윤창출과 통치의 효율성을 목적으로 거주민들의 생각을 억압, 왜곡하거나 배제, 추방함으로써 이루어지는 로컬리티의 (재)생산을 '위로부터의 로컬화localization from above'라고 부른다. 그리고 이의 결과로서 생산되는 로컬리티의 정신적·물질적 경관을 '이식 로컬리티naturalized locality'라고 지칭한다. 한편, 거주(자)들의 참여와 교섭을 통하여 보다 나은 삶의 조건의 창출을 목적으로 진행되는 자기 주도적이

---

62 G. Agamben, *op.cit.*, 2009, p.24.

고 자기 준거적인 로컬리티 생산을 '아래로부터의 로컬화localization from below'라고 부르고, 이의 결과로서 성취되는 정신적·물질적 경관을 '생성 로컬리티generative locality'라고 설명[63]한다.

이 논의 구도에서 본다면, 일상적으로 일어나고 있는 일련의 로컬화들에 대한 접근(방법)으로서 로컬리티-기반의 이해이라는 말의 의미는 로컬리티라는 장소의 현재성을 구체적인 관계 속에서 새로운 관계로서 만들어가는 생성적 주체의 '자기 자리'이자, 이식된 주체에 의해 전치된 다른 어떤 자리가 아니라, 바로 그 자기 자리에서 눈을 뜨고 보는 시각을 뜻한다. 마침내 여기서 학문적 근대성이 제공하는 이론의 자리와 거기서 공급되고 이식되는 시각이 비판적으로 논의되고 또 제대로 성찰될 수 있다. 왜냐하면 학문적 언어의 자리에서 로컬 언어는 이해되기 어렵기 때문이다. 이른바 '지역학' 혹은 '지방학'이라고 불리는 관행적 로컬리티 연구에서 로컬리티를 행정 구역인 '지방'이나 실물적인 '지역'과 단순히 등치시키는 경우들과 마찬가지로, 로컬 언어를 '사투리' 혹은 '방언' 정도로 편리하게 대체하는 경우도 빈번한데, 이 또한 학문적 식민성의 표현이 될 가능성이 다분하다. 내가 말하는 '로컬 언어'란, 그것들을 기계적으로 배제할 수는 없겠지만, 무엇보다 중요한 점은 그 언어의 준거가 '언제', '어디'인지 하는 시공간의 문제와 그 언어를 사용하는 사람들의 생성적 관계 문제를 변함없이 제기하고 있는 근대화의 동질/파편화에 의해 일종의 '백지상태tabula rasa'로 가정되어온

63 배윤기, 「의식의 공간으로서의 로컬리티와 로컬리티의 정치」, 『로컬리티 인문학』 3, 부산대 한국민족문화연구소, 2010, 107~138쪽 참조.

'장소' 혹은 '집'이며, 자리와 시선을 달리해서 본다면, 이는 곧 그럼에도 불구하고 서로 분리되지 않고 될 수도 없는 무매개적 관계 속 언어(의 자리)이다.

요컨대 로컬 언어의 시공간을 달리 표현한다면, 현대적 공간 정치의 과정에서 추방된 '나'와 '관계'를 되찾는 '지금, 여기'라고 할 수 있다. 로컬 언어는, 보편을 자처하는 중심의 확산으로서 위로부터의 로컬화를 선도하는 추상적 관념을 유통하는 언어가 아니라, 그 '신성한' 공적 영역에서 밀려난 '신성모독의' 로컬리티에서 생성되는 구체적 삶과 관계를 살아가는 언어이다. 따라서 로컬리티-기반의 이해는 로컬 언어에 대한, 그리고 로컬 언어가 재현하는 삶들과 그 존재 기반으로서 관계들의 다양한 무늬들에 대한, 이해 (불)가능성을 다양한 방식으로 노출시킴으로써, 역설적으로 (근대)학문적 연구의 경계 혹은 한계를 드러내는 작업일 수도 있다.

참고문헌

김용규, 「로컬리티의 문화정치학과 비판적 로컬리티 연구」, 『한국민족문화』 32, 부산대 한국민족문화연구소, 2008.

배윤기, 「의식의 공간으로서의 로컬리티와 로컬리티의 정치」, 『로컬리티 인문학』 3, 부산대 한국민족문화연구소, 2010.

______, 「경계 밖에서 만난 로컬리티」, 『로컬리티 인문학』 7, 부산대 한국민족문화연구소, 2012a.

______, 「제주해군기지 건설에 대한 로컬－기반의 이해와 로컬리티의 정치」, 『한국민족문화』 43, 부산대 한국민족문화연구소, 2012b.

서경식, 「월경자越境者에 있어 모어母語와 읽고 쓰기－어느 재일조선인 1세 여성의 경험으로부터」(부산대 인문학연구소 연속기획특강 발표문), 2012.

오르티즈, 알폰소, 「인디언과 백인의 관계－'프런티어' 반대편에서 바라본 관점」, 혹시, 프레더릭 · 아이버슨, 피터 편, 유시주 역, 『미국사에 던지는 질문』, 서울 : 영림카디널, 2000.

조명기 · 배윤기, 「로컬 지배 카르텔과 로컬 정체성 형성의 주체 투쟁－강원남부 폐광지 사북을 중심으로」, 『인문연구』 제62호, 영남대 인문과학연구소, 2011.

하용삼, 「자본주의적 종교와 로컬리티의 세속화－G, 아감벤의 성스러운 것과 세속적인 것을 중심으로」, 『철학논총』, 제69집 제3권, 새한철학회, 2012.

모어, 토머스, 『유토피아』, 돋을새김, 2006.

바우만, 지그문트, 정일준 역, 『쓰레기가 된 삶들－모더니티와 그 추방자들』, 서울 : 새물결, 2008.

슈뢰르, 마르쿠스, 정인모 · 배정희 역, 『공간, 장소, 경계－공간의 사회학 이론 정립을 위하여』, 서울 : 에코리브르, 2010.

엥겔스, F., 김정수 역, 『주택 · 토지문제』, 서울 : 두레, 1990.

와트, 이언, 이시연 외역, 『근대 개인주의 신화』, 서울 : 문학동네, 2004.

Hall, Stuart, "Old and New Identities, Old and New Ethnicities", Anthony D. King(ed.), *Culture, Globalization and the World-System*, Minneapolis : U of Minnesota P, 1997.

Johnson, Barbara, "Thresholds of Difference-Structures of Address in Zora Neale Hurston", Henry Louis Gates, Jr. · K. A. Appiah(eds.), *Zora Neale Hurston-Critical Perspectives Past and Present*, New York : Amistad, 1993.

Leerssen, Joep, "The Poetics and Anthropology of National Character(1500～2000)", Manfred Beller · Joep Leerssen(eds.), *Imagology-The Cultural Construction and Literary Representation of National Characters*, Amsterdam : Rodopi, 2007.

Marzec, Robert P., "Enclosures, Colonization, and the *Robinson Crusoe* Syndrome-A Genealogy of Land in a Global Context", *boundary 2*, summer 29(2). 2002.

Schmitt, Richard, "Racism and Objectification-eflections on Themes from Fanon", Lewis R. Gordon · T. Denean Sharpley-Whiting · R. T. White(eds.), *Fanon-A Critical Reader*, Oxford : Blackwell, 1996.

Agamben, Giorgio, Trans. Vincenzo Binetti · Cesare Casarino, *Means without End-Notes on Politics*, Minneapolis : U of Minnesota P, 2000.

______________, Trans. David Kishik · Stefan Pedatella, *What Is an Apparatus?* Stanford : Stanford UP, 2009.

Bhabha, Homi K., *The Location of Culture*, London : Routledge, 1994.

Lawrence, D. H., *Studies in Classic American Literature*, New York : Penguin, 1978.

Lefebvre, Henri, Trans. Donald Nicholson-Smith, *The Production of Space*, Oxford : Blackwell, 1991.

Rabasa, José, *Without History-Subaltern Studies, the Zapatista Insurgency, and the Specter of History*, Pittsburgh : U of Pittsburgh P, 2010.

김소진 소설에 나타난 도시 주변 공간의 로컬리티*

『장석조네 사람들』을 중심으로

조명기

1. 김소진과 도시 주변 공간

김소진 소설에 대한 기존 연구는 아비에 대한 아들의 시선·태도 결정의 문제에 집중해 왔다. 「개흘레꾼」을 비롯해 대표작으로 꼽히는 그의 소설들이 이 문제에 집중해 있을 뿐만 아니라, "내가 매달릴 최후의 보루는 무엇일까. / 글쎄 아마 아버지가 아닐까. 이 열 개의 이야기 속에는 다행히도 아버지 얘기가 한편 들어가 있다. 내숭처럼"[1]이라는 작가의 고백 또한 이런 연구 경향에 든든한 응원군이 되었다. 의식적이

---

* 이 글은 「김소진 소설에 나타난 도시 주변 공간의 로컬리티」, 『현대문학이론연구』 43집, 현대문학이론학회, 2010.12를 수정한 것이다.

1 김소진, 「작가의 말」, 『장석조네 사람들』, 고려원, 1995, 8쪽. 이하 『장석조네 사람들』에서 인용할 때는 쪽수만 기입.

든 무의식적이든, 이런 시각은 김소진의 소설을 세대론의 범주 안에 고정시켰다.

1990년대의 세대론은 공간의 고착성・절대성에 뿌리를 두고 있었으며 그에 대한 연구들 또한 마찬가지였다. 1990년대의 세대론은 민족국가 단위를 의심할 수 없는 절대적인 근거로 삼고 있었다. 신자유주의・자본제적 세계화가 세계질서를 급격히 변화 혹은 고착화하는 데 적극 반응할 때조차도 그 주체는 여전히 민족국가였다. 민중문학 또한 일차적인 당위적 가치를 국가단위에서 실현하고자 했으며, 신세대작가군이라는 개념 역시 민족국가라는 공간의 절대성을 전제한 것이었다. 그럼에도 불구하고, 1990년대의 세대론과 이와 관련된 연구들은 그 대전제인 공간의 고착성・절대성에 어떠한 문제도 제기하지 않음으로써 상상의 공동체인 민족국가를 자연화하는 데 기여했다. 사소설이 득세한 1990년대 문학에서 김소진의 소설을 리얼리즘 소설로 평가할 때의 시선 또한 상상의 공동체에 대한 의문은 포함하지 않았다.

김소진 소설의 미덕이라면, 1980년대의 시대적 상황에 적극 참여하지 못했다는 자괴감을 후일담소설을 통해 벌충한 후 급격히 사소설로 전환해가는 대신, 이 전환의 연결고리 즉 국가단위의 추상적인 거대담론이 배제하고 외면했던 것들, 거대담론과 깊이 연관되어 있으면서도 거대담론에 의해 침탈되고 타자화되었던 것들을 탐착했다는 점이다. 김소진은 "모든 것을 가볍게 만듦으로써 이루어지는 새로움이 과연 무슨 의미인가!"[2]라며 신세대문학에 대해 회의를 표하기도 했다. 시대적

---

2 김소진, 「절망과 희망이 공존하는 90년대 한국문학」, 『그리운 동방』, 문학동네, 2002b,

변화에 동승하여 거대담론이 추방하고 배제했던 것들을 사후적으로 향유하는 태도가 아니라는 점, 나아가 배제의 방식과 배제물들의 존재 양태에 주목하고자 했다는 점이 그의 소설을 리얼리즘 소설로 평가할 수 있는 중요한 이유였다.[3]

1990년대의 신세대문학에는 공간 인식에 대한 근원적인 변화가 내장되어 있는데, 민족국가 단위와 배면관계에 있는 사적 공간으로의 급속한 이동이 그것이다. 추상적인 공적 공간과 구체적이고 개별적인 사적 공간 사이의 단절을 세대론이라 명명했다면, 김소진의 리얼리즘 소설은 이 두 공간의 연결고리에 주목했다고 할 수 있는데 로컬[4]이 여기에 해당한다. 로컬은 태생적으로, 개개의 신체가 거주하고 활동하는 선험적인 공간, 상위 공간이나 타 로컬과 관계지어지기 이전부터 개인의 신체와 삶을 조건 짓는 공간이다. 따라서 로컬리티는 '지금 여기'에 대한 관심과 집중에서 출발한다. 그러나, 제도적・담론적 구성물이기도 한 로컬[5]의 사회・문화적 제 문제와 가능성은 현재의 물질적・사회적 관계와 미래에 대한 당위적 가치의 발원에 의해 조건 지어진다. 타자화되었던 로컬이 가능성의 대안으로 부상하고 있는 현시점에서, 김

323쪽.

3 안찬수, 「상처와 기억과 생리적인 것－김소진의 초상화를 그리기 위하여」, 『문학동네』, 1997 가을, 154쪽 참조.

4 로컬은 '지역'을 기본단위로 하지만, 단위의 설정 범위는 유동적이다. 로컬은 특정 국민국가 내의 지역이 될 수도 있고, 세계 내의 국가가 될 수도 있다. 즉 로컬은 특정 공간 내부에 존재하는 일정한 작은 공간을 지칭한다. 이때 상위 공간과 하위 공간의 물리적 크기는 고정되지 않으며, 상하관계에 따라 로컬의 크기 또한 유동적으로 결정된다. 이재봉, 「'내지內地'의 논리와 근대 초기 조선의 글쓰기」, 『한국민족문화』 37, 부산대 한국민족문화연구소, 2010.7, 113～114쪽 참조.

5 김용규, 「로컬리티의 문화정치학과 비판적 로컬리티 연구」, 부산대 한국민족문화연구소 편, 『로컬리티, 인문학의 새로운 지평』, 혜안, 2009, 83쪽 참조.

소진의 소설은 주체적인 로컬의 물질적·인식적 토대를 모색하는 데 도움이 될 것이다.

나아가 김소진 소설은 세대론이라는 명명 행위 자체에 대한 반성과 성찰을 공간적 측면에서 제기한다는 점에서도 유용한 텍스트가 된다. 1990년대를 거센 세대론의 시대로 명명하는 행위는, 거대한 공적 공간에서 사적 공간으로의 이동을 시대의 자연스런 추세로 규정하는 행위인 동시에 이런 의미 규정을 자유와 개성이라는 이름 아래 은닉하는 행위였다. 김소진의 소설은 이런 추세에 제동장치로 기능한다는 점에서 의의를 갖는다. 왜냐하면 사적 공간의 확대는 신자유주의·자본제적 세계화와 밀접하게 맞닿아 있기 때문이다. 그의 소설은 신세대작가군들과는 달리, 사적 공간의 확대를 문학적으로 선언하고 향유하는 대신 공적 공간과 사적 공간의 팽팽한 긴장관계에 주목한다. 그는 두 공간 사이의 긴장과 갈등이 편재되어 진행되는 공간으로 도시 주변 공간[6]에 주목한다.

연작 장편소설 『장석조네 사람들』은 도시 주변 공간을 집중적으로 그린 작품이다.[7] 『난장이가 쏘아올린 작은 공』을 비롯해 한국소설사에서 도시 주변 공간을 다룬 작품은 많았다. 그러나, 『장석조네 사람들』은 거대담론의 시대에서 사적 담론의 시대와 전환되는 시기의 작

6 여기서 도시 주변 공간이란, 산업화·도시화로 인한 도시 팽창의 과정에서 도시의 일부로 편입되기는 했지만 물리적·경제적·계급적·인식적 측면에서 도시 중심부로 인정받지 못하고 상대적으로 소외된 공간, 주로 하층민이 집단적으로 거주하는 공간을 범박하게 가리킨다. 산동네나 달동네 등을 도시 주변 공간의 예로 들 수 있을 것이다.

7 진정석, 「지속되는 삶, 끝나지 않은 이야기」, 『장석조네 사람들』, 문학동네, 2002, 264~265쪽 참조.

품이며, 앞서 언급한 대로 전환의 결과를 추수적으로 향유한 것이 아니라 전환의 토대를 주체적으로 그리고 공간적 측면에서 살펴보고자 했다는 점[8]에서 주목된다. 이 글은 『장석조네 사람들』을 텍스트로 삼아 '지금 여기'의 시각 즉 로컬의 주체성에 기반하여 도시 주변 공간의 로컬리티를 살펴볼 것이다.

2. 공간의 관계구조와 그 실천

1) 공간의 대립적 양분과 지향성

「비운의 육손이 형」과 「두 장의 사진으로 남은 아버지」는 『장석조네 사람들』의 여타 에피소드들이 일상적인 차원의 얘기들에 시선을 집중[9]할 수 있는 물리적, 인식적 토대를 제공한다. 우선, 「비운의 육손이 형」은 도시 주변인들이 세계를 인식하기 위해 분할하는 방식, 그리고 그들이 이해하는 두 공간의 성격을 잘 보여준다. '나'는 동네 다른 형들의 예를 들면서 강광수에게 "지긋지긋한 산동네를 미련없이 뜨라고 부추"(54쪽)긴다.

> 내라고 한번 눈 딱 감고 튀어 볼 깜냥이 왜 없었겠냐? 허지만 바깥세상은

---

8 김만수는, 김소진이 도시 주변인을 다루는 이유는 80년대적 모순이 지금까지 이어지고 있을 뿐만 아니라 오히려 심화되고 있다는 생각 때문이라고 설명한다. 김만수, 「가난이 남긴 것」, 『자전거 도둑』, 문학동네, 2002, 459쪽 참조.

9 이동하, 「언어의 잔치와 따뜻한 인도주의」, 『장석조네 사람들』, 고려원, 1995, 268쪽.

> 너 말이야, 생각보다 훨씬 무섭단다. 난 알지. 문둥이가 얼라들 간 빼 묵듯 사람 진을 쪽쪽 빼 묵는 곳이야. (…중략…) 바깥에서는 이 등치가 말짱 도루묵이다 너? 도통 안 쳐 줘. 여기선 그래도 허드렛일에라도 내가 쓸모가 있잖니? 제 밥값은 하고 산다는 말은 듣잖니? / (…중략…) / 쉽게 봐서 여그 풀 먹는 소가 있다고 쳐 불래? 우리네가 보기엔 허섭쓰레기 같은 퀴퀴한 여물이라도 그걸 몇 함지씩 먹어 치우는 게 낫지, 암만 달착지근하고 고소한 맛으로 따져서 오른쪽에 갖다 댈 게 없다는 미루꾸(밀크 캐러멜)라지만 그걸 끼니 때마다 고작 서넛씩 감질나게 던져 준다고 상상이나 해 봐라.(55~56쪽)

"지긋지긋한 산동네"와 "바깥세상"의 이원적 공간 분할이라는 점에서 '나'와 강광수가 세계를 인식하는 방식은 동일하다. 이를 전제로 강광수는 두 공간을 "허섭쓰레기 같은 퀴퀴한 여물"과 "달착지근하고 고소한" 밀크 캐러멜로, 허드렛일에라도 쓸모가 있는 곳과 "사람 진을 쪽쪽 빼 묵는" 무서운 곳으로 설명한다.

「비운의 육손이 형」은 "달착지근하고 고소"하지만 "사람 진을 쪽쪽 빼 묵는" 바깥세상을 대학, 프로레슬링, 복면 등의 표상체를 통해 형상화한다. '내'가 "지긋지긋한 산동네"에서 탈출하기 위해 "그 길로 뒷돌산으로 달음박질"(56쪽)하여 도착하는 곳은 대학이다. 바깥세상의 제유적 공간인 대학은 "5공 초기의 학정을 뚫고" "수업 거부, 중간고사 거부"에 참여하는 비율이 "계속해서 구십 퍼센트에 육박"(56쪽)하는 거대담론의 공간이다. "듣기에 따라선 별거 아닌 거 같"은 백골단의 성희롱이 "우리(학생들 – 인용자)에겐 좋은 건수"(59쪽)로 간주될 수 있는 이유도 대학이 거대담론의 공간이기 때문이다. 공간의 이원적 분할은 인물의 양가성으로 이어진다.

> 집안에서는 이렇게 형편없이 구겨지는 아버지였지만 바깥으로는 아주 의연한 태도를 견지하고 있었다.(133쪽)
>
> 아버지의 이 두 모습은 도무지 하나로 겹쳐질 수 없는 불가해성을 지닌 것들이었다. 곧이라도 바스라질 것만 같은 얼굴 표정과 단호한 권력의지를 지닌 표정 사이에는 손톱만큼의 연관성도 찾아볼 수 없었다.(122쪽)

「두 장의 사진으로 남은 아버지」의 "바깥"과 "집안"은 공간의 물리적 크기와 성격 차이에도 불구하고, 이원적 분할 공간이라는 점에서 「비운의 육손이 형」의 "바깥세상"과 "산동네"와 유사한 의미를 갖는다. 바깥은 대통령선거인단 선거에 참여한 야당 입후보자로서 유권자와 맺은 약속은 끝까지 지켜야 한다는 "어떤 의지에 찬 자신감"(122쪽)의 거대담론 공간이며, 집안은 "세상살이에 지치고 짓눌린 삶의 표정을 지닌 사람"(121쪽)의 공간 · 정치 전단을 돌리다 추워지면 슬그머니 숨어드는, 도전盜電 때문에 따듯한 골방의 공간이다. 아버지는 "손톱만큼의 연관성도 찾아볼 수 없는" 상반된 두 공간에 동시에 존재하며, '나'의 "혼돈"은 "두 모습 가운데 어느 쪽을 선택해야"(122쪽) 한다는 데 기인한다. 또한 「비운의 육손이 형」의 '내'가 산동네에서 대학으로 탈출하듯, 「두 장의 사진으로 남은 아버지」의 '나'는 "자꾸만 벽보 속의 아버지를 내 기억의 중심에다 꾸역꾸역 가져다 놓으려고"(122쪽) 애쓴다. 결국, '나'는 거대담론의 공간을 선망하는 태도를 보여주는 것이다. 두 에피소드는 극단적으로 양분된 두 공간의 성격과 등장인물들의 공간 선택이라는 문제를 보여준다.

2) 거대담론과 저항성—복면과 침묵

바깥세상의 또 다른 제유인 프로레슬링은 그곳의 폭력성과 허위성을 적나라하게 드러내는 기제이다. 백골단의 일원으로 대학에 진입한 강광수는 "매트에 오른 레슬링 선수처럼 어깨를 한껏 부풀려서는 상대방을 두 손으로 붙들고 들이받는 시늉"(64쪽)을 한다. 민주화투쟁의 공간인 대학 내 시위현장은 그에게 있어 프로레슬링의 세계와 별다르지 않다. 그런데, 프로레슬링의 세계는 그의 고백처럼 쇼의 세계이다.[10] 쇼의 성격은 복면을 통해 구체화된다.

> 술에 취하니깐 그때 광수 형, 아니 흑표범이 복면을 벗기우던 경기 장면만은 또렷이 떠올랐다. (…중략…) 그들은 이마에 다들 많은 피를 흘리고 있었다. 관중들이나 시청자들은 그들이 흑표범의 흉기를 사용한 반칙에 당했기 때문이라고 믿고 있었다. 관중들은 아우성쳤다. 흑표범의 복면 속에 흉기가 감춰져 있다! 복면을 벗겨 내라! 흑표범을 죽여라! (…중략…) 흑표범의 복면을 벗기기 위해서는 상대팀의 반칙도 정당화되었다. (…중략…) / 드디어 복면은 벗겨졌다. 그러나 그 안에서는 아무런 흉기도 나오지 않았다. / (…중략…) / 복면을 하고 나온 선수는 일단 어떻든지간에 복

10 "쇼? 허허 그럼 쇼지. 근데 쇼가 어때서? 쇼는 …… 쇼야 ……."(67쪽)

면을 벗게 되면 말이야, (…중략…) 그러면 선수 생활이 그것으로 끝장이야.(65~66쪽)

복면은 흉기를 감추기 위한 도구라기보다는 특정한 성격을 부여하기 위한 도구이다. 복면은 강광수에게 흑표범이라는 이름을 부여하면서 반칙을 하기 위한 흉기를 감추었다는 의심에 알리바이를 제공한다. 흉기 소지 여부와는 상관없이 복면은 그 자체로 흉기 소지의 명백한 근거가 된다. 복면은 강광수에게는 반칙·희생양·악한이라는 성격을, 복면을 쓰지 않은 선수에게는 반칙도 정당한 "의기양양"(66쪽)한 영웅이란 성격을 부여한다. 복면은 악한과 영웅을 규정하는 유일한 근거이다. 복면에 이런 기능을 요구하고 부가하는 이는 아우성치는 관중들이며 더 근본적으로는 관중을 아우성치도록 만드는 이원적 대립구조이다.

강광수가 복면을 통해 악한이란 성격을 부여받은 대가는 "손끝이 짜릿하던 목돈, 비싼 술, 요정에 있는 계집들의 그 낭창낭창한 허리, 꿀물을 탄 자리끼 사발 따위의 그 달콤한 맛"(67쪽)이다. 반면, 백골단의 일원으로 대학에 진입한 강광수를 대학생들은 "인간 백정"(58쪽)이라 지칭하면서 테러의 표적으로 지목한다. 그의 신체는 괴기스러움과 연결되고,[11] 그의 행위는 "부도덕한 정권의 하수인 노릇", "각성되지 못한 우리 민중들의 엄연한 자화상",(58쪽) "좋은 건수"로 설명된다. 자본주

---

11 "키가 적어도 이 미터에서 손가락 한 마디쯤 빠질까? 웬만한 어른 주먹만한 뭉툭코에다 시커멓게 죽은 이가 다 드러나 보이도록 히벌쭉하게 웃는 괴기한 웃음하며 남자인 내가 봐도 징그러워 닭살이 돋겠더라구."(58쪽)

의 사회의 오락거리에서건 부정한 정권에 저항하는 시위현장에서건, 바깥세상의 사람들은 그를 희생양으로 삼아 이데올로기적 효과를 창출해낸다.

바깥세상이 복면을 통해 역할을 부여하는 모습은 「두 장의 사진으로 남은 아버지」에서도 반복된다. 대통령선거인단 선거에 입후보하기 전 '나'의 아버지는 "말로는 민주선거라곤 하지만 다 쇼다, 쇼"(123쪽)라고 단정하다. 아버지는 "차기대 씨의 대역으로 급작스레 발탁"(122쪽)되어 입후보하지만, 이는 차기대가 "뭔가 거래를 이"루기 위해 "입후보를 정략적으로 이용"(133쪽)하기 위한 방책에 불과하다. 즉, 아버지의 입후보는 역할 대행을 위한 복면의 성격을 띤다.[12]

바깥세상은 "달콤한 맛"을 유인책으로 삼아 강광수와 아버지에게 복면을 요구하지만 이들은 복면 뒤에 숨어 있는 무서운 폭력을 경험한다. 이를 가장 극단적으로 형상화한 소설은 「개흘레꾼」이다.[13]

> 아버지는 테제도 그렇다고 안티테제도 아니었다.[14]
>
> 재갈을 풀어주면서리 막무가내로 어느 편이냐고 대라는 게야. 말인즉슨 이쪽에 남겠다 그랬는지 도루 가갔다고 했는지 불라는 건데 첨엔 다짜고짜로 끌려와서리 눈까지 척가리고 나니 어드메 편에서 끌어다놨는지 도무지

12 「빵」에서도 바깥세상의 복면이 등장한다. 산동네에 살고 있는 고영만은 "관의 잘못된 관행과 횡포"(258쪽)를 규탄하기 위해 지붕에 올라 시위를 한다. 경찰은 청소부를 서울시장으로 위장하여 고영만의 요구를 들어주는 척하며 시위를 종결짓는다.

13 「개흘레꾼」은 『장석조네 사람들』에 포함된 소설이 아니다. 그러나 이 글의 논지 전개를 위해 텍스트에 포함시킨다.

14 김소진, 「개흘레꾼」, 『열린 사회와 그 적들』, 문학동네, 2002, 398쪽.

> 알 수가 있어야지. 맞출 기회는 반반인데 기거이 목숨이 걸린 판국이니 아흔아홉 대 일이래두 살이 불불 떨릴 텐데 말이야. 어디 입이 떨어지갔니? 일단은 버티고 보자고 대꾸 않는다고 쏟아지는 매를 견뎠지. (…중략…) 그 보따리를 숨긴 델 불지 않으면 개를 시켜서 이거를 물어뜯겠다는 게야. 세상에 …… / (…중략…) / 너라면 어찌했겠네? 이 …… 걸 …… 떼주갔니, 아니믄 동지들의 피땀인 보따리를 내놓갔니? / 아버지는 내 대답을 기다리지 않았다.(411~412쪽)

우선, 「두 장의 사진으로 남은 아버지」와 마찬가지로 「개흘레꾼」은 회고의 형식으로 서술되고 있다는 점에 주목할 필요가 있다.[15] 서술하는 '나'와 서술되는 '나' 사이엔 시간적 · 인식적 간격이 존재한다. 서술되는 자아가 아버지에게 요구하는 것은 테제나 안티테제로서의 가치다. 그러나 서술하는 자아는 서술되는 자아의 태도를 고수하지 않는다. "굳이 변명하자면 내가 대학생활을 보냈던 팔십년대는 움직일 수 없는 냉전체제 아래였다고나 할까. 그것이 내 사고방식을 크게, 그리고 분명히 규정했으리라"(398쪽)에서 알 수 있듯, 전자는 오히려 후자의 이러한 태도는 바깥세상의 인식태도가 내재화된 결과라고 분석한다. 서술되는 자아가 아버지에게 테제 혹은 안티테제의 역할을 요구하는 것은 바깥세상의 냉전이데올로기를 학습한 결과라는 것이다. 바깥세상은 이쪽 혹은 저쪽(테제 혹은 안티테제)이라는 이원적 선택 가능항 중

---

15 민새온, 「김소진 소설 연구—기억의 서사화 양상을 중심으로」, 조선대 석사논문, 2009, 32쪽 참조.

에서 하나를 선택하여 진술할 것을 강요한다. 생사 여부 혹은 거세 여부를 결정할 진술을 강요당하는 장면에 대한 아버지의 폭로는, 냉전이데올로기를 가장 폭력적인 형태로 경험한 원체험에 대한 고백인 동시에 현재 '나'의 의문 즉 "앞으로도 개흘레를 계속 붙이실 참인가요?"(408쪽)라는 질문과 히틀러(셰퍼드)가 사라진 연유에 대한 아버지 나름의 대답에 해당한다. 「두 장의 사진으로 남은 아버지」에서 철기가 "이것이 우리의 자화상이야. 빙점하의 붕어새끼"(128쪽)라고 자조하면서 자살하는 이유도, 「개흘레꾼」에서 셰퍼드로 표상된 이원적 대립구조의 폭력이 절대적이고 위력적이기 때문이다.[16]

서술되는 자아의 테제로 인정받지는 못하지만, 강광수와 아버지는 바깥세상의 폭력에 저항하는 모습을 보인다. 저항은 바깥세상의 폭력이 구체적으로 행사되는 지점인 복면을 통해 이루어진다. 복면을 쓴 강광수는 "이기지 말아야 할 게임을 이"기면서 "경기를 망쳐" 놓는데, "복면을 벗기운 것은 그 대가"이다. "복면을 하고 나온 선수는 일단 어떻든지간에 복면을 벗게 되면" "선수 생활은 그것으로 끝장"(66쪽)이다. 경기의 승패는 이미 예정되어 있는데, 복면을 한 악한이 패배자가 되어야 한다. 그러나 "수많은 관중들의 환호성"에 도취된 결과, 비의도적이지만 강광수는 복면의 역할을 제대로 수행하지 못함으로써 바깥세상의 기획력에 흠집을 낸다.

「개흘레꾼」과 「두 장의 사진으로 남은 아버지」에서 아버지의 저항

---

16 셰퍼드는 「빵」에도 등장한다. 취로사업의 대가로 썩은 밀가루를 배분하거나 밀가루 배분을 지연하는 동사무소에 사람들이 항의할 때, 셰퍼드는 사람들을 위협하고 제어하는 역할을 한다.

은 조금 더 적극적이고 의식적이다. 「개흘레꾼」의 아버지는 이쪽과 저쪽 중 어디를 선택했는지 진술하기를 종용하는 바깥세상의 힘 앞에 굴복하지 않는다. 그는 셰퍼드의 거세 위협 앞에서도 진술을 거부함으로써 목숨과 돈보따리를 지켜낸다. 이때 그의 저항은 바깥세상의 구조적 폭력에 대한 성찰에서 나온 것이 아니다. 당시 28살이던 액자 속 그는 앞에총에 담긴 이데올로기적 의미나 효과에 대해 무지한 인물이다. "그것(돈 보따리-인용자)을 뺏기고서는 어차피 죽은 목숨이겠다 싶어서 이판사판으로 뻗"(412쪽)댔을 뿐이다. 그러나 그의 진술 거부 행위 즉 침묵은 이쪽과 저쪽이라는 이원적 구조 속에 갇힌 "빙점하의 붕어새끼"라는 운명을 거부하는 행위임에 분명하며, 이원적 대립구조에 매몰되어 있는 바깥세상에 맞서 미결성[17]의 공간을 창조적으로 생성하는 행위이다. 더구나 액자 밖 지금 '나'의 아버지는 '나'를 이원적 대립구조 속에 갇힌 "빙점하의 붕어새끼"로 만들지 않으려는 노력까지 보인다. 앞의 인용문에서 보았듯, 아버지는 '나'를 과거 자신의 처지로 옮겨놓는 질문을 한다. 그러나 그는 '나'의 대답을 기다리지 않고 자신의 말을 잇는다. 과거의 그가 처했던 곤경에 '내'가 빠지지 않는 이유는 그가 '나'에게 진술을 강요하지 않기 때문이다. 비록 분명한 인식하에서 행해진 행위가 아니라 할지라도 그는 과거 바깥세상의 이원적 대립구조를 수정하고 있는 셈이다.

---

17 미결성은 상흔에서 시작되는 사회성을 균질한 공동체나 강력한 국가와는 다른 장소에 확보해 두기 위한 어떤 시간성을 나타낸다. 그것은 또한 미결성이 폭력을 정당화하는 경직화의 바로 한 걸음 앞에 존재한다는 것이기도 하다. 富山一郎, 「기억이라는 문제, 혹은 사회의 미결성openness에 관하여 - 오키나와 전후사戰後史를 중심으로」, 부산대 한국민족문화연구소 편, 『장소성의 형성과 재현』, 혜안, 2010, 216~217쪽.

「두 장의 사진으로 남은 아버지」의 저항행위는 의식적이고 그래서 더욱 적극적이다. 차기대의 대역으로 입후보하게 된 아버지는 차기대로부터 사퇴를 종용당한다. 「비운의 육속이 형」의 강광수의 패배 거부는 비의도적인 것이지만 아버지는 사퇴 종용을 의식적으로 단호하게 거절한다.

> 내는 한 번두 이 세상과 정직하게 맞서 본 적이 없드랬다. 거제도 포로 수용소에서 이북에 두 양주와 처자를 모두 두고 왔으면서도 끝내 이곳에 남겠다고 한 사람이 바로 이 비겁한 애비다. 몸뚱이가 산산히 부숴지는 한이 있더래도 한 번쯤 피하지 않고 운명이라는 것하고 말이지, 부닥쳐 보는 게 필요했을지 모르는데 말이다.(134쪽)

이원적 선택은 생사와 직결되는데, 아버지는 과거 자신의 선택은 생명을 유지하기 위한 비겁한 선택이었다고 설명한다. 그러면서 아버지는 입후보 사퇴종용과 협박에 "입술을 굳게 다물고 대꾸를 하지 않"(133쪽)는다. 과거의 아버지는 이쪽=삶, 저쪽=죽음이라는 바깥세상의 이원적 대립구조에 순종하면서도 진술을 거부함으로써 미결성 공간을 확보하여 생명을 유지했다면, 지금의 아버지는 사퇴를 거절하고 선거를 완주함으로써 바깥세상의 폭력적인 기획에 의도적으로 충돌하면서 흠집을 남긴다.[18] 강광수와 아버지는 바깥세상이 요구하는 복면으로

---

18 류보선은 지배적인 담론과 이데올로기에 대한 비판을 끌어내기 위해 아버지를 탐색했다고 설명한다. 류보선, 「열린사회를 향한 그 기나긴 장정 – 김소진론」, 『한국문학』, 1994. 3·4, 62쪽 참조.

서의 기능을 수행하지 않음으로써 타자화를 거부하고 있는 것이다.

유의해야 할 것은 이들의 저항이 서술되는 자아가 기대하는 테제의 범위에 포섭되지 않는다는 점이다. 「개흘레꾼」의 서술되는 자아는, 해방기에 사회주의 활동을 한 아버지를 테제로 삼는 장명숙을 부러워하고 기득권의 아버지를 안티테제로 삼는 석주 형을 부러워하는 반면, '나'의 아버지는 테제도 안티테제도 될 수 없는 '개흘레꾼'인 것에 절망한다. 그러나 이 절망은 바깥세상이 아버지에게 강요한 것을 '내'가 재차 아버지에게 요구한 결과이다. 「두 장의 사진으로 남은 아버지」의 '나'는 "겁에 잔뜩 질린 표정"(121쪽)을 한 "틀사진 안의 아버지가 내 기억 속에 압도적인 부분으로 살아 있"음에도 불구하고, 아버지를 테제로 삼기 위해 "자꾸만 벽보 속의 아버지를 내 기억의 중심에다 꾸역꾸역 가져다 놓으려고 애"(122쪽)쓴다. 바깥세상이 아버지에게 이쪽과 저쪽 중 바깥세상이 기대하는 것을 선택하고 진술하기를 강요하듯, 서술되는 자아 또한 아버지에게 테제와 안티테제 중 '내'가 기대하는 테제이기를 요구한다. 그러나 테제와 안티테제는 바깥세상의 이원적 대립구조에 순종한 결과라는 점에서는 동일한 의미를 지닌다. 「비운의 육손이 형」의 '내'가 산동네를 탈출하여 도착한 대학이 명확히 보여주듯 바깥세상은 거대담론의 공간이다. 테제 혹은 안티테제는 이 거대담론의 공간, 이원적 선택만이 가능한 공간이 제공한 배면관계의 선택항들일 뿐이다.[19] 테제와 안티테제는 선명성이라는 점에서 즉 이원적 대립

---

19 민주화 운동에 앞장섰던 '내'가 더 잘 팔리는 책을 만들기 위해 해외 장기 출장을 갔다 오면서 팀장을 꿈꾸는 데서도 알 수 있듯, 김소진이 많은 소설에서 지식인의 변절을 다루면서 밝히고자 하는 것도 테제와 안티테제의 배면관계다. 그러나 김소진의 지식인소설에

구조 내에서의 선택이라는 점에서 그 성격이 동일하며, 아버지의 진술 거부·침묵은 미결성이라는 점으로 인해 이원적 대립구조 자체에 대한 저항의 성격을 획득한다. '내'가 아버지를 "손톱만큼의 연관성도 찾아볼 수 없"(122쪽)는 양면적인 인물로 이해하면서 당황하는 이유는, 아버지는 미결성의 공간을 확보함으로써 바깥세상의 이원적 대립구조를 훼손하는 데 반해 '나'는 이 강압적인 대립구조에 매몰되어 있기 때문이다.

강광수와 아버지의 저항 결과는 참혹한 패배다. 강광수는 복면을 제거당한 후 추방되고 아버지는 선거에서 참패한다.

> 링 위에는 한 보잘것없는 사내가 축 늘어져 있었다. (…중략…) 수세미처럼 헝클어진 머리카락 아래로 주먹코를 단 못생긴 얼굴이 비쳤다. 그 얼굴에서 옛날 날렵했던 흑범의 이미지는 아무리 찾아도 찾아지질 않았다.(「비운의 손이 형」, 66쪽)

복면이 제거되면서 드러나는 것, 즉 이원적 대립구조의 바깥세상에서 추방당한 결과는 '보잘것없음'이다. 복면의 제거는 역할의 종결을 의미하며 이데올로기적 기능이 정지된 개인의 등장을 의미한다. 다시 말해, 복면이 제거되면서 보잘것없는 원래의 모습이 드러나는 것이 아니라 이데올로기적 기능을 거부했을 때 개인은 보잘것없는 인간으로 간주된다.

대한 논의는 다음으로 미룬다.

3. 도시 주변 공간의 혼재성과 미결성

1) 소문-배제와 저항의 담론

“지긋지긋한 산동네”는, 바깥세상이 요구하는 복면·이데올로기적 기능을 거부하다 추방당한 인간들이 집결한 주변 공간, 바깥세상과 이데올로기에 의해 배제된 여러 이질적이고 보잘것없어 보이는 타자성들이 뒤얽혀 있는 공간이다. 『장석조네 사람들』의 첫 에피소드인 「양은 장수 끝방 최씨」는 바깥세상에서 추방당한 도시 주변인들이 모여 사는 곳의 성격을 명징하게 보여준다. 장석조네는 “한 지붕 아래 아홉 개의 방이 한 일[一] 자로 늘어서 있어 동네 사람들이 기찻집이라고도 부르는”(13쪽) 곳으로 “거의 매일 아침 나절에 오십 명에 가까운 모듬살이 식구들이 유일한 변소 앞에 긴 줄을 서”서 “허드레 농지거리”(14쪽)를 주고받는 공간이다. 50명에 가까운 도시 주변인들이 밀집해 생활하기에 “허드레 농지거리” 속에서는 수많은 소문이 생산되고 유통되고 소비된다. 도시 주변인이 거주하는 이곳은 소문의 공간이며, 소설 『장석조네 사람들』 전체를 이끌어가는 것 또한 소문이다.

가출한 아내 성금 어미의 귀가를 위해 오 영감이 예방하고자 하는 것은 소문이며,[20] 성금 어미를 보쌈해 온 최씨는 소문 확산을 방지하기 위해 거짓 소문을 생산한다.[21] 소문은 다른 소문에 의해 가려질 수

---

20 “박씨를 붙들고 제발 남들에게 함부로 피새를 놓지 말라고 신신당부를 하는 거였다. 그런 사실이 까발려지면 성금 어메가 돌아오고 싶어도 못 돌아올 거라고 통사정으로 매달렸다.”(「양은 장수 끝방 최씨」, 26쪽)

21 “최씨는 혹 깨어 있는 귀가 있으면 들으라는 듯한 목소리로 짐짓 시세타령을 하면서”(28쪽)

는 있어도 침묵되지는 않는다. 「겐짱 박씨 형제」 또한 박씨 아내에 대한 소문으로 시작하며 박씨의 의처증을 악화시키는 것도 소문이다.[22] 등장인물에 대한 판단도 소문을 통해 이루어지며,[23] 박씨와 아내의 죽음이란 소문은 비밀이라는 형태로 확산된다.[24] 비밀은 면식의 범위 안에서 자유롭게 떠다닌다. 「폐병쟁이 진씨」는 소문으로만 일관되는 에피소드다. 진씨의 오리가 "녹두알만한 보석이 박힌"(91쪽) 금반지를 삼켰다는 확인되지 않은 소문은, 애물단지 오리를 "위엄까지 갖춘 생명체"(98쪽)로 만들고 진씨를 장물애비로 만든다. 진씨가 오리를 동네에서 방출한 후에야 산동네는 소문에서 벗어난다. 동네는 소문의 생산지이면서 소문에 장악당하는 희생지이기도 한 셈이다. 「별을 세는 사람들」에서 갑석이네가 당한 사기극은 나주댁에 의해 전해지며, 「욕쟁이 함경도 아즈망」에서 옥자의 연인 미군병사 소개도 소문을 통해 이루어진다.[25]

산동네의 수많은 소문은 공간적 밀착 혹은 근관계近關係를 바탕으로 한다. 즉, 공간적 인접성으로 인한 대면성이 소문의 생산과 확산의 배

---

22 갑석이 아버지는 박씨에게 "쪽박이랑 계집은 집안에서부텀 새지 않도록 단속을 해야지 바깥에 나와서도 안 새는 법인 걸 모르진 않겠지?"(44쪽)라고 말한다.

23 "누구누구와 연사를 일으켰다는 소문이 끝까지 들리지 않은 걸로 봐서 그의 행실은 매우 바른 편이었다."(36쪽)

24 "새댁 아줌마하고 겐짱 아저씨가 바닷물에 퐁당 빠져 죽었더랜다. (…중략…) 울 엄마가 나가서 아무한테도 말하지 말라고 했는데 넌 내 깐부니깐 내가 일러주는 거야. 비밀 알지? 자 손가락 도장 찍어."(50쪽) 소문은 공동체 내에 재빠르게 유통되는 비밀이다. 미하일 바흐친, 전승희 역, 『장편소설과 민중언어』, 창작과비평사, 1988, 83~84쪽 참조.

25 "옥자 고 계집이 옆에 차고 온 남정네가 말여, 바로 시커먼 셰빠도 닮은 껌둥이란게"(195쪽), "이번에는 두 사람이 진선미 미장원에 있다는 소식이 날아 들었다."(196쪽), "이름이 마이클이라는데? 깜온, 깜온 하더니 그래서 내가 쪼꼴리 했더니 이걸 줬다. (…중략…) 아주 맘씨 좋은 아저씨야."(197쪽)

경이 된다. 장석조네인 기찻집은 50명에 가까운 사람들이 화장실 하나를 공동으로 이용해야 할 만큼 밀집된 공간이며 옆방에 개방적인 공간이다. 산동네는 인접성・개방성으로 인해 소문의 공간이 되는데, 이는 바깥세상의 폐쇄적인 이원적 대립구조 그리고 익명성[26]과는 대조적이다.

대면의 범위가 소문의 확산 범위와 공동체적 공간의 크기를 일차적으로 결정하는데,[27] 산동네에서 생산되고 소비되는 소문은 두 측면에서 제약적이다. 우선, 소문이 생산되고 소비되는 공간의 크기가 한정되어 있다. 산동네에서 생산된 소문은 산동네 밖으로 전파되지 않으며, 바깥세상과 관련된 이야기는 산동네 안으로 침범하지 못한다.[28] 소문의 확산 범위가 제한적이라는 점으로 인해 산동네는 바깥세상과 단절된다.

또한, 소문의 내용도 제약적인데 산동네 거주 주변인의 개인적인 문제가 소문의 대부분을 차지한다. 바깥세상이 만들어내는 거대담론은 산동네 소문에서 중요한 자리를 차지하지 못한다.

"그 아가씨가 원래 다리가 셋인 사람인데 일부러 여상을 지르게 허려고 가발을 쓰고 점을 박고 여자 흉내를 냈다고 헙디다. 뭔 데모를 크게 혀서 나

---

26 포로수용소에서 아버지에게 진술을 강요하는 자들은 아버지의 눈을 가림으로써 자신들의 정체를 숨긴다.

27 마르쿠스 슈뢰르, 정인모・배정희 역, 『공간, 장소, 경계』, 에코리브르, 2010, 11쪽 참조.

28 다만, 「빵」에서는 바깥세상에 관한 소문이 일부 전해진다. 이로 인해, 「빵」은 공무원의 비리와 강대국 미국의 횡포로 인한 정치적, 경제적 대립과 갈등의 단면을 제시한다는 평가를 받기도 한다.(유희석, 「김소진과 1990년대」, 『소진의 기억』, 문학동네, 2007, 239쪽 참조) 그러나 10편의 에피소드로 구성된 연작소설 『장석조네 사람들』에서 바깥세상에 관한 소문이 전해지는 에피소드는 「빵」뿐이다.

라에서 금허는 짓을 혀다가 줄행랑을 놓고선 여장을 허고 피해다녔다는디 원 도통." / "우짠지 목소리 암질러 얼굴 바탕이 여자치고는 좀 남상지른 편이었구만 응?" / "대학상이랍니다." / "저런 쯧쯧 부모님이 있으면 을매나 속이 탈꼬." / "건 그렇고 세 사람 다 이젠 안 내려와 불란지요?"(「별을 세는 남자들」, 116쪽)

학생 운동을 하다 수배자가 되어 여장을 한 채 산동네로 숨어든 대학생에 대한 소문은 분명 바깥세상의 거대담론이 생산한 폭력의 여파이다. 「빵」에 등장하는 미국의 횡포에 대한 소문을 제외하면, 이 소문은 『장석조네 사람들』에서 바깥세상의 거대담론이 산동네로 침입한 거의 유일한 경우이다. 그러나 바깥세상에서 배태된 이 소문은, 산동네가 생산한 다른 소문, 즉 사기를 입어 금전적인 손해를 입었다는 소문이나 이 소문을 전달받는 인물들의 개별적 상황 즉 개인적 욕망(성욕)을 위해 사기행위에 협력했거나 애꿎게 장물애비로 몰린 적이 있고 불륜을 저지른 적이 있기에 자격지심을 갖게 되는 상황보다 우세한 지위를 차지하지 못한다. 거대담론은 산동네를 침범하기도 하지만 사소하고 개인적인 소문들을 뒤덮거나 평가절하하지 못 한다. 산동네는 사기극과 데모 학생 수배가 동시에 발생하는 현장이지만, 억압적 국가장치인 순경은 데모 학생만을 추적하며 사기극에 대해서는 전혀 알지 못한다. 반면, 산동네 혹은 산동네의 주변인은 사기극에 깊이 관여되어 있거나 사기극을 관찰하여 소문으로 생산한다. 산동네 거주 주변인들의 이같은 태도는 「두 장의 사진으로 남은 아버지」에서 산동네 거주 주변인들이 "선거라면 곧 정치고, 정치라면 돈 많고 백 든든한 사람들이나 하고 자신들은 굿이나 보고 떡이나 얻어먹는 줄로만 여기"(123쪽)는 것과 일치한다. 산동네는 치정 등의 사적인 담론이 거대담론과 혼재해 있는 공간이며, 전자가 후자보다 더 큰 무게로 서술되는 공간이다.

『장석조네 사람들』을 지배하는 소문은 주로, 타인의 과거와 현재의 사생활에 대한 잘못된 정보(「양은 장수 최씨」, 「겐짱 박씨 형제」), 타인의 인물됨에 대한 평가(「겐짱 박씨 형제」, 「욕쟁이 함경도 아즈망」), 타인의 불륜에 대한 정보(「쌍과부집」), 금전적 이익과 관련된 정체불명의 정보(「폐병쟁이 진씨」) 등 지극히 개인적인 것들에 관해서이다. 개인적인 신상에 대한 소문은, 대면이 지속적으로 이루어지는 관계에서만 유포될 수 있을 뿐 거대담론의 대상이 될 수는 없다. 근대 이전에 전근대적 일상을 유지시키기 위한 투명한 관습적 역할을 했던[29] 소문은 거대담론에서 배제된 주변의 언어[30]로서, 산동네를 일종의 공동체로 조직해낸다.[31] 공간적 밀착으로 인한 대면성, 바깥세상과의 단절, 산동네 내의 개방성으로 인해 산동네의 소문은 개인적인 생활상을 그 내용으로 하면서 산동네의 공동체성을 강화해낸다.[32] 이 공동체의 소문은 정보의 경중이라는 측면에서 바깥세상의 질서를 무화하거나 역전시킨다.

---

29 필립 아레에스 조르쥬 뒤비 편, 주명철 · 전수연 역, 『사생활의 역사』, 새물결, 2002, 94쪽.

30 문재원, 「『토지』에 나타난 소문의 구성과 배치」, 『현대소설연구』 32, 한국현대소설학회, 2006, 306쪽.

31 H. O. Brown, "The Errant Letter and the Whispering Gallery", *Genre* Vol. 10, 1977, pp. 575~580. 여기서는, 황국명, 「여로형소설의 지형학적 논리 연구-「무진기행」을 중심으로」, 『문창어문논집』 37, 문창어문학회, 2000, 285쪽에서 재인용.

32 물론 이 공동체는 기본적으로 공간적 인접성에 기초한 것이지만 계급적 동질성에도 크게 의존한다. 산동네에 거주하는 도시 주변인들은, 무직자, 하층 상경인, 노름꾼 등 주로 하층민들이다. 반면, 장석조나 "이 동네에서 가장 알부자라고 소문난 청기와집"(「폐병쟁이 진씨」, 82쪽)은 소문의 생산이나 유통에 전혀 개입하지 않는다.

또한, 앞서 보았듯 소문 속엔 진실과 거짓이 뒤섞여 있다. 소문의 이런 미결정성·불확실성은, 테제 혹은 안티테제만을 요구하는 바깥세상에 맞서기 위해 아버지가 사용한 전략 즉 진술 거부·침묵 등의 미결성과 긴밀하게 연결된다. 도시 주변 공간의 소문과 아버지는 거대담론의 절대적 우위를 바탕으로 한 바깥세상에 미결성의 공간으로 맞선다. 결국 미결성 공간인 도시 주변 공간은 이질적인 것들이 혼재되어 있는 공간 그러면서도 개인적인 욕망에 의해 운영되는 공간이다.

이런 의미에서 『장석조네 사람들』의 소문은 1960년대 김승옥 소설의 소문과는 두 가지 점에서 다른 양상을 띤다. 중심에서 생산되어 주변으로 일방향적으로 전파되는 김승옥 소설의 소문은 주변 공간이 중심을 지향하고 모방하기 위한 매체, 주변 공간·주변인의 상상력과 유토피아 의식이 가미되어 신비화된 중심을 유포하는 통로이다.[33] 반면, 『장석조네 사람들』의 소문은 산동네라는 공간 안에서 생산되고 소멸된다. 특정한 초점화자가 존재하지 않고 산동네 내의 모든 사람이 소문의 주체가 되며, 그 내용은 산동네 거주 주변인의 개인적인 일상 혹은 생활상이다.

또한, 김승옥의 소설 「무진기행」의 소문은 공간적 이동을 수반하기도 하지만 시간적 변화와 긴밀히 연동하고 있다. 이 소설에서 소문은, 중심(서울, 아내) → '나'(매개체) → 주변(무진, 하인숙)이라는 과정을 통해 전파된다. 그런데 하인숙에 대한 '나'의 태도는 아내가 '나'에게 편지를

33 조명기, 「중심 / 주변 공간 위계의 내면화 기제」, 『로컬리티 인문학』 2, 부산대 한국민족문화연구소, 2009.10, 231~234쪽 참조.

보낸 이후 돌변한다. 「무진기행」의 소문은 시간적 선조성에 따라 굴절되는 단일 소문으로서, 중심-주변의 위계적 질서를 확인하는 데 기여한다. 반면, 『장석조네 사람들』에서 소문의 유포는 시간적 선조성이 아니라 공간적 확산성이라는 성격을 띤다. 이 텍스트의 소문은, 하나의 소문이 연쇄적으로 전파됨으로써 다양하게 굴절되는 것이 아니라 다양한 소문이 일회적으로 유포되는 특징을 보인다. 일회성의 다양한 소문들이 산동네 안에서 다층적으로 누적됨으로써 산동네는 바깥세상과 구별되는 특성을 획득하게 된다. 바깥세상에 침묵으로 저항했던 도시 주변인들은 자신들에 대한 수많은 소문을 산동네에서 생산한다. 따라서 하위의 언어인 산동네의 소문 그 자체가 바깥세상에 저항하는 도구가 된다.

2) 일상적 폭력과 지배 이데올로기의 내면화

로컬은 신자유주의・자본제적 세계화에 맞서 삶의 터전인 '지금 여기'의 가치를 회복하려는 의도에서 새롭게 부각되는 가치 공간이다.[34] 이때의 로컬(로컬리티)은 자본의 장악력에 기초한 신자유주의・자본제적 세계화의 대타개념이라 할 수 있다. 로컬은 외부 공간과의 관계에 의해 설명되는 상대적인 공간으로, 신자유주의・자본제적 세계화가 배제한 가치들의 담지체로 고양된다.

---

34 부산대 한국민족문화연구소, 『인문한국사업 '로컬리티의 인문학' 아젠다』, 2007.11 참조.

그러나, 『장석조네 사람들』이 보여주는 로컬은 신자유주의나 세계화가 배제한 가치를 실현하고 담지한 이상적인 유토피아 공동체가 아니다. 계급적 동질성과 공간적 밀착성에 기반한 산동네의 대면성은 소문을 포함한 대화・의사소통・참여・통합・결집을 유도하기도 하지만 가정 내 폭력과 성문제 그리고 소수자 차별 등과 같은 문제를 유발하기도 한다. 이 문제들은 바깥세상의 거대담론으로는 정당하지 않거나, 정당화되지 않거나, 또는 정당화할 수 없는, 그러나 지금 여기 있는 그대로의 사건들이다.[35]

그 언젠가 아마 돼지꿈을 꾸었던 성싶었다. 양씨는 기세좋게 살아오르는 끗발을 등에 업고 손가락을 갈고리처럼 세워 판돈을 긁어 모았었다. (…중략…) 그날 밤 그는 손아귀에 잡히는 대로 해우채를 쥐어 주고 눈이 맞은 춘하네를 샀다.(「돼지꿈」, 157쪽)

"니네 엄마가 양갈보라며!" / (…중략…) / "니 할미가 니 엄니로 돼 있다믄서!" / 차돌이가 제 어미의 호적에 못 오르고 홍남댁의 호적에 아들로 올라 있다는 걸 귀동냥으로 알은 짓궂은 아이들이 놀리는 소리였다.(「욕쟁이 함경도 아즈망」, 193쪽)

"내 다 짐작하고 있긴 허지. 이 화상이 왜 이렇게 허둥지둥 여길 와서 낮술부텀 퍼묵다가 쎄빠닥을 빼물고 지랄인가를. 그려니 놈이었제? 콩점이

---

35 앙리 르페브르, 박정자 역, 『현대세계의 일상성』, 기파랑, 2009, 331쪽 참조.

건드린 놈이 니 놈이었제. 그런 게로 속이 애잔혀서 이 모양 이 꼴로 나자빠져 있는 게지. 그 정도라면 니 놈은 인두겁 뒤집어쓴 값은 제일 싸구려긴 허지만서두 하긴 한 셈이긴 허지. 다들 불쌍한 처지들인께로."(「쌍과부집」, 181쪽)

양세종은 "매맺는 데는 이골이 난 듯" "신음소리 한 번 내지르지 않고 견"뎌내는 "마누라의 볼따구니를 모질게 한 번 후려친 다음 방바닥으로 나동그라진 상주댁의 등짝에 발뒤꿈치를 찍"(「돼지꿈」, 147쪽)고는 돼지꿈을 믿고 노름판으로 향한다. 그는 노름꾼이지만 진짜 욕망은 금전적 횡재가 아니라 성을 향해 있다. 첫 인용문에서 보듯, 돼지꿈을 꾼 후 "판돈을 긁어 모았"던 기억 즉 "함바집 개도 돈을 물고 다닌다고 할 정도로 경기 좋은 시절"(156쪽)에 대한 기억은 사후적인 것이다. 돼지꿈은 금전적 횡재라는 치환체를 거친 후 최종적으로는 성의 구입에 가닿는다. 춘하네에 대한 성적 욕망이 금전욕을 유발하며, 춘하네에게 적극적으로 드러내고 춘하네가 감지해야만 하는 금전에 대한 욕망은 돼지꿈에 대한 갈망을 유도해낸다. 양세종이 "「내 도야지꿈! 여기에 갇혀 있구마!」"(164쪽) 하고 소리치며 춘하네의 두툼한 전대 주머니를 움켜쥐고 달아나는 마지막 장면은, 돼지꿈이 성·가정 내 폭력 등과 밀접히 관련된 것임을 또렷이 보여준다.[36]

소수자인 혼혈인에 대한 차별은 바깥세상에서나 산동네에서나 마

---

36 이때의 성은 바깥세상의 분단 이데올로기에 대립되는 개인의 순수한 내면적 욕망을 상징한다. 박혜민, 「김소진 소설 연구—갈등 및 극복의 양상을 중심으로」, 영남대 석사논문, 2010, 12쪽 참조.

찬가지다. 혼혈아인 손자 차돌이에게 홍남댁은 "니가 이 땅에서 제대로 사람 대접 받으며 살 수 있을 것 같음? 절대 그렇게 앙이 된다이. (…중략…) 니 살길이 바로 아무메리까로 가는 데 있음을 왜 모른다고 잡아 뗌둥?"(192쪽)이라고 타이른다. 두 번째 인용문에서 보듯, 산동네 역시 사람 대접을 해주지 않는 "이 땅"에 포함된다. 소문의 형태로 행해지는 산동네의 차별이 바깥세상의 차별을 모방하고 내면화한 것이라고 단정할 수는 없지만, 소수자에 대한 차별이 횡행한다는 점에서 산동네는 바깥세상과 별다르지 않다.

마지막 인용문에서 보령댁은 산동네 사람들을 "불쌍한 사람들"이라고 규정한다. "불쌍한 사람들"이란, 폭력을 일삼는 남편을 두둔하면서 더 늦기 전에 귀가하려는 택이 엄마, 술집여자 출신인 아내가 아들을 낳아준 것이 고마워 처남 대신 감옥살이를 하지만 처남이 아내의 정부였고 둘이 도망쳤다는 소문을 듣게 된 근식 애비, 정신 지체자를 임신시키고 사산을 모르는 척 지켜보다가 혀를 깨문 쌍용 애비, 형의 의처증으로 인해 형과 형수의 자살을 지켜봐야 했던 작은 겐짱 박씨 등을 가리킨다. 이들은 바깥세상의 거대담론과는 무관하게 운명과 잘못된 선택으로 인해 고통받는 개인들이다.

그러나, 바깥세상의 폭력과는 무관한 개인의 운명처럼 보일 때에도, 산동네의 폭력에는 지배 이데올로기가 사회문화적 배경인자로 작동하고 있는 경우가 많다. 개인의 운명과 결부된 고통 중 일부는 약자에게 가해지는 폭력임에도 불구하고 내면화된 지배 이데올로기에 의해 정당화되기 때문이다. 여기서 폭력의 주체는 경제적으로 무능한 남성이며 폭력의 대상은 그의 아내들이다. 질투・의처증이 심한 겐짱 박씨, 노름꾼 양세종, 성장애인 택이 아비와 무직자 성호 등은 가정경제를 꾸려가는 아내와 누이에게 물리적인 폭력을 가하는 대표적인 남성이다. 이들은 바깥세상의 자본제적 질서하에서는 무기력한 존재이지만, 가정 내 가부장제 질서라는 측면에서는 강자의 위치를 점한다. 가정 폭력에 대한 도덕 불감증을 유발하는 전근대적 가부장제[37]와 경제적 무능력자임을 절감케 하는 자본제적 질서라는 복합적이고 중층적인 사회문화적 배경이 산동네에 혼재되어 있는 셈이다. 이처럼 『장석조네 사람들』이 보여주는 산동네의 폭력은, 바깥세상의 폭력을 원인遠因으로 한 것뿐만 아니라 거대담론과는 무관한 "정체를 알 수 없는 블랙홀처럼 주변을 휘감아 온 운명"(「두 장의 사진으로 남은 아버지」, 137쪽) 등 사회적이거나 지극히 숙명적인 폭력 등 이질적이고 다양한 성격의 폭력들을 동시에 포함하고 있다.

이는 소문의 양가적 측면과 결부된다. 소문은 이데올로기적 포섭의 도구인 동시에 이데올로기적 그물망에 쉽게 포획되지 않는 해방적 측면 또한 지니고 있다. 소문은 대면성에 기초한 로컬 공동체의 버팀대 역할을 수행하기도 하지만 거대담론의 이데올로기가 은밀히 실천되는 현장이기도 하다. 동시에 소문으로 표현되는 것들은 익명적 대중의 힘이 표출된다는 점에서 그리고 일상을 유지하고자 하는 강력한 동인에 의해 추동된다는 점에서 오히려 혁명적 힘을 지니고 있을 수 있다.[38]

---

37 「양은 장수 끝방 최씨」에서 볼 수 있듯, 산동네는 보쌈이라는 봉건적 관습이 여전히 진행되는 곳이다. 한국의 근대화가 단기간에 집약적인 형태로 진행되었다는 점을 감안할 때, 전근대적 가부장제와 소문은 상당한 친연성을 갖는다고 볼 수 있다. 왜냐하면 소문은 '어느 날, 갑자기' 발생되는 언어가 아니라 구성원들의 오랜 무의식적 욕망이 투사된 언어형식이기 때문이다. 문재원, 앞의 글, 286쪽 참조.

산동네는 "각성되지 못한 우리 민중들의 엄연한 자화상" 즉 계몽의 대상만도 아니며 테제의 기능을 수행하는 모델만도 아니다. 부패한 중심에서 추방되어 그것에 맞서는 순수하고 정의로운 공간만도 아니며 중심의 폭력을 내재화한 비주체적 공간만도 아니다. 오히려 산동네는 폭력과 권모술수와 부정이 난무하는 공간이며 작은 부정들이 쉽게 정당화되는 공간이기도 하다. 도시 주변인들의 생활세계는 산동네라는 '고향 세계'와 바깥세상이라는 '낯선 세계'로 분리되어 있으며 그들은 '고향 세계'에 친근감을 갖지만, 이 두 세계는 서로 떨어져 있는 것이 아니다.[39] 산동네는 바깥세상과 단절된 공동체적 공간이라 할지라도, 인간의 근원적인 고통을 치러내야 하는 공간인 동시에 바깥세상의 구조적 폭력과 허위적인 이데올로기가 개인의 신체·사적인 문제 등을 통해 축적되고 실천되는 공간이다. 어떤 행위의 과정과 그 결과를 제시할 수 있는 구성적 시간을 결여하고 자기 정체를 향한 탐색을 결락한다는 약점[40]에서도 불구하고, 연작소설 『장석조네 사람들』은 다층적이고 이질적인 성격의 중층적 공간, 즉 지배 이데올로기에 질식당하지 않으면서도 은밀히 포섭되거나 대면성으로 인해 필연적으로 개인 간의 폭력이 자행되는 도시 주변 공간의 일상·미결성을 풍부하게 묘사하고 있다.

---

38 한스J. 노이바우어, 박동자·황승환 역, 『소문의 역사』, 세종서적, 2001, 219~221쪽 참조.
39 베른하르트 발덴펠스, 「생활세계의 지형학」, 슈테판 귄첼 편, 이기홍 역, 『토폴로지』, 에코리브르, 2010, 86쪽 참조.
40 황국명, 「아버지의 이름—김소진론」, 황국명 편, 『전환기 소설의 지형』, 세종출판사, 2001, 289쪽 참조.

4. 이원적 대립 구조 너머

신자유주의·자본제적 세계화로 인한 공간의 균질화·상품화에 대항하면서 '지금 여기'의 가치를 재인식하고 공간적 정체성과 주체적 일상을 상호주체적으로 생산하는 데 로컬리티의 미덕이 있다면, 김소진의 『장석조네 사람들』의 산동네는 문학적·인식적 측면에서 로컬리티가 생성될 수 있는 토대를 형상화하여 보여준다. 이 텍스트는 중심부에서 추방당한 개인들이 집결해 있는 도시 주변 공간을 통해, 폐쇄적인 거대담론의 구조에서 배제된 가치를 구현할 수 있는 공간, 이원적 대립구조의 폭력에 예민하게 반응하면서 예방할 수 있는 공간의 가능성을 문학적으로 타진하고 있는 셈이다.

『장석조네 사람들』은 연작 장편소설이다. 서사는 시간의 경과가 아니라 공간적 동질성에 의지해서, 그리고 몇몇 문제적 개인이 아니라 장석조네를 포함한 도시 주변인 전체에 의해서 파편적으로 진행된다. 산동네를 동일한 성격의 공간으로 묶어내는 데는 산동네 이외의 공간이 일조한다. 텍스트는 바깥세상과의 대조를 통해 산동네 공간의 동질성을 확립·강화한다.

바깥세상은 복면의 공간·이원적 대립구조의 공간·거대담론의 공간으로 설명된다. 복면은 역할의 수행 혹은 폐기의 상징인데, 여기서의 역할이란 이원적 대립구조의 내면화·주체화를 뜻한다. 이원적 대립구조를 정당화하는 거대담론에 호응하지 못하고 침묵할 때 바깥세상으로부터 가혹한 폭력을 경험하게 된다. 도시 주변인들은 복면과 이원적 대립구조 그리고 거대담론을 생산하는 바깥세상에 저항하는 면모를 보이기도 한다. 극단적인 이원적 대립구조에 맞서 살아남기 위해 침묵·진술의 지연이라는 방법으로 미결성 공간을 창출해내려 한다. 산동네는, 보잘것없기에 복면을 제거당한 것이 아니라 복면을 제거당했기에 보잘것없는 존재로 간주되어 추방된 인물들이 밀착해 거주하는 공간, 이원적 대립구조에 흠집을 내는 저항 공간, 미결성 공간이라는 성격을 부여받는다.

공간적 인접성으로 인해 산동네는 서로에게 개방적인 공간, 소문의 공간이 된다. 소문이 산동네 안에서만 일회적으로 유포된다는 점 그리고 바깥세상의 거대담론은 소문의 내용에 포함되지 않는다는 점 때문에, 하위의 언어인 소문은 산동네를 일종의 공동체 공간으로 재편한다. 한편, 도시 주변 공간은 도시 중심부에서 추방당한 이들이 서로를 끊임없이 대면하는 공간·사회문화적 거대담론으로부터 외면당해온 인간의 생득적인 문제들이 부각되는 공간인 동시에, 도시 중심부에 대한 배척의지에도 불구하고 도시 중심부의 거대담론과 이데올로기적 폭력이 은밀히 침투해 실천되는 공간이다. 결국, 신자유주의·자본제적 세계화가 공간을 변화·이동의 장소로 재편성해가는 과정이고 개인의 일상·제한된 대면성은 공간을 정주·고착의 장소로 인식하게 만든다면, 전자에 대한 저항 / 포섭과 후자에 대한 의존 / 탈출 간의 교호작용이 일어나는 로컬은 물리적·성격적 측면에서 이 둘 사이에 존재하는 양가적인 결절 공간·미결성의 공간이라 할 수 있다.

『장석조네 사람들』은 1980년대의 거대담론·민족민중문학과 1990년대의 미시담론·사소설 사이에서 작가 나름으로 리얼리즘 공간을 확보하려 노력한 결과이다. 민족국가라는 공간적 절대화가 은폐하고 외면했던 것에 대한 탐구, 그리고 배제되어 왔다는 것 때문에 반대급부로 정당화되고 미화되는 폭력적 일상에 대한 반성적 성찰이 이 소설에 공존하고 있다. 결국, 『장석조네 사람들』은 "지긋지긋한 산동네"라는 로컬이 주인공인 소설이다. 이는 김소진의 소설에 대한 새로운 해석의 가능성, 즉 아버지가 아니라 아버지를 테제와 안티테제 중 하나로 규정하기를 종용하고 구조화한 1980년대의 이원론적 대립구조 자체에 대한 성찰과 대안 모색을 로컬 공간의 차원에서 시도하고 있다는 새로운 해석의 가능성을 열어준다.

참고문헌

김소진, 『장석조네 사람들』, 고려원, 1995.
______, 「개흘레꾼」, 『열린 사회와 그 적들』, 문학동네, 2002a.
______, 「절망과 희망이 공존하는 90년대 한국문학」, 『그리운 동방』, 문학동네, 2002b.

김만수, 「가난이 남긴 것」, 김소진, 『자전거 도둑』, 문학동네, 2002.
김용규, 「로컬리티의 문화정치학과 비판적 로컬리티 연구」, 부산대 한국민족문화연구소 편, 『로컬리티, 인문학의 새로운 지평』, 혜안, 2009.
류보선, 「열린사회를 향한 그 기나긴 장정－김소진론」, 『한국문학』, 1994 3・4.
문재원, 「『토지』에 나타난 소문의 구성과 배치」, 『현대소설연구』 32, 한국현대소설학회, 2006.
민새온, 「김소진 소설 연구－기억의 서사화 양상을 중심으로」, 조선대 석사논문, 2009.
박혜민, 「김소진 소설 연구－갈등 및 극복의 양상을 중심으로」, 영남대 석사논문, 2010.
발덴펠스, 베른하르트, 「생활세계의 지형학」, 슈테판 귄첼 편, 이기흥 역, 『토폴로지』, 에코리브르, 2010.
부산대 한국민족문화연구소, 『인문한국사업 '로컬리티의 인문학' 아젠다』, 2007.11.
안찬수, 「상처와 기억과 생리적인 것－김소진의 초상화를 그리기 위하여」, 『문학동네』, 1997 가을호.
유희석, 「김소진과 1990년대」, 『소진의 기억』, 문학동네, 2007.
이동하, 「언어의 잔치와 따뜻한 인도주의」, 『장석조네 사람들』, 고려원, 1995.
이재봉, 「'내지內地'의 논리와 근대 초기 조선의 글쓰기」, 『한국민족문화』 37, 부산대 한국민족문화연구소, 2010.7.
조명기, 「중심 / 주변 공간 위계의 내면화 기제」, 『로컬리티 인문학』 2, 부산대 한국민족문화연구소, 2009.10.
진정석, 「지속되는 삶, 끝나지 않은 이야기」, 김소진, 『장석조네 사람들』, 문학동네, 2002.
황국명, 「여로형소설의 지형학적 논리 연구－「무진기행」을 중심으로」, 『문창어문논집』 37, 문창어문학회, 2000.
______, 「아버지의 이름－김소진론」, 황국명 편, 『전환기 소설의 지형』, 세종출판사, 2001.

冨山一郎, 「기억이라는 문제, 혹은 사회의 미결성openness에 관하여－오키나와 전후사戰後史를 중심으로」, 부산대 한국민족문화연구소 편, 『장소성의 형성과 재현』, 혜안, 2010.

노이바우어, 한스J., 박동자 · 황승환 역, 『소문의 역사』, 세종서적, 2001.
르페브르, 앙리, 박정자 역, 『현대세계의 일상성』, 기파랑, 2009.
바흐친, 미하일, 전승희 역, 『장편소설과 민중언어』, 창작과비평사, 1988.
슈뢰르, 마르쿠스, 정인모 · 배정희 역, 『공간, 장소, 경계』, 에코리브르, 2010.
아레에스, 필립 · 뒤비, 조르쥬 편, 주명철 · 전수연 역, 『사생활의 역사』 1, 새물결, 2002.

사회성의 공간적 상상력*

신체-공간론을 통해 본 공간적 실천

신지은

1. 공간적 전환

인문사회과학 연구들은 오래전부터 많은 담론을 생산해내면서도 '공간학'에 중심축을 제공하지는 못했고, 간혹 공간을 주제로 한다 해도 대부분 현상 기술에 그치거나 공간을 파편화하고 공간을 다른 용어로 대체하여 다루는 경우가 많다. 그런데 이런 식의 현상 기술과 파편화된 서술로는 '공간 안에' 있는 것들에 대해 기술할 수 있을 뿐이다. 즉 잘해야 '공간에 대한' 담론만이 가능하고, '공간의' 인식은 불가능한 것이다.[1]

---

* 이 글은 「사회성의 공간적 상상력 - 신체-공간론을 통해 본 공간적 실천」, 『한국사회학』 제46집 5호, 2012, pp.319~347에 실린 글을 수정한 것이다.

1 앙리 르페브르, 양영란 역, 『공간의 생산』, 에코리브르, 2011, 46쪽.

그러다가 새로운 현상이 나타나기 시작했다. 오늘날 (아니 실은 이미 오랜 전부터) 많은 연구자들이 '공간적 전환spatial turn'의 필요성에 대해 이야기하는 것을 어렵지 않게 발견할 수 있게 된 것이다. 이것은 우리의 일상을 둘러싼 사회적 실재가 공간을 생산하지만 또한 공간이 사회를 구조화하기도 한다는 사실에 집중한 탈근대 인문지리학의 등장과 함께한다. 우리는 이런 학문적 패러다임의 변화 이유를, 지난 수세기 인문사회과학의 상상력을 규정해 온 시공간 관념이 더 이상 제대로 작동하지 않기 때문일 것이라고 가정할 수 있을 것이다. 하지만 그렇다고 해서 이제는 세계에 대한 지식을 형성하고 조직하는 중심에 시간·역사를 대신하여 공간이라는 카테고리를 놓아야 한다는 주장 또한 여러 측면에서 과장되어 있는 것이 사실이다.

이런 상황 속에서 우리는 공간적 전환을 강조함으로써 지금까지 시간과 역사 카테고리에 주로 집중함으로써 세계에 대한 표상이 너무 제한되었음을 지적하고, 지나치게 역사적으로 맥락화 됨으로써 공간적 상상력이 주변화 되고 편협해져 버린 사회이론을 비판적으로 살펴볼 계기를 마련하고자 한다. 공간에 대한 급증하는 관심을 출발점으로 한 이 글은 인문사회과학에서 공간 개념이 결핍되어 있다는 문제, 그래서 공간 문제가 흔히 사회 문제, 도시 문제 혹은 공동체 문제로 환원되어 이해되는 상황을 비판하고, 공간적 상상력에 기대어 우리 시대에 공간 그 자체, 장소, 로컬리티가 (여전히 혹은 더욱 강력하게) 가지는 의미를 새롭게 모색해 보려고 한다.

르페브르Henri Lefebvre가 『공간의 생산』(1974) 머리말에서 "공간이란 고작 사회적인 관계가 이루어지는 수동적인 장소, 그 관계들이 확실하게 모습을 드러내는 장소, 혹은 관계들이 유지되고 연장되는 과정의 총체에 불과한 것은 아닐까?" 하고 의문을 제기한 후 그렇지 않다고 단호하게 대답했듯이,[2] 우리도 공간이라는 개념이 사회 혹은 도시 등과 편의적으로 혼합되어 사용되거나 사회나 도시의 정적이고 물리적인 배경, 혹은 자연 · 사회적 사건과 현상을 담는 컨테이너 정도로 이해되는 것에 반대하며 공간의 능동성과 가동성을 드러내고자 한다.

그런데 공간적 전환을 주장하는 맥락을 살펴보면, 이 주장은 포스트모더니즘의 발전과 그 궤적을 같이 한다는 사실을 알 수 있다. 근대에는 시간적 연속성을 바탕으로 한 인과관계와 역사의 선형적 흐름에 초점을 두면서 사회적 존재의 시간적 변천에 주목하는 탈공간화 된 역사주의가 주된 패러다임이 되면서, (도시) 공간을 사회적 기능들의 부수현상으로 여기는 경향이 강했다. 그 결과 자본주의나 도시의 발전 등 학문의 대상이 되는 현상들은 역사적인 과정으로 다루어졌고, 그 현상의 지리적 · 공간적인 요소는 부차적이거나 우연적인 것으로 간주되었다. 반면 포스트모더니즘 계열의 논의 속에서는 기능에 대한 의존으로부터 (도시) 공간을 해방시켜, 그것을 모든 단순한 역사결정론에서 독립되고 수사적 · 예술적 전략들을 포함하는 자율적인 공식체계로 간주하는 경향을 보인다. 포스트모더니즘 노선에 있는 연구자들은, '공간은 죽은 것, 반동적인 것, 비변증법적인 것으로, 자본주의적인 것이지만 시간과 역사는 풍요로운 것, 혁명적인 것, 생생한 것, 변증법적인 것'이라는, 불합리하지만 모더니즘에서는 전혀 이상할 것 없던 주

---

2 위의 책, 51쪽.

장들을 반박하며 공간적 상상력을 통해 공간의 해방을 주장한다 (Foucault).[3]

다른 한편, 공간적 전환을 주장하는 특정 연구들은 전지구화에 의한 국민국가의 경계의 와해와 세계사/지구사적 담론 혹은 트랜스 패러다임transparadigm의 발명 등을 강조한다. 과거 교통과 통신기술이 발전하지 못한 단계에서는 공동체의 형성에서 지리와 공간의 중요성이 컸겠지만 이제는 점차 공간과 지리적 영역은 공동체의 본질이 아니라 공동체를 가능하게 해주는 하나의 기본조건에 불과하다고 보는 견해[4]가 우세해 지고 있다. 이런 상황 속에서 공간적 전환을 주장하는 연구들은 국민국가nation state라는 공간범주와 국민nation이라는 정체성을 준거로 해서는 현재 우리가 맞닥뜨린 상황을 이해하고 미래의 상을 그리기 힘들 것이라는 인식으로부터 출발하고 있다.

국민국가에 의해 규정되었던 공간 범주는 이제 최소한 학문적인 틀에서 볼 때 정당성을 많이 상실했고, 그 대신 세계시민 의식, 트랜스 내셔널리즘transnationalism, 세계사·지구사 패러다임 등이 더욱 더 주목받고 있다. 이 상황은 우리가 깊이 빠져있는 '영역적 함정territorial trap'에 대해 비판적으로 접근하기를 촉구한다.[5] 예컨대 전지구화와 지방화가 동시에 진행되는 우리 시대에 한국학은 그 방법론과 문제의식 등에서 점증하는 도전에 직면하여 위기를 맞이하고 있는데 이는 일정 부

---

3 데이비드 하비, 구동회·박영민 역, 『포스트모더니티의 조건』, 1994, 354쪽.
4 강대기, 『현대사회에서 공동체는 가능한가』, 아카넷, 2001, 25쪽.
5 박배균, 「한국학 연구에서 사회-공간론적 관점의 필요성에 대한 소고」, 『대한지리학회지』 제47권 제1호, 2012.

분 영역적 함정에 빠져 초래된 결과로 볼 수 있다. 이 영역적 함정에 빠진 한국학 연구들은 주로 '방법론적 국가주의'와 물리적 공간에만 초점을 두는 절대적 공간관에 지배되는 경향을 보인다. 예컨대 외국인에 의해 진행되는 한국이라는 지역에 대한 지역연구Area Studies, 한국인에 의한 자국에 대한 국학연구National Studies 등으로서 발전한 한국학은 '한국'이라는 장소에 대한 연구로 출발하는데, 결과적으로 이 한국학은 태생적으로 대한민국이라는 국가의 주권적 영역성에 의해 규정된 장소 및 지역에 대한 연구라는 성격을 띠게 된다. 이런 연구의 한계는 한국이라는 장소와 그 곳에서 살아가는 사람들의 삶은 국가적 스케일에서 작동하는 사회, 정치, 경제, 문화, 역사적 과정에 의해서만 영향을 받는 것이 아니라, 글로벌, 환태평양, 동아시아, 지역, 마을 등과 같이 다양한 지리적 스케일에서 형성되고 작동하는 다양한 사회적 힘과 과정의 동시다발적 영향을 받는다는 점을 제대로 기술하지 못한다는 데 있다. 박배균은 공간적 감수성의 부족으로 위기를 맞은 한국학 연구들이 이를 극복하기 위해서는 공간과 사회의 내재적 연관성을 강조하는 사회-공간론적 관점을 한국학 연구에 적극 도입해야 한다고 주장한다.[6] 그리고 이를 구체화하기 위해 장소, 영역, 네트워크, 스케일 등 사회-공간적 관계의 네 가지 차원이 어떻게 서로 중첩되면서 상호작용하는지를 '다중스케일의 네트워크적 영역성' 개념에 기반 한 인식론을 통해 이해하기를 제안한다.[7]

---

6 위의 글.

7 로컬리티 연구 역시 이러한 영역적 함정에 빠지지 않도록 주의해야 한다. ○○지역, ○○동, ○○마을, ○○도시 등 지역의 특정 영역에 대한 연구가 지역이라는 스케일만이 아

이런 식으로 우리는 사회과학에서 공간적 상상력의 결핍 문제에 비판적으로 접근하고 공간을 세계 이해의 한 축으로 삼으면서 공간에 대한 적극적인 이해와 해석을 시도해야 하지만, 이 시도가 또 다시 '영역적 함정'에 빠지지 않도록 주의해야 할 것이다. 이 점에 유의하면서 우리는 공간 개념이 결핍된 인문사회과학 연구들을 검토하고, 공간적 상상력을 통해 공간에 직접 접근할 수 있는 방안을 모색해 보고자 한다. 이를 통해 우리는 공간(지역, 장소, 도시)의 이해에서 공간의 차별성과 다차원성이 정치, 사회, 경제, 문화, 역사적 과정, 일상생활 등과 결합되어 작동하는 복잡한 움직임을 밝히는데 기여할 수 있으리라 생각한다.

이 글에서는 사회학적 논의들 중에서도 특히 80년대 후반기의 포스트모더니티의 사회 문화적 차원들에 대한 논의들에서 발견되는 현대사회 비판, 특히 현대 도시 비판을 공간론의 관점에서 접근해 보고자 한다. 이를 위해 우선 지그문트 바우만Zygmunt Bauman의 논의에서 윤리적 성찰에 관한 논의를 촉발시키는 지점 특히 도시와 공동체에 대한 그의 성찰을 짧게 검토하고자 한다. 바우만의 전체 저작과 테마들을 해석하는 것은 우리의 능력을 넘어서는 과제가 될 것이고 또한 이 연구의 목표도 아니다. 다만 여기에서는 바우만(뿐 아니라 대다수의 인문사회과학 연구들)의 사회론, 공동체론 및 윤리론에서 공간에 대한 구체적인 인식이 빠져있음을 지적하고, 이에 따라 그의 논의가 추상적인 윤리와 공동체 담론으로 귀결되지 않는가 하는 점을 살펴보고자 한다.

니라 그 밖의 다양한 지리적 스케일의 영향 속에 위치하고 있고 그 영향을 받고 있다는 사실을 간과한다면 로컬리티 연구는 대단히 제한된 수준의 지역 연구에서 벗어나지 못할 것이다.

그런 후에 살아있는 구체적인 공간의 의미에 주의를 기울일 것을 촉구하면서 개별적 신체를 통해 경험되는 공간에 대한 논의를 제안하고자 한다.

2. 사회과학에서 '공간' 개념의 결핍

바우만은 80년대 후반부터 모더니티와 포스트모더니티 개념을 기반으로 현대 사회의 현상들을 해석하는데, 기본적으로 합리성의 극대화라는 모더니즘의 기획을 비판한다는 점에서는 정통 포스트모던 이론가들과 큰 차이가 없다. 하지만 모호성, 불확실성, 상대성 등의 포스트모던 조건이나 특성을 강조하는데 그치지 않고, 포스트모던 담론들이 대상으로 삼고 있는 존재론적 문제에 대해 성찰적인 접근을 시도한다는 점에서는 다수 포스트모던 이론가들과 구별된다.

바우만의 『쓰레기가 되는 삶들—모더니티와 그 추방자들』은 이탈로 칼비노Italo Calvino의 『보이지 않는 도시들』에 나오는 몇 가지 이야기를 인용하면서 시작한다. 그 뿐 아니라 바우만의 『모두스 비벤디』는 칼비노의 한 대목을 인용하면서 끝난다. 우리는 어렵지 않게 칼비노의 『보이지 않는 도시들』이 바우만의 모더니티, 포스트모더니티에 관한 논의에 대단히 중대한 영감의 원천으로 작동하고 있다고 볼 수 있을 것이다. 특히 공포, 쓰레기, 도시 등과 관련된 바우만의 논의들은 칼비노의 저작에 직접적으로 빚지고 있는 듯하다.[8]

바우만은 개인주의가 대두하고 사회적 연대가 감소한 것이 세계화

현상과 갖는 관계를 동전의 양면 같은 것으로 본다. 세계화는 어떤 이에게는 무한한 선택의 공간이 확장된 '열린' 사회를 뜻한다면, 또 다른 이들에게는 '운명'의 횡포에 무방비로 노출되는 사회를 뜻하게 되었다. '열린 사회' 개념이 본래는 개방성을 소중하게 여기는 자유로운 사회의 자기 결정을 의미했다면, 이제는 대체로 사회가 통제하지도, 이해하지도 못하는 힘들에 압도된, 타율적이고 불운하며 연약한 사람들이 겪는 끔찍한 경험들을 연상시킨다. 결국 세계화는 세계의 끝까지 이 공포가 퍼져 나가, 끝내 우리는 어디에도 달아날 곳이 없다는 것을 뜻한다. 우리는 이런 열린 사회 / 열린 공포의 이미지를 칼비노가 상상한 도시 속에서 발견할 수 있다.

"원할 때면 언제라도 다시 비행기를 탈 수 있습니다." (…중략…) "하지만 당신은 트루데와 완전히 똑같은 또 다른 트루데에 도착하게 될 겁니다. 세상은 시작도 없고 끝도 없는 하나의 트루데로 뒤덮여 있을 뿐이고 단지 공항의 이름만 바뀔 뿐입니다."[9]

몇 시간을 앞으로 걸어 나가도 폐하께서 도시 안에 있는 건지 아니면 도시 밖에 있는 건지 분명하지가 않습니다. (…중략…) 사람을 만나 "펜테실레아로 가려면 어디로 가야합니까?" 하고 물어본다면 사람들은 온 사방을 다 가리키는 몸짓을 할 겁니다. 폐하께서는 그게 '여깁니다.' 혹은 '조금 더

8 칼비노의 『보이지 않는 도시들』에 나오는 랄라제, 레오니아, 트루데, 올린다, 체칠리아, 펜테실레아 등은 바우만의 저작 곳곳에서 그 흔적을 발견할 수 있다.

9 이탈로 칼비노, 이현경 역, 『보이지 않는 도시들』, 민음사, 2007, 164쪽.

가면 돼요.' 또는 '당신 주변이 모두 그곳입니다.' 또는 '반대편으로 가시오.' 라는 뜻이라는 것을 알지 못할 것입니다. (…중략…) 그러다가 펜테실레아를 떠나야 할 시간이 찾아옵니다. 폐하는 도시에서 나가는 길을 물어봅니다. (…중략…) 폐하는 펜테실레아가 이와 같이 여기저기 흩어진 주변 지역의 깊숙한 곳이나 가려진 지역에 숨겨져 있어 이미 와 본적이 있는 사람들이나 알아볼 수 있고 기억할 수 있게 존재하는 건지, 아니면 펜테실레아가 그저 교외 지역으로만 존재할 뿐이어서 어디엔가 그 중심부가 따로 있는 것인지 아닌지를 이해하려는 노력을 포기합니다. 이제 더 고통스러운 의문이 폐하의 머릿속을 갉아먹기 시작합니다. 펜테실레아 밖에는 진짜 다른 외부가 있을까? 이 도시에서 아무리 멀어져도 그건 그저 한 외곽 지역에서 다른 외곽 지역으로 옮겨 가는 것에 불과해서 절대 이 도시를 벗어날 수 없는 것은 아닐까?[10]

경계확장과 경계유지가 목표였던 근대, '빈' 공간이 언제나 새로운 전진을 불러일으키는 자극으로 느껴졌던 근대[11]는, 바우만의 표현을 빌리자면 "하드웨어의 시대", "무거운 근대", "부피에 집착하는 근대", "'크기는 힘이요 부피는 성공'이 되는 근대", "중량의 시대"이다. 이 시대에는 "공간을 정복하는 것, 쥘 수 있는 한 많은 공간을 움켜쥐는 것, 그리고 소유를 증빙하는 구체적 증거들과 '침입 금지' 푯말을 달아 그 공간을 지키는 것"이 최상의 목표이자 강압적인 집착증이었다.[12] 그런

10 위의 책, 197~199쪽.
11 마르쿠스 슈뢰르, 정인모 · 배정희 역, 『공간, 장소, 경계』, 2010, 22쪽.
12 지그문트 바우만, 이일수 역, 『액체 근대』, 강, 2009a, 184쪽.

데 공간 확장에 대한 근대의 집착증은 사이버 디지털 스페이스라는 가상 공간의 정복에까지 치닫게 되는데 이는 공포, 즉 이곳을 벗어날 길이 없고 나의 시작과 끝을 알 수 없다는 공포를 야기한다. 그런데 도망칠 곳이 없다는 공포, 어디에서도 휴식을 찾을 수 없다는 이 공포가 신자유주의와 자본주의의 폐단이라고 설명하는 것은 충분한 해석이 될 수 있을까? 혹시 근대의 이 공포는 공간에 대한 왜곡되고 편협한 이해, 공간의 불안정화 및 장소 상실 한 마디로 공간의 위기에서 비롯된 것이 아닐까?

현대의 공포, 근대성 위기 등에 대한 대부분의 논의 속에서 공간의 위기가 직접적으로 언급되는 경우는 거의 없는데, 바우만의 경우도 마찬가지이다. 바우만의 논의는 인간의 존재론적 위상과 사회의 위기를 조망하고 윤리적 담론을 사회학의 영역에 결합시킴으로써 성찰적 사회학의 가능성을 보여준다는 점에서 중대한 의미를 가진다. 하지만 그의 논의에서는 추상화된 개념에 기반 한 논의가 가지는 한계가 드러나기도 한다.[13] 우선 칼비노를 전유하여 이끌어낸 도시와 공간에 대한 논의들은 의아하게도 칸트의 "세계시민사회의 수립 의지론"으로 연결되고 있다.[14] 독서 대중과 이 독서 대중에 의한 이성의 공적 사용을 통해 각 개인은 공적 조직의 구성원이기도 하지만 동시에 세계시민사회의 일원이기도 하다는 그의 주장이 지금 우리 시대에 되새길만한 가치가 있다는 데는 이론의 여지가 없다. 하지만 칼비노를 매개로 한 도시

---

13 송재룡, 「바우만의 포스트모던 윤리론—함의와 한계」, 『현상과 인식』 통권 82호, 2000, 31~36쪽.

14 지그문트 바우만, 함규진 역, 『유동하는 공포』, 산책자, 2009b, 284쪽.

에 대한 다채롭고 역동적인 논의들이 추상적인 차원의 윤리로 연결되고 있다는 점과, 그의 윤리론이 기초하고 있는 '선천적 도덕 본능' 개념, 그리고 이 개념으로부터 추론되고 있는 개인과 사회에 관한 공리들[15] 역시 다소 추상화된 개념들이라는 점은 비판의 여지가 있다. 그의 '선천적 도덕 본능'은 모든 인간이 태어나면서부터 가지게 되는 것이다. 이 생래적 도덕성은 합리성, 효용성과 같은 인지적이고 수량적인 기준들에 대하여 독립적으로 존재하는 것으로, 사회에도 앞서고 종교와 전통, 교육과 법에 대해서도 앞서는 일종의 선험적인 것이다.[16]

이런 논의는 흔히 자아의 도덕적 역량이 타자와의 공동생활을 통해서 형성되며, 타자와의 공동체적 삶을 토대로 할 때 자기 자신뿐만 아니라 타인을 배려하는 것을 배우게 된다는 실존적이며 미시적인 수준에서 전개되는 삶의 방식들을 간과하기 쉽고, 또한 자아가 도덕적으로 뿌리를 내릴 수 있는 삶의 유형과 그 근거의 토대가 되는 공간 차원을 평가 절하하는 결과로 연결되기 쉽다. 다시 말해 개인을 사회적 존재로 만들어 주는 공동체적 삶, 그리고 이 공동체적 삶의 토대가 되는 공간적 차원을 무시할 경우, 사회학적, 정치학적 윤리는 흔히 추상적 윤리의 속성을 갖게 될 것이다.

많은 사회과학자들의 논의 속에서 공간 개념은 사회 개념 속에 포함된 채 논의되었을 뿐 직접적인 고려의 대상으로 주목받지 못한다. 전

---

15 Z. Bauman, "Effacing the Face-On the Social Management of Moral Proximity". *Theory, Culture & Society*, 7-1, 1990.

16 송재룡, 앞의 글, 26쪽.

통적인 학문 경향은 공간을 자연과 사회적 현상을 담고 있는 그릇 정도로 인식하는 절대적 공간관에 기반하고 있다. 이런 경향 속에서 공간은 사회와 분리된 채 인식되고, 사회적 과정은 공간과 별 상관없이 자기 논리를 가지고 작동하는 것처럼 간주되는 탈공간적 인식론, 비장소적 사회관이 논의의 주된 흐름으로 자리 잡게 된 것이다. 이렇게 해서 사회과학에서 공간 문제는 많은 경우 직접 다뤄지지 않고, 근대성 위기, 사회성 / 인간성 상실, 공동체 위기, 도시 문제 등에 포함되어 논의되는 경우가 많다. 그리고 많은 경우 사회이론과 공간이론은 분리되어 균형적으로 고려되지 못하거나, 사회이론에 중점을 둔 채 공간에 대한 이해를 시도함으로써 공간적 상상력이 제한된 소극적인 수준의 공간 논의를 보이고 있는 실정이다.

이제 우리가 공간 개념의 결핍 문제를 비판하고 그 개념을 복구하기 위해서는 우선 왜 공간 개념과 공간 연구가 무시되고 결핍되었는가에 대한 답을 찾아야 할 것이다. 마르쿠스 슈뢰르Markus Schroer는 이 문제에 대한 흥미로운 의견을 제시한다. 그는 사회과학에서 공간주제가 소홀히 다루어져 온 것은 사회학이 계몽주의와 근대성의 산물로서 관념론적 철학의 영향을 받고 있다는 사실과 상관이 있다는 사실을 지적하면서 다음과 같이 쓰고 있다.

> 관념론 철학에서는 사회적 현상의 시간성에 대한 강조와 공간적 측면에 대한 소홀함을 엿볼 수 있다. 의식철학이 워낙 위상을 차지했던 탓에 공간 범주는 소홀히 다루어졌다. 왜냐하면 "우리가 **공간**이라는 차원을 **몸**과 연상시키듯이 **시간**은 **의식**에 귀속시키기 때문이다."[17]

즉 관념론적이고 의식적인 영역에 대한 선호 때문에 몸을 연상시키는 공간 개념은 무시되고 망각되어 왔고, 다뤄진다고 해도 상당히 제한된 방식으로, 혹은 다른 개념들과 혼합된 채로 다루어져 왔다. 그래서 공동체 문제와 도시 문제, 지역성과 관련된 문제를 다룰 때에도 공간 개념은 사라진 채, 이념과 이데올로기, 정책, 역사의 문제 등으로만 주로 다뤄져 온 것이다. 하지만 이 문제들은 결코 이념과 관념적으로만 해석될 수 없는 문제들이다. 예컨대 공동체란 이념을 둘러싸고 집결되기도 하지만, 그것은 분명 물리적인 토대와 공간을 기반으로 하고 있다. 공동체는 역사와 전통을 공유한 일종의 '기억의 공동체'로서, 그 속에 존재하는 개인들은 자유와 권리만이 아니라 책임과 의무라는 씨줄과 날줄이 그물망처럼 엮어진 도덕 실천의 공동체[18]이다. 그리고 우리의 현재 삶에 '도덕의 소리'와 공동체 정신을 들려주는 것은 바로 그 공동체의 기반이 되는 장소의 기억이다. 공동체는 또한 신체로 경험되고 정서적으로 이해되고 결집되는 '살의 공동체'(메를로-퐁티Maurice Merleau-Ponty)[19] 즉 세계를 횡단하면서 서로의 행동이 교착되고 규정되는 자아와 타자의 상호신체적 공동체이기도 하다. 이렇게 본다면 공동

17 마르쿠스 슈뢰르, 앞의 책, 20쪽.

18 박영신,「공동체주의 사회 과학의 새삼스런 목소리」,『현상과 인식』제22권 2호, 한국인문사회과학원, 1998, 107쪽.

19 모리스 메를로-퐁티, 류의근 역,『지각의 현상학』, 문학과지성사, 2002. 여기서 '살'은 단순히 피부를 의미하는 것이 아니다. 메를로-퐁티는 주체로서의 신체의 감각적 활동을 지시하기 위해 '살'이라는 단어를 사용하는 것이며, 여기서 살은 감각하는 자와 감각될 수 있는 것의 가역성에 의해 특징 지워진다. 살은 나의 신체와 세계의 공통 재료이다. 즉 나의 신체는 세계와 동일한 살로 이루어져 있다. 따라서 살을 통해 나의 신체와 세계의 대립, 주관과 객관, 주체와 객체의 이분법을 극복할 수 있게 된다. 자아, 타자, 세계는 살을 통해 그 분리를 극복하고, 역동적으로 상호 교착되면서 다양한 존재의 형태를 주조하게 된다.

체, 결사체, 사회를 이야기하기 위해서는 물리적이고 구체적인 공간에 대한 논의는 반드시 선행되어야 하는 것으로, 이것이 결핍된 사회이론의 경우 추상적인 수준의 논의를 벗어나기 어렵게 된다. 즉 정신(기억, 의식)과 신체(감각)의 결합을 전제로 한 시공간경험에 대한 탐구는 공동체, 사회에 관한 연구의 기본 전제가 되어야 할 것이다. 사람들은 같은 공간을 공유하면서 함께 머물 때 각자의 생활이 겹쳐지고 그 가운데 같은 입장, 같은 생각, 같은 정서, 한마디로 공동체 감각을 익히게 된다. 공간은 그것이 단순히 사람들의 결집에 있어서 공통 기반의 역할을 할 뿐만 아니라 이 공간을 토대로 사람들이 사회성을 획득하고, 사회경제적 축으로 상호 연결되며 또한 불충분하다 할지라도 도덕의 망으로 얽히게 된다. 따라서 현대의 인간관계의 해체 문제, 인간 소외, 도덕성 상실의 문제는 일정 부분 공간 문제로 해석해야 할 측면이 분명히 있다고 본다. 푸코Michel Foucault[20]의 지적처럼, 어쩌면 우리 시대의 불안은 근본적으로 공간에 관련된 것일지도 모르는 것이다. 이런 점에서 우리는 오늘날 한국 사회의 집(아파트)이 살기 위한 곳이 아니라 사고팔기 위한 대상이 되어버린 사실과 공동체의 붕괴는 별개로 진행된 것이 아니라고 볼 여지가 있다. 이종관[21]이 서브프라임 모기지 사태는 가상 금융시장이 '집'을 자신의 위험생산 작업에 끌어들였기 때문이라고 분석하는 것은 이런 관점에서 대단히 흥미롭다.

포스트모더니즘 계열 공간 담론들은 이성의 개념보다는 지각 주체

20 M. Foucault, "Des espaces autres"(conférence au Cercle d'études architecturales, 14 mars 1967), in *Architecture, Mouvement, Continuité*, n°5, octobre 1984, pp.46~49.

21 이종관, 「세계화의 위기와 건축의 미래」, 『건축』 제56권 제1호, 대한건축학회, 2012.

의 공간에 대한 감각적 경험과 관련된 논의를 시도하고 있는데, 우리는 이런 담론을 통해 공간에 접근하는 것이 필요하다고 본다. 그리고 우리는 우리가 거주하고 있는 공간의 의미를 밝히기 위해서는 인간의 실존적 존재 방식에 대한 논의가 선행되어야 하고, 이를 위해서는 신체에 대한 이해가 필요하다고 본다. 이런 이해 속에서 우리는 공간이 연상시키는 신체 개념과 공간적 상상력 개념을 매개로, 사회성의 공간적 차원에 주목하고 새로운 공간론을 구성할 수 있을 것이다.

3. 사회성의 공간적 상상력

『지각의 현상학』에서 메를로-퐁티는 우리가 경험하고 거주하는 공간은 사고 행위에 기초한 객관적 공간, 표상적 공간이 아니라고 쓰면서, 우리가 공간을 표상할 수 있으려면 우리는 가장 먼저 "우리의 신체에 의해 공간으로 들어"가야 한다고 쓰고 있다.[22] "공간이 실존적이며 또한 실존이 공간적"[23]이라고 보는 그는 절대적, 개념적, 추상적 기하학 공간 개념은 존재의 고착화에 이바지했을 뿐이라고 하면서, 이런 추상적 공간 개념이 접근할 수 없는 공간에 대한 탐구를 촉구한다. 예컨대 우리가 다니는 길, 우리가 서로를 경험하고 상호작용하는 공간, 낯선 길, 낯익은 길, 골목과 막다른 길, 도로와 건축 공간 등 우리가 살고 있는 생활 공간과 행동 공간은 우리의 신체에 의해 생생하게 경험

---

22 모리스 메를로-퐁티, 앞의 책, 226쪽.
23 위의 책, 443쪽.

되는 공간이다. 공간과 신체의 연관에 주목한 메를로-퐁티의 논의는 우리 연구에 상당한 시사점을 던진다. 메를로-퐁티 이전에 하이데거와 사르트르가 이미 공간과 관련해서 신체에 대한 연구를 전개하긴 했지만, 그들은 공간의 구성과 공간에 대한 실존적 분석 속에서 신체의 역할에 대해서는 접근하지 못했다. 메를로-퐁티는 인간의 본질과 주체로서의 신체의 의미에 대한 탐구를 하는 과정에서 공간 문제를 다루고, 공간의 실존성과 신체성의 관계에 관한 논의를 전개했는데, 그의 성과를 바탕으로 우리는 위치적 의식이나 표상의 대상이 되는 공간이 아니라, "신체적 공간", 즉 내가 신체를 가지지 않는다면 나에 대하여 존재하지 않을 공간, 진공이 아닌 공간, 운동과 관계된 공간을 표현하는데 필요한 틀을 만들어낼 수 있을 것이다.[24]

1) 공간적 상상력

공간을 자연이 시적으로 드러나는 장소로 재탄생시키는 것, '시적 거주'를 향한 희망을 가지고 인간과 신성, 땅, 하늘의 성좌를 재편하는 것, 이것이 바로 공간적 상상력이 필요한 이유이다. 하이데거Martin Heidegger는 '세계-내-존재In-der-Welt-Sein'에 대한 분석에서 '거주함'의 중요성을 강조한다. '내-존재'(안에-있음)에서 '내'를 뜻하는 'in'은 '거주하다', '체류하다'를 의미하는 'innan-'에서 유래한 것으로, 그 어근에서

24 위의 책, 171 · 174 · 221 · 235쪽.

'an'은 습관, 친숙함, 사랑과 돌봄 등의 의미를 내포하고 있다.[25] 하이데거는 이 거주 개념에 '시'를 적용함으로써 인간이 자신의 장소에 어떻게 안정적으로 건립하고 살아갈 수 있는지에 대해 말한다.[26] 거주에 대한 하이데거의 견해를 건축에 적용시켜 해석한 노르웨이의 건축자이자 건축 현상학자인 노베르크-슐츠Christian Norberg-Schulz는 인간의 삶이 발생하는 특별한 공간, 인간에게 의미 있는 배경으로 존재하는 공간이 바로 장소라고 하면서, 인간 존재는 자신의 삶의 의미를 장소에서 찾는다고 본다.[27] 인간이 물리적인 공간에 대해 행하는 모든 행위는 거주라 할 수 있는데, 노베르크-슐츠는 시를 거주에 수용함으로써 오늘날의 공간 위기, 거주 위기를 극복하고자 한다. 문법과 형식에서 자유롭다는 것을 특징으로 하는 '시'를 '거주함'에 결합시켜 이야기하는 것은, 시적인 것이 인간으로 하여금 참되게 거주하게 해준다는 것 그리고 인간의 거주는 시적인 것에 근거하여 시적인 것에 머무른다는 것을 표현하는 말이다.

그렇다면 어떻게 공간이, 시적 거주를 위한 장소로 재탄생할 수 있을까? 인간을 둘러싸고 있는 물적 환경과 공간은 처음부터 인간에게 의미 있는 것으로 존재하지는 않는다. 인간은 이 환경을 기억하고 경험해 가면서 그것을 '변형시키고' 그곳과 특별한 관계를 형성해 나간다. 자신이 거주하는 공간의 이미지를 받아들여 그것을 이상적인(이 때

---

25 마르틴 하이데거, 이기상 역, 『존재와 시간』, 까치, 2001, 82쪽.

26 M. Heidegger, "Building, Dwelling, Thinking", Trans. Albert Hofstadter, *Poetry, Langage, Thought*, New York : Harper&Row, 1971.

27 C. 노베르크-슐츠, 이재훈 역, 『거주의 개념—구상적 건축을 향하여』, 태림문화사, 1991.

이상적이란 것은 전적으로 그 공간에 거주하는 자의 주관적인 평가이다) 장소로 '변형시키는' 것, 바로 이 공간을 변형시키는 능력을 우리는 '공간적 상상력'이라고 부르기를 제안한다.

바슐라르Gaston Bachelard에 의하면 상상력은 인간 본성의 주된 권능이다.[28] 만일 상상력이 감각 실재에 대한 재생에 불과하다면, 인간은 불가피하게 그 실재의 틀 속에 갇힐 수밖에 없다. 다시 말해 인간은 자신을 둘러싼 감각 세계의 한계를 벗어날 수 없는 존재가 된다. 그런데 바슐라르는 이러한 종류의 상상력을 거부함으로써 그와는 전적으로 다른 해석을 제시한다. 그는 상상력이란 "외계의 대상의 이미지를 받아들여, 그것을, 스스로 궁극적인 것 즉 이상적인 것으로 삼고 있는 상태로 변화시켜 가는데, 그 작용이 우리들의 외적인 삶이나 실용적인 목적이나 생리적인 욕망과는 전혀 관계없는 것이기에 독자적인 것"[29] 이라고 본다. 상상력은 이미지를 형성하는 기능으로 여겨지기 쉽지만, 이런 이미지의 형성에만 몰두하는 기존 상상력의 심리학은 '이미지의 가동성'에 주목하지 못했다. 하지만 바슐라르는 이러한 측면에 주목하면서 "정체되어 있고 완수된 이미지는 상상력의 날개를 잘라" 버리는 것으로, 상상력은 "본질적으로 열려 있고 가동적이며 생동적"인 정신임을 간파했다.[30]

---

28 상상력imagination이란 이미지image를 상기시키는 단어로, 이미지는 오랜 문자 중심의 서구 역사 — 19세기 실증주의, 18세기 경험주의, 갈릴레이와 데카르트에 의해 발전된 현대 물리학과 합리주의 (혹은 고대의 동로마제국의 성상파괴 논쟁과 중세 스콜라철학 등에까지 거슬러 올라가는) — 속에서 대단히 평가절하 되어 왔는데, 이미지 뿐 아니라 상상력, 상징적 사고, 유사성에 입각한 추론 및 은유 등도 역시 동일한 과정을 거쳐 왔다.

29 곽광수, 「바슐라르와 상징론사」, 가스통 바슐라르, 곽광수 역, 『공간의 시학』, 동문선, 2003, 10쪽.

사람들은 상상력이란 이미지를 형성하는 능력이라고 주장한다. 그러나 상상력이란 오히려 지각 작용에 의해 받아들이게 된 이미지들을 변형시키는 능력이며, 무엇보다도 애초의 이미지로부터 우리를 해방시키고, 이미지들을 변화시키는 능력인 것이다. 이미지들의 변화, 곧 이미지들의 저 예기치 않은 결합이 없다면 상상력은 존재하지 않는 것이며, 상상하는 행위 또한 없다. 만일 현재하는 이미지가 어떤 부재하는 이미지를 떠올리게 하지 않는다면, 그리고 우연한 한 이미지가 기발한 이미지들의 풍부함을, (곧) 이미지들의 일출을 야기하지 않는다면, 상상력은 존재하지 않는 것이다.[31]

바슐라르는 상상력의 역할을 보다 잘 파악하기 위해서는 하나의 단어가 혹은 하나의 이미지가 가지는 "타자성에의 욕망, 이중 의미에의 욕망, 메타포에의 욕망"을 살펴볼 것을 주장한다.[32] 즉 원래의 이미지, 원래의 의미를 다른 방식으로 욕망하고 메타포로 표현하고 변형시키는 것이 바로 상상력이다. 흥미로운 것은 상상력이 타자와의 연관 속에서 이해되고, 운동과 변형의 의미를 내포하고 있다는 점이다. 이러한 상상력 개념을 바슐라르는 공간에 결부시키면서 인간의 존재론적인 문제로 논의를 확장시킨다.

사실 근대에 이루어져 온 공간 연구들은 많은 경우 정치경제학적으로 접근되었고, 여기에서 연구자들은 공간이 가지는 소유관계와, 계급과 소외, 빈곤의 재생산 등 한 마디로 권력 작용에 의해 차별적으로 구

---

30 가스통 바슐라르, 정영란 역, 『공기와 꿈』, 이학사, 2000, 21쪽.
31 위의 책, 19~20쪽.
32 위의 책, 23쪽.

조화되는 측면들을 강조하는 경향이 크다. 특히 도시 공간 연구자들의 많은 부분이 '이중 도시dual city'라는 측면을 강조함으로써, 도시가 한편으로는 기회와 안락함의 공간이기도 하지만, 다른 한편 가난과 추방의 공간임을 강조한다. 이는 현대 사회의 전지구화를 설명하면서 바우만이 '야누스'라고 표현한 것의 도시 버전이다. 자크 엘륄Jacques Ellul 역시 이중적이고 모순적인 도시의 이미지들을 분석함으로써 공간의 문법을 제시했다.[33] 하지만 이런 논의는 끊임없이 도시 공간을 이중의 이미지로, 즉 스카이라인과 화려한 네온사인 등이 표출하는 발전의 지표들(천국)과, 도시 빈민과 슬럼 등 얼룩지고 응어리진 모순의 지표들(지옥)로 분할하고 있다. 전자의 경우는 근대성 담론과 장소를 낭만화 하는 관광 담론 등이 특정 공간을 재현하는 대표적인 이미지들이고, 반면 후자의 경우는 공간에 대한 계급적 접근에서 쉽게 발견되는 이미지들이다. 그런데 문제는 사람들이 일상적으로 경험하고 거주하는 공간의 이미지는 이러한 이미지로 포착되기 힘들다는 점이다.

우리가 주목하는 것은 공간에 대한 이러한 고정된 이미지들을 변형시키는 공간의 상상력, 공간의 가동성이다. 공간은 자본과 권력의 논리에 의해 형성되는 것이 사실이기도 하지만, 놀랍게도 시적이고 감각적이고 관능적인 공간 경험들을 끊임없이 제공하기도 한다. 이 놀라운 경험은 우리를 찌르고 자극하며 우리가 가진 공간의 이미지를 자극하며 변형시킨다.

---

33 J. Ellul, "Les 'idées-images' de la ville de l'homme quelconque", *L'idée de la ville*, Actes du colloque international de Lyon : Champ Vallon, 1984.

사진에 대해 논의하는 중에 바르트Roland Barthes는 사진 속의 코드화되지 않은 관능적인 것에 풍크툼punctum이라는 이름을 붙였다. 원래 이 단어는 찌르다puncture라는 의미에서 파생된 것이다. 스투디움studium이란 시각적으로 익숙한 전형성, 즉 전형적인 코드와 의미작용을 뜻하는 것이라면, 반대로 풍크툼은 쉽사리 의미화 되지는 않지만 엄연히 존재했을 누군가의 특정 공간에 대한 기억과 애착(토포필리아topophilia)을 소환해 내는 것이다. 일본의 대도시 도쿄를 분석한 바르트가 주목한 것이 바로 이 점이다. 그는 한편에는 도쿄에 문자로 된 주소, 토지대장에 기입된 합리적인 주소와 구역 분할이 있지만, 다른 한편에는 비논리적이고 복잡하며 신기할 정도로 이질적인 어떤 체계, 즉 브리콜라쥬bricolage 형태의 체계가 존재한다는 것을 간파했다. 대도시의 이 "훌륭한 브리콜라쥬는 상당 기간 효과를 발휘할 뿐만 아니라 완벽한 기계문명에 신물이 난 수백만의 사람들을 만족시킨다."[34] 삶의 체취가 눅눅하게 배여든 층들로 구성된 공간 속에서 심리지리학을 시도하는 것, 스투디움들 속에서 풍크툼을 찾아내는 것, 혹은 벤야민이라면 폐허라 할 시간 속의 균열 사이에 메시아가 들어서는, 섬광처럼 빛나는 순간 속의 시간을 찾아내는 것이 바로 우리가 공간적 상상력을 통해 시도하는 것이다. 이것은 일종의 민족지적 활동을 통해서만 포착 가능한 것으로, 따라서 지도나 주소 등에서 드러나지 않고 직접 걸으며 눈으로 확인하고 그곳의 관습과 경험을 온몸으로 체감하며 알아내는 것이다. 여기서 발견되는 풍크툼들은 모두 강렬하면서 동시에 연약하기 때문에 남겨진 흔적의 기

---

34 롤랑 바르트, 김주환 · 한은경 역, 『기호의 제국』, 산책자, 2008, 51~53쪽.

억을 통해서만 발견된다.

공간 특히 도시 공간이 자본주의 시스템으로 작동되고 있지만 그 공간이 오직 상품의 교환과 화폐의 이동만으로 이루어진 것은 아니다. 또한 인공의 환경과 계획된 인공물들이 집적되는 과정 속에서 공간이 간직하고 있는 풍크툼은 결코 완전히 사라지지는 않고, 다만 이런 상황 속에서 기존의 공간의 성격이 바뀌고 변형된 새로운 공간이 생겨나게 되는 것이다. 철저한 계획과 계산을 거쳐 탄생한 공간에는 예기치 않은 자유와 만남, 그리고 사건들이 출현하면서 의도하지 않은 공간의 변화가 초래된다. 우리의 행위 공간은 늘 반복되는 것 같지만 우리는 우리가 공간을 이동하는 과정에 우연히 사건의 주요 요인이 되는 인물이나 새로운 상황과 만나게 되기도 한다. 이렇게 해서 반복되는 일상적 공간이 운명적인 장소로 변형되는 것이다. 즉 상징적 매개체를 통해 과거의 공간을 끌어들이고, 그 공간에 새로운 변형체(이것이 바로 바슐라르적 의미의 '상상력'이다)를 만들어 놓음으로써 두 공간을 하나로 연결시키는 효과를 발생시킨다. 뿐만 아니라 상징적이고 기념비적인 의미를 함축한 공간은 사람들에게 깊이 각인되고, 행위 공간과 공간상에 존재하는 대상들 사이에 계속해서 전이가 일어난다. 원래의 인상들에서 받은 관념들을 재생하는 기억과는 달리 상상력은 그 관념들을 변화시키고 재구성할 수 있는 능력인 것이다. 칼비노의 상상된 도시 이야기에서도 이 사실은 확인된다.

> 강을 건너고 사막을 가로질러 그들이 여기까지 온 것은 칸의 제국 안팎에 있는 어느 시장에서나 똑같이 항상 찾을 수 있는 물품들, 똑같은 모기장

그늘 아래 천편일률적인 노란 깔개 위로 발치에 여기저기 늘어놓은, 똑같이 할인된 바가지 가격을 붙인 물품들을 교환하기 위해서만은 아닙니다. 사고팔기 위해서만 에우페미아에 오는 것이 아니라 밤이 되면 시장 주변에 환히 밝혀지는 모닥불 가에서 자루나 통 위에 앉아 혹은 양탄자 뭉치 위에 누워 누군가 '늑대', '누이', '숨겨진 보물', '전투', '옴', '연인'이라는 말을 할 때마다 다른 사람들도 각자 늑대, 누이, 숨겨진 보물, 전투, 옴, 연인에 얽힌 자기 이야기를 하기 때문이었습니다. 그리고 폐하도 아시다시피, 긴 여행 도중 흔들리는 낙타 등이나 정크 선에서 잠을 이루지 못할 때면 폐하께서는 지나간 추억들을 모두 하나씩 곱씹기 시작하실 것입니다. 동지와 하지, 춘분과 추분 때마다 기억이 교환되는 도시 에우페미아에 돌아오실 때면, 폐하의 늑대는 다른 늑대가 되고 누이동생은 다른 누이동생이 될 것이며 폐하의 전투는 다른 전투들이 될 것입니다.[35]

우리는 이 공간적 상상력, 좀 더 정확히는 '사회성의 공간적 상상력'을 인간이 한 장소에 뿌리를 내리는 과정에서 확인할 수 있다. 이-푸 투안Yi-Fu Tuan의 용어로는 '장소애'라는 뜻의 '토포필리아', 마페졸리 Michel Maffesoli에 의하면 '역동적 뿌리내림l'enracinement dynamique'이라고 하는 과정, 메를로-퐁티의 '정박l'ancrage' 개념을 살펴보면 우리는 현대의 사회문제, 도시의 거주문제 등이 함축하는 인간과 공간의 관계, 사회적 인간의 공간적 본성에 대해 재고할 기회를 가질 수 있을 것이다. 투안은 물리학자 하이젠베르크가 덴마크의 크론베르크 성을 방문했

---

35 이탈로 칼비노, 앞의 책, 49~50쪽.

을 때 썼던 감상을 인용하면서 공간에 아우라를 부여하는 요소가 무엇인지 의문한다.

> 햄릿이 이 성에 살았다고 상상하자마자 성이 달라져 보이는 것이 이상하지 않습니까? 과학자로서 우리는 이 성이 돌로만 구성되어 있다고 믿으며 건축가가 그 돌들을 어떻게 쌓아올렸는지에 대해 감탄하지 않을 수 없습니다. 돌, 고색창연한 녹색지붕, 교회의 나뭇조각이 성 전체를 구성하고 있는데, 이들 가운데 어느 것도 햄릿이 여기에 살았다는 사실로 바뀌지는 않지만, 그것은 완전히 변했습니다. 갑자기 성벽은 아주 색다른 언어를 구사합니다. 성의 안마당은 하나의 완전한 세계가 됩니다. (…중략…) 그래서 그(햄릿) 역시 지구상의 한 장소, 여기 크론베르크에서 발견되어야만 했습니다. 그리고 일단 우리가 그것을 알게 되면, 크론베르크는 우리에게 완전히 다른 성이 됩니다.[36]

투안은 위의 인용문을 통해 인간이 공간을 어떻게 체험하는지, 어떤 다양한 경험 양식으로 공간을 느끼는지, 어떤 복잡한 감정의 이미지로 공간을 해석하는지에 주의를 기울이는 연구의 필요성을 주장한다. 우리는 공간적 상상력을 매개로 이러한 미묘한 인간의 공간 경험을 기술할 것을 실험해 보고자하는 것이다. 투안은 특히 '토포필리아'라는 용어로 일상인들의 감성과 결부된 공간 체험을 설명한다. 사람들의 주거

36 W. Heisenberg, *Physics and Beyond*, Harper Torchbook, 1972(투안, 구동회 · 심승희 역, 『공간과 장소』, 대윤, 2007, 17쪽에서 재인용).

와 생활에 의해 쌓인 의미들의 층위가 두꺼워져 있는 공간(장소), 인간의 감성과 구체적 경험과 결부되어 의미로 가득차 있는 이 공간(장소)은 감성적이고 미학적, 상징적인 이해를 통해서만, 그리고 무엇보다도 이 공간 안에 직접 들어가야만 이해할 수 있는 것이다. 이처럼 공간적 상상력을 통해 공간은 이름, 색깔, 의미, 상징을 부여받고 시적 거주에 적합한 공간(장소)으로 변화된다.

마페졸리의 '역동적 뿌리내림'[37]은 '사회적 개인의 공간적 본성', '사회성의 공간적 상상력'에 대한 탐구를 압축적으로 보여주는 개념이다. 역동적 뿌리내림이라는 표현은 뿌리를 내리고 있으되 내밀한 삶과 우주의 드라마가 소통하는, '사회성의 공간적 본성'에 대한 성찰에서 만들어진 것이다. 보통 뿌리내림은 신앙심과 조상 숭배와 연관된 주제로 다뤄져 왔는데, 이 뿌리내림의 기본적인 형태는 인간의 집, 고향, 마을 등의 형태로 표현되는 거주이다. 여기서 거주란 "특정한 장소를 집으로 삼아 그 안에서 뿌리를 내리고 거기에 속해 있다"는 것을 뜻하고 기초적인 사회성의 의미를 내포하고 있다. 거주는 결코 다른 행동들과 비슷하게 내키는 대로 저질러지는 행위가 아니라 "인간의 본질을 규정하는 행위이며 인간과 세계의 관계 전체를 결정하는 행위"이다.(생텍쥐

37 마페졸리가 이 개념을 만들어 사용할 때 기대는 것은 바로 뒤랑Gilbert Durand의 '인류학적 도정'이라는 개념이다. 여기서 "'인류학적 도정'이라는 것은, 하나의 상징체계가 출현하기 위해서는 그 상징체계가, 한편으로는 사피엔스의 표현 속에 천성적으로 내재해 있는 뿌리와, 다른 한편으로는 또 다른 하나의 끝, 즉 우주적이고 사회적인 환경의 다양한 소환에 – 일종의 연속적인 왕복 운동으로서 – 동시에, 불가분하게 참여해야 함을 보여주는 개념이다."(질베르 뒤랑, 진형준 역, 『상상력의 과학과 철학』, 1997, 59쪽 이하; 김무경, 「상상력과 사회–질베르 뒤랑의 '심층사회학'을 중심으로」, 『한국사회학』 제41집 2호, 2007, 318쪽)

페리)[38] 근대의 패러다임 속에서 사회성의 공간적 본성 즉 뿌리내림은, 그것이 연상시키는 정체되어 있다는 의미와 그것이 내포하는 '혈연에 대한 사랑과 이방인에 대한 적대감'[39]의 의미 때문에 비판되면서 크게 위축되어 왔지만, 마페졸리는 오히려 공간의 역동성을 강조하면서 공간의 성격을 확장시킨다. '역동적 뿌리내림'이란 역동적인 것과 정적인 것이 결합된 것으로, 마페졸리는 쿤데라의 『불멸』에 나오는 한 대목을 인용하면서 이 표현을 통해 사회적 개인의 공간적 본성에 대한 논의를 전개한다. 쿤데라는 독일어에서 이성을 의미하는 단어 '그룬트Grund'에 대해 설명하면서 다음과 같이 썼다.

> 라틴어 ratio와 완전 무관한 이 말은, 우선 지면을 가리키고, 또 토대를 가리키기도 해. (…중략…) 우리 모두의 마음 깊은 곳에는, 우리 행위의 항구적인 동기라고나 할 그룬트가 각인되어 있는데, 이는 우리 운명이 자라나게 되는 땅이라네. 나는 내 소설에 등장하는 인물들 각각의 그룬트를 파악하고자 노력 중이라네.(쿤데라)[40]

마페졸리는 이 대목만큼 역동적 뿌리내림을 잘 표현할 수는 없을 것이라면서, 소설가가 자기 소설의 등장인물들에 대해 하고자 하는 것, 즉 행위, 표상, 현상들의 단순 동기가 아니라 그 토대를 탐구하여, 우리에게 익숙한 도구적 혹은 기능적 이성에 어긋나는 그 내적 동기를 포착

---

38 오토 프리드리히 볼노, 이기숙 역, 『인간과 공간』, 에코리브르, 2011, 164~165쪽.

39 고향, 대지에 대한 애착은 민족주의 이데올로기, 자민족 중심주의 등으로 해석되어 악용될 여지가 상당히 많다. 투안, 제11장 「고향에 대한 애착」, 앞의 책, 2007을 참고.

40 M. Maffesoli, *Eloge de la raison sensible,* Grasset, 1996, p.78에서 재인용.

하는 것을 우리는 사회적 분석의 범주에서 행해야 한다고 말한다.[41] 인간 이성이 곧 땅, 대지, 토대를 가리킨다는 이 사실은 이성과 육체, 시간과 공간, 정적인 것과 동적인 것의 이분법적 분리를 뒤엎을 수 있는 발견이다. 역동적 뿌리내림 개념은 정적인 구조(뿌리내림)가 동적인 것(역동적인 움직임, 성장)과 결합되어 완성되는 것으로, 문화와 본성, 역사와 운명, 객체와 주체, 운동과 정지, 시간과 공간적 본성의 상호작용을 요약해 주는 표현이다. 이렇게 해서 깊이 뿌리를 내린 대지, 토대 위에서

---

41 *Ibid.*, p.79, 마페졸리가 사용하는 '역동적 뿌리내림'이라는 표현은 바슐라르에서 시작되어 뒤랑을 거쳐 그 자신에게까지 이어지고 있는 상관관계를 이해해야만 제대로 이해할 수 있는 것이다. 우선 바슐라르는 질료에는 이미 여러 정신적 특징들이 스며들어 있다고 보는 애니미즘의 노선 속에 있다. 그는 상상력은 "존재의 근원에 파고들어가 원초적인 것과 영원적인 것을 동시에 존재 속에서 찾아내려고 한다"는 것, 그리고 이 상상력은 "형식이 내재하는 싹을 가꾸고 있다"(가스통 바슐라르, 이가림 역, 『물과 꿈』, 문예출판사, 1987, 6쪽)고 본다. 그리고 이 싹이 자라나는 기능에 대해 탐구하는 것은 곧 상상력의 뿌리 자체에 이르는 막중한 과업임을 천명하는데, 흥미로운 것은 그가 "물질의 근원에는 어두운 하나의 식물이 자라고 있어, 물질의 밤에는 검은 꽃들이 피어있다. 꽃들은 이미 빌로오드의 꽃잎과 향기의 방식(방정식)을 갖고 있다"(위의 책, 7~8쪽)고 쓴 부분이다. '물질의 밤'에 피어나는 '검은 꽃'들이 이미 갖고 있는 향기의 '방정식'이라는 이 시적 구절은, 존재의 근원에 즉 우리의 안(주체)과 바깥(객체)에 '이미' 뿌리내리고 있는 '내적 형태'가 있음을 암시한다. 그리고 바슐라르의 이런 입장은 뒤랑의 인류학적 구조 그리고 마페졸리의 '형태주의le formisme(이 단어는 마페졸리의 신조어로, 그는 이 단어를 통해 '원형적 형태la forme archétypale'를 나타내고자 하는데, 이는 바슐라르가 말하는 '내적 형태'나 '상상계의 인류학적 구조'에서 뒤랑이 말하는 '구조'와 의미론적으로 동일하다)'의 문제로 이어진다. 마페졸리는 이것을 "지적으로 구축되기 전 모든 사람의 마음속에 미리 존재하는 무엇", "항구적인 것"이자 인류학적 구조 같은 이성, 오직 어떤 특별한 순간에만 현동하고 실현되는 이성 등으로 발전되고, "유전 암호", "리듬", "스키마", "절점" 등으로 다양하게 표현된다.(M. Maffesoli, *op. cit.*, 1996, pp.74~77) 마페졸리는 그리스인들의 '리듬' 개념을 빌려, 내적 이성을 어떤 운동 전개의 '원초적 도식', '스키마'에 빗대고는 "어떤 조각이나 철학적 관념, 춤, 정치 조직 등, 그 소재가 어떠하건 간에, 전개되는 어떤 구조의 진화와 그 역동성을 진정으로 이해하기 위해서는 그 절점le point nodal을 이해해야 한다"(*ibid.*, p.77)고 역설한다. 그는 『감성적 이성 예찬』 제3장 「내적 이성」과 제4장 「형태주의」에서 이 검은 꽃의 방정식, 존재의 근원에 각인된 '내적 형태'에 대해 깊이 성찰하고 있다.(송태현, 「'바슐라르-뒤랑-마페졸리' 3자 관계에 대한 소고-'역동적 뿌리내림'을 중심으로」, 『프랑스문화예술연구』 제33집, 2010, p.36)

사람들은 함께 머무르며 근본적인 이타성을 체험하게 되고, 그 토대 위에 뿌리를 내린 인간의 흔적을 남기게 된다. 이런 조건 속에서 인간은 "진정한 장소감", "무엇보다도 내부에 있다는 느낌", "개인으로서 공동체의 일원으로서 나의 장소에 속해 있다는 느낌"을 가지게 된다.[42]

마페졸리의 '역동적 뿌리내림'과 유사한 의미를 가진 개념이 메를로-퐁티의 공간론에서도 발견된다. 메를로-퐁티가 사용했던 "정박점le point d'ancrage"이라는 개념은, 사람이 공간을 바꾸었을 때 그는 본성까지 바꾼다는 의미를 포함한다. 보통 새로운 공간을 처음 접하면 사람들은 이전의 "공간적 수준le niveau spatial"에 익숙해져 있기 때문에 이 새 공간에서 혼란스러워 하는데 이것은 낯선 공간에 대한 "정박점"이 결여되어 있기 때문이다. 하지만 시간이 지나면서 이 사람은 새로운 공간적 수준을 정박점으로 삼아 점차 안정을 찾고 거기에 익숙해지면서, 정위l'orientation에 대한 새로운 의미를 획득한다. 그리고 "공간적 수준의 구성은 충만한 세계의 구성 수단들 중 하나일 뿐이다. 즉 나의 신체는 나의 지각이 나에게 가능한 한 다양하면서 명확히 분절된 광경을 제공하고, 나의 운동 의도들이 그 전개와 함께 기대하는 반응들을 세계로부터 받아들일 때 세계를 파악한다."[43]

메를로-퐁티는 『지각의 현상학』에서 "우리를 세계에 연결하는 지향적 단서들"[44]을 찾고자 하는, 현상학 일반의 과업을 수행한다. 그는 세계와 우리를 연결해 주는 지각의 원초적 모습에 대한 의문, 과학과 철

---

42 에드워드 렐프, 김덕현 외역, 『장소와 장소상실』, 논형, 2008, 150쪽.
43 모리스 메를로-퐁티, 앞의 책, 381쪽.
44 위의 책, 23쪽.

학의 인식적 그물망에 대한 의문 등을 가지며 그 답을 찾아가는 가운데 신체를 우리의 원초적 지각의 선험적 근거로서 발견한다. 그는 전통적인 철학적 논의와 달리 "규정된 대상의 총합으로서가 아니라 규정된 모든 사고에 앞서 스스로 우리의 경험에 끊임없이 현존하는 잠재적 지평으로서의 신체"[45]를 발견한 것이다. 즉 그는 우리가 세계 안에 존재하는 가장 근본적인 방식이 바로 신체임을 주장하고, 공간에 대한 그의 논의 속에서도 공간과 몸은 상호 연관되어 나타난다. 그에게 몸은 객관적 공간 내에 있는 사물처럼 존재하지 않고, "가능한 행동의 체계로서의" 몸, "잠재적" 몸이다. 즉 메를로-퐁티에게 몸은 물리적이고 객관적인 공간에 사물처럼 묶여 있는 것이 아니라 고유한 의식이자, 의식주체의 행동체계이며 능동적 구조인 것이다. 그리고 몸은 "공간의 주체"[46]로서, 새로운 공간적 수준에서는 새로운 위치를 확립해 나간다.

인간의 공간 경험은 신체의 운동에 밀접하게 연관되어 있기 때문으로, 상하, 좌우, 전후방, 수직 수평 등의 범주들은 신체의 공간 경험을 나타낸다. 인간이 공간을 어떻게 느끼는지 이해하기 위해 복잡한 신체의 감각 및 경험 양식으로 해석하는 것이 필수적이다. 몸은 단순히 현실에 대한 감각 뭉치가 아니다. 몸을 갖는다는 것은 공간 수준을 변화시키는 능력과 공간을 '이해하는' 능력을 포함한다. 그리고 이때 이해하는 능력이란 단순히 인식적인 능력만을 말하는 것이 아니라, 삶에 방향성을 두고 그에 일정한 태도를 취하는 것을 의미하므로 이 '이해'

45 위의 책, 158쪽.
46 위의 책, 381쪽.

는 '존재가능', '실존' 등과 동의어로 해석될 수 있다.[47]

우리는 지금까지 담론의 역사 속에서 공간은 몸과 연관된 것으로써 평가 절하되어 왔던 전통을 비판하면서 '공간적 전환'을 꾀하고자 하는데, 이제 우리는 몸을 매개로 해서, 즉 신체-공간론을 통해 공간적 전환을 실행할 가능성을 발견하게 된다. 우리는 공간 구성과 공간에 대한 실존적 분석에서 몸이 어떻게 기능하는지를 체계적으로 탐구했던 메를로-퐁티의 논의를 통해 의식의 차원까지 포함하는 몸 개념, 공간 주체로서의 몸, 그리고 몸과 공간의 관계에까지 연구를 확장시켜 나갈 수 있으리라 기대한다.

2) 신체-공간론

우리는 신체와 연관된 공간에 대한 탐구를 통해 (학문적 담론 속에서 지금까지 흔히 누락되었던) 공간론을 확장시킬 수 있을 것이라고 본다. 앞에서도 지적되었듯이 관념론적이고 의식적인 영역을 선호하는 학문적 분위기 속에서 공간 차원은 몸과 연관된 것으로서 무시되어 왔다면, 이제 공간이 연상시키는 관능적이고 날 것으로 살아있으며 우리를 찌르는(풍크툼) 이 몸의 차원을 오히려 강조함으로써 공간 차원의 중요성을 주장할 수는 없을까?

몸은 폐쇄되고 밀폐된 실체 혹은 외적 과정의 수동적 산물이 아니라

47 위의 책, 382쪽; 박은정, 「하이데거와 메를로-퐁티의 '공간' 개념 – 정위定位와 원근遠近의 비교를 중심으로」, 『존재론 연구』 제24집, 한국하이데거학회, 2010, 377쪽.

창조되고 지속되고 궁극적으로는 시공간적 흐름으로 용해되는 관계적 '생물', 즉 분산된 에너지와 정보 흐름을 포착하여 그것을 복잡하고 질서 있는 모양으로 결합시키는 '생물'로 이해되어야 한다. 또한 이 몸은 '욕망의 기계'로 자신을 생산하고 지탱하고 융해하는 과정들과의 관계 속에서 작동하고 변형한다. 그리고 무엇보다 중요한 것은 몸은 환경과 끝없이 상호 침투, 상호 개입 과정을 거치기 때문에 몸은 자아-타자 관계를 틀 지운다는 점이다.[48]

우리는 "몸의 복원, 무엇보다도 우선 감각적·관능적 공간, 말과 음성, 후각과 청각 공간의 복원. 요컨대 비시각적인 것의 복원. 성적인 것과 자체로서의 성만을 따로 고립시키는 것이 아니라 나름대로의 리듬에 따라 나름대로 소비되는 방향성을 지닌 성적 에너지의 공간"[49]의 복원을 통해 새로운 공간을 '생산'해 내고, 몸(이 몸은 개방적이고 타자와 삼투적일 때에만 의미 있게 고려될 수 있다)을 매개로 이해된 새로운 공간론을 생산해 낼 수 있기를 기대한다. 그리고 이 새로운 공간론은, 가장 개인적이면서 사적인 몸이 내포하는 타자 인식과 사회성을 호출해 내는 역동적인 것이어야 할 것이다.

마페졸리는 『현재의 정복』의 한 장(제3장)을 '사회성의 공간'에 할애하고 있는데, 여기에서 다루고 있는 것은 간단히 말해 "'우리 집'에서 난 것, '우리 고향 처녀들', 지역 기후 등, 모든 것은 특별한 향le goût을 가진다"[50]는 사실이다. 이것은 우리가 흔히 공동체에 대한 소속감을

48 데이비드 하비, 최병두·이상율·박규택·이보영 역, 『희망의 공간—세계화, 신체, 유토피아』, 한울, 2001, 145~146쪽.
49 앙리 르페브르, 앞의 책, 517쪽.

나타낼 때 사용하는 "'우리 가운데서 나온' 사람"[51]이라는 표현을 연상시키는데, 이 말은 사회성 혹은 공동체성의 핵심 요소인 공간 특히 근린 공간, 이웃, 지역 사회에 대한 강조를 담고 있다. 여기에서 근린이란 "우리가 집처럼 '느끼는' 구역" 혹은 "직접 경험도 하고 소문도 들어서 (…중략…) 잘 아는 구역"[52]을 말한다.

근린은 인간과 자연, 사회의 긴밀한 연관을 강조하는 것으로 과거 교통, 통신이 발전하지 못한 전근대에는 이것이 가지는 의미는 대단히 중대했지만 근대로 올수록, 특히 지구촌 시대라 하는 우리 시대에는 점차 그 중요성이 감소하게 되었다. 하지만 그렇다고 이 공간의 의미가 사라진 것은 전혀 아니다. 우리 일상의 차원에서 볼 때는 공간 특히 근린과 지역, 집의 의미는 여전히 강력하게 작동하고 있다. 근린과 장소, 사회와 자연의 관계를 표현하기 위해 마페졸리는 "지역 관능주의le sensualisme local"라는 개념을 사용하는데, 여기서 확인할 수 있는 것은 바로 같은 공간에 사는 사람들을 서로 묶고 있는 연대성이다. 사실 국가 권력의 토대가 되는 것은 그것의 근본적인 외재성에 있다. 즉 "지배자는 언제나 외부에 있다." 하지만 중앙의 권력과 달리 지역의 권위는 언제나 근접성에 의해 진정된다. 지역 특수주의les particularismes locaux는 초월적인 권력이 가지는, 통합시키고 전체화하려는 시도를 실패로 돌린다. 프랑스뿐 아니라 여러 나라에서 보이는 지역 운동의 발흥 현상들은 이런 의미에서 전적으로 교훈적이다. 우리는 기초적인 사회성

---

50 M. Maffesoli, *La conquête du présent,* Desclée de Brouwer, 1998, p.73.

51 마르쿠스 슈뢰르, 앞의 책, 273쪽.

52 이-푸 투안, 이옥진 역, 『토포필리아』, 에코리브르, 2011, 321쪽.

과 연대성을 구성하는 상징적이고 대단히 관능적인 가치들을 임의로 무시할 수 없을 것이다.[53]

그런데 연대성을 확장시키는 이 전통적 저항은 무엇보다도 먼저 공간 기억의 프레그넌시prégnance에서 발흥한다. 이 공간 기억의 프레그넌시란 마치 불가사의한 에너지를 보존하는 현대 천체물리학에서 말하는 "블랙 홀"과 같은 것이다. 공간은 "불투명성, 몸과 대상, 결과를 야기하는 행위, 끓어오르는 에너지, 감추어져서 들어갈 수 없는 장소, 점착성, 블랙홀 등"[54]을 포함한다. 그리고 사회성은 그것이 뿌리내리고 자라기 위해서는 이러한 공간을 필요로 한다. 예컨대 유년기의 집이 모든 뿌리와 뿌리에 대한 모든 추구의 패러다임으로 남아 있듯이, 지역 공간은 모든 공동체의 함께하기의 근간이 되는 것이다.[55] 그리고 바로 이 구멍과 블랙홀의 상징적 의미는, 그것이 에너지 저장소로 죽음과 삶을 연결하는 유기적 관계를 구축한다는 사실과 연관된 것이다. 에너지 저장소인 구멍이 있는 땅에는 신성한 특성이 부여된다. 자기 조상이 묻힌 땅에 대한 집착은 우리를 앞서 살았던 사람들에게 우리가 종속되도록 만드는 거의 자연적인 우주의 지속성에 대한 인식에 기초하고 있다. 그리고 집, 땅, 영토, 거기서 발생한 관습 등에 대한 집착은 이 신성한 특성에 기초하고 있다. 죽음이 만드는 퇴적 작용은 살아 있는 것을 자라게 만든다. 부식토는 뿌리가 나고 성장하는 것을 도와준다.[56] 에너지를 저장하는 블랙홀, 부식토의 역할을 하는 바로 이 구멍

---

53 M. Maffesoli, *op. cit.*, 1998, p.74.
54 앙리 르페브르, 앞의 책, 280쪽.
55 M. Maffesoli, *op. cit.*, 1998, p.75.

이미지는 바슐라르가 사용하는 '벌집' 이미지를 통해 보충됨으로써 더욱 더 강력한 사회성의 공간적 상상력을 완성시킨다. 바슐라르에 따르면 공간은 벌집 같은 구멍들 속에 시간을 압축해 간직하고 있고, 공간은 그렇게 하는데 소용된다. 공간의 구멍 속에 압축되어 지속되는 기억과 흔적은 공간 관련 담론 속에 잘 등장하지 않지만, 이는 이미 풍화된 공간의 특정 구역과 장소들을 일깨우고 존재하게 하는 힘이다. 그리고 이주와 가족사, 새로운 공간에 대한 선망과 기대, 공간 위에서 벌어진 사건들에 대한 무수한 기억들의 교차를 통해 공간은 변형되고 재창조된다. 이런 식으로 기억, 추억은 공간화 되고, 그만큼 더 단단히 뿌리내리며 내밀성의 공간을 구축하게 되는 것이다.[57]

이 지역 관능주의 혹은 지역주의le localisme는 원형적 무의식에 뿌리내린 가치들을 함께 소유하는 것으로 마페졸리가 탈근대 사회성의 첫 번째 인식 지표로 꼽는 것이다. 공간의 관능성, 풍크툼, 주이상스jouissance. 이것들은 분명하게 사회성의 공간적 상상력을 형성하는 것들로, 쉽게 해독되지 않는 복잡하게 얽힌 속성들과 쉽사리 의미화를 허락하지 않는 완강함을 가지고 있다.

사실 근대의 공간 계획자들은 꿈같은 조화의 세계와 예정된 질서를 가지고 공간을 구조화하고자 했지만 이것은 오히려 혐오스러운 재앙을 초래했다. 즉 순수한 공간, 애매함이나 우리를 놀라게 만드는 것, 혹은 갈등을 유발하는 것이 없는 공간에서 인간은 번성하지도, 제대로

---

56 *Ibid.*, p.76.
57 가스통 바슐라르, 앞의 책, 2003, 83~84쪽.

성장하지도 못하는 것이다. 따라서 공간적 상상력은 이러한 기존의 동질화 된 공간 체계에 대한 적응으로 정의될 수 없다. 반대로 공간은 자신의 용도에 맞게 동질적인 공간을 우회하는 잠재적 에너지 즉 공간적 상상력 덕분에 연극화되고 드라마틱해진다. 그리고 특정 공간(해변 등과 같은 여가 공간)에 국한되었던 필요와 욕망이 그 공간을 넘어서게 만드는 상징과 차이 덕분에 "공간은 에로틱해진다." 공간을 지배하고 통제하려는 힘은 로고스 쪽으로 결집되고, 반대편에는 공간의 전유를 시도하는 힘, 즉 영토적이며 생산적인 다양한 자가 경영 형태, 공동체, 삶을 바꾸기 원하며 제도와 체제를 넘어서려는 자들이 결집한다.[58]

그리고 이 로고스와 반反로고스, 기억과 상실, 발전과 쇠퇴, 상수와 변수, 새것과 낡은 것, 계획과 반反계획 사이에는 치열하거나 느슨한 투쟁이 벌어진다. 르페브르의 표현으로는 "'로고스-에로스'의 변증법적 움직임"은 지배-전유 사이의 갈등, 시와 음악이 대립하는 모순을 내포하고 있다. 공간을 통제하고 지배하고 유지하려는 힘과 연관된 로고스에는 거시적인 공간 건설, 예컨대 도시계획에 근거해 확정된 공간 구획, 기념비적 건물 등의 '전시적인' 건축물이 상응한다. 이에 대응하여 공간 경험의 원천으로 인간의 신체를 복원하는 것, 이러한 반反로고스적 신체의 복원은 이미지와 상징을 통해 표현되고 사회와 집단의 섬세한 무의식을 지칭하며, 인지되기 보다는 몸으로 체험되는 경향이 강하다. 그리고 "무엇인가를 '하고자 하는' 욕망, '창조하고자' 하는 욕망은 공간 안에서만, 공간을 생산함으로써만 성취될 수 있다."[59]

---

58 앙리 르페브르, 앞의 책, 553~554쪽.

반反로고스의 공간, 즉 공간과 몸의 밀접한 관계에 주목해 본다면, 우리는 "몸의 소유와 집에 거주함의 유사성"을 발견하게 된다.[60] 메를로-퐁티는 이를 "나는 내 몸에 거주한다"라고 표현했는데, 이것은 "더 이상 환원되지 않는 신비로 가득한 이 합일을 염두에 둔" 것으로, '거주한다'는 것은 어딘가에 체현되어 있다는 것을 의미한다. 그리고 '몸에 거주한다'는 것은 몸이라는 집과 불가분으로 묶여 있는 특별한 종류의 거주를 암시한다. 그리고 바슐라르는 사람은 자리만 바꾸지 않고 본성까지 바꾼다고 말하면서 "구체적인 공간, 고도로 질적인 공간 속에서의 존재의 혼융"이라고 표현했다.[61] 이 표현은 단순히 공간이 인간을 변화시키고 인간에게 영향을 준다는 것만 의미하는 것이 아니다. 오히려 "인간이 구체적인 공간과 하나가 될 때만 특정한 본질을 얻는다는 뜻이다. 인간은 각각의 공간과 분리된 채 본질 "그 자체"를 가지고 있는 것이 아니라 구체적인 공간에서 자신의 본질을 획득하는 것이다."[62]

유사한 맥락에서 르페브르는 "공간, 나의 공간이라고 하는 것은 내가 직조의 일부가 되어 형성된 맥락이 아니다. 나의 공간은 우선 나의 몸이며, 나의 몸을 그림자처럼, 반사된 상처럼 따라다니는 나의 몸의 타자이기도 하다"[63]고 썼다. 나의 공간은 우리가 "확고한 일체감을 느끼는"[64] 공간이고, "내가 있는 공간, 나는 바로 그것"[65]이고, "나의 공간

59 위의 책, 554~555쪽.
60 오토 프리드리히 볼노, 앞의 책, 376~379쪽.
61 가스통 바슐라르, 앞의 책, 2003, 348쪽.
62 오토 프리드리히 볼노, 앞의 책, 380쪽.
63 앙리 르페브르, 앞의 책, 281쪽.
64 이-푸 투안, 앞의 책, 2011, 319쪽.
65 노엘 아르노; 가스통 바슐라르, 앞의 책, 2003, 255쪽에서 재인용.

은 나의 몸을 건드리고 나의 몸에 닿으며 나의 몸을 위협하거나 선호하는 것과 다른 모든 몸 사이에 놓은, 움직이는 중간지대"로, "거기에는 거리감과 긴장감, 접촉, 단절이 있다."[66] 오토 프리드리히 볼노Otto Friedrich Bollnow는 『인간과 공간』(2011)에서 이 점에 주목하면서 다양한 문화에서 드러나는 인간과 공간의 관계, 특히 신체와 집의 관계를 분석했다.

> 몸의 경우처럼 두드러지지는 않지만 집에도 역시 직접적인 동일시가 존재한다. 인간은 집을 자신과 동일시한다. 그는 집과 하나로 녹아들어 있다. 인간은 집에서 살면서 그 안에 현존해 있다. 그래서 낯선 사람이 그의 의사를 무시하고 집의 영역으로 들어오면 마치 신체적으로 타격을 받은 듯한 느낌을 받는다. 이 영역은 모양은 조금씩 다르지만 인간의 소유 공간에 속한 모든 것들로 범위를 넓혀간다. 농부는 밭과 자신을 동일시한다 (…중략…) 남이 그의 공간에 들어오면 그는 자기 자신이 피해를 입고 모욕을 받았다고 느낀다. 국가가 영토 침해 상황에 맞닥뜨릴 때 불안을 느끼는 이유도 마찬가지다. 그 자체로는 사소한 국경침입이지만 이로 인해 국가의 명예가 공격당했다고 느끼는 것이다.[67]

볼노의 논의에서 우리는 '인간과 집의 관계가 인간과 몸의 관계와 비슷하다'는 사실에 주목할 수 있다. 즉 집은 어떤 면에서 확장된 몸이라는 것이다. 이처럼 몸과 유사한 기능을 가지는 공간은 "바로 내가 나

---

66 앙리 르페브르, 앞의 책, 281쪽.
67 오토 프리드리히 볼노, 앞의 책, 377~378쪽.

자신과 동일시하고 어떤 의미에서는 (바로) 나 "자신"인 나의 개인 공간"으로 이것은 내게 속하지도 않고 따라서 더 이상 나 자신이 아닌 낯선 공간과 구별시킨다.[68] 이 공간은 이곳에 거주하는 자에게 에로틱하게 변형된 공간이고, 반反로고스가 작동하는 공간이다. 따라서 나의 분신 혹은 나 자신으로서의 집에서 추방당한 자들, 예컨대 전쟁 혹은 재개발로 자신의 집(땅)에서 쫓겨난 자들은 단순히 집을 잃은 것이 아니다. 그들은 자신 자신으로부터 추방당하는 것이다. 마치 의복처럼, 그래서 이 의복이 발가벗겨졌을 때 수치심을 느끼는 것처럼, 오래된 볼품없는 외투를 새 옷으로 바꾸기를 꺼려하는 것처럼, 근린 혹은 집에서 철거당하게 되었을 때 혹은 (강제로) 이주하게 되었을 때 사람들은 피복이 벗겨지는 것과 유사한 감정을 느낀다. 우리는 어떤 이들(특히 노인들)이 자신의 오래된 근린과 집을 버리면서까지 주거지를 새로 확장하거나 이주하기를 꺼린다는 사실을 잘 알고 있다.[69] 결점 때문에 배제되는 환경은 있지만, 반대로 소속된 사람들을 충실하게 만드는 힘이 깃든다는 점에서 배제되는 환경은 없다. 이것이 바로 '고향'이라는 말이 가지는 의미이다. 따라서 외부인에게 단조롭고 빈약하고 결점이 많은 곳이라도 그곳에 살고 있는 이들에게 그 바깥에 더 좋은 곳이 있다고 설득하기란 거의 불가능한 것이다. 이처럼 인간 신체는 장소감sense of place을 형성하는 토대로 작동한다.

이런 관점에서 본다면, 공간성이란 하나의 절대적인 방향에서 보는

68 위의 책, 377쪽.
69 이-푸 투안, 앞의 책, 2011, 155 · 177쪽.

시선의 결과가 아니라, 신체의 움직임과 신체 적응에 의해 만들어지는 결과이다. 따라서 기능적으로 확정되어 있는 공간들 사이에 존재하는 미확정적인 공간, 인간의 신체 감각과 신체 경험에 관계된 공간에 대한 탐구가 요청된다. 예컨대 특정 도시 공간 속의 거리와 골목길, 건축물과 상점, 수많은 자극과 소음, 색깔과 움직임, 특정한 분위기와 흔적들, 예기치 않은 타자들과의 만남 등으로 구성되는 공간, 수많은 기억과 체취, 오감을 자극하여 움직이게 만들고 변형시키는 풍크툼이 쌓여 있는 공간, 시각(만)이 아니라 촉각이 중심이 되는 동적인 공간, 한 마디로 '살아 있는 공간'에 대한 탐구가 필요한 것이다.

르페브르는 공간에 관한 지금까지의 담론은 사회적 실천과 생산 양식 등 공간과 도시 공간을 논하기 위해서는 필수적으로 다루어야 할 쟁점들을 무시한 채 정신적인 공간만을 서술해 왔다고 비판하면서, 추상적이고 정신적인 공간 개념을 거부하고 모든 공간은 사회적 공간이며 사회적으로 생산되었음을 보여주고자 한다. 공간의 사회성을 강조하면서, 그는 사회적 관계는 추상적인 공간이 아니라 사회적이고 구체적이며 물질적인 공간을 생산함으로써 유지된다고 본다. 그는 모든 관계, 모든 이념, 모든 종교에 공간이 토대로 되어 있지 않다면 순수한 추상에 머물게 될 것이라고 하면서 일상생활, 자본주의적 사회관계 및 공간 간의 긴밀한 연관을 드러낸다. 그는 새로운 공간 분석을 실험하는 가운데, '공간적 실천', '공간 재현', '재현 공간'이라는 세 가지 계기를 제시한다.[70] 그런데 우리에게 흥미로운 점은 르페브르가 이것에 대

70 여기서 공간 재현이란 주어진 사회에서 지배적인 공간으로, 도시계획가나 기술관료들,

해 설명하면서 몸에 대한 주체의 관계를 언급하고 있다는 점이다.

> 하나의 집단 혹은 사회에 속하는 구성원인 주체가 공간과 맺는 관계는 자기 자신의 몸과 맺는 관계와 유사하며, 그 역도 성립한다. 일반적인 의미로 이해되는 공간적 실천은 몸의 이용, 즉 손을 비롯한 사지, 감각 기관의 사용, 노동을 위한 몸짓, 노동 이외의 활동을 위한 몸짓 등을 전제로 한다.[71]

지배적인 공간 즉 도시계획가들, 공간을 배치하는 기술관료들의 공간('공간 재현')을 몸에 체화된 상징의 힘으로 강렬한 대안의 공간('재현 공간')으로 변형시키는 것(우리식으로 말하자면, '공간적 상상력'), 다시 말해 이러한 다양하고 상이한 실천과 정체성으로 새로운 공간과 새로운 공간 질서가 형성된다. 그리고 르페브르가 최종적으로 주장하는 해방된 공간, 즉 자본주의적 모순 공간, 추상 공간을 넘어서는 '차이의 공간'도

과학성을 추구하는 학자들이 대상으로 삼는 공간이고, 재현 공간은 이미지와 상징을 통해 체험된 공간으로, 작가나 철학자 혹은 몇몇 예술가들의 공간이다. 그리고 공간적 실천이란 생산, 재생산, 장소, 상대적 응집력을 유지시키는데 필요한 사회적 훈련이 필요로 하는 고유한 공간의 총체를 말한다.
르페브르의 공간적 실천, 공간 재현, 재현 공간은 각각 지각, 인지, 체험이라는 삼 항에 상응한다. 우선 공간 재현은 공식적인 지식과 이데올로기가 각인된 공간의 직조 속에 편입되어 이를 변화시킬 것으로 기대된다.(앙리 르페브르, 앞의 책, 92쪽) 공간 재현은 인지를 반영할 뿐 아니라 항상 추상적일 수밖에 없는데, 여기에서는 특히 기념물적인 건축물이 중요한 역할을 한다. 반면 재현 공간은 섬세한 체험과 상상력을 통해 전유하며 자기 것으로 만드는 공간으로서 대상들을 상징적으로 활용함으로써 공간을 생산한다. 그런데 르페브르는 이 재현 공간이 "대부분의 경우 미학적인 방향을 결정하며, 한동안 일련의 표현이나 상상적인 차원에서 영향력을 행사"하는데, "일정 시간이 지나면 고갈되어 버리는 유일무이한 상징적 작품만을 생산할 수 있을 뿐"(위의 책, 92쪽)이라고 평가하고 있다. 그리고 그는 재현 공간은 "인지되기 보다는 체험되는 경향이 짙은" 것으로, 일관성이나 응집력이라는 용어로 한정될 수 없다고 본다.(위의 책, 91쪽)

71 위의 책, 89쪽.

역시 몸을 통해서만 가능하다. 시장의 교환 가치는 온 몸으로 느껴지는 공간의 사용가치를 통해서만 전복되는 것이다. 이때부터 신체는 정치적 저항의 중심이자 해방정치의 특권적인 장으로서, 세계의 절대주의로부터 이 신체와 감각을 자유롭게 하는 것은 대단히 중대한 과제가 되는 것이다.[72] 하비는 "(공간과 시간의 경험을 포함하여) 모든 경험의 원천으로서 인간 신체를 복원시키는 것은 사회적 관계, 권력 관계, 물질적 실천이 정의되고, 표현되고 그리고 규제되는 (과학적, 사회적, 정치·경제적) 추상성의 전체 네트워크에 도전하는 수단"으로 간주되고 있음을 지적하면서 그렇지만 "어떠한 인간 신체도 사회적 결정과정의 외부에 존재하지 않(기 때문에), 신체로 복귀하는 것은 다시 의도적 반동의 사회적 과정을 실증하는 것"임을 덧붙인다.[73]

그렇다면 '차이의 공간'이란 구체적으로 어떤 형태일까? 여기서 차이란 배제된 것을 의미하고, 차이의 공간이란 예컨대 외곽 지역, 빈민가, 금지된 장난이 이루어지는 공간, 게릴라가 벌이는 전쟁의 공간 등을 말한다. 르페브르에 따르면, 공간은 "다양한 의미 효과들을 통해서 복제와 메아리, 반향, 중복 등으로 구성되어 희한한 차이를 만들어내며, 그 차이로 인해서 생겨나는 깊이 속에서 체험된다."[74] 그런데 이 차이들은 방어적인 태도를 견지하면서 반격에 나서지 않으면 기존의 동질화하는 중심 세력이 이것들을 흡수해버릴 것이다. 다시 말해 차이에 대한 권리, 즉 다를 권리는 그저 처음부터 끝까지 차이이기를 지속하

---

72 데이비드 하비, 앞의 책, 2001, 185~186쪽.
73 위의 책, 148쪽.
74 앙리 르페브르, 앞의 책, 281쪽.

는 것은 아니고, 이는 실천적인 행위와 행동, 궁극적으로는 투쟁으로부터 얻어지는 것이다. 따라서 차이의 공간은 동질화 하는 중심세력이 작동하는 추상 공간과 자본주의적 모순 공간의 전략, 계획, 프로그램에 "반공간, 반계획, 반기획을 제시함으로써 공간에 개입하는 능력"을 보여주는 것이 중요하다.[75]

사실 장소의 정치는 특정한 역사와 기억이 존재하는 장소를 해체시키는 자본주의의 강력한 능력에 대항해서 특정한 장소를 중심으로 하거나 매개로 하는 문화 운동과 대안적인 정치의 새로운 버전으로 제시되고 있다. 즉 반공간 정치학 혹은 장소의 정치학은 시간의 켜와 수많은 이들의 애환과 기억을 담고 있는 특정 공간의 특성과 역사, 특정 장소(집, 고향, 마을 등)에 대한 깊은 애착(토포필리아), 특정 장소에 연계된 정체성 정치에 주목한다. 그래서 근대화와 도시화에 의해서 사라지고 변화된 장소들은 장소의 정치학을 통해 어떤 이들의 기억 속에 끈질기게 남아 여전히 존재할 수 있는 것이다.

4. 인간과 집의 역동적 공동체성

집은 용감하게 싸웠다. 처음에는 슬피 울부짖는 것 같았다. 더할 수 없이 세찬 바람이 집을 사방에서 동시에, 명백한 증오와 너무나 광분한 노호로써 공격해 왔으므로, 때로 나는 두려움으로 몸을 떨었다. 그러나 집은 견뎌

75 위의 책, 530 · 543쪽.

냈다. (…중략…) 나는 나 자신을 지키고 지탱하기 위해서 그 집밖에 가지고 있지 않았다. 우리들은 단 둘이었다.(앙리 보스코)[76]

인문사회과학의 공동체론에서 공간·장소의 의미에 주의를 기울일 것을 촉구하면서 우리는 "인간과 집의 역동적인 공동체성",[77] 공간과 신체의 유사성을 밝힘으로써 사회성의 공간적 상상력을 강조했다. 그 과정에 우리는 이념적이고 추상적인 공동체가 아니라 몸의 공동체를 발견하게 되었다. 공동체의 붕괴, 사회성의 상실, 도시 문제가 흔히 논의되듯 개인주의나 분업, 스펙터클의 확산 등에 의해 생겨났다는 분석은 분명 적절하긴 하지만, 그것은 일부의 사실만을 보여줄 뿐이다. 우리는 이 문제를 공간의 위기에서 비롯된 문제로 보아야 할 필요가 있다고 본다. 공간에 대한 편협하고 왜곡된 이해에 의한 공간의 망각과 장소의 상실이 현대 도시 문제, 사회 문제와 직접적인 관련이 있는 것으로 해석할 수 있다면, 우리는 공간 회복을 통해 사회성·인간성·공동체의 회복을 꾀할 수 있을 것이다.

공간의 위기는 과학이 계몽주의와 근대성의 산물로서 관념론적 철학에서 본질적인 자극을 받고 있다는 사실과 상관이 있다. 관념론 철학, 의식 철학의 영향 속에서 시간은 의식을 연상시키는 반면, 공간은 몸을 연상시킴으로써 사회적 현상의 공간적 측면은 소홀히 다루어진 것이다. 17세기 이래 이러한 학문적 분위기 속에서 고전 철학은 육화된 개체를 거세해 버리고 이들에게 필수적이고 고유한 타자와의 관계

---

76 가스통 바슐라르, 앞의 책, 2003, 131~132쪽에서 재인용.
77 위의 책, 134쪽.

까지 은폐시켜 버렸다. 공간론에서 신체를 강조하는 것은 이 신체가 타자와의 관계를 내포하기 때문이다. 즉 "신체는 다른 신체와의 관계 외부에 존재하지 않는"[78] 것이다. 몸은 타자(타인의 몸과 자연, 환경 등을 모두 포함한)와의 '삼투적'인 관계를 내부화함으로써 몸과 이 몸이 연상시키는 공간을 복원시키는 것은 필연적으로 타자의 복원으로 이어진다. 이런 이해 속에서 프로이트는 개체가 그 육화의 본질상 타자들로부터 분리되어 있는 동시에 그들과의 상관적 통일을 이룬다는 것 즉 상호-육화되고inter-incarné 상관적으로 정신화 되기도 한다는 것을 주장했고, 메를로-퐁티는 프로이트의 정신분석을 긍정적으로 해석하면서 '살'의 이념을 제시했다. 즉 그는 프로이트와 기본적으로 유사한 방향 속에서 미학적, 역사적 현상에 대한 관심만큼이나 심리학적 현상을 이해하기 위하여 자신의 감각 공동체 곧 살의 공동체의 발견이 지닌 혁명적 성격과 상호신체성의 능동적 가능성을 발전적으로 이해했던 것이다.[79]

간단히 말하자면, 의식과 관념에만 집중했던 전통적인 학문 세계 속에서 육체가 사라지면서 동시에 공간이 사라지게 되었는데, 이제 구체적이고 생생하게 경험되는 공간을 복귀시키기 위해 신체(몸)에 대한 발전적 이해도 동시적으로 요청된다. 그리고 '살의 공동체'는 사회성의 공간적 상상력을 디딜 때에 가능해진다. 세계시민사회와 같이 이념을 나눈 공동체는 타자와 같은 공간을 공유하고 함께 거주하는 타자들

78 데이비드 하비, 앞의 책, 2001, 172쪽.

79 신인섭, 「제3의 정신의학 토대로서 메를로-퐁티의 살의 공동체-신체 현상학의 정신 치료적 함의」, 『철학』 제93집, 한국철학회, 2007, 217쪽.

과 형성하는 친밀한 연대를 나눈 공동체와 상호 보완되는 것이 필요하다. 몸을 전유하여 이해된 공간, 몸을 매개로 이해된 공간을 바탕으로 딛고 만들어진 공동체는 자아, 타자, 세계가 역동적으로 상관하여 살의 세계로 구조화된 공동체일 것이다. 냉철한 이성으로 인식되는 공간론만으로는 분명하게 포착해 내지 못할 이 살의 세계, 즉 세계를 횡단하면서 서로의 행동이 실질적으로 상호 규착되고 상호 규정되는 자타의 상호 신체적 공동체는 새로운 공간 인식을 촉발시키고 공동체 담론을 확장시키는데 기여할 수 있을 것이다.

참고문헌

곽광수, 「바슐라르와 상징론사」, 바슐라르, 곽광수 역, 『공간의 시학』 서문, 동문선, 2003.

김무경, 「상상력과 사회－질베르 뒤랑의 '심층사회학'을 중심으로」, 『한국사회학』 제41집 2호, 2007.

박배균, 「한국학 연구에서 사회－공간론적 관점의 필요성에 대한 소고」, 『대한지리학회지』 제47권 제1호, 2012.

박영신, 「공동체주의 사회 과학의 새삼스런 목소리」, 『현상과 인식』 제22권 2호, 한국인문사회과학원, 1998.

박은정, 「하이데거와 메를로-퐁티의 '공간' 개념－정위定位와 원근遠近의 비교를 중심으로」, 『존재론 연구』 제24집, 한국하이데거학회, 2010.

송재룡, 「바우만의 포스트모던 윤리론－함의와 한계」, 『현상과 인식』 통권 82호, 2000.

송태현, 「'바슐라르-뒤랑-마페졸리' 3자 관계에 대한 소고－'역동적 뿌리내림'을 중심으로」, 프랑스문화예술연구 제33집, 2010.

신인섭, 「제3의 정신의학 토대로서 메를로-퐁티의 살의 공동체－신체 현상학의 정신 치료적 함의」, 『철학』 제93집, 한국철학회, 2007.

이종관, 「세계화의 위기와 건축의 미래」, 『건축』 제56권 제1호, 대한건축학회, 2012.

C. 노베르크-슐츠, 이재훈 역, 『거주의 개념－구상적 건축을 향하여』, 태림문화사, 1991.

강대기, 『현대사회에서 공동체는 가능한가』, 아카넷, 2001.

뒤랑, 질베르, 진형준 역, 『상상력의 과학과 철학』, 살림, 1997.

렐프, 에드워드, 김덕현 외역, 『장소와 장소상실』, 논형, 2008.

르페브르, 앙리, 양영란 역, 『공간의 생산』, 에코리브르, 2011.

메를로-퐁티, 모리스, 류의근 역, 『지각의 현상학』, 문학과지성사, 2002.

바르트, 롤랑, 김주환 · 한은경 역, 『기호의 제국』, 산책자, 2008.

바슐라르, 가스통, 이가림 역, 『물과 꿈』, 문예출판사, 1987.

______________, 곽광수 역, 『공간의 시학』, 동문선, 2003.

______________, 정영란 역, 『공기와 꿈』, 이학사, 2000.
바우만, 지그문트, 정일준 역, 『쓰레기가 되는 삶들－모더니티와 그 추방자들』, 새물결, 2008.
______________, 이일수 역, 『액체 근대』, 강, 2009a.
______________, 함규진 역, 『유동하는 공포』, 산책자, 2009b.
______________, 한상석 역, 『모두스 비벤디』, 후마니타스, 2010.
볼노, 오토 프리드리히, 이기숙 역, 『인간과 공간』, 에코리브르, 2011.
슈뢰르, 마르쿠스, 정인모・배정희 역, 『공간, 장소, 경계』, 에코리브르, 2010.
칼비노, 이탈로, 이현경 역, 『보이지 않는 도시들』, 민음사, 2007.
투안, 이－푸, 구동회・심승희 역, 『공간과 장소』, 대윤, 2007.
________, 이옥진 역, 『토포필리아』, 에코리브르, 2011.
하비, 데이비드, 구동회・박영민 역, 『포스트모더니티의 조건』, 한울, 1994.
__________, 최병두・이상율・박규택・이보영 역, 『희망의 공간－세계화, 신체, 유토피아』, 한울, 2001.
하이데거, 마르틴, 이기상 역, 『존재와 시간』, 까치, 2001.

Bauman, Z., "Effacing the Face-On the Social Management of Moral Proximity", *Theory, Culture & Society*, 7-1, 1990.
Ellul, J., "Les 'idées-images' de la ville de l'homme quelconque", *L'idée de la ville,* Actes du colloque international de Lyon : Champ Vallon, 1984.
Foucault, M., "Des espaces autres"(conférence au Cercle d'études architecturales, 14 mars 1967), in *Architecture, Mouvement, Continuité*, n°5, octobre 1984.
Heidegger, M., "Building, Dwelling, Thinking", Trans. Albert Hofstadter, *Poetry, Langage, Thought*, New York : Harper&Row, 1971.

Maffesoli, M., *Eloge de la raison sensible,* Grasset, 1996.
_________, *La conquête du présent,* Desclée de Brouwer, 1998.

2부

로컬 일상의 진동과 파열

도시 소공원의 창조적 재생과 일상*

부산 전포돌산공원을 중심으로

공윤경 · 양흥숙

1. 창조적 잠재성과 재생

오늘날 많은 도시들은 급속하게 진행된 산업화와 무질서한 도시화로 인해 파생되었던 사회적, 환경적, 문화적 부작용을 수습하고 도시를 재생하기 위하여 노력하고 있다. 초기의 재개발은 물리적 환경개선에 치중하였지만 이제는 인간 삶의 질 향상, 주민참여, 지속가능한 성장, 문화・예술을 통한 창조성 등을 강조하며 새로운 도시재생 패러다임을 만들고 있다. 도시재생은 기존의 인적, 물적 자원을 어떻게 이용하여 도시의 창조적 잠재성을 실현시키고 주민의 삶을 향상시킬 것인

---

* 이 글은 『한국지역지리학회지』 제17권 제5호(2011)에 게재된 논문을 수정한 것이다.

가에 주목하게 된 것이다.

찰스 랜드리Charles Landry와 사사키 마사유키佐々木雅幸는 특히 인적 자원에 주목하였다. 그곳에 사는 사람 자신이 최대의 자원이며 그 사람들의 창조성을 어떻게 이끌어 내어 변화시킬 것인가라는 점을 강조하였다.[1] 그리고 미야모토 겐이치宮本憲一는 사사키에 앞서 도시 개발에서 도시 내의 주체, 즉 주민의 참가와 자치를 중요시하였다.[2] 이런 분위기 속에서 기존에 가지고 있던 도시의 다양한 자원들을 이용하여 새로운 가치를 부여하는 재생이 도시, 지역, 마을에까지 영향을 미치고 있으며 그 분야 또한 다양해지고 있다. 특히 지속가능한 개발sustainable development이 이슈가 되면서 녹지(green space, greenway 등), 생태에 대한 관심도 함께 부각되고 있다.

이러한 도시재생의 기획 아래 주민 참여를 유도하고 커뮤니티를 형성하기 위해 마을을 공동체의 한 단위로 하는 '마을만들기'에도 주목하고 있다. 현재 마을에 대한 관심은 여러 분야에서 진행되고 있는데 부산의 경우 특히 '산동네'라고 불리는 근현대의 질곡을 간직한 도시 저소득층 주거지, 소외 공간 등에 주목하고 있다. 공동묘지에 형성된 부산 남구 문현동 돌산마을에 주목하는 것도 이러한 노력의 연장선이며 이 글에서 고찰할 전포돌산공원(이하 '돌산공원'이라 함)[3] 역시 돌산마을

---

1 佐々木雅幸・總合硏究開發機構 編, 이석현 역, 『창조도시를 디자인하라—도시의 문화정책과 마을만들기』, 미세움, 2010, 35~40쪽.

2 지경배, 「내발적 발전론에 의한 지역정책의 전개를 위한 소고」, 『한국정책과학학회보』 7(3), 한국정책과학학회, 2003, 300쪽.

3 전포돌산공원이란 이름은 전포+돌산+공원의 합성어이다. 전포동과 돌산마을 간의 협력으로 이루어진 공원이라는 의미이다. 전포+문현(돌산마을이 소속된 행정동)이 아닌 전포+돌산이라는 명명에는 돌산이라는 작은 마을의 이름을 최대한 부각시키려는 의도가

과 관련이 깊다. 돌산공원은 돌산마을 뒤편에 자리하고 있는 도시 소공원으로, 부산진구 전포3동과 남구 문현1동에 걸쳐 있다. 이 공원은 쓰레기가 쌓여 있어 버려지다시피 했으며 우범 지역으로 여겨져 가기 꺼려했던 곳이었으나 최근 재생되어 마을 주민들뿐만 아니라 인근의 주민들도 이용하는 장소로 바뀌었다.

이 글에서는 돌산공원을 대상으로 공동체를 위한 공공 공간이 절대적으로 부족한 도시 저소득층 거주 지역의 공원 재생과정에서 나타나는 주민들의 갈등과 참여 그리고 공원에서 행해지는 주민들의 다양한 활동을 살펴본다. 또한 대부분의 도시 저소득층 주거지나 소외 공간에서 공통적으로 나타나는 것처럼 돌산마을 역시 노인 중심의 마을이라는 점에 주목하여, 이곳에 공원이라는 물리적 공간이 생김으로써 노인들의 여가나 문화생활에 미치는 영향도 함께 조사한다. 이를 통하여 재생된 도시 소공원이 주민들의 일상에 미치는 영향 그리고 공원의 역할과 의미를 파악하고자 하는 것이 이 글의 목적이다. 관의 역할과 주민들의 참여 등이 공원의 창조적 재생, 다각적인 공원의 활용, 도시 소외계층의 삶의 질 향상에 희망적인 사례를 보여주는 한 계기가 될 것으로 기대한다.

연구를 수행하기 위하여 현지조사, 참여관찰 그리고 주민들과의 면담방법을 활용한다. 현지조사와 참여관찰을 통하여 공원 주변의 환경, 공원 내부 시설물 현황, 이용자 유형, 이용시간, 시간대별 이용실태 및 이용 지역 등을 관찰하며 메모, 사진촬영 등으로 진행한다. 그리고 면

담긴 것이라고 생각된다.

담 항목은 공원의 이용목적, 이용빈도, 만족도, 개선점 등을 중심으로 하고 아울러 대상자의 성명, 나이, 거주지 등 인구사회학적 특성을 조사한다.[4] 면담은 공원에서 장시간 체류하면서 녹음, 메모 등으로 진행한다.

〈표 1〉 인터뷰 대상자 명단

순번	성명	성별	연령	거주 지역	비고
1	배○○	여	75세	전포동	
2	양○○	여	82세	전포동	
3	○○○	여	50대 후반	부전동	
4	정○○	남	80세	문현1동	
5	○○○	남	50대 초반	문현1동 인근아파트	
6	김○○	남	52세	문현2동	
7	황○○	여	51세	돌산마을	문현1동 15통 통장
8	문○○	여	52세	돌산마을	
9	박○○	남	55세	돌산마을	
10	○○○	여	59세	돌산마을	
11	이○○	여	65세	돌산마을	부녀회장
12	공○○	여	68세	돌산마을	
13	김○○	여	72세	돌산마을	
14	박○○	남	72세	돌산마을	
15	김○○	여	72세	돌산마을	
16	송○○	남	53세	-	부산 진구 소속 자활근로자 (공원 관리인)

4 조사는 2011년 6~9월에 걸쳐 이루어졌으며 총 15명의 공원이용자 및 1명의 관리인과 인터뷰가 이루어졌다(거주지역순, 나이순. 〈표 1〉 참조).

2. 도시재생의 변화와 소공원의 역할

1) 도시재생의 변화

1950년대부터 서구에서 진행되었던 도시 재구축urban reconstruction, 도시 재활성화urban revitalization, 도시 전면재개발urban renewal, 도시 재개발urban redevelopment 등은 주로 경제 활성화를 위한 물리적 구조물의 개선에 초점을 맞추었다. 이 과정에서 인간의 가치는 외면당하고 인간 사이의 관계는 점점 단절되어 갔다. 이에 대한 해결책으로 공동체와 인간성 회복을 위한 통합적 도시재생urban regeneration에 주목하게 되었으며 그 일환으로 지속가능한 성장sustainable growth과 창조도시creative city 등이 제시되었다.

지속가능한 성장과 창조도시는 그 생성배경과 목표에서 공통점이 있다.[5] 물리적 환경개선만으로 도시의 쇠퇴와 문제를 해결할 수 없으며 인간과 다양한 요소들 사이의 관계 복원과 소통을 중요하게 생각한다는 것이다. 창조는 주어진 조건과 현실의 한계를 극복하는 기량을 발휘함으로서 얻을 수 있으며 또한 지역에 있는 자원을 최대한 활용하여 약점을 강점으로 바꾸는 능력을 필요로 한다.[6] 그래서 공간적인 측면에서 창조적 재생은 지역의 오래된 경관, 쓸모없이 버려진 장소를 무차별적으로 파괴하고 없애 새로운 건조환경built environment을 만드

---

5 안상경, 「인간을 위한 도시재생과 응용인문학의 실천－'충주 향기나는 녹색수공원 가꾸기' 기본계획을 중심으로」, 『인문콘텐츠』 18, 인문콘텐츠학회, 2010, 263～264쪽.

6 강형기, 『지역창생학』, 생각의 나무, 2010, 47～48쪽.

는 것이 아니라 주민들을 위하여 이를 새롭게 재활용하는 것이라고 할 수 있다.

해외사례를 보면, 영국 런던에서는 도시재생이라는 용어보다 '어번 르네상스urban renaissance'라는 말을 사용하는데 여기서는 '커뮤니티의 형성'과 '사람중심의 계획'을 중요한 요소로 다루고 있다.[7] 그리고 바르셀로나는 도시창생사업을 주택, 사무실, 도로에서가 아니라 '공공스페이스의 정비'에서부터 시작하였다. 커뮤니케이션과 집회장소를 만들고 전통적인 이벤트를 부활시켜 시민의 공생의식을 육성하고자 했던 것이다.

영국 런던의 어번 르네상스에서 강조하는 커뮤니티 형성, 사람중심의 계획 그리고 바르셀로나의 도시창생사업에서 우선시하였던 공공공간의 정비 등은 이 글의 사례 지역인 돌산공원의 창조적 재생과 닮아 있다. 돌산공원의 재생은 버려졌던 공간을 새롭게 창조하여 주민들에게 쉼터와 모임 장소를 제공하고 주민들의 소통 공간으로 되살리기 위한 것이기 때문이다. 이런 공공 공간의 창조적 재생은 산업화, 근대화, 도시화 그리고 경제성 위주의 물리적 환경개선사업으로 인해 파괴된 공동체와 인간성 상실을 회복하게 하고 이웃과 더불어 살아가며 먼저 이웃을 배려할 수 있는 공동체 의식을 일깨우는 계기가 될 수 있을 것이다.

7 위의 책, 33~34쪽.

2) 도시 소공원의 역할

과거에는 물질적 풍요가 삶의 목표로 인식되었지만 이제는 인간다운 삶, 자연과 공존하는 삶을 추구하는 사회로 전환되고 있다. 삶의 질 향상에 대한 욕구는 자기계발과 즐거움을 위한 여가활동의 확대로 나타나고 있으며 일상생활 속에서 향유할 수 있는 도시 내 여가 공간에 대한 수요는 점차 증가되고 있다. 이처럼 도시민들의 욕구와 여가 공간에 대한 수요가 커짐에 따라 이를 충족시킬 수 있는 공원에 관한 중요성 또한 점차 높아지고 있다. 공원은 단순히 수목이 우거진 도시 속 녹지 공간이 아니라 도시의 생태적 역량을 유지시켜주는 중요한 자원이자 그 도시의 문화를 표현하는 여가 공간으로 활용될 수 있기 때문이다.

도시공원은 도시민의 건강 · 휴양 및 정서생활의 향상에 기여하는 오픈 스페이스로서 중요한 역할을 담당한다.[8] 도시공원은 생태 및 환경의 보전 그리고 방호, 방재의 기능을 넘어 도시민의 정서순화와 심리적인 안정감에 기여하며 시민에게 개방되는 생활 공간이자 이용자 중심의 공간이라는 특징을 가지고 있다. 그리고 주민들의 만남의 장소로서 커뮤니케이션을 주도하고 커뮤니티를 조직하는데 중요한 기능을 하며 지역주민이 한데 어울려 휴식이나 운동을 즐길 수 있는 결합의 장을 형성한다. 나아가 지역주민이 공동으로 시설을 이용하고 하나의 공

---

8 '도시공원 및 녹지 등에 관한 법률' 제15조에 따르면 도시공원은 생활권공원과 주제공원으로 분류된다. 생활권공원에는 소공원, 어린이공원, 근린공원이 포함되며 주제공원에는 역사공원, 문화공원, 수변공원, 묘지공원, 체육공원 등이 있다.

간에서 만나게 함으로써 지역귀속의식 함양으로 승화될 수 있다. 그래서 지역 내 상징적인 장소, 상호교류의 장소가 되며 특히 고령자들의 여가활동을 배려한 도시공원 정비는 중요한 과제라고 할 수 있다.

도시공원은 시민의 생활 공간을 구성하는 일부로서 일상생활에서 쉽게 접근할 수 있어야 한다. 하지만 1990년대 대부분의 도시공원이 도시 외곽에 대규모로 조성되면서 주거지역에서 접근하기 어렵거나 주거환경과 밀접하게 연관되어 있지 않았다. 또는 미비한 시설로 이용도가 낮은 것이 현실이었다. 따라서 먼 곳에 대단위 공원을 개발하기보다 산책이나 가벼운 운동을 즐기며 휴식처가 되고 누구나 이용할 수 있는 만남의 장소로서의 소공원이 주거지 인근에 필요하게 된 것이다.[9]

부산의 공원계획은 1944년 조선총독부 고시로 32개소의 공원을 결정한 것이 시초였으며 당시 고시된 부산시가지 계획공원은 대신공원, 송도공원, 연지공원, 자성대공원, 용두산공원, 영주공원 등이었다.[10] 그 이전에는 3개의 자연공원(대정, 고관, 목도공원)과 1개의 공설운동장(대신정 부산운동장)을 비롯하여 사설공원(향추공원), 유적지(범일정, 좌천정 부산성지), 신사(용두산 신사)가 1개소 있었다. 그리고 용두산공원의 충무공동상 건립처럼 초기 공원개발은 순수한 의미의 공원 조성보다는 특정 인물을 기념하거나 기념 시설물을 설치하기 위한 것이 대부분이었다.[11]

---

9 김배원에 따르면 서울시민들이 가장 선호하는 공원 유형은 집 주위에 조성되어 있어 접근이 용이하고 이용에 편리한 근린공원이었다. 김배원, 「도심부 소공원의 이용 및 관리 실태」, 『도시문제』 30, POBA행정공제회, 1995, 28쪽

10 32개소 공원의 총면적은 1,986,000㎡이었으며 부산 시가지 계획구역대비 약 3%, 거주적지 면적 대비 약 6.5%, 계획인구 대비 1인당 약 5㎡이었다. 부산시, 『부산시 도시계획백서』, 1971, 256쪽.

11 허기도 · 조재윤, 「부산시역내의 공원에 관한 연구」, 『산업기술연구지』 1, 동의대 산업

그러나 해방과 전쟁으로 부산에 급격하게 많은 인구가 유입되어 기존 공원·녹지시설이 주거지 등으로 잠식되었고 따라서 도심부 또는 평지에 공공녹지, 공원적지를 확보하지 못하게 되었으며 보존에도 소홀하게 되었다. 기 고시된 공원도 유명무실하여 공원의 형태조차 분별할 수 없게 된 것도 있었다.[12] 그리고 1970년대 이후 경제성장 우선의 국가정책, 급속한 도시인구의 증가와 도시 규모의 팽창에 따라 공원, 녹지 공간은 더욱 줄어들고 특히 도시 내의 소공원은 중요하지 않게 취급되었다. 그래서 일상 생활권에서 이용 가능한 공원녹지가 부족하여 거주지에서 멀리 떨어진 대공원, 자연공원, 유원지 등을 이용할 수밖에 없었다.

1990년대 이후 생활수준의 향상 및 여가시간의 증대로 공원에 대한 기대 수준은 양적, 질적으로 증가되고 있으나 부산의 경우 도시 내 가용지가 절대적으로 부족하여 도시 내 거점공원을 확보하는 것은 어려운 실정이다.[13] 그래서 군사시설, 교육시설, 산업시설 등의 이전 적지를 활용하거나 도시정비사업에서 의무적으로 공원 및 녹지를 확보하도록 하는 방안이 논의되고 있다. 아울러 열악한 도시환경을 개선하고 도시의 생태 문제를 해결하기 위해 도심에서 버려진 땅, 자투리땅에

기술개발연구소, 1987, 7쪽.

12 1963년 영도 제2공원, 범일공원, 범전공원이 폐지되었으며 양정공원, 부전공원이 축소되었다. 이후 1965년 금강공원과 장전도로공원, 1966년 동백공원이 신설, 확정 고시되었다. 부산시, 앞의 책, 268~277쪽.

13 하야리아부대가 있던 자리에 시민공원을 조성하기로 한 것처럼, 이전 적지는 엄청난 잠재력을 가지고 있으며 향후 이전 적지의 활용방안은 녹색도시를 평가하는 중요한 척도가 될 수 있다. 박승범·김승환·남정칠·이기철·변문기, 「부산시 도시공원 녹지분석을 통한 정책적 제안」, 『연구및보고』 28(1), 동아대 건설기술연구소, 2004, 82쪽.

쌈지공원이나 소공원을 만들기 위해 적극적으로 노력하고 있으며 옥상녹화, 벽면녹화 등의 방법도 동원되고 있다.

도시공원에 대한 기존 연구들을 보면, 1970~1980년대에서는 도시공원의 개념과 역할, 분포와 현황 등 기초적인 연구가 이루어졌다.[14] 이후 공원의 이용행태와 이용활성화에 관한 연구,[15] 공원의 시・공간적 특성에 관한 연구[16]들이 이어지고 있다. 또한 21세기 들어 급격하게 고령화되는 사회적 추이와 고령인구의 복지정책에 대한 관심 속에서 도시공원들은 점차 노인공원화 되어가고 노인들은 공원에서 많은 시간을 보낸다.[17] 이에 노인들의 여가 공간으로 활용되고 있는 공원에

---

14 최만봉, 「전주권내 근린공원에 관한 연구―덕진공원(취향정)을 중심으로」, 『논문집』 20, 전북대, 1978, 107~115쪽; 이범재, 「도시내 소공원이 갖는 의미에 대한 연구―동숭동 마로니에공원을 예로 한 도시적 의미에 대하여」, 『논문집』 18, 단국대, 1984, 113~152쪽; 이일병・김홍운, 「서울의 도시공원에 관한 연구」, 『국토계획』 20(1), 대한국토・도시계획학회, 1985, 102~120쪽; 허기도・조재윤, 앞의 글, 1~19쪽.

15 김복만, 「근린공원의 효용성 및 그 이용자의 의식구조에 관한 연구―자유공원(인천)을 대상으로」, 『논문집』 12(1), 건국대, 1980, 331~345쪽; 김배원, 앞의 글, 21~37쪽; 전영철, 「도시공원이용자의 여가활동과 이용행태분석에 관한 연구―서울대공원을 중심으로」, 『관광연구저널』 6(1), 한국관광연구학회, 1997, 217~246쪽; 반영운・윤중석・정재호・이태호・정헌근・백종인, 「광역권 근린공원의 이용실태 및 만족도 분석」, 『도시행정학보』 21(3), 한국도시행정학회, 2008, 185~203쪽; 김효경・정성원, 「도시공원 내 오픈스페이스 이용자 행태 분석」, 『대한건축학회논문집 계획계』 26(11), 대한건축학회, 2010, 37~44쪽.

16 김동찬, 「도시공원 이용자의 공간이용 패턴에 관한 연구」, 『연구논문집』 44(1), 대구효성가톨릭대, 1992, 435~454쪽; 문창현, 「이용만족도 결정요인의 분석을 통한 서울시 도시공원의 공간적 특성에 관한 연구」, 『한국지리환경교육학회지』 9(1), 한국지리환경교육학회, 2001, 97~118쪽; 서정영, 「도시공원의 공간구성 개선에 관한 연구―잔디・녹지공간을 중심으로」, 상명대 박사논문, 2009.

17 65세 이상의 인구가 전체 인구의 7% 이상이면 고령화 사회, 14% 이상이면 고령사회, 20% 이상이면 초고령사회이다. 통계청에 따르면 2010년 말 기준, 우리나라 고령인구의 비율이 처음으로 10% 이상을 차지하였고 전국 모든 시도에서 7%를 넘어 우리나라가 본격적인 고령화 사회에 진입했음을 시사하고 있다. 또한 통계청은 2020년경이면 고령인구 비율이 14%를 넘어 고령사회로 접어들 것으로 전망하였다. 통계청, 『2010 인구주택총조사 인구부문 전수집계 결과』, 2011.

주목하여 많은 연구들이 진행되고 있으며[18] 최근에는 도시재생, 도심 활성화와 공원개발이 연계된 해외 사례[19]뿐 아니라 우리나라에서 행해지고 있는 정책이나 사례에 대해서도 다양한 관점에서 논의가 이루어지고 있다.[20]

이들 대부분의 연구들은 저소득층 지역이 아닌 일반 지역에 조성된 비교적 큰 규모의 공원 그리고 주변 지역주민을 위하기보다는 불특정 다수의 이용자를 위한 공원을 사례로 분석하였다.[21] 이 글은 도시재생

---

18 김경철 · 김교준, 「도시 거주 남자 노인들의 공원 이용 분석」, 『체육과학연구논총』 6(1), 용인대 체육과학연구소, 1996, 3～18쪽; 양재준, 「고령자의 여가공간으로서 공원이용 실태와 평가에 관한 연구－용두산 공원을 사례로」, 『관광학연구』 31(2), 한국관광학회, 2007, 83～104쪽; 송혜자 · 남기민, 「노인공원의 이용실태 분석 및 활성화 방안」, 『노인복지연구』 39, 2008, 공동체, 217～247쪽.

19 Conway, H., "Parks and people-the social functions", in Woudstra, J. · Fieldhouse, K.(eds.), *The Regeneration of Public Parks*, E & FN Spon, 2000, pp.9～20; Gobster, P. H., "Visions of natura-conflict and compatibility in urban park restoration", *Landscape and Urban Planning*, Vol.56, No.1～2, 2001, pp.35～51; De Sousa, C., "Turning brownfields into green space in the city of Toronto", *Landscape and Urban Planning*, Vol.62, No.4, 2003, pp.181～198; Chiesua, A., "The role of urban parks for the sustainable city", *Landscape and Urban Planning*, Vol.68, No.1, 2004, pp.129～138; Schilling, J. · Logan, J., "Greening the Rust Belt-A Green Infrastructure Model for Right Sizing America's Shrinking Cities", *Journal of the American Planning Association*, Vol.74, No.4, 2008, pp.451～466.

20 임양빈, 「미국 도시개발정책의 주요 특성에 관한 연구－도심재생을 중심으로」, 『대한건축학회논문집 계획계』 21(12), 대한건축학회, 2005, 247～254쪽; 김윤재, 「친환경적 도심재생을 위한 가로공원 조성방안에 관한 연구－경기도 안산시 도심부를 중심으로」, 전북대 박사논문, 2007; 이금진, 「도시 재생과 지역활성화를 위한 버밍엄 브린들리플레이스 수변복합개발 특성」, 『대한건축학회논문집 계획계』 24(3), 대한건축학회, 2008, 33～42쪽; 이혜은 · 최재헌, 「도시 내 녹지공간의 창조와 활용－도시재생의 관점에서」, 『한국도시지리학회지』 12(1), 한국도시지리학회, 2009, 1～10쪽; 전경숙, 「지속가능한 도시 재생 관점에서 본 광주광역시 폐선부지 푸른길공원의 의의」, 『한국도시지리학회지』 12(3), 한국도시지리학회, 2009, 1～13쪽.

21 일부 연구들이 쌈지공원, 소공원 등 소규모 공원을 대상으로 분석하였지만 인근 지역과 공원의 연계, 지역주민들을 위한 공원의 역할, 조성시 주민들의 참여여부 등의 측면으로는 거의 접근하지 않았다. 이은기, 「도심지 쌈지공원의 이용 후 평가 및 개선방안」, 고려대 석사논문, 2005; 이주희, 「역세권내 역 인접 소공원의 유형별 이용행태분석을 통한 활성화 방안－서울시를 중심으로」, 한양대 석사논문, 2007.

의 관점에서 기존 연구들이 주목하지 않았던 소외계층 주거지의 소공원을 대상으로 소공원이 재생되는 과정과 주민들의 공원에서의 일상을 살펴보고자 한다. 이를 통하여 노인들을 포함한 마을 주민들에게 공원 재생사업이 미친 영향과 그들에게 공원의 역할과 의미는 과연 무엇인지를 밝혀보려고 하는 것이다. 공원의 장소성과 공원, 마을에 대한 애착심이 새롭게 생성되고 또 변화되는 계기가 만들어지리라고 본다.

3. 돌산공원의 창조적 재생과 주민들의 참여

1) 문현1동 돌산마을

돌산공원에 대한 논의에 앞서 먼저 돌산마을[22]에 대해 살펴보고자 한다. 돌산마을은 과거 농막農幕마을이라고 불리던 곳 뒤편에 자리하

22 실제 마을은 다양한 이름으로 불려왔다. 마을 입구에 세워진 마을 이름표와 벽화이야기 안내판에는 '문현동 안동네'로 표기되어 있고 행정구역상의 명칭은 부산시 남구 문현1동 15통이다. 그리고 이 마을이 유명해진 것은 벽화사업의 성공에 기인하므로 '벽화마을'이라고도 많이 명명된다. 하지만 마을 주민들에 따르면 마을은 별칭 없이 그냥 '문현1동', '공동묘지'라고 부르기도 하고 황령산 아래 있다고 해서 '황령마을'이라고도 불렀다고 한다. 그래서 마을에 있었던 농악대 이름은 '황령농악대'이다. '안동네'와 '돌산'은 원래 마을을 칭하는 말이 아니었다. '안동네'는 마을 아래쪽에 위치한 아파트단지 주변을 가리키는 말이었고 '돌산'은 원래 채석장이 있던 전포동쪽을 이르는 말이었다. 하지만 10년 전쯤부터 외부사람들에 의해 '돌산마을'이라고 불리게 되었다. 박◯◯(남, 72세). 2011.9.15 구술; 공◯◯(여, 68세), 김◯◯(여, 72세). 2011.9.14 구술.
마을 주민들이 자신들의 마을을 어떻게 부르는가에 상관없이, 이 외에도 문현동 달동네(산동네), 빈곤의 섬, 도시 속의 섬, 도시 속 오지, 공동묘지 마을 등 언론 매체, 각종 출판물 등에서는 각각의 편의에 따라, 인터뷰를 하는 주민들의 말에 따라 제각기 마을 이름을 부르고 있다. 부산발전연구원에서 발간된 『부산의 산동네』, 부산광역시 남구 웹뉴스 등에서 이 마을을 '돌산마을'로 지칭하고 있어 이 글에서도 '돌산마을'로 부르기로 한다.

a. 무덤　　　　　　　　　　　　b. 벽화이야기 안내판

c. 마을 전경[23]

〈그림 1〉 돌산마을

고 있다. 농막마을은 막노동을 하던 노동자, 농부들이 움막을 짓고 살았던 곳으로 일제강점기에는 30~40호 정도가 살았다.[24] 이때 1898년경 문현동 산15번지 일대에 형성되었던 공동묘지가 확장되어 돌산마을 자리에는 이미 묘지가 조성되어 있었다. 당시 이 일대의 거주지 환경을 짐작하게 한다.

---

23 출처 : 돌산공원 가꾸기 추진위원회, 『살고 싶은 마을 만들기 사업보고서』, 2011.

24 부산광역시, 「부산진구 전포동」, 『부산지명총람』 2, 1996; 부산광역시, 「남구 문현동」, 『부산지명총람』 3, 1997.

한국전쟁 직후 피난민들은 아래쪽 공동묘지에 자리를 잡고 봉분 옆에 혹은 무덤을 걷어내고 합판, 가마니 등으로 판잣집을 지어 살았으나 부산시는 이들을 해운대구 반송동에 마련한 이주정착지로 강제 이주시켰다.[25] 이후 다시 사람들이 조금씩 모여들기 시작하여 1970년대 후반~1980년 초반 마을의 형상을 갖추게 되었다. 부산의 산동네 가운데 아미동 산19번지가 일제강점기 때 조성된 일본인 공동묘지에 만들어졌고 우암동 뒷산이 공동묘지인 것을 감안하면 산업화, 도시화에 밀려난 도시 저소득층들이 이곳 돌산마을을 찾은 것이 우연은 아닐 것이다. 그래서 아직도 마을 안에는 80여 기의 무덤이 남아있다(〈그림 1-a〉). 이런 독특한 마을 특성으로 인해 영화 〈마더〉(2009)의 배경이 되기도 하였다.

1983~1988년 사이 돌산마을에 철거 조치가 시행되었는데 1985년이 가장 심했던 시기였다. 묘지를 무단 점유한 것에 대해 무덤 연고자의 고발이 연이었고, 보상금을 노린 동네 주민들에 의한 고발도 있었다. 게다가 국유지를 무단 점거하였으므로 당시 도시정책하에서는 묵인될 수 없는 상황이었다. 철거작업으로 인해 수없이 부서지고 또 짓고 하는 생활을 반복하며 살아왔고 심한 경우는 31번까지 철거당한 집도 있었다.[26] 이는 공동묘지 주변에 조성된 다른 마을과 비교해도 가혹한 조치였다.[27]

---

25 박○○(남, 72세). 2011.9.14 구술.

26 황○○(여, 51세, 통장). 2011.9.15 구술.

27 그럴 것이 아미동의 경우, 한국전쟁이라는 급작스런 국가 위기상황 속에서 밀려드는 피난민들이 우선 살 수 있는 공간이 필요했고 연고자가 일본에 있거나 찾을 수 없는 일본인 공동묘지였기 때문에 돌산마을보다 판잣집 철거가 덜했다고 생각된다. 돌산마을에 철거가 한창 진행될 때에는 공무원이 이웃한 황령산 중턱에 올라가 새로 집이 지어지는 것을 감시하기도 하였다. 박○○(남, 72세). 2011.9.15 구술.

철거가 다소 잠잠해진 1986년부터 많은 사람들이 들어와 당시 마을에는 100여 세대가 살았으며 1988년경 마을의 위쪽까지 무허가주택이 들어서 지금의 마을 모습이 완성되었다. 그리고 마을 입구의 도로인 돌산길은 2～3명이 다닐 수 있을 정도의 좁은 길이었으나 1993년경 차량의 통행이 가능하게 넓혀졌다가 2000년 지금의 모습으로 정비되었다.[28] 현재 마을에는 300여 세대, 900여 명의 주민들이 살고 있다. 마을이 18, 19통으로 구분되어 있던 시절에 18통에는 88경로당(산23-3), 19통에는 89경로당(산23-1)이 주민들의 힘으로 만들어졌다.[29] 이후 18, 19통이 통합되어 현재 마을은 15통 하나로 이루어져 있다.

주거환경개선사업의 일환으로 진행된 벽화사업이 '2008 대한민국 공공디자인 대상(주거환경분야)'을 수상함으로써 돌산마을은 세상의 이목을 받게 되었다(〈그림 1-b〉). 마을 벽화를 바라보는 외부의 시선이 여전히 낭만적이긴 하지만 소외된 공간을 알리는 중요한 계기가 되었다. 이 글에서 살펴 볼 돌산공원의 재생은 돌산마을 주민들에게는 세상 밖으로 노출되는 두 번째 사업에 해당된다. 이로써 마을은 공동묘지 → 산동네 → 벽화마을 + 공원마을로 변모를 거듭하고 있다.[30] 마을이 노출되면서 그들이 감추고 싶었던 마을의 속내가 드러나기도 하였지만 이를 기회로 마을의 숙원사업이 해소되기도 하였다. 2010년 부산시의 지원으로 경로당 겸 마을회관이 새로 지어졌기 때문이다.[31]

---

28 마을 인근에 아파트(2000년 6월 준공)가 들어서면서 이 도로와 돌산고개에서 아파트로 이어지는 도로가 새롭게 정비되었다. 박○○(남, 72세). 2011.9.15 구술.

29 이○○(여, 65세, 부녀회장). 2011.9.14 구술.

30 『부산일보』, 2010.7.22, 5면.

31 이전 경로당은 비만 오면 물이 새고 창문을 나무판으로 막아놓아 열 수도 없었으며 창문

2) 돌산공원의 창조적 재생

a. 돌산공원 위치

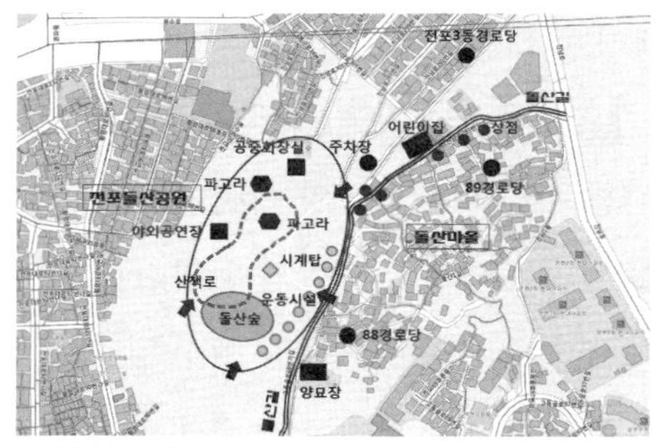

b. 공원 주변시설

〈그림 2〉 돌산공원 위치 및 주변시설[33]

부산진구 전포동과 남구 문현동의 경계에 있는 돌산공원은 문현1동 돌산마을의 뒷산에 위치한 2,839㎡의 소공원이다(〈그림 2〉).[32] 하지만 이 돌산공원은 최근에 새롭게 만들어진 것이 아니라 기존의 공원을 확장하여 재생시킨 것이다. 1999년 당시 부산진구에 해당하는 공원부지에만 주민들의 의견수렴이나 참여 없이 일방적인 관 주도(부산진구)로 공원이 조성되었다. 이때 공원부지에는 무덤, 쓰레기, 창고가 있었으며 불법으로 경작하는 밭들이 있었는데 부산진구 쪽 공원부지만 정리하여 정자, 벤치 등을 설치하였던 것이다.[34] 남구 쪽으로는 울타리를 쳐서

아래쪽 나무가 썩어 수리도 어려운 열악한 환경이었다. 2010년 '부산시장에게 바란다'라는 행사에 참여한 돌산마을 황숙이 통장의 발의 후 새로운 건물이 지어졌다. 『부산일보』, 2011.7.1, 10면.

32 부산진구, 『살고 싶은 마을 만들기 사업계획서－꿈을 심는 행복한 쉼터－따뜻한 사람들의 돌산공원 가꾸기』, 2009.

33 출처－사진 a : 네이버 지도(http://map.naver.com); 사진 b : 안전행정부 도로명주소 안내시스템(http://www.juso.go.kr/gismap-org/MapIndex.htm)

출입로도 없었으며 울타리 옆에는 주변의 생활쓰레기뿐 아니라 석면 등 외부에서 불법으로 투기한 산업폐기물까지 쌓이게 되었다.

부산진구 부지뿐만 아니라 남구 부지까지를 포함한 돌산공원 재생은 2009년 9월부터 시작되어 2011년 4월 완료되었다. 국토해양부의 '살고 싶은 도시만들기' 시범사업으로 선정된 '돌산공원 가꾸기 사업'은 부산시가 예산을 집행하는 관주도 사업으로서, 2009년 1월부터 준비하여 2월 전포3동 주민센터에서 사업계획안을 발표하였고 3월 선정되어 예산이 집행되었다.[35] 공원부지가 부산진구만이 아니라 남구에까지 걸쳐있기 때문에 사업은 부산시, 부산진구, 남구, 전문가(건축, 조경, 공공미술 등)가 함께 참여하여 추진위원회를 구성하게 되었다. 초기에는 주민 참여보다는 한정된 예산으로 기존의 공원을 부분적으로 정비하는 것으로 접근하였다. 우선순위에 맞춰 공공근로사업을 시행하고 일부는 부분 발주하는 방법으로 진행되었다.

2009년 9월, 산적해있는 쓰레기를 치우는 것을 시작으로 공원 가꾸기 사업은 본격적으로 진행되었다. 사업에서 주민들의 참여가 가장 큰 자산이었다. 공무원, 공공근로자, 전포3동 주민 그리고 돌산마을 주민들이 합심하여 공원 내의 쓰레기를 함께 치웠으며 쓰레기를 치운 빈 공간에는 황토를 옮겨와 다시 채웠다. 이때부터 공원 조성에 집중하게 되었다. 초기에는 추진위원회 구성원들의 이해관계가 달라 의견 조율

34 운동기구는 철봉대 하나뿐이었으며 좁은 면적, 부족한 시설, 관리 소홀, 주변의 불량 경관 등으로 쉼터의 구실 외에는 하지 못했다. 배○○(여, 75세), 양○○(여, 82세). 2011.7.18 구술.

35 이규홍(동아대 조경학과, 추진위원회 마을닥터-기획 및 자문 담당). 공원 재생과정은 이규홍과의 인터뷰를 참조하여 기술하였다.

이 어려웠으나 사업이 어느 정도 진행된 시점, 즉 돌산숲(초록언덕), 야외공연장이 조성된 이후로는 팀워크도 생기게 되었다. 또한 사업이 순조롭게 진행되고 이어 추가 예산을 받게 되면서, 이전에 형식적으로 진행되던 주민설명회가 2010년 5월부터 매주 주민들과 공무원, 전문가들이 함께 의견을 공유하는 시간으로 바뀌게 되었다.

공원은 남쪽의 돌산마을과 불과 3m 정도의 길 하나를 사이에 두고 있고 동쪽, 북쪽의 전포동과도 길 하나를 사이에 두고 있다. 1999년 당시에는 공원 출입구가 전포동에서 들어오는 1개소뿐이었으나 이제는 네 개의 출입구가 생겼다. 마을 주민이 공원에 나오려고만 한다면 언제든지, 어디서나 이용할 수 있는 접근성이 뛰어난 공원이다. 그래서 전포3동, 문현1, 2동 주민들은 누구나 도보로 공원을 이용할 수 있다. 시설, 관리, 경관적인 측면에서 돌산공원을 보면, 정자, 벤치, 운동기구, 산책로dragon circle 등의 시설이 갖춰져 있어 휴식, 담소, 운동, 산책 등 다양한 활동을 즐길 수 있다. 또한 시야가 트여 도심으로의 조망이 양호한 편이다.

공원 내에는 놀이기구가 여러 개 설치되어 있는데 특이한 점은 기구에 붙어 있는 이름표와 색깔이다. 공원이 부산진구와 남구에 걸쳐 있어 부산진구 운동기구와 남구 운동기구가 다르게 표시되어 있기 때문이다. 그리고 다양한 미술작품이 공원 곳곳에 배치되어 있다. 2011년 3월 신라대학교 예술대 학생들이 장수풍뎅이, 고래, 소 등의 모습을 형상화한 조소작품 10여 점을 기증한 덕분이다. 또한 공원 안쪽에는 영화를 관람할 수 있는 대형 스크린memory wall(6m×3m)과 200석 규모의 객석을 갖춘 야외공연장도 설치되어 있다. 공연장 구조물 정면에는 돌산마을을 형상화한 부조작품이 걸려있는데 작품 속 주택의 벽면에는 실제 벽화와 똑같은 그림까지 그려져 있다(〈그림 3-b〉). 공원 안에 마을모습을 재현하여 마을주민이 공원을 보다 심적으로 가깝게 인식할 수 있도록 유도하고 있는 것이다. 하지만 조성된 지 몇 달이 지났지만 아직 한 번도 야외공연장이 문화 공간으로 활용된 적은 없다. 그리고 신라대학교 학생들이 어린이집 아이들, 마을 경로당 노인들과 함께 공동작품을 만들어 놀이기구와 시계탑을 꾸몄으며 나무 위에 달려있는 새집 또한 돌산마을 노인들과 함께 만든 것이다.

a. 공원 표지석

b. 야외공연장

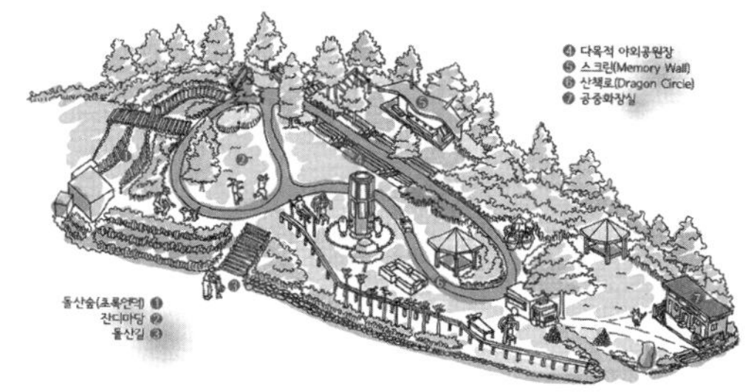

c. 공원 배치도[36]

〈그림 3〉 돌산공원 내부시설

또한 돌산공원은 황령산 등산로와 연결되어 있어 황령산으로 오고가는 등산객들이 공원에 들러 쉬기도 하고 운동을 하기도 한다. 돌산마을과 공원이 정비되지 않았던 때에는 황령산 야간산행 코스에 마을이나 공원은 제외된 채 마을 외곽의 아파트 앞길에서 돌산고개를 오르는 길만 소개되어 있었다.[37] 하지만 벽화마을 조성 후 돌산공원은 돌

36 출처 : 돌산공원 가꾸기 추진위원회, 『살고 싶은 마을 만들기 사업보고서』, 2011.

산마을(벽화마을)과 함께 2009년 황령산 달빛걷기 코스(사단법인 걷고 싶은 부산 주관)에 문현동 금융단지–부성정보고–돌산공원·벽화마을–바람고개로 포함되어 있다.[38] 특히 돌산마을과 돌산공원을 함께 소개하여 등산객들이 공원과 마을 사이의 돌산길을 지나도록 하고 있다. 또한 부산진구에서는 동네걷기 10개 코스를 선정하여 '그린웨이 & 블루웨이'를 만들었는데 여기에도 공원이 소개되어 있다.[39] 다양한 프로그램으로 돌산길을 오고가는 등산객들이 늘어나자 길 주변으로 상점들이 생겨나고 있다.

3) 주민들의 참여와 갈등

여기서는 사업 진행과정에서 나타난 주민들의 참여와 공원부지 활용, 재개발사업, 화장실 조성 등으로 인한 여러 갈등에 대해 살펴보려고 한다. 사업 초기에는 공원부지에 주차장, 족구연습장 등이 만들어지기를 원하는 주민들이 있었다. 특히 전포동 일부 주민들은 지금의 야외공연장에 족구연습장이 조성되기를 원했다. 그러나 공원은 주민 전체를 위한 공간이기 때문에 특정인들을 위한 장소를 만들 수 없으며 또 족구연습장으로는 협소하고 확장할 경우 이곳이 재해위험지역이기 때문에 그 의견은 반영되지 않았다.[40]

---

37 『부산일보』, 2005.7.28, 32면.
38 『국제신문』, 2009.11.5, 18면.
39 『국제신문』, 2009.7.21, 1면.

공원 사업부지에 남구 문현1동 도시정비구역 일부가 포함되어 있다. 그래서 주민들은 공원이 조성되면 정비구역 면적이 줄어 정비사업을 실시할 때 용적률 산정에 불리하다고 생각하여 공원 조성을 반대하였다. 또한 공원부지에 있던 무허가 창고의 주인들이 창고를 철거하지 못하게 하기도 했으며 공원과 돌산길 사이 경사면 처리에 대해서도 추진위원회와 주민들 간에 마찰이 발생하기도 했다. 사면에 흙막이 방지용 합판이 세워진 상태였는데 추진위원회에서는 안전문제로 돌을 쌓아 사면을 정리하길 원했고 주민들은 재개발이 되면 그 돌을 다시 철거해야 한다는 이유로 반대하였던 것이다. 이런 여러 가지 문제들을 해결하는데 있어서는 관련 공무원과 통장 등의 노력이 선행되었다. 그리고 갈등의 해결과정을 통하여 이 사업에 반대하였던 주민들도 점차 사업의 목적과 취지를 이해하게 되었으며 행정적 강제 집행보다는 자발적인 참여에 의한 정비사업이 이루어지게 되었다.

추진위원회에서는 주민들의 참여를 유도하기 위하여 '돌산공원을 사랑하는 사람들의 모임'이라는 띠를 만들어 돌산마을과 전포동 경로당에 배포하였다. 매주 화요일에는 어깨에 띠를 두르고 공원에 오도록 하였는데 이날은 '빨간 밥차'에서 무료급식을 하는 날이므로 주변 또는 인근에서 많은 사람들이 공원에 왔기 때문이다.[41] 띠를 두르고 공원에 출입하게 하고 또는 쓰레기를 줍도록 하면서 홍보효과를 노린 것이다.

---

40 이규홍의 구술에 따르면 현재 공원 아래 부산진구 지역에 다목적 주민운동공간이 만들어지고 있다고 한다.

41 2009년부터 천주교 부산교구 로사리오 까리타스에서 '빨간 밥차'를 운영하고 있다. 매 평균 300여 명의 사람들이 밥차를 이용하고 있으며 자원봉사자는 50여 명 된다. 『국제신문』, 2009.12.9, 1면.

주민 참여와 추진위원회의 노력으로 공원은 어느 정도 정비되었으나 2010년 6월까지도 공중화장실에 대한 계획이 제대로 마련되지 않았다. 2010년 7월 1일 부산시장이 돌산마을과 공원을 방문하였는데 이때 돌산공원에서 열린 마을 주민들과 시장과의 간담회에서 '마을의 유일한 휴식처인 공원에 공중화장실이 없다'는 돌산마을 15통 통장의 요청에 따라 본격적으로 화장실 계획이 추진되었다.[42] 그런데 공중화장실 조성에는 두 가지 갈등이 있었다. 하나는 전포동 마을 주민과의 갈등이며 다른 하나는 인근 어린이집과의 갈등이었다.

전포동과 돌산마을은 서로 이웃하고 있는 동네지만 생활수준과 주거환경은 많이 다르다. 전포동은 거의 모든 주택에 수세식 화장실이 있지만 돌산마을에는 오수시설이 갖춰지지 않아 대부분이 재래식 화장실을 사용하고 있었다.[43] 그것조차 집집마다 없기 때문에 몇 세대가 하나의 화장실을 함께 이용하기도 하였다. 그래서 돌산마을 주민들에게 공원의 수세식 화장실은 꼭 필요한 것이었다. 더욱이 주민들이 매일 가는 공원에 화장실이 없어 불편함이 제기되고 있었다. 하지만 돌산마을과 비교하여 상대적으로 좋은 조건에서 살고 있는 전포동 주민들은 공원에 화장실을 설치할 필요가 없다고 주장하면서 공중화장실이 만들어지는 것을 반대하였다. 공원에 화장실이 조성되면 전포동 주민들 자신보다는 돌산마을 주민들이 주로 이용할 것으로 여겼기 때문

42 『부산일보』, 2010.7.1, 1면.

43 공동수도는 1997년, 개별수도는 2001년에 들어왔는데 개별수도가 들어온 후 정화조를 설치할 수 있었던 일부 주택에서는 재래식을 수세식으로 바꾸기도 하였다. 공○○(여, 68세). 2011.9.14 구술.

이다. 도시 소공원에 대한 인근 주민들의 상반된 인식과 욕망이 강하게 투영된 일이었다.

이런 일련의 과정을 거쳐 결국 공원에 화장실을 설치하기로 하였는데 실제 공원 상황을 보니 공원 내에 우수관로는 있으나 오수관로가 없었다. 그래서 전포동으로의 오수 구배를 고려하여 화장실 부지를 지금의 공원 앞 주차장 자리로 정하고 정화조를 설치하였다. 그러나 주차장 바로 인근에 위치한 어린이집의 원장과 학부모들이 화장실과 어린이집이 가깝다는 이유로 주차장 자리에 설치하는 것을 반대하고 화장실을 공원 내로 옮겨가길 원했다. 결국 몇 개월 동안의 갈등과 조정기간을 거쳐 화장실을 공원 안으로 옮기는 의견이 수렴되었다. 그래서 원래 계획보다 규모는 축소되었지만 화장실은 공원 내로 옮겨졌으며 화장실과 정화조가 떨어져 있기 때문에 펌프를 사용하여 오수를 처리하고 있다. 결과적으로 보면 공중화장실이 공원 내에 조성된 것이기 때문에 공원을 이용하는 주민들을 위해서는 오히려 더 잘된 일이 되었다.

화장실 조성 후 관리, 관할에 대해서도 논란이 많았는데 결과적으로 부산진구와 남구가 공동으로 관리하기로 하였다. 부산진구와 남구에서 지원한 공공근로자, 자활근로자들이 배치되어 화장실을 청소하고 공원을 관리하고 있다.[44] 남구에서는 주로 화장실 소모품을 제공하고 청소하는 것으로, 부산진구에서 수도세, 수리・수선 등 세금과 기술적인 문제를 처리하는 것으로 합의가 되었다. 공원 주변의 가로등 역시

44 현재 부산진구 소속 자활근로자 2명, 남구 소속 공공근로자 1명이 근무하고 있다. 송○○(남, 53세). 2011.7.29 구술. 공원 관리에 적극적인 관심을 표하는 부산진구와 조금은 덜한 관심을 표하는 남구가 비교되는 상황이다.

남구, 부산진구가 관할 지역으로 나눠 관리하고 있으며 전기세 또한 각자 따로 납부하고 있다.

공원의 모습이 점차 갖춰지자 주민들은 적극적으로 의견을 제시하며 공원계획에 관여하였다. 주민들이 서로를 잘 알고 있기 때문에 노인, 약자를 위해 배려하도록 추진위원회에 요구한 것이다. 휠체어를 타고 다니는 사람들을 위하여 휠체어가 다닐 수 있도록 만들어달라는 요구를 하기도 했다. 그리고 공사현장에 없는 연장과 장비는 주민들이 자신들의 집에서 가져다주기도 하였다. 이런 분위기 속에서 공원계획의 원칙을 고수하기보다는 주민편의를 위한 방향으로 사업이 진행되었다.

공원이 새롭게 재생되자 공원에 잘 오지 않던 전포동 주민들도 아이들과 함께 이용하고 있으며 특히 공원과 인접한 어린이집 아이들의 훌륭한 놀이터가 되고 있다. 돌산마을의 벽화를 보기위해 찾아왔던 외부인들과 황령산을 오가는 등산객들은 초기에는 공원을 스쳐 지나갔으나 최근에는 공원에 들어와 쉬기도 하고 간간히 운동을 하기도 한다. 하지만 재생된 공원을 바라보는 주민들과 추진위원회의 시각에는 큰 차이가 있다. 추진위원회는 공원이 널리 알려지면 마을 재개발이 빨리 되지 않을까 기대하고 있는 반면에 주민들은 공원이 너무 좋아져 오히려 재개발이 늦어지지 않을까 걱정하고 있다.

4. 일상의 공간, 돌산공원

1) 돌산공원에서의 주민들의 일상

도시 속의 공원은 도시민들에게 자연을 제공하고 휴식과 담소의 장소인 동시에 소음, 열, 배기가스, 악취 등을 걸러주는 여과 장치의 역할을 한다.[45] 대부분 공원에 대한 연구도 이러한 공원의 역할에서 크게 벗어나지 않으며 일반적인 도시민을 대상으로 이들의 삶의 질을 향상시키기 위한 여유 공간, 필요 공간으로 연구되고 있다. 돌산공원 역시 공원을 이용하는 주민들에게 쉼터, 소통의 공간이라는 점에서 그 성격을 같이한다.

다만 다른 점을 짚어보자면, 무덤 옆에 집을 짓고 사는 마을에 만들어진 돌산공원은 도시민을 위한 일반적인 공원과는 달리 소외 지역에 대한 주거환경개선사업의 일환으로 진행되었다는 점이다. 때문에 공원조성사업 초기부터 마을 간, 주민 간에 이견들이 있었고 그래서 공원을 이용하는 실태도 다소 차이가 있다. 직장생활을 하지 않는 노인들, 퇴근 후 쉴 곳이 필요한 50~60대 주민들, 운동을 위하여 공원을 활용하는 주민들, 아이를 돌보기 위해 좁은 집을 벗어난 아주머니들은 거의 매일 공원에 나온다. 매일 반복되는 공원 나서기로 인해 돌산마을 주민들은 전포동 주민과도, 그 외 인근 지역 사람들과도 어울리게 되었다. 그리고 깨끗하고 쾌적한 환경에서 방해받고 싶지 않는 편안함을 일상 속으로 끌어들이고 있다.

---

45 김배원, 앞의 글, 22쪽.

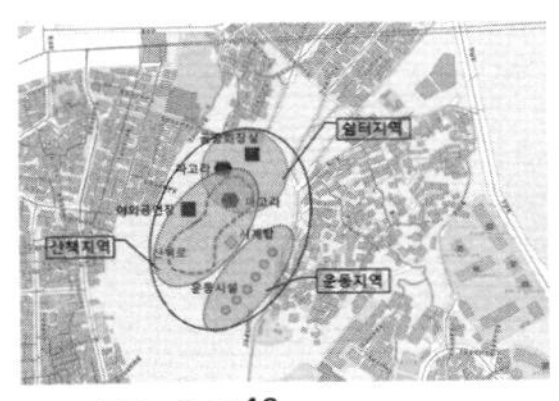

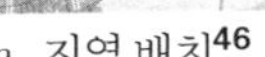
a. 지역 배치[46]

b. 쉼터 지역

c. 산책 지역

d. 운동 지역

〈그림 4〉 쉼터, 산책, 운동 지역

돌산공원이 마을의 휴식처라고 강조한 문현1동 15통 통장의 말과 다름이 없다. 공공 공간, 여가 공간이 없던 마을에 공원이 새롭게 재생됨으로써 마을에 커다란 공간적 변화를 가져왔으며 이는 돌산마을 주민뿐 아니라 인근 지역 주민들의 일상에도 영향을 미치고 있는 것이다.

공원의 공간구조를 정자, 벤치를 중심으로 하는 쉼터 지역, 운동기구가 있는 운동 지역, 산책로가 조성된 산책 지역으로 구분하여 공원 이용실태를 살펴보았다(〈그림 4〉).[47] 새벽 5시경부터 운동과 산책을 위해 다양한 연령대의 주민들이 공원에 모여든다. 이들은 주로 산책로를 걷거나 운동기구를 이용하여 운동을 하며 운동 지역, 산책 지역에 분포한다. 오전 10시경부터는 오락(바둑, 장기)을 하거나 담소를 나누는 주민들이 생겨나는데 주로 노인들(남)이며 공원 입구 근처의 쉼터 지역을 이용한다. 휴일 쉼터 지역은 북적거릴 정도로 많은 주민들이 모여 있기도 한다. 노인들은 점심을 먹기 위해 집으로 잠시 돌아갔다가

46 출처 : 안전행정부 도로명주소 안내시스템(http://www.juso.go.kr/gismap-org/MapIndex.htm)

47 공원 이용조사는 2011년 6~9월 맑은 날씨에 조사한 것을 바탕으로 하였으므로 다른 시기, 혹은 다른 날씨에서는 차이가 있을 수 있다.

다시 공원을 찾는다.

오후가 되면 양산을 쓰고 공원을 산책하는 20~30대, 야간 또는 오전근무를 마치고 나오거나 아이와 함께 놀기 위해 나온 50~60대 주민들도 공원을 이용한다. 여전히 정자에는 노인들(남)이 모여 얘기를 나누고 있는데 오전과 달리 할머니들도 많이 보이며 이때는 쉼터, 산책, 운동 지역 모든 지역에 주민들이 분포하고 있다. 오후 5시 30분 이후 다시 공원은 이용객이 줄어 한가해진다. 저녁식사 시간에 맞추어 집으로 돌아가기 때문이다. 7시 이후가 되면 다시 공원에는 운동과 산책, 휴식을 위해 모여든 주민들을 볼 수 있다. 일반적으로 주민들이 다양한 활동을 하며 공원에 머무는 시간은 1시간 이내가 대부분이나 노인들이 공원에 머무는 시간은 다른 연령대와 비교하여 상대적으로 긴 편이다.

공원 이용객은 의외로 다양하다. 돌산마을 주민뿐만 아니라 인근의 전포3동, 문현2동, 부전동 주민들, 황령산 등산객까지 계절, 시간대와 상관없이 거의 매일 공원을 찾고 있다. 돌산마을의 벽화를 보기 위해 찾아온 탐방객들 또한 공원에서 잠시 휴식을 취하고 가기도 한다. 연령대도 할머니와 놀러 나온 아기부터 노인층에 이르기까지 광범위하다.

(조사자) 공원이 생기고 난 후 뭐가 제일 좋으세요?

(문◯◯) 깨끗하고. 주변이 깨끗하니까. 청소해주는 사람도 있고 하니까. 화장실도 첫째 좋고. 억수로 깨끗하다 아닙니꺼. (…중략…) 우리 아들은 그렇게 하더라. 우리 화장실 쓰지 말고 공원화장실 좋다고 올라가자 하더라. 하하.

(조사자) 공원에서 주로 뭐하세요? 애를 보십니까?

(문◯◯) 집이 쫏개 쪼매하니까. 마당있는 집이 없으니까. 요런 아 키우는 집이 있습니꺼? 요런 (작은) 집에 삽니꺼 솔직히 말해서.

(조사자) 가족들하고는 (공원에) 안 나오십니까?

(문◯◯) 아까 나왔는데예, 야 우에(이 아이 위에) 10달 먼저 난 애가 있거든예. 연년생으로. 그 아는 들어가고. 내만 남아 있지 않습니꺼. (평소에는) 가족하고 같이 나오는데.[48]

(조사자) 공원에 자주 오십니까?

(양◯◯) 매일. 이 시간(저녁 때) 되면. 아침절에도 사람 많타 하더라. 조금 좁아 그렇지. 아침에 5시 되면 여기 빡빡해. 요-서도 오고. 조-서도 오고. 문현동 사람도 많이 와.[49]

공원 이용객 중에는 할아버지들이 유난히 많다.[50] 이들은 오전, 오후 내내 공원에서 대부분의 시간을 보내고 있는데 공원 전체에 분포하는 것이 아니라 특정 장소에 모여 있다. 주로 공원 입구에 있는 정자에 모여 휴식을 취하거나 대화를 나누고 있으며 또한 벤치에 앉아 바둑이나 장기를 두며 친목을 도모하고 있다. 즉, 산책, 운동 지역보다는 쉼터 지역에서 대부분의 활동을 하고 있다.

---

48 문◯◯(여, 52세). 2011.7.18 구술.

49 양◯◯(여, 82세). 2011.7.18 구술.

50 공원에 할아버지들이 많은 이유는 경로당이 할머니 중심으로 유지, 운영되고 있기 때문이다.

1990년대부터 고령인구의 급속한 증가로 노인들의 여가생활이 중요한 사회적, 정책적 문제로 부각되고 있다. 서구의 노인들이 운동경기 참여 및 관람, 문화 및 예술 활동 등과 같은 적극적, 동적인 여가생활을 즐기고 있는데 반해 우리나라 노인층은 휴식, 수면, TV시청 등 소극적, 정적인 형태의 여가생활을 보내고 있다.[51] 또한 우리나라의 경우, 급속히 진행되는 고령화를 감안할 때 노인들이 여가를 보낼 수 있는 공간이나 시설, 프로그램 등이 아직 많이 미비한 실정이다. 도시 저소득층 거주지역인 돌산마을 또한 노인들의 여가활동을 위한 곳은 거의 없으며 경로당이 두 곳 있을 뿐이다.[52] 이런 지역에 공원이 생긴 것이다. 경로당을 이용하는 노인들뿐 아니라 경로당에 가지 않는 노인들에게도 산책과 가벼운 운동을 할 수 있는 개방된 공간, 모여 쉴 수 있는 곳, 오락을 하면서 여가를 보낼 수 있는 곳이 마련되었다. 노인들을 위한 도시시설 조사에서 자주 이용하면서도 집 근처에 꼭 필요한 시설은 복지시설, 의료시설, 공원시설, 상업시설인 것으로 나타났다.[53] 돌산마을 안에 있는 두 곳의 경로당과 돌산공원은 복지시설과 공원시설의 역할을 하고 있는 것이다. 특히 돌산공원은 마을에 거주하는 노인에게 도시 생활의 편리함을 부여하는 곳이며 저소득층 거주지에서 소홀해질 수 있는 노인들의 여가활동에 중요한 공간이 되고 있다.

---

51 양재준, 앞의 글, 86~88쪽.

52 경로당은 마을 자체적으로 운영되고 있는데 한 곳은 문을 열지 않는 날이 많아 이용 주민들 사이에 불만이 쌓이고 있고 다른 한 곳은 식사를 함께 나누며 화목한 모습을 보인다.

53 이영아 · 진영환, 「노인을 위한 도시환경조성에 관한 연구」, 『국토연구』 32, 국토연구원, 2001, 81~82쪽.

2) 돌산공원에 내재된 의미들

벽화마을로 유명해지고 버려졌던 공원이 새롭게 정비되자 물리적, 정서적으로 돌산마을의 분위기가 달라졌다. 공원이 재생되기 전에는 함부로 쓰레기를 버리고 또 치우지 않은 채 방치되어 있었으나 이제는 마을과 공원을 깨끗하게 유지하기 위하여 주민들 스스로 관리하기 시작한 것이다.[54] 특히 공원 내에는 상근하는 관리자가 있는 탓도 있겠지만 쓰레기를 거의 볼 수 없으며 자신의 쓰레기는 알아서 수거하여 입구에 마련된 쓰레기통에 버리고 있다. 그리고 외부에서 많은 사람들이 오고 가기 때문에 초기에는 싫어하고 어려워하는 주민들이 많았으나 점차 이들을 대하는 주민들의 태도도 밝아지고 있다. 즉, 폐쇄적이던 마을 분위기가 개방적으로 변해 낯선 이를 마주하는 것이 이제는 평범한 일상이 되고 있다.

공원이 재생된 후 돌산마을의 공동체 활동은 공원 일대에서 일어나는 일이 많다. 즉, 공원은 마을의 상징적인 오픈 스페이스로서의 기능을 수행하고 있다고 볼 수 있다. 부산시장, 구청장 등 관공서에서 마을과 공원을 방문하였을 때 마을의 현안을 요청하는 정치적 토론의 공간이 되기도 하고 마을 노인들을 위한 잔치가 벌어지는 회합의 공간이 되기도 하였다.[55] 돌산마을이 속한 문현1동 주민센터나 마을회관에서 이러한 모임을 가지는 것이 아니라 돌산공원에서 주민들과의 대화와

---

54 통장 주도하에 주민들이 함께 정기적으로 마을 대청소를 실시하고 있다.

55 부산시장, 독지가, 종교단체 등에서 주관하는 노인잔치가 여러 차례 공원에서 진행되었다. 공○○(여, 68세), 김○○(여, 72세). 2011.9.14 구술.

소통이 이루어지고 있는 것이다.

공원에는 이용시간 규제 등 특별히 출입제한이 없기 때문에 언제든지 공원에 가기만 하면 마을 주민들이나 친구를 만날 수 있고 공간의 구애 없이 공원에서 편하게 모여 놀이, 휴식, 운동 등 다양한 활동을 즐길 수 있게 되었다. 놀 수 있는 공간이 부족했던 마을에서 공원은 인근 어린이집이나 마을의 어린이들이 놀 수 있는 놀이터, 보육 공간으로도 이용되고 있다. 또한 매주 화요일에 오는 '빨간 밥차' 무료급식도 이렇게 수백 명이 모일 수 있는 장소가 있기에 가능한 것이다.[56] 그리고 일반적으로 쉽게 접할 수 없었던 조각 작품들을 공원에서는 편하게 감상할 수 있고 쉼터의 의자와 시계탑에 어린이집 아이들과 경로당 노인들이 만든 작품이 포함되어 주민들을 위한 참여 공간으로서의 역할도 수행하고 있다.

'지저분한 쓰레기가 많았는데 정리되어서 좋다', '공원이 가까워서 운동하기 좋다', '주민들이 공원에 있으니까 같이 이야기하고 쉬고 논다', '경로당에서 놀다가 또 바깥(공원)에 나와서 운동도 하고 산책도 한다', '경로당에는 회비를 내야하는데 여기는 그냥 와도 되니까 공원에 온다', '시원하다' 등 대부분의 마을 주민들은 공원이 새롭게 재생된 것을 반기고 있다.[57] 김 테오도르 폴은 인류의 평등, 평화, 박애, 자유가

---

56 매주 화요일 밥차가 공원에 오면서 인근 마을 뿐 아니라 걸어서 30분 이상 소요되는 지역에서도 사람들이 찾아온다. 공원이 새롭게 조성되기 전에는 공원 앞의 정비되지 않은 주차장에 테이블을 설치하고 배식하였다.

57 문○○(여, 52세), 배○○(여, 75세), 양○○(여, 82세). 2011.7.18 구술; 정○○(남, 80세). 2011.7.19 구술; 김○○(여, 72세). 2011.7.29 구술; 공○○(여, 68세), 김○○(여, 72세). 2011.9.14 구술.

지켜지는 사회를 실현가능하게 하는 것이 바로 도시의 예술이며 그 장소에서 살아가는 사람들의 삶에서 예술적 가치가 형성된다고 하였다.[58] 따라서 사회학적 관점에서 도시의 예술성은 장소가 공공성과 사회성을 가질 때 탄생하며 공공장소가 없는 도시는 그림 한 점 없는 미술관처럼 그 존재 이유를 잃게 되는 것이다. 공원에서의 주민들의 일상과 인식을 통하여 돌산공원의 공공성과 사회성을 확인할 수 있으며, 돌산공원이 계층이나 연령의 구분 없이 인간관계를 형성하고 어울릴 수 있는 공공 공간으로서의 역할을 하고 있음을 알 수 있다.

그렇다면 돌산마을 주민들에게 돌산공원은 어떤 곳일까? 앞에서 언급한 것처럼 공원은 부산진구 전포3동과 남구 문현1동에 걸쳐있다. 이러한 공간적인 분리는 공원을 이용하는 마을주민의 의식 속에서 나타난다. 공원 어디쯤에서 분구, 분동이 된다는 것을 마을 주민 대부분이 알고 있으며 부산진구에서 공원에 더 많은 관심을 기울이고 있다는 것도 알고 있다. 공원을 관리하기 위한 인력, 관리비 등을 부산진구에서 더 많이 지원하고 공원의 많은 부분이 부산진구에 속해 있으므로 돌산공원을 아예 '진구 것'으로 여기는 주민들도 있다.

하지만 돌산공원에서의 활동이나 시설이용의 측면에서 뭔가 필요한 일이나 문제가 있으면 돌산마을 주민들이 더 적극적으로 의견을 개진하고 있다. 공동화장실을 마련한 것이 대표적인 예이다. 지리적 입지, 접근성 등 마을의 공간적 구조도 그 이유가 될 것이지만 돌산공원 가꾸

---

58 김 테오도르 폴, 『도시 클리닉 – 병든 도시를 치유하는 인문학적 방법론』, 시대의 창, 2011, 210쪽.

기 사업이 벽화마을의 연장선에서 진행되었고 쓰레기 치우기, 돌계단 및 경사면 조경석 쌓기 등 많은 주민들이 자발적으로 공원 조성에 참여한 경험이 있기 때문에 공원에 대한 애착이 더 생기는 것은 어찌 보면 당연한 일이다. 그리고 공원 내 야외공연장에 마을 모습을 재현한 부조작품이 있는 것을 보면 공원 가꾸기 사업이 돌산마을 재생의 일환임을 재확인할 수 있다.[59] 이런 요인들로 인해 돌산마을 주민들은 심리적 안정감과 함께 마을과 공원에 대한 애착심을 가지게 되는 것이다.

아래는 공원 입구에 있는 가게 주인의 말인데, 공원이 이전에 느낄 수 없었던 깨끗함과 쉼터, 여유 공간 그리고 어울림의 장소를 제공하고 있다는 것을 알 수 있다. 돌산공원의 창조적 재생을 통하여 마을 주민 스스로가 이곳 돌산마을이 살기 좋은 마을이라고 인지하는 계기를 마련한 것이다.

> 공원이 생기면서 발전 많이 되었어. 보기는 이리 얄구져도 재미있어. 살기 좋아. 촌처럼. 촌동네처럼. 할배들 모여서. 하꼬방, 쓰레뜨집이라도. 살기는 좋아. 시원하고 공기도 좋고.[60]

점차 공원을 이용하는 주민들이 늘어나면서 공원에 바라는 것도 생겨나고 있다. '체육시설이 더 많았으면 좋겠다', '파손된 기물이 빨리 수리되었으면 좋겠다', '모기 등을 제거하기 위한 살충작업을 자주 했

59 남구에서는 돌산공원 조성을 '문현1동 돌산마을 정비사업'의 일환으로 소개하고 있다. 『부산남구신문』, 2011.4, 4면.
60 김◯◯(여, 72세). 2011.7.29 구술.

으면 좋겠다', '개를 데리고 오지 않았으면 좋겠다', '술 안 먹었으면 좋겠다', '공원 내에서 담배를 피우지 않았으면 좋겠다',[61] '야외공연장이 활성화되어 함께 모여 즐길 수 있는 공연이 있었으면 좋겠다' 등 다양한 공원 개선방안을 내놓고 있다.[62] 공원이 개인의 휴식 공간일 뿐만 아니라 건강, 육아, 공동의 편익 등을 목적으로 하는 곳이란 것을 주민들 스스로 깨닫고 있으며 누가 강요하지 않았지만 공공의식, 도덕의식을 주민들 스스로 지키고 있는 것이다. 아울러 삶의 질을 향상시키기 위해 주민들이 공원을 점차 적극적인 참여 공간으로 인식하고 있다는 의미이다.

이제 돌산공원은 공원조성에 참여한 주민들뿐만 아니라 인근 마을 주민들의 일상 공간으로 거듭나고 있다. 특히 공공 공간이 없는 도시 저소득층 거주지에서 버려지고 위험한 공간을 새롭게 재생시킴으로서, 휴식 공간을 제공하고 이웃과 만남의 기회를 증진시키고 주민들을 위한 소통과 공유의 공간으로 만들어 가고 있는 것이다. 쓸모없다고 여겨지던 곳을 마을 주민들에게 필요한 공공 공간으로 변화시킨 것, 이것이 바로 돌산공원의 창조적 재생이다.

---

61 '도시공원 및 녹지 등에 관한 법률' 제49조(도시공원 등에서의 금지행위)에 공원 내에서 술을 마셔서는 안 된다는 조항은 없다. 하지만 그 행위에 대한 반감은 취객이나 소음에 대한 불만 표출인 것이다. 주민들이 공원 개선사항으로 내놓은 것이 대부분 본 법률 조항과 일치하는 것으로, 주민들 사이에서 공원이 공공장소라는 인식이 확대되고 있음을 보여주는 것이다.

62 문○○(여, 52세), 배○○(여, 75세), 양○○(여, 82세). 2011.7.18 구술; 김○○(여, 72세). 2011.7.29 구술.

5. 줄탁동시, 참여와 관심

'빈곤의 섬' 돌산마을을 위한 주거환경개선사업의 일환으로 추진된 전포돌산공원의 재생과정과 공원에서 이루어지는 주민들의 일상을 살펴보았다. 돌산마을 주민들은 공동묘지에 살고 있다는 자괴감을 가지고 있었지만 이제는 겹겹이 누르고 있던 오해와 질시를 걷어내고 있다. 그 처음 시도가 벽화마을 사업의 성공이었으며 이제 두 번째 시도인 공원 재생사업이 성공을 거두고 있다. 재생으로 인해 공원은 닫힌 공간에서 열린 공간으로, 기피의 공간에서 어울림의 공간으로 변한 것이다.

분석결과를 간단히 정리해보면, 돌산공원의 이용목적은 대부분 휴식, 산책, 운동이었으며 이와 병행한 이웃 주민들과의 만남이었다. 또한 깨끗함, 여유로움 등 공원 내 환경, 이용의 다양성, 접근성 등의 이유로 공원에 대한 만족도는 높은 편이었다. 그리고 돌산공원은 일반적인 도시공원의 기능을 제공할 뿐만 아니라 불량경관의 개선, 토론・집회를 위한 장소 제공, 문화 및 참여 공간으로서의 역할을 수행하고 있었다. 특히 돌산공원이 재생됨으로써 많은 시간을 공원에서 보내는 노인들에게는 일상 공간, 여가 공간으로 제공되고 주민들에게는 만남, 운동, 놀이를 위한 공간으로 변화되고 있음을 볼 수 있었다. 그리고 새롭게 정비된 공원은 개방적인 마을분위기 형성, 공동체를 위한 공공공간 조성, 단절된 이웃마을과의 소통과 통합 등 주민들의 삶의 질을 향상시키는데 기여하고 있음을 확인할 수 있었다.

아울러 공원은 전포3동과 문현1동의 접경, 부산진구와 남구의 접경이기도 하다. 그래서 공원이 조성될 때에서는 예산을 확보한 부산시의 적극적 참여로 사업이 추진되었지만 공원을 어떻게 조성할 것인가에 대한 고민이 진행될 때에는 부산진구, 남구가 함께 참여했으며 여기에 공원 인근의 마을 주민들도 동참하는 형태였다. 마을 내부의 노력과 관(국가)의 지원, 외부 전문가의 협조, 시민단체의 참여는 서로 '줄탁동시啐啄同時'의 형세였다.

따라서 돌산공원의 창조적 재생은 도시 저소득층 거주지에 대한 관의 일방적 개발이 아니라 마을주민의 관심과 참여를 유도함으로써 소속감과 장소 애착에 대한 동기를 유발하고 공원에 대한 요구 및 개선사항 제시 등을 통하여 공공·도덕의식을 확산하며 희망 공간으로의 인식 전환을 이루는 계기를 마련하였던 것이다. 이를 통하여 마을 주민 스스로가 자신들이 공원을 만들어 나가는 주체, 즉 공공 공간의 주체라는 것을 인식하고 또한 주민들의 일상이 재현되는 공공 공간인 공원에서 다양한 의사소통이 지속적으로 이어진다면 주민들의 삶은 보다 다양하게 확장될 수 있을 것이다.

참고문헌

김경철・김교준, 「도시 거주 남자 노인들의 공원 이용 분석」, 『체육과학연구논총』 6(1), 용인대 체육과학연구소, 1996.

김동찬, 「도시공원 이용자의 공간이용 패턴에 관한 연구」, 『연구논문집』 44(1), 대구효성가톨릭대, 1992.

김배원, 「도심부 소공원의 이용 및 관리실태」, 『도시문제』 30, POBA행정공제회, 1995.

김복만, 「근린공원의 효용성 및 그 이용자의 의식구조에 관한 연구－자유공원(인천)을 대상으로」, 『논문집』 12(1), 건국대, 1980.

김윤재, 「친환경적 도심재생을 위한 가로공원 조성방안에 관한 연구－경기도 안산시 도심부를 중심으로」, 전북대 박사논문, 2007.

김효경・정성원, 「도시공원 내 오픈스페이스 이용자 행태 분석」, 『대한건축학회논문집 계획계』 26(11), 대한건축학회, 2010.

문창현, 「이용만족도 결정요인의 분석을 통한 서울시 도시공원의 공간적 특성에 관한 연구」, 『한국지리환경교육학회지』 9(1), 한국지리환경교육학회, 2001.

박승범・김승환・남정칠・이기철・변문기, 「부산시 도시공원 녹지분석을 통한 정책적 제안」, 『연구및보고』 28(1), 동아대 건설기술연구소, 2004.

반영운・윤중석・정재호・이태호・정헌근・백종인, 「광역권 근린공원의 이용실태 및 만족도 분석」, 『도시행정학보』 21(3), 한국도시행정학회, 2008.

서정영, 「도시공원의 공간구성 개선에 관한 연구－잔디・녹지공간을 중심으로」, 상명대 박사논문, 2009.

송혜자・남기민, 「노인공원의 이용실태 분석 및 활성화 방안」, 『노인복지연구』 39, 공동체, 2008.

안상경, 「인간을 위한 도시재생과 응용인문학의 실천－'충주 향기나는 녹색수공원 가꾸기' 기본계획을 중심으로」, 『인문콘텐츠』 18, 인문콘텐츠학회, 2010.

양재준, 「고령자의 여가공간으로서 공원이용 실태와 평가에 관한 연구－용두산 공원을 사례로」, 『관광학연구』 31(2), 한국관광학회, 2007.

이금진, 「도시 재생과 지역활성화를 위한 버밍엄 브린들리플레이스 수변복합개발 특성」, 『대한건축학회논문집 계획계』 24(3), 대한건축학회, 2008.

이범재, 「도시내 소공원이 갖는 의미에 대한 연구－동숭동 마로니에공원을 예로 한 도시적 의미에 대하여」, 『논문집』 18, 단국대, 1984.
이영아·진영환, 「노인을 위한 도시환경조성에 관한 연구」, 『국토연구』 32, 국토연구원, 2001.
이은기, 「도심지 쌈지공원의 이용 후 평가 및 개선방안」, 고려대 석사논문, 2005.
이일병·김홍운, 「서울의 도시공원에 관한 연구」, 『국토계획』 20(1), 대한국토·도시계획학회, 1985.
이주희, 「역세권내 역 인접 소공원의 유형별 이용행태분석을 통한 활성화 방안－서울시를 중심으로」, 한양대 석사논문, 2007.
이혜은·최재헌, 「도시 내 녹지공간의 창조와 활용－도시재생의 관점에서」, 『한국도시지리학회지』 12(1), 한국도시지리학회, 2009.
임양빈, 「미국 도시개발정책의 주요 특성에 관한 연구－도심재생을 중심으로」, 『대한건축학회논문집 계획계』 21(12), 대한건축학회, 2005.
전경숙, 「지속가능한 도시 재생 관점에서 본 광주광역시 폐선부지 푸른길공원의 의의」, 『한국도시지리학회지』 12(3), 한국도시지리학회, 2009.
전영철, 「도시공원이용자의 여가활동과 이용행태분석에 관한 연구－서울대공원을 중심으로」, 『관광연구저널』 6(1), 한국관광연구학회, 1997.
지경배, 「내발적 발전론에 의한 지역정책의 전개를 위한 소고」, 『한국정책과학학회보』 7(3), 한국정책과학학회, 2003.
최만봉, 「전주권내 근린공원에 관한 연구－덕진공원(취향정)을 중심으로」, 『논문집』 20, 전북대, 1978.
허기도·조재윤, 「부산시역내의 공원에 관한 연구」, 『산업기술연구지』 1, 동의대 산업기술개발연구소, 1987.

강형기, 『지역창생학』, 생각의나무, 2010.
김 테오도르 폴, 『도시 클리닉－병든 도시를 치유하는 인문학적 방법론』, 시대의 창, 2011.
돌산공원가꾸기 추진위원회, 『살고 싶은 마을 만들기 사업보고서－꿈을 심는 행복한 쉼터-따뜻한 사람들의 돌산공원 가꾸기』, 2011.
박재환·김문겸·김희재·김상우·김소연, 『부산의 산동네』, 부산발전연구원 부산학연구센터, 2008.
부산광역시, 『부산지명총람』 2, 1996.

부산광역시, 『부산지명총람』 3, 1997.
부산시, 『부산시 도시계획백서』, 1971.
佐々木雅幸・總合研究開發機構 編, 이석현 역, 『창조도시를 디자인하라－도시의 문화정책과 마을만들기』, 미세움, 2010.
통계청, 『2010 인구주택총조사 인구부문 전수집계 결과』, 2011.

Chiesua, A., "The role of urban parks for the sustainable city", *Landscape and Urban Planning*, Vol.68, No.1, 2004.
Conway, H., "Parks and people－the social functions", in Woudstra, J. · Fieldhouse, K.(eds.), *The Regeneration of Public Parks*, E & FN Spon, 2000.
De Sousa, C., "Turning brownfields into green space in the city of Toronto", *Landscape and Urban Planning*, Vol.62, No.4, 2003.
Gobster, P. H., "Visions of natura-conflict and compatibility in urban park restoration", *Landscape and Urban Planning*, Vol.56, No.1～2, 2001.
Schilling, J. · Logan, J., "Greening the Rust Belt-A Green Infrastructure Model for Right Sizing America's Shrinking Cities", *Journal of the American Planning Association*, Vol.74, No.4, 2008.

『국제신문』(http://www.kookje.co.kr)
『부산남구신문』(http://www.bsnamgu.go.kr/open/open.php?Menu_Code=open06_01_05)
『부산일보』(http://www.busan.com)

'범죄'를 통해 본 왜관倭館 주변 사람들의 일상과 일탈*

양흥숙

1. 주체화된 삶을 찾기 위한 방안, 일탈

최근 '소통', '공생'이라는 의미가 강조되면서 개개인의, 지역 간의, 국가 간의 관계와 교류가 주목되고 있다. 한중관계, 한일관계 나아가 동아시아 차원의 역사 서술이 새삼 강조되는 것도 이러한 추세와 무관하지 않다. 또한 서울이라는 중앙에 대해 주변적, 종속적으로 치부된 지역을 되살리기 위한 일환으로 지역의 다양한 움직임, 역동성을 구명해 나가고자 하는 노력들도 만만하지 않다. 이러한 점에서 한일교류사와 지역사가 중층적으로 교차하는 현장인 왜관倭館[1]과 부산, 나아가 동

* 이 글은 『한국민족문화』 40(2011. 7)에 게재된 「'범죄'를 통해 본 조선후기 왜관 주변 지역민의 일상과 일탈」을 수정한 것이다.

1 조선 전기부터 조선에 건너오는 일본인들이 조선 해안 여기저기에 정박하여 무역을 하

래를 연구하는 것은 주목을 끌기에 부족하지 않다.

전근대에는 중앙집권을 지향하는 국가권력이 끊임없이 지역을 통치지배하고, 그 권력은 지방관地方官을 통해 지역민에게 관철되는 방식이었다. 특히 조선시대 동래(부산)는 왜구 폐해, 임진왜란을 겪으면서 남쪽 변경邊境 지역으로, 중앙으로부터의 관심 아닌 관심, 강력한 통제를 받은 지역이었다. 반면 일본과의 외교와 무역을 수행하는 왜관이 있는 지역이었기 때문에 일본과의 교류도 공존하고 있었다. 동래(부산)는 물리적 통제가 예정된 변경이라는 공간, 열린 공간인 교류의 장으로서의 공간과 수백 년간의 왜관 존속이라는 시간이 교차하는 지역이었다. 이렇듯 조선시대 동래(부산)는 다른 지역에 비해 특별한 역사적 경험을 하고, 경험이 반복되면서 문화가 혼종되고, 교류와 소통이 일상화될 수 있는 공간이기도 하였다.

일상과 일탈을 소재로 삼은 것은 지역민이 지역에 거주하면서, 왜관 일본인과 접촉 나아가 교류를 하기 위해 부단한 행동을 하고, 지역의 주체로서 자리매김하는 모습을 찾고자 하는 것이었다. 각 개인은 타자와 분리된 전문화가 아니라 상대적으로 차이 없는 전체성으로 통합되고, 담화 양식, 몸짓, 습관, 제례의식으로 채색된 공동문화의 특징을 분명히 드러낸다는 르페브르의 전근대 일상[2]에 대한 설명은 필자에게

니 통제가 안 되고 사회문제가 발생할 수도 있어 이들을 한 곳에 모아두기 위해 왜관을 설치하였다. 동남해안 세 곳에 왜관을 두다가 1547년 이후 부산에만 왜관이 설치되더니 임진왜란 이후에는 부산에만 왜관이 조성되었다. 정해진 시간, 정해진 관리와 상인이 아니면 왜관을 출입할 수 없고 500여 명의 남자 일본인만이 거주하는 공간이었으므로 일본인 마을을 이루었다.

2 장세룡, 「앙리 르페브르의 일상생활 비판-문화이론적 접근」, 『전남사학』 25, 전남사학회, 2005, 304쪽.

전근대 일상을 어떻게 바라볼 수 있을까에 대해 많은 시사점을 던져주었다. 그러므로 조선 후기 왜관 주변 지역민의 일상은 민, 관속官屬[3] 간에 큰 구별보다는 공동, 연대라는 측면에서 살펴볼 수 있을 듯하다.

위와 같은 역사적 배경 아래에서 지역민의 일상을 드러내고, 주체화된 삶을 찾기 위한 방안으로 일탈을 선택하였다. 또한 일탈은 주로 '범죄' 또는 '범죄화' 된 사건에서 찾아보았다. '범죄'는 국가가 만든 제도에 대한 저항, 일상을 유지하기 위한 전략으로, 범죄는 다양하게 전개되는 지역의 사회적 양상을 반영한다. 남쪽 변경인 부산에서 범죄는 밀수, 절도, 살인, 불법 출입, 매매춘 등으로 많이 나타난다. 이러한 '범죄'에 대해 국가는 새로운 법과 제도를 만들어 지배를 더욱 공고히 하고자 하였다. '범죄'에는 조선이라는 국가와 조선인, 조선인과 조선인, 조선인과 일본인 등의 관계가 복합적으로 내재되어 있다.

일탈에서 일상을 찾고, 일상이 정지되었을 때의 그 대응 방식으로 생겨나는 일탈을 찾음으로써 지역민이 실지實地에서 살아가기 위한 역동성을 찾는 시도이기도 한다. 이로써 지역민 삶의 다양한 면을 찾을 수 있고, 나아가 이 지역에 내재된 로컬리티를 이해하고자 하는 것이다.

근대 이후 이 지역은 개항과 더불어 일본제국주의를 겪게 되면서 다른 지역과 비슷한 역사적 경험을 가지게 되었다. 근대 이후 법의 구속력은 이전보다 강화되고 체계화되어 지역민의 일상을 지배해 나갔다. 특히 부산은 근대 개항장, 일본전관거류지, 각국의 조계가 설치되면서

---

3 왜관 경계를 서는 하급 군인, 소통사, 관아의 아전 등을 통칭한다. 필자는 여러 사료들에서 이들이 왜관 일본인과의 소통 모습은 일반 민과 크게 다르지 않는 오히려 일본인과의 관계를 주도해 나가는 층으로 나타나고 있다고 생각한다.

외국과의 관계가 더욱 강하게 규정되었다. 그러므로 전근대 역사적 경험과 관습화된 일상이 근대 이후 어떻게 작동되는지 살펴보는 전근대에 대한 해설이 필요하다. 게다가 지역민이 특별한 공간에서 역사적 변화를 만나고 겪게 되면 어떠한 존재로 살아가는가에 대한 서술을 시작해보려고 한다.

2. 동래의 공간적 의미와 조선인의 왜관 경험

조선 후기 동래(부산)는 특별한 결절 지역이었다. 동래는 무역품의 유통, 외교, 군사적 요충지라는 지정학적 위치를 점하고 있었다. 우선 임진왜란의 재발을 방지하기 위해서 군사력을 증강하여 일본군을 막아내어야 하는 방어 지역이었다. 또한 일본인이 모여 있는 왜관 역시 이러한 차원에서 방어해야 하는 곳이었다. 동래(부산)는 국방의 요충지이면서, 왜관과 관련하여 대일對日 외교·무역을 수행하는 지역이었다. 그러므로 동래(부산)는 여러 관계들이 다층적으로 얽혀 있는데, 크게 구분하면 네 가지로 나눌 수 있다. 첫째, 중앙 조정–경상도(감영)–동래부–지역민으로 관치 행정을 위한 수직적 관계이다. 둘째, 중앙 조정–경상도(감영)–동래부–왜관 일본인(대마도인)으로 왜관 통제를 위한 수직적 관계이다. 셋째, 동래 지역민과 왜관 일본인(대마도인)의 수평적 관계이다. 넷째, 일본 막부(에도)–대마도–왜관(대마도인)으로 이어지는 일본에서의 대외 교류를 위한 수직적 관계이다. 이러한 관계로 동래(부산)와 왜관을 둘러싸고 각 관계를 유지, 지배하기 위한 – 동래

(부산)의 운영이나 왜관 운영 및 통제, 지역민 통제 등 – 다양한 규례들이 만들어졌다.

동래(부산)는 조선의 어떠한 정보나 사람이 불법적으로 나가지 못하게 하는 보호벽이 되어야 했으며, 물류 이동에 있어서도 일본 물품이 수입되어 조선 시장에 퍼져나가기 전에 일단 쌓이는 집산지, 반대로 조선 물품이 수출되기 위해 전국에서 모여들어 저장되는 물류창고지였다. 조선과 일본의 관계가 외교와 무역을 중심으로 외형적으로 안정된 상황 아래에서는 통제와 교류가 공존하는 지역이었다.

동래부 해안 지역에는 수군 기지가 들어서고, 해안 쪽을 제외한 동래부 북서쪽 외곽 지역에는 상인들의 짐바리를 수검하는 기찰 건물이 들어섰다. 일반 민들에게 특히 타 지역민들에게 동래 지역이 특별한 것은, 동래부를 찾아오는 대부분의 이유는 왜관이 있었기 때문이다.

왜관 일본인과 조선인 사이의 경제적 유착 관계는 조선 전기부터 이미 알려져 있었다. 경상도의 사람들은 일본과의 무역에만 관심이 있어 농사는 돌보지 않고, 상공업에만 힘을 쓴 나머지 안동 지역의 잠사蠶繭와 김해의 삼베실麻絲이 도로에 잇달아서 모두 일본인에게 수송되므로 도적에게 병기를 대주고 군량을 가져다주는 행위라고 할 정도였다.[4]

이러한 조일 상인 간의 무역 양상은 임진왜란 종전 후에도 바로 나타났다. 1609년 기유약조로 양국 수교가 공인되기 이전인 1603년에 이미 부산 개시開市에 경성京商들이 출입하고 있었고, 같은 해 조일 무역장인 개시가 정식 승인되었다.[5] 왜관이 설치되지 않았던 지역의 상인

4 『중종실록』 4년(1509) 3월 24일(병진).

들도 조일무역의 이익에 대해 이미 익숙하였다. 상인들은 양국의 외교, 수교修交 진행 상황은 별로 고려하지 않고 왜관 무역장貿易場을 출입하였다. 왜관에서의 무역 실상은 결국 조정에서 개시를 조기에 공인하는 것을 유도한 셈이다.

임진왜란이 끝나고 얼마 지나지 않아 조일 간의 개시가 진작되자 동래부의 흥성함이 서울의 양반층에게까지 알려졌다. 1688년 동래부사로 임명된 이덕성李德成에게 지인들이 보낸 글에는 "반룡盤龍과 보경寶鏡, 명월주明月珠며 취우翠羽와 적소赤蘇 등이 마치 산처럼 쌓여 있다네", "저자거리는 육지에 붙어서 공상工商이 섞여 있고 (…중략…) 이익은 동남에서 거두어 부유함을 독차지 하였는데", "보옥寶玉과 재화가 많아 서울의 큰 상인들, 일체의 모리배牟利輩가 폭주하여 동래를 메운다"라고 동래를 묘사하고 있다.[6] 서울 양반들에게 동래부는 조일무역이 이루어지는 지역이므로 엄청난 부가 쌓이고 상인들이 폭주하는 곳으로 이해되고 있었다. 서울 양반들이 동래부나 왜관을 체험하는 것은 동래부사, 부산첨사 등의 관직생활, 접위관 등의 외교관으로서 파견, 통신사로서 동래와 부산 체류, 경상도 관찰사로서 동래부 순행巡行, 호조나 예조의 관리로서 왜관 관련 업무를 담당하는 것 등이 있었다. 접위관 경우만 보더라도, 접위관은 일본에서 차왜差倭라고 불리는 일본 사절이 올 때 동래에 내려왔다. 이들 차왜는 파견 목적에 따라 28가지 정도의 유형으로 나뉜다. 이 가운데 일본에 표착한 조선인을 송환해 오는

5 양흥숙, 「조선후기 東萊 지역과 지역민 동향－倭館 교류를 중심으로」, 부산대 박사논문, 2009, 14쪽.
6 부산박물관, 『반곡 이덕성, 강명과 풍력의 선비』, 부산박물관, 2009, 195～196・228～230쪽.

표인영래차왜漂人領來差倭의 경우만 보더라도 조선에 온 것이 180회에 이른다.[7]

조정에서 동래부 또는 왜관, 일본인 등을 논의할 때, 동래부사를 지낸 관리에게 지역 사정을 묻는다든지, 그 관리가 자신의 경험으로 대일 외교 사안에 대응하는 경우 동래부나 왜관이 알려지기도 했을 것이다. 무엇보다 外官이나 외교관 신분으로 동래부와 왜관을 체험하고 온 사람들에게서 공공연하게 듣는 간접 경험도 이 지역이나 왜관을 아는 데 주효했을 것이다.

서울 양반뿐 아니라 왜관은 조일무역이 진행되는 곳으로, 일본에서 들여오는 수입품을 매입하기 위해 혹은 수출품을 조달하기 위해, 상인들이 모여 들었다. 왜관에 조선 상인이 모여들어 혼잡 양상이 빚어지자 정액제定額制를 1678년 처음 실시하였다. 20명으로 하되 모두 서울상인이었다. 1691년 정액제가 재실시되는데 이때에는 30명으로 정했다. 서울, 그 외 지역의 재력가로 정하여 서울 거주 상인들이 대거 참여하고 있었다. 이들은 도중상고都中商賈로 불리는 상인들로 무역품의 조달, 유통, 납품 등을 위해 휘하에 소상인과 상단을 거느리는 거상이었다.[8]

그러므로 상고정액제의 실시는 도중상고의 상단 소속 상인들이 동래 또는 왜관을 출입하면서 복잡해지자 이들을 규제함으로써 왜관 시장을 통제했다는 의미가 컸다.

---

7 접위관의 파견과 구성 등은 양흥숙, 「조선 후기 대일 접위관의 파견과 역할」, 『부대사학』 24, 부산대 사학회, 2000.

8 김동철, 「17세기 일본과의 交易・交易品에 관한 연구－密貿易을 중심으로」, 『국사관논총』 61, 국사편찬위원회, 1995, 271～275쪽.

이는 조일 간의 사무역이 쇠퇴한 시기인 19세기 후반의 자료인 『동래부상고안』(1867년~1875년) 중 「가사리상고안」에 등재된 가사리 취급 상인의 수가 40명이고[9] 이들이 동래상인으로 불리는 도중상고에게 물건을 납품한 것만 보아도 도중상고 아래의 상인 조직이 광범위하였을 것으로 짐작할 수 있다.

왜관에는 개시대청에서 조일무역을 하는 상인뿐 아니라, 왜관 수문守門에서 열리는 조시朝市에도 지역민뿐 아니라 타 지역 상인들도 모여들었다.[10] 동래 지역에 물산이 풍부하다거나 일자리가 있을 것으로 예상되어 생활을 유지하기 위해 동래부 특히 왜관 주변 지역으로 몰려드는 민들도 있었다. 양산 · 밀양 · 함양 · 영일 · 경주 등 경상도 심지어 강원도에서도 찾아왔다.[11] 그 수를 헤아릴 수는 없지만 동래부를 찾아오는 사례는 어렵지 않게 찾을 수 있다. 일본인에게 고용되어 왜관 안에서 거주하는 자들도 있었다. 이들은 장사하러 온 상인이 아니라 왜관 안에서 필요한 노동력을 제공하고 품삯을 받는 조선인들이었다.

왜관 가운데 한가로이 노는 하인 왜인이 그 수가 참으로 많아서 누군들 일을 시킬만한 무리가 아닐까마는, 왜인의 풍습이 이곳에 온 뒤로는 함부로 스스로를 엄중하게 높여서 **크고 작은 일을 헤아리지 아니하고 반드시 우**

---

9 김동철, 「『東萊府商賈案』을 통해서 본 19세기 후반의 東萊商人」, 『한일관계사연구』 창간호, 한일관계사학회, 1993, 125쪽.

10 일본인이 좋아하는 오리를 팔러오는 김해 지역 상인에 대해서는 양흥숙, 앞의 글, 2009, 108쪽.

11 이훈, 「1836년, 南膺中의 闌入사건 취급과 近世 倭館」, 『한일관계사연구』 21, 한일관계사학회, 2004, 116~117쪽.

리 사람을 시켜 부리고, 값을 주어 사역한다고 칭하면서 마치 **노예와 같이 보고 절도 없이 포학하게 부리니** 이것이 통탄스럽고 분할 뿐 아니라, 일꾼들을 유인 협박하여 또한 약속을 어기고 함부로 희롱하는 일까지 있다.[12]

위 사료는 조선 후기 왜관이 설치된 지 100년 정도의 시간이 지났을 때, 초량왜관에서 있었던 일이다. 왜관에 살던 부유한 일본인이 조선인을 고용해서 사는 것은 조선 전기 왜관에서도 볼 수 있었던 광경이다.[13] 일본인들이 조선인들을 고용하여 왜관 안에서 일을 부리던 상황을 나타낸 것이다. '노예처럼 조선인을 부린다', '조선인을 값을 주고 부린다', '크고 작은 일들을 가리지 않고 시킨다'는 점에서 왜관 안에서 일본인의 생활을 돕는 보조자로 살았다. 이들은 실제 '왜관 고공雇工'으로 일컬어지면서 한 집단을 형성하고 있었다.

비단 전근대에 한정되지 않고 개항 이후에도 이러한 소문을 듣고 왜관에 찾아오는 조선인이 있었다. 1876년 11월 부산에 온 한학자로 구왜관(조계지) 주변의 모습을 『조선귀호여록朝鮮歸好餘錄』에 남긴 이시바타 사다는

하루는 한 선비가 어학교에 찾아와 나는 학사인데 여러분과 이야기하고 싶다. (…중략…) **이틀동안 먹지 못하였으니 먹다 남은 것이라도 주시기를 바라오**라고 말했다. 생도들이 왁자지껄 밥을 주어 쫓아 보냈으니 2월 어느 날이다.[14]

---

12 『典客司別謄錄』 제1책, 辛巳(1701) 11월 초3일.

13 『연산군일기』 9년(1503) 3월 25일(임진).

라고 적고 있다. 이시바타의 조선 멸시관을 어느 정도 감안한다고 해도 생존을 위해 조선인이 일본전관거류지(구 왜관)를 찾는 것은 사실로 생각할 수 있다. 위 내용은 일본 학교로 찾아온 조선인 학자가 결국은 먹을 것을 구걸하는 걸인이었다는 것을 보여준다. 왜관에는 뭔가 먹을 것이 있다는 소문을 들은 것이다.

왜관 통제, 혹은 왜관 격리의 방법은 조선 전기와 후기가 많이 상이할 수 있어도 조선의 일반 민이 왜관을 바라보는 시선은 크게 변하지 않았을 것으로 보인다. 고용되어 보수를 받을 수 있는 곳이라는 의미는 동일했던 것이다. 즉 왜관이 오랜 기간 존속되면서 이러한 상황은 일반 민들에까지 익히 알려져 있었을 것으로 여겨진다.

이렇게 일거리를 찾아서 유랑하던 중 왜관 주변에 체류하던 민들은 항시적으로 있었기 때문에 조정에서는 왜관에 큰 공사가 있을 때에는 이들을 사역시키고 지역민의 부담을 줄이려는 의견이 개진되기도 하였다.[15] 이 외도 일본 표착 조선인 표류민, 통신사와 문위행을 수행하는 수행원, 접위관 수행원, 왜관 개축・증축 공사에 동원된 인부들, 타 지역에서 차출된 왜관 수비 병력 등이 왜관 공간을 체험하거나, 일본인을 볼 수 있는 경험을 가졌다. 유동인구가 많았기 때문에 인구의 이동으로 왜관은 전국적으로 이해될 수 있는 공간으로 형성되었다.

이와 반대로 국가는 왜관 방어 병력과 둘러쳐 놓은 담, 통제를 위한 수많은 규례들로써, 외교 직무를 맡은 동래부사, 부산첨사, 특정 외교

---

14 石幡貞, 「學士垂涎」, 『朝鮮歸好餘錄』, 日就社, 1878.
15 『典客司別謄錄』 제1책, 庚辰(1700) 5월 초2일.

관, 일본어 역관, 개시무역에 참여하던 상인 외에는 왜관에 들어갈 수 없는 통제 공간으로 만들려고 하였다. 이러한 국가의 시선이 그대로 투사되어 지금까지의 연구도 왜관이 통제 공간이었다는 의견이 강하다. 조선 전기 삼포왜관에서 찾을 수 있는 조선인과 일본인과의 활발한 소통과 교류는 일거에 사라졌는가? 사라질 수 있는 것인가? 라고 반문을 해본다.

타 지역의 민들도 각각의 이유로 왜관을 수시로 찾아오는 상황에서 동래에 거주하는 지역민은 왜관이라는 공간은 크게 특별하지도 않는 공간일 수 있었다. 왜관이란 공간에 대해 알고 있는 것은 일상적일 수 있으나 왜관 안 일본인과 어떻게 접촉 또는 교류해 나가는 것은 별개의 일이었다.

3. 왜관 주변에 나타난 일상의 단면들

두모포왜관 때 부산진에서 초량을 잇는 큰 길이 있었는데, 지역민들은 매일 이 길을 지나다녔다. 1만 평이나 되는 부지에 왜관이 들어섰기 때문에 이미 그곳에 있었던 촌락을 이전하더라도 왜관 부지에 들어가지 않는 지역민의 전답은 그대로 둔 상태였다. 그러므로 왜관 앞뒤로 지역민의 전답이 있었고, 촌락은 조금 떨어져 있었다. 부산진에 사는 나무꾼이나 농민들도 매일 나무 하러, 농사일 때문에 다니는 길이었다. 길은 왜관 북쪽 담장 밖으로 있었는데 왜관 남쪽은 바닷가에 닿아 있어 왜관 남쪽보다 북쪽이 지세가 높았다.[16] 길이 높았기 때문에 지역민은 지나던 길에 담장 안으로 보이는 왜관을 호기심으로 늘 들여다 보았다.

왜관이 초량으로 옮겨가지 전까지는 일본 사절이 왜관에 들어오면 부산진성 안에 있는 부산객사에서 숙배례肅拜禮가 이뤄졌다. 부산진성 서문 밖을 나와 두모포왜관에 이르는 길은 민가가 이어져 있었다. 부산항에는 많은 여관이 늘어서 있다거나,[17] 1748년 이성린의 「사로승구도槎路勝區圖」 중 '부산釜山'이란 그림을 보아도 부산진성 서문 밖에 민가가 많이 들어서 있는 것을 볼 수 있다. 일본 사절은 부산객사를 오고갈 때마다 지역민 마을에 들어왔다. 특히 사절단의 상위 계층이 아니라 사절을 따라온 일본인들이 지역민 마을에 들어오니,[18] 그 전부터 지역민 마을에 들어가는 것이 익숙하던 사람이었거나 지역민 마을에 호기심으로 들어오던 사람이었다. 지역민 또한 일본인을 마을 안에서 만나는 것은 낯설지는 않았다. 두모포왜관에서 부산진까지는 불과 5리 거리였다. 그러나 부산진에 거주하던 지역민들이 두모포왜관 수문守門 앞에서 열리는 조시에 나가지 않으면 일본인들이 스스로 지역민의 마을까지 나오므로[19] 굳이 왜관 앞에까지 갈 필요가 없었다. 마을 안 도로변에서 일본인을 위한 시장이 열리고 있었으니 일본 사절단을 따라온 하급 일본인이 그 기회로 지역민 마을 안에서 필요한 것을 구입했

16 『倭人求請謄錄』 庚辰(1640) 5월 19일, 10월 21일.

17 시볼트 폰, 柳尙熙 역, 『朝鮮見聞記』, 박영사, 1987, 78쪽.

18 『增正交隣志』 권4 약조, 肅宗四年戊午定朝市約條.

19 『邊例集要』 권9 開市 附朝市, 乙巳(1665년) 5월. "所謂漁採之市 自前必開於守門外佐自川東邊 而釜山之人 厭其一步 加往開設於閭閻中路邊". 金東哲, 「十七~十九世紀の釜山倭館周辺地域民の生活相」 『年報 都市史硏究』 9, 都市史硏究會, 2001, 95쪽.

을 가능성도 있다.

왜관에 훈도와 별차는 수시로 드나들었고, 업무차 동래와 부산의 아전도 드나들었다. 이들을 보조하는 인력으로 일반 민들도 드나들었다. 3일과 8일에 열리는 왜관 개시일은 기찰 인력으로 군관도 차출되지만 '근착양민根着良民'을 기찰인력으로 별도로 선발하여 왜관 안에 보냈다.[20] 동래부나 부산진에서 군관軍官을 더 많이 차출하여 왜관 개시날의 혼잡을 막으면 되는 것을 굳이 지역에 오랫동안 거주한 민을 동원하는 것이 무엇인가? 차출할 군관의 부족인가? 이들은 혼잡한 개시일에 복잡한 동관 안을 돌아다니면서 왜관 내 일본인 각방을 눈에 익힐 수 있었다. 그러는 사이에 눈에 익은 지역사람들의 동태를 보다 잘 살필 수 있었을 것이다. 지역민과 일본인의 관계를 막아보려는 방법으로 국가가 또 다른 지역민을 동원했을 가능성은 보이지만 지역민과 지역민과의 상호 소통 가능성을 배제할 수 없다.

왜관이 두모포에서 초량으로 이전하자 지역민과 일본인의 교류를 계속해 나갈 수 없을 정도의 통제 규정들이 제정되었다. 왜관 출입을 절대 금지한다는 1678년 금조禁條(戊午節目), 1679년 문위역관 입왕마도시소정약조問慰譯官入往馬島時所定約條가 맺어졌고, 왜관 주변 4곳에는 출입금지 지역을 알리는 금표禁標가 세워졌다. 그렇다고 해도 왜관 담장 안에서 다소 제한될 규제들이었다. 일본인 역시 구관 시절보다 왜관 출입이 제한될 수 있었다. 그러나 지역민과 일본인은 여전히 매일 아

20 『증정교린지』 권4 약조, 孝宗四年癸巳定禁散入各房約條. 약조 가운데 '東萊釜山任使吏民', '譏察之人 除公私賤 皆以根着良民擇定'이라고 하여 왜관을 출입하던 일반 민들을 살피고, 관리하던 이들을 지역의 토착인들로 구성하였다.

침 조시에서 만날 수 있었다. 일본인이 왜관 밖으로 잘 나올 수 없었기 때문에 지역민이 초량왜관 수문守門 밖에서 시장을 더 활성화하면 되었다. 조시는 양국인들 모두에게 매일 만날 수 있다는, 반복적인 만남이 일상이 되는 특별한 장소였다. 조시가 활성화 되는 것은 조시의 개장 시간이 연장된다든지, 일용잡화 시장에서 대규모 미곡시장, 포목시장으로 변한다든지, 부산진 지역민이 참여하는 근거리 시장에서 타 지역의 민도 참가하는 근·원거리 시장으로 변하면서 상인의 다양화가 나타나기도 하며, 경제적 목적 외의 상호 신뢰를 바탕으로 하는 소통의 장소로 변하기도 하며, 조시의 물품 배달을 기회로 지역민이 다시 왜관 안에 들어갈 수 있었다.[21] 조시는 매일 왜관 문 밖에서 개장되는 것만큼 일본인과의 교류 측면에 지역민의 일상성을 가장 잘 보여준다. 또한 조시를 통해 지역민과 일본인이 경제적 목적 외의 실제로 정보를 공유하고 소통하고 있었다.

> 신(권이진)이 부임하여 (조시에서) 어류·2~3말의 미곡을 잠시 교역하는 것 외에는 일체 금지하였더니 민들이 2~3말의 미곡을 잠시동안 교역하는 것은 원래 이익이 없기 때문에 끝내 조시에 오지 않았습니다. 신이 그 일에 기인하여 채소와 어패류는 아침 전에 잠시 교역하고 물러가게 하고 그 나머지 미곡은 사목事目에 따라 대개시일大開市日에 들어가도록 하였습니다. 그리고 미곡은 1석을 넘거나 여러 필의 포목에는 규례를 정하여 수세하

21 김동철, 「조선후기 통제와 교류의 장소, 부산 왜관」, 『한일관계사연구』 37, 한일관계사학회, 2010, 21~22쪽.

였습니다. (…중략…) 그러나 간민배奸民輩들이 전처럼 교통하고자 애초 조시에 나오지 않았고, 서로 선동하고 헛소문을 퍼뜨려 일본인을 꾀어 공갈의 말을 하도록 하였습니다.[22]

라고 하였다. 1709년에 부임해온 동래부사 권이진은 조시를 돌아보고 조시의 거래 모습이 너무 활발하고, 지역민과 일본인이 서로 교류하는 것을 보았다. 권이진이 거래 물목의 축소와 세금 징수를 단행하자 많은 상인들이 조시에 나오지 않았다. 이는 조시에서 이익이 나오지 않기 때문에 장사를 하지 않는 것이 아니라 동래부사에 대한 일종의 '저항'이었다. 조시에 함께 나오지 않는 단체행동이 가능하도록, 저항할 수 있는 정보를 공유할 수 있는 연대가 지역민 사이에 이미 성립되었던 것이다. 더 주목되는 것은 조시가 이전과 같이 운영될 수 있도록 자신들의 희망 사항을 주변에 알리고 일본인과 연대하려는 태도이다. 지역민과 일본인 사이에 경제적 목적 외에 정치적 사안에 대해 연대할 수 있는 소통이 이루어지고 있었다.

매일 아침 '만남의 장'인 조시 외, 왜관 일본인이 지역민과 만날 수 있는 또 다른 기회는 초량촌 조성이었다. 초량객사를 지으면서 주변 경관 조성을 위해 초량촌에 의도적으로 지역민을 모았다. 초량촌은 왜관 북쪽으로 5리 거리에 있었다. 지역민은 정착금으로 둔전까지 받았기 때문에 초량촌에서 장기 거주도 가능했다. 얼마 지나지 않아 초량촌은 '역관이 민가를 차지하고 왜인과 만나는 곳', '초량촌의 여인草梁女

22 權以鎮, 『有懷堂集』 권5 再度.

人과 왜인이 아침저녁으로 서로 섞여 지내는 곳', '왜인이 (지역민) 마을에서 밤낮없이 지낸다' 등[23]으로 지역민과 일본인이 상시적으로 연계된 공간이 되었다. 1709년 권이진은 설문設門을 조성하고 역관 등 왜관 업무를 담당한 인력만 제외하고 초량촌에 거주하던 지역민을 설문 밖으로 모두 강제 이주시켰다. 이주된 지역민이 조성한 마을은 신초량촌新村으로, 왜관과 100여 보 밖에 떨어진, 멀지 않은 지역이었다. 그러므로 권이진 역시 일본인들이 신초량촌으로 가지 않는다는 것을 보장하지 못한다고 말할 정도였다.[24] 왜관 북쪽 초량촌의 촌민을 강제 이주시켰을 뿐 지역민과 일본인과의 관계를 완전히 단절시킬 수는 없었다. 조시가 여전히 열리고 있었고 왜관 주변에는 초량촌 외에도 지역민 마을이 있었기 때문이다.

1738년 제정된 「변문절목邊門節目」에는 왜관 주변에 전답을 가진 지역민이 보인다. 남자와 여자 모두 농사 때문이라면 절목에서 엄격히 출입을 통제한 경계 안으로 올 수 있었다.[25] 이들은 조선인 군인이 있는 설문과 서복병소西伏兵所를 통과한 점에서 왜관 북쪽과 남쪽에 거주하던 지역민이었다. 이들은 과거 초량객사가 있는 초량촌에 살면서 둔전을 경작하던 쫓겨난 신초량촌민일 수도 있고, 왜관 남쪽에 거주하는 구초량민舊草梁民일 수도 있었다. 두모포왜관에서처럼 개인이 소유한 농지는 국가에서도 강제로 빼앗지 못하고 경작을 계속할 수 있도록 하

---

23 김동철, 앞의 글, 2010, 25~26쪽.
24 양흥숙, 「조선후기 왜관 통제책과 동래 지역민의 대응」, 『역사와 세계』 37, 효원사학회, 2010, 140쪽; 김동철, 위의 글, 27쪽.
25 양흥숙, 위의 글, 140쪽.

였다. 이 점에서 농경기에는 지역민이 일본인과 상시적으로 가까이에 있을 수 있었다.

게다가 동래부사 소두산의 장계도 양국인이 만나는 데 큰 기회를 제공하였다. 1683년 동래부사 소두산의 장계로 봄가을 사일社日과 백종절百種節이면 일본인들은 구관 뒷산에 성묘를 갈 수 있었다. 초량왜관에서 두모포왜관까지는 10리 길인데 민가가 연이어져 있었던 상태였다. 왕래할 때 제 마음대로 출입한다는 기록에서 일본인이 초량왜관 밖으로 나오는 날이면 일본인들은 어김없이 지역민 마을에 들렀다. 봄가을 총 14일, 백종절 4일 동안 일본인이 지역민 마을을 지나가는 날이므로 이미 이러한 관례를 알고 있던 지역민들도 마을에 들어오는 일본인과 거래를 준비하였을 것이다. 동일한 관례의 반복은 지역민으로 하여금 '교류'라는 실천을 할 수 있는 계기를 만들기 때문이다.

1785년(정조 9) 별차別差 김건서金健瑞가 왜관 관수館守에게 구관을 갈 때에 큰길을 벗어나지 말도록 요청하는 데에서,[26] 왜관 문이 열리는 틈새 아래에서 지속적으로 사일과 백종절에 지역민과 일본인은 만나는 절호의 기회를 가졌다. 게다가 이미 친분이 쌓여 있던 초량촌민이 1709년 이후 설문 밖으로 이사를 갔지만 일본인들이 구관 쪽으로 가는 길에 이들의 마을에 들릴 수도 있었다.

지역민의 적극적인 노력 여하에 따라 일본인과 교류 폭은 달라질 수 있었지만 왜관 주변에 거주하는 이유로 왜관과 또 다른 관계를 맺고 있었다. 동래부는 임진왜란의 후유증으로 군영軍營이 많아 군액軍額도

---

26 『증정교린지』 권4 약조, 九年癸亥信使在馬島定約條.

많은 지역이었다. 18세기 중엽에 동래부의 가장 큰 폐단 중의 하나가 민에 비해 군역이 과다한 것이었다. 기본적으로 민이 부담해야하는 군역, 직역職役 외에도 동래부 지역에는 많은 잡역이 부과되었다. 대마도에서 사절이 파견될 때마다, 서울 또는 경상도에서 오는 접위관의 생활물품, 왜관에 체류하는 일본 사절에게 주는 잡물 마련, 일본 사절에 대한 접대 연향에 쓰일 갖가지 물품 마련, 이렇게 마련된 물자를 운송하는 운송역, 크고 작은 왜관 공사의 부역, 그 외에도 여러 잡역이 많아서 왜관 주변 지역민, 동래부東萊府 지역민, 경상도 민까지 그 역의 부담이 확대되었다. 왜관 운영과 관련된 역은 지역민의 부담을 가중하는 것이지만 그 기회로 왜관을 출입하고 일본인과의 접촉・교류가 가능하였다.[27]

부산진, 초량을 중심으로 하는 왜관 주변 지역민들은 왜관을 보는 것, 일본인을 보는 것, 일본인과 접촉하는 것에서 나아가 점차 소통의 관계를 맺고 이것은 일상적인 것이었다. 일상사의 재구성은 단순히 매일의 생존이라는 상황에만 적용되는 것이 아니라 무엇보다 그 참여자의 방식이 객체였는지, 주체였는지, 주체가 될 수 있었는지를 보여준다고 한다.[28] 왜관 일본인과 관련하여 왜관 주변 지역민에게는 매일 반복되는, 일정한 시기를 두고 반복되는, 불규칙적이지만 공유할 수 있는 접촉・교류・소통이 있었다. 지금까지는 지역민은 교류의 주체가 되지 못하고 제도(법, 규범, 약조, 금조 등을 통칭) 속의 객체로 존재할 뿐

---

27 양흥숙, 앞의 글, 2009, 182~200쪽 참조.

28 알프 뤼트케 외, 이동기 외역, 『일상사란 무엇인가』, 청년사, 2002, 21쪽.

이었다. 지역민이 주체가 될 수 있는 공간이 마련되어 있었고, 이를 바탕으로 왜관 일본인과 관계를 맺는 것은 일상화 될 수 있었다.

4. 일본인-지역민의 관계 맺기-일상과 일탈의 반복

지역민들은 왜관 일본인과 가까이에 위치하거나, 왜관 일본인과 공간을 공유하고 일상을 공유할 수 있었다. 동래(부산) 그리고 왜관 안팎에서 지역민은 일상의 변화를 시도하는 모습을 많이 보인다. 그 변화는 지역민의 일탈적인 행위로 관찬사료에는 범죄로 치부되는 것들이다. 조선 후기 대일관계의 규정집이자 사례집이라고 할 수 있는『변례집요邊例集要』중 권15「잠상노부세병록 부 잡범潛商路浮稅幷錄 附 雜犯」을 살펴보면 '범죄'로 간주된 지역민 일탈의 경향성을 살펴볼 수 있고, 내재된 지역민의 역동성까지도 짐작 가능하다.

왜관을 둘러싸고 지역민과 일본인은 국가 혹은 동래부가 만들어놓은 법과 제도들 아래에서 일상을 유지하였다. 그러나 생존, 생계를 위해 혹은 보다 많은 경제적 이익, 일본인과의 신뢰와 친분, 지배와 일상 사이에서의 갈등, 일상의 변화 등의 이유 등으로 일탈을 감행하였다. 일탈이 구체화되어 '범죄'로 기록되었다. '범죄'로 간주된 일탈의 양상은 범월犯越, 闌出, 闌入, 일본인에게 빚을 지는 왜채倭債, 사적인 거래, 매매춘 등으로 많이 나타났으며 개인적인 불만을 표출하는 폭행, 생계형 절도 등도 있었다. '범죄'에는 조선과 조선인, 조선인과 조선인, 조선인과 일본인 등의 관계가 복합적으로 내재되어 있다. 이러한 양상을 모아 놓은 것이 「잡상노부세병록 부 잡범」이며 '잡범雜犯'이라고 한 것은 지역민이 일으킨 '범죄'가 미미한 것, 혹은 일일이 거론할 수 없는 다양한 것, 귀찮은 것의 의미를 모두 포함하는 의미일 것이다.

개인과 개인의 부채문제이지만, '잡범조'에 들어가서 범죄로 인식되는 것이 외채였다. 국가에서도 개입하기 어려운 문제였지만 점차 17세기 조일외교의 이슈가 되었다. 두모포왜관이 들어설 때 개시대청에서 무역을 할 수 있는 것은 많은 자본과 상당한 조직을 가진 동래상고들이었다. 1653년 「금산입각방약조禁散入各房約條」를 동래부사와 왜관의 관수館守가 체결한 후에는 개시 출입을 엄격히 통제 한편 지역민이 적극 참여하고 있는 조시에서도 거래 물품을 제한하였다.[29] 특히 동래상고들과는 별개로 일본인과 무역을 하는 방법으로 일본인에게 무역자금으로 빌리는 빚 즉 왜채를 쓰는 조선인을 극률極律에 처한다고 하였기 때문에, 지역민과 일본인의 거래는 더욱 위축될 수 있었다. '금산입각방약조'와 같은 해에 만들어진 '왜인서납약조倭人書納約條'는 왜관 측에서 만든 왜관 일본인 행동 지침이었다. 이 약조에도 왜채에 대한 내용이 있는데 '상인 간에 거래하는 것 외에는 일체 빚을 줄 수 없다'라고 하여 상인들 간의 매매에서 여전히 빚을 사용하는 것은 인정하고 있다.[30] 조선에서는 왜채 자체를 불법적으로 간주하는 것에 비해 왜관 측에서는 거래할 때 생기는 빚을 양자의 관계 속에서는 당연한 것으로

---

29 『증정교린지』 권4 약조, 孝宗四年癸巳定禁散入各房約條. 왜관에서는 상인들 간의 무역을 (開市)大廳에서 하도록 하였으나 1637년 이후 대청에서 개시하는 규정이 크게 무너졌다. 이는 1637년 조일무역사에서 중요한 전환점이 되는 兼帶制 실시와 관련이 있는 듯하다.(김동철, 앞의 글, 1995, 263쪽)

30 『증정교린지』 권4 약조, 倭人書納約條.

여기고 있었다. 1692년 6월에 있었던 왜채의 일을 보면 얼마나 많은 지역민들이 관련되어 있는 지 알 수 있다.

> 동래부사 김홍복 때, 초량사는 손기, 김종일, 추선봉 등이 일본은倭銀을 받아 쌀 50석을 사서 몰래 왜관 안으로 들어간 일이 발각되어 관련된 사람들을 모두 잡아가두고 죄를 지은 왜인도 같은 형률로 문책하는 것이 마땅합니다. 수문守門 파수把守 등도 또한 논죄하고 이들을 잡은 사람들은 별도로 따져서 살피는 일로 아룀
>
> [회신] 손기 등 세 사람은 사목事目에 따라 효시하고 동조한 자, 수문군관守門軍官・통사通事・부장部將 등은 엄한 형벌을 내리고 서북지방 변경 끝에 유배시킨다. 이 일을 알려 죄인을 잡은 사람告捕人은 품계를 올려주되 그 중에 관아의 노비는 면천을 시켜준다. 범인들의 재산은 고포인에게 나누어주고 은을 빌려준 왜인은 약조에 따라 논단한다. (…중략…) 훈도와 별차는 50석의 쌀을 운반할 때 전혀 듣지 못했다는 것은 사리가 없는 것인데 관에 알리지 않았으므로 아울러 잡아 추국한다. 이후 잠상潛商들의 노부세路浮稅는 훈도, 별차가 스스로 발각하는 것이 당연한 일이나 다른 사람들에 의해 탄로 난다면 각별히 무겁게 추궁할 일을 영구히 정식으로 시행할 일.[31]

17세기 중엽이후 왜채가 양국 간의 외교 문제로 비화되자 약조를 체결하고, 왜채에 대한 처벌을 강화하였다. 그런데 위의 사건은 1692년의 일로, 1653년 약조 체결 이후 40년이 지난 시점의 일이다. 여전히 지

31 『변례집요』 권14 潛商路浮稅幷錄 附 雜犯, 壬申(1692년) 6월.

역민과 일본인의 거래에서 중요하게 자리하고 있었다. 사형이라는 처벌에도 불구하고 倭債를 중심으로 하는 경제적 관계를 유지하였다.

이 사건은 왜채도 왜채이거니와 이 일에 동참한 한사람 한사람에게 주목해볼 만하다. 일본인에게서 은을 받아서 손기 등에게 건네준 것은 소통사小通事 3인이었고, 담당아전色吏 배득길裵得吉, 군관 2명과 또 다른 소통사 3명이 왜관 출입을 도왔다.[32] 왜관을 자주 출입하는 소통사는 은을 왜관 밖으로 유출하기에 손쉬웠다. 그런데 왜관 안에서 비싼 값에 팔 수 있는 쌀을 50석이나 들여보내기 위해서는 왜관 출입을 통제하는 수문군관, 부장部將의 도움이 필요하였다. 담당아전, 군관, 소통사는 직접 일본인을 만나면서 왜관 운영과 관련된 실무를 하는 사람들이다. 이들은 동래부사나 부산첨사의 명으로 왜관 통제에 누구보다 앞장서야 하는 사람들이지만 일본인과 거래를 하고 생기는 이익 때문에 그들의 일상을 벗어나 일탈을 시도하였다. 일본인과 직접을 대화가 가능한 소통사, 왜관을 경계하는 통제인력인 군관, 아전들은 이러한 무역을 거래시키기 위해서 일본인과의 신뢰, 지역민과의 신뢰를 쌓았다. 때로는 무역의 주체가 되어 지역민과 일본인 사이에서 교류를 확산하는 가교 역할을 하였다. 이들의 왜관 일본인에 대한 시선은 국가의 시선보다는 민의 시선과 가까웠다. 그러므로 왜채를 사용한 자는 사형에 처한다는 것을 알고도 일탈을 감행할 수 있었다.

관아의 하층 소속인들이 평소 지역민의 일상과 밀접하게 관계되어 있는 것은 소통사의 예[33]에서도 알 수 있다. 이러한 관계 속에서 이루

32 김동철, 앞의 글, 1995, 252~253쪽.

어지는 '범죄'는 지역의 내부자 고발이 아니면 잘 발각될 수 없는 정보망을 가지고 있었다. 이 때문에 지역민의 마을 5가작통제 내에서 나머지 4가를 연좌시켰다. 사건을 알려 범인을 체포할 수 있도록 한 사람들은 포상을 주어 서로서로를 감사하는 체제를 만들기도 하였다. 개개인의 일탈은 지역 사회의 일상에 영향을 미치게 되어 그 지역에서는 일탈이 특별하지 않은 일상화가 되는 것이 가능하였다.

『경국대전經國大典』에는 사채私債의 경우 문건만 갖추어져 있으면 상대방에게 추징을 할 수 있도록 하고, 1년 안에 관에 알리면 관이 그 소송을 들어준다고 되어 있다.[34] 이후의 법전인 『속대전續大典』, 『대전통편大典通編』, 『대전회통大典會通』에는 공채公債에 대해 그 징수 방법과 처벌방법이 나와 있을 뿐 사채에 대해서는 별로 심각하게 받아들이지 않았다. 공채를 납부하지 못한 자라고 해도 가장 큰 처벌은 유배를 보내고 그 처자는 노비로 삼는 것이었다. 왜채는 사채에 해당되므로 빚만 갚으면 되는 상황이었지만, 실제로 발각이라도 되면 바로 사형이었으므로 법의 형평이 크게 어긋난 것이었다. 왜채는 지역민과 일본인과의 사이에서 이루어지는 거래의 한 형태이나 너무 규모가 커지면서 상환에 문제가 생겼다. 실제 원금이 제대로 회수되지 않아 대마도에서는 외교문제로 확대시켰다. 이 때문에 지극히 개인적인 거래였지만 국가가 개입하게 된 것이었다.[35] 지역민은 거래 이익이 지속되는 한 왜채

---

33 김동철, 「17~19세기 동래부 소통사의 편제와 대일활동」, 『지역과 역사』 17, 부경역사연구소, 2005.

34 『經國大典』 戶典, 徵債; 『大典會通』 戶典, 徵債.

35 김동철, 앞의 글, 1995, 263쪽.

주고받기를 그만둘 수 없었다. 지역민과 지역민 둘레인들(관속 등, 실제로 이들이 왜관 일본인을 인식하는 것은 지역민과 큰 차이가 없었을 것으로 생각된다)은 극형을 감수하면서까지, 또는 극형을 피할 수 있는 방법들을 가지고 있었기 때문에 일탈을 계속해 나갔다.

특히 위정자가 볼 때 이런 일탈은 지역민을 통제할 수 있는 중간 계층에서 소홀하여 막지 못했다는 생각이 컸다. 왜관 북쪽 초량촌에 거주하는 역관들訓導, 別差은 일본어 통역을 담당하는 것만이 아니라 외교 실무, 개시 감찰, 상인의 통제, 무역 교섭 등도 담당하고 있으므로 왜관 사정을 훤히 알고 있었다.[36] 그러므로 훈도와 별차가 막을 수 있었는데 막지 못한 것은 이들 역시 지역민과 유착되어 있다고 여겨졌다. 더욱이 왜채는 지역민만 가지는 것이 아니라 왜관 측과 거래를 가지는 상인은 누구나 가능하였다. 당시 전국에서 상인이 왜관 주변에 몰려들었기 때문에 왜채를 계기로 지역사회-왜관 / 지역민-왜관 대마도인 / 타 지역민-왜관 대마도인의 관계도 형성되었다. 이러한 왜채가 계속될 수 있는 구조와 관계는 확산되어 나갔고 지역민 개개인에게는 경험이 되고 반복되는 일탈은 일상이 될 수 있었다.

지역민의 일탈 중 또한 흥미로운 것은 간통姦通 또는 매매춘賣買春이었다. 아래의 사료는 왜관 일본인과 지역민이 얼마나 가까이에 존재하고 있었는지를 알려준다.

초량草梁 92호 중에 혹 1~2명, 혹 3~4명의 왜인이 없는 집이 없다. 밤낮

36 양흥숙, 「17~18세기 譯官의 對日貿易」, 『지역과 역사』 5, 부경역사연구소, 1999, 127~136쪽.

없이 우리 백성과 함께 거처하고, 그 가장(남편)이 집에 없을 때에도 왜인이 홀로 그 부녀(아내)와 상대한다. 대개 그 남자는 왜관의 물품을 받아서 다른 지역의 장시에 팔러 나가서 이익을 취하고 본전을 돌려주니 왜인의 사환使喚이 되어 은전을 받는다. **부녀자는 홀로 왜인과 집에서 상대하면서 하지 않는 일이 없어 그 정의**情意**가 지극히 은밀**하다. **남편이 있건 없건 간에 더불어 지내는 것은 生理가 있기 때문에 죽음을 무릅쓰고 서로 어울**립니다.[37]

위 내용에서 조선인 남자는 일본인 남자와 경제적인 관계에 있고, 일본인 남자와 조선인 여자는 상당한 가까운 사이여서 성관계도 예상된다. 성관계의 형태가 매매춘인지, 간통인지를 알 수 없다. 지금까지 드러내어진 형태는 왜관 안에서 벌어지는 매매춘이었다. 지역민과 일본인은 경제적 관계로 단순하게 연결된 것이 아니라 여러 관계가 엮여 있는 복합적 관계를 맺고 있었다. 이렇게 살아가는 것이 사는 이치라고 할 정도로 조정에서도 이러한 관계들이 지역에 만연되어 있음을 인지하고 있었고, 일상적인 것으로 여기는 것이다.

매매춘 사건이 발각되어 처음 기록된 것은 1661년 고공古公 사건이다. 고공은 양녀良女이며, 실록에는 고공雇工으로 나온다.[38] 고공은 사노비 귀진貴眞, 오막덕五莫德, 사옥士玉, 입개立介, 귀비貴非와 함께 왜관 뒷산에서 일본인들과 놀다가 박선동이란 인물에게서 일본인과의 매매춘 알선을 받았다. 매매춘 전에 이미 함께 노는 사이였고, 분위기가 무르익자 매매춘까지 이르게 된 것이었다. 이 일이 발각되어 박선동과

---

37 『有懷堂集』 권5 邊上事宜條列狀啓.
38 『현종실록』 2년(1661) 5월 28일(병자).

고공은 모두 왜관 문밖에서 효시당하였다. 고공과 함께 왜관 뒷산에서 놀았던 사노비 5명은 먼 곳으로 유배를 떠났다.[39] 단순히 일본인과 놀았다고 거주지를 이탈시키는 유배형을 보내는 것은, 반복적으로 범죄가 일어날 것이라는 예상 때문이었다. 즉, 왜관에서 족적을 끊도록 하는 것, 다시는 일어나지 않도록 관계를 끊기 위한 처벌이었다. 이런 일이 있고 불과 1년 후의 일이다. 또 자은덕 사건이 발생하였다.

> 사노비 자은덕이 일본인과 간통한 정황을 숨김없이 말하였는데, 노 무응충, 김청남 등 두 사람이 자은덕을 꾀내어 그녀가 일본인과 간통하도록 하였다. 정황이 숨기기 어렵고, 임담사리는 자은덕의 본 남편으로서 그 부인을 찾아 쫓아 왜관 담을 넘어 들어갔으니 그 죄가 없을 수 없으니 모두 해조該曹에서 품처해 주시기를 아룀
>
> [회신] 자은덕, 무응충, 청남 등이 저지른 것은 아주 나쁘다. 모두 왜관 문밖에서 효시하고 담사리는 그 아내를 찾기 위해서지만 사적으로 왜관 안에 들어갔으니 자연히 죄가 있는 것이다. 경상도에서 죄의 경중에 따라 처리하도록 하고 간통한 일본인은 법에 따라 처리할 뜻을 관수왜館守倭에게 책망하고 일깨워야 함.[40]

자은덕은 『왜인작나등록』에 따르면 3차례 왜관을 출입하였다. 1686년 매매춘 건으로 발각된 애금이는 6차례, 1690년 4월 천월이는 3차례, 1738년 수례・애춘이는 2차례, 1786년 서일월은 4차례 왜관을 출입하

39 『변례집요』 권14 潛商路浮稅幷錄 附 雜犯, 辛丑(1661년) 1월.
40 『변례집요』 권14 潛商路浮稅幷錄 附 雜犯, 壬寅(1662년) 6월.

였다.[41] 왜관 주변에 양녀이건, 노비이건 매춘부 역할을 하는 존재를 확인할 수 있다.

본 사건에서도 자은덕과 이 일을 매개한 노비 무응충, 김청남이 모두 효시를 당했고, 모두 법에 따라 처리한다고 되었다. 무응충과 김청남은 왜관 주변 관청 건물에서 노비 생활을 하던 신분이여서 일본인과 알고 지냈던 것으로 보인다. 그런데 조선시대 형률의 기준이 되었던 『대명률』 그리고 『대명률직해大明律直解』에는 간통을 화간和姦, 조간刁姦, 강간强姦으로 구별하고 각각 장 80대, 장 100대, 교형絞刑에 처한다고 되어 있다. 뇌물을 받고 아내를 남에게 파는 매휴賣休의 경우에도 본 남편, 돈으로 산 남편, 아내 모두 장 100대의 형을 내렸다. 처첩이 간통하도록 용인한 본 남편, 간통한 남자, 간통한 부인이 모두 장 90대의 형에 해당하였다. 딸이나 며느리의 간통을 용인한 경우에도 동일한 처벌이었다.[42]

그런데 왜관 안에서 일어나는 교간交奸은 대부분 타인에 의해 유인된 성행위로, 댓가가 있었으므로 매매춘이었다. 왜관 일본인이 매매춘에 나선 것은 가족을 동반할 수 없고, 기생도 접할 수 없는 왜관 생활의 특징 때문이었다. 그러므로 일본인은 왜관 주변에서 근무하는 조선인 남자에게 매매춘 알선을 부탁하는 예가 많았다. 여성들 대부분 왜관 주변에서 일하는 가족(남성), 이웃에 의해 이끌려 왜관에 들어갔다. 처나 딸을 돈을 받고 팔았거나, 그들의 간통을 용인하였다고 해도 사형

41 손승철, 「〈倭人作拏謄錄〉을 통하여 본 倭館」, 『항도부산』 10, 부산직할시사편찬위원회, 1993 재정리; 양홍숙, 앞의 글, 2009, 241~242쪽.

42 『大明律直解』 권25 刑律 犯奸.

까지는 이르지 않는 것이 상위법이었으나 왜관 주변의 상황은 또 달랐다. 간통한 조선인 여자, 알선한 조선인 남자는 모두 효시당하였다. 간통한 일본인 남자는 대부분 대마도로 압송되는 것으로 마무리되었다. 왜관 측에서는 거래된 성관계 즉, 매매춘이 효시를 당할 만큼의 범죄라고 이해하지 못하였다. 일본인 남성이 조선인 남성에게 돈을 주고 조선인 여성과 관계하는 것이므로 일본인 눈에는 왜관에 들어와 그들과 관계한 여성은 모두 매춘부로 여겨졌을 것이므로, 목숨을 내놓은 범죄로 이해하지 못한 것이었다. 조선의 위정자들은 돈의 지급 여부보다는 통제구역인 왜관에 조선인 여성이 들어가서 일본인과 간통을 했다는 것에 큰 비중을 두었다. 당시 매매춘을 보는 조선 위정자의 인식과 일본 위정자의 인식이 크게 달랐다. 양국의 인식이 크게 어긋나자 1707년 감옥甘玉 사건을 계기로 매매춘이 외교문제로 확대되었다. 감옥과 이를 알선한 송중만은 모두 효시되었다. 그런데 일본 측에서 감옥과 관계한 일본인에 대한 처벌을 미루자 1711년 '왜인잠간률倭人潛奸律'을 정하였다. 왜관 밖으로 나가 조선인 여자를 강간한 일본인은 사형, 화간和奸 및 강간 미수자는 영구히 유배, 조선인 여자가 스스로 들어와 음간淫奸하였을 때에는 그 다음 율로 처벌한다[43]라는 내용이다. 이 내용은 왜관 안 뿐 아니라 왜관 밖에서도 간통이나 매매춘이 있었음을 의미한다. 이미 1675년 어부동於夫同의 사례 – 조선인 마을에 들어가 부녀자(어부동)를 간음한 일본인을 그 남편이 죽인 것 – 에서 보듯이 매매춘이나 간통 사건이 장소를 가리지 않고 일어났음을 알 수

43 『증정교린지』 권4 약조, 三十五年己丑定任譯及倭人出入式.

있다.[44]

이후 왜관에 들어가서 매매춘을 한 조선인 여성은 더 이상 효시가 아니라 유배형을 받았다. 영조 때의 『속대전』에도 일본인과의 매매춘에 대해 '일본인에게 뇌물을 받아서 여자를 유인하고 몰래 들어가서 간음을 행하게 한 사건의 경우, 몰래 간음을 한 여자는 장 100대에 유배형을 내리고 일을 주선한 남자는 왜관 앞에서 참수한다'[45]라고 하였다. 여성은 유배형을 받고 남자는 참수형에 처해졌다. 일본인과의 관계를 주선하는 행위를 더 무겁게 보고, 남성과 여성의 처벌을 달리하였다.

'접촉', '교류'를 지속하는 지역민의 이러한 일상에 큰 변화를 주려고 한 조치는 1678년 이관移館이었다. 국가에서는 왜관 주변에 담을 쌓고 1679년에는 왜관 담장 밖에 금표禁標를 세워 다시 한 번 왜관이 통제구역임을 명시하였다.[46] 왜관을 무단으로 출입하면 사형이라는 것을 알리기 위해 1683년 계해약조를 체결하고 약조의 내용을 비석에 새겨 약조제찰비를 왜관 문 안팎에 세웠다.

18세기 중엽 택리지에서 '동래는 동남해안으로 일본이 상륙하는 첫 경계이다'라고 하여 일본과 가까운 지역임을 동래 기록의 첫머리에 적고 있다. 또 인삼무역의 이익이 많으므로 밀무역을 자행하고, 밀무역하는 자들을 베어 죽이고 있지만 막을 수 없고 법이 해이해져 거스르

---

44 『숙종실록』 1년(1675) 윤5월 3일(경인).

45 『續大典』 刑典 禁制.

46 1. 東으로 松峴에 이르는데 왜관과의 거리는 300보 정도 / 1. 서로 西山에 이르는데 왜관과의 거리는 80보 정도 / 1. 서남간에 초량 마을 앞에 이르는데 왜관과의 거리는 100보 정도 / 1. 남으로 海邊에 이르는데 왜관과의 거리는 100보 정도. 모두 네 곳에 나무를 세워 標로 삼는다. 『변례집요』 권5 約條, 己未(1679년) 10월.

는 자가 많다라고 하면서 공식적인 개시무역 외 민간 무역이 활발하게 진행되고 있는 지역으로 인식되었다.[47] 국가에서 '밀수'라고 여기는 것은 지역민에게는 무역이익을 챙길 수 있는 한 가지 방법이지 스스로 범죄자가 되려고 한 것은 아니었다. 무역은 개인의 욕구에서 일어나지만 쉽게 사라지는 않고 무역이 진행되고 이익이 발생하는 한 근절될 수 없는 사회적 현상이었다. 그러므로 민간에서 이루어지지 소소한 거래 행위를 '밀수'로 간주하여 사형으로만 처리하여 통제하는 데에는 한계에 달하였다.

왜관 교류와 관련하여 '범죄화'되는 사건들은 사형에 해당하는 죄가 아님에도 불구하고 대부분 사형으로 처벌받았으므로 당시의 법전보다는 가중처벌이 된 셈이다. 이후 인명에 대한 인식 변화,[48] 조선인과 일본인의 처벌 기준의 비형평성, 사회적 발전 및 활발한 왜관 교류의 일상화 등으로 법과 제도로 왜관을 통제하고 일탈을 막으면서, 지역민의 일상을 지배에는 역부족하였다.

1738년 당시 동래부사 구택규가 「변문절목」을 만든 이유는 초량왜관으로 이관한 이후 지속적으로 반포된 왜관 통제 규제들이 효력을 발휘하지 못했기 때문이다. 전체 31개조에서 지역민의 일상과 일탈에 관련한 것만 발췌하면

1. 개시일에 일본인의 방에서 거래하는 것은 사형으로 처하고, 잡상雜商

47 이중환, 이익성 역, 『택리지』, 을유문화사, 1993, 65~66쪽.
48 『변례집요』 권14 潛商路浮稅幷錄 附 雜犯, 戊戌(1658년) 12월.

들도 개시 때에 대청에서 굽어볼 수 있는 곳에서 거래하게 함

1. 왜관에 들어가는 사람 중 일본인과 몰래 수문守門 근처에서 수작하는 자는 왜방출입례倭房出入例보다 2등을 감하여 처벌
1. 왜관과 가까운 곳에 전답이 있는 민이 경작하는 것을 허락함
1. 신초량과 구초량에 사는 지역민들 나무를 하고 나물캔다고 왜관 안으로 들어오니
1. 한인閑人과 한인雜人의 왕래를 금지
1. 설문과 수문 사이에서 조선인과 일본인이 몰래 수작하면 왜방출입례倭房出入例보다 2등을 감하여 처벌
1. 조시 때 거래 물품 규제, 조시 상인에 수상한 자 섞이는 것 감시
1. 연향 때 출입하는 잡다한 명색의 사람들 조사

등이다. 위 내용에서 보면 그 전에는 개시일에는 동래상인이라고 불리던 특권상인만 출입하였는데 이제 잡상이라고 불리는 소상인小商人도 출입한다는 것이다. 또한 왜관 안에서 불법적으로 만나는 것은 잠상으로 간주되어 사형당하기 쉬우나 이때에는 일본인 방에서 밀수하는 것보다 2등급 낮은 벌에 처한다고 하였다. 그리고 왜관 주변에는 송림이 많기 때문에 나무를 하거나 나물 캐러 오는 조선인에 대해서는 앞으로 금지할 것을 알렸다. 그 외 한인閑人, 잡인雜人 등의 사람들의 존재는 왜관을 출입하는 사람들이 다양해지고 있음을 알리고 있다.

강경책으로 일관하던 국가의 지역민에 대한 지배는 왜관과의 교류가 일상화되고 확대되면서 변화되었다. 1607년 두모포왜관이 설치된 이후 1876년 초량왜관이 폐쇄될 때까지 지역의 왜관 교류는 지속되었

다. 경제적 이유, 생존의 이유 등 살아가는 방도를 왜관에서 찾았다. 수없이 '지배의 틀'에 부딪치면서 점점 왜관 교류를 일상적으로, 반복적으로 경험하였다. 법과 제도에 저항하는 지역민의 일탈은 '범죄'화 되었지만 일탈에 대한 국가의 대응은 점차 감형減刑, 완화되어 오히려 일상을 만들어 나가는 힘으로 작용하였다.

혼자만의 일탈이 아니라 지역민끼리 연대된 일탈이 많았다. 이는 지역 사회와 함께 하는 일탈이고, 이 안에는 일상이 공유되었던 것처럼 일탈이 공공의 묵인, 용인이 될 수 있어서 왜관 주변의 일상적 교류는 '다같이 하는 것'이 되고 위정자의 시선에서는 '다같이 범죄자'가 되는 길이기도 하였다. 또한 의도된 일탈이 성공적으로 수행되었다면 '다같이 성공적인 일탈'이며 이를 공유함으로서 다 같이 경험하고, 왜관 교류는 일상화가 될 수 있었다.

이상으로 지역민의 일상과 관련된 일탈을 몇 가지 사례로써 살펴보았다. 조선 후기 동래(부산)는 통제와 교류가 동시에 일어나던 지역이었다. 그러나 교류는 언제나 통제 아래에서 진행될 수 있는 것이었다. 두모포왜관 시기에 지역민의 일상을 통제하는 규정(약조)은 세 가지였다. 그러나 초량왜관 시기는 스무 가지 약조와 금조, 절목 등이 보인다. 초량왜관 존속기간이 두모포왜관보다 3배에 달하는 것도 있지만 지역민과 일본인과의 관계가 다양화되고 심화되면서 이와 같은 관계를 끊으려는 시도라고 보인다. 법과 제도를 통해 국가는 지역민의 일상을 균질하게 만들고, 일상이 일탈이 되지 못하도록 막았다. 그러나 지역민의 욕구와 일본인의 호기심은 일탈을 선동하였다. 애초 일탈을 막으려고 사형과 같은 가혹한 처벌을 내리지만, 일탈을 막지 못하고 오히려 일탈은 습관화되어 나갔다. 그러므로 지역민의 일탈을 방조할 수는 없었으므로, 이것을 포섭할 수 있는 수정된 법과 제도가 나오게 되기도 하였다. 통제의 틀로만 고정되게 움직일 것 같은 왜관 운영이 지역(민)과의 관계 속에서 조금씩 변화하는 양상이 나타났다.

5. 일탈을 넘어 새로운 일상으로

전근대 한국에서의 변경은 그야말로 국가와 국가, 국가와 자국인(지역인), 국가와 외국인, 자국인과 외국인과의 관계가 복잡하게 얽힌 곳이다. 국가와 지역민의 관계는 지배와 피지배의 관계, 혹은 포섭과 회유의 관계였으며, 자국인과 외국인은 때로는 갈등으로, 때로는 상호 교류로 이어져 왔다.

동래(부산)는 일본과의 전쟁이 발발하면 최전선이 되는 지역이었던 반면, 일본과의 교류가 진행되던 지역이었다. 방어와 소통이라는 완전히 다른 패러다임이 공존하는 지역이면서, 각각의 경계를 유지해 나가는, 긴장의 공간이었다. 동래(부산)를 끊임없이 자극하고, 지역민이 가진 욕구를 표출하고, 일본인의 호기심이 만나면서 상호 관심을 가지고, 관계를 만들어나가는 공간이 왜관이었다.

왜관에는 조선(동래)-일본(대마도)이라는 국제 관계 아래 각각의 질서와 관계가 다층적으로 얽혀 있었다. 이러한 관계들을 해소하고 정리하는 것이 약조, 금조이며 지역민의 일상까지 규제해 나갔다. 지역민은 공식적인 '규제' 아래에서는 일상을 제한 또는 지배받는 존재로 살아가야 했다. 통제 아래에서 진행되는 교류에는 많은 제약이 따랐다. 제한된 교류 속에서 일상적인 교류를 하고, 이는 곧 일탈을 할 수 있는 동기를 제공하였다. 일탈은 접촉, 교류로 발견되기도 하고, 살인 등 각종 범죄 사건으로도 나타났다. 혹은 지역민들은 고의로 일으키는 범죄가 아니라 교류를 한 것이지만 국가 권력에 의해 범죄로 규정되기도 하였다.

조선 후기 어디에도 없는 유일한 공간, 수백 년이라는 시간 속에서 특별하면서도 최소한의 틈새가 열려진 공간은, 지역민에게는 국가에 대해 지배 혹은 포섭이 되고 있는 일상을 깨뜨리는 '자극'으로 작용하였다. 국가에 포섭되는 것만이 일상을 유지하는 것은 아니고 새로운 일상을 만들어 나가는 것, 욕구를 함께 해소하는 것, 사는 방안을 찾아 나가는 연대가 생겨났다. 새로운 일상을 찾아가는 것이 일탈이고, 일탈적 행위는 '범죄'로 간주되었다. 이러한 범죄는 사회 구조 속에서 생겨나는 현상이 아니라 특이한 사람들의 도덕적 문제로 치부되어 풍속교화에 대한 필요성이 제기되기도 하였다.

일탈의 경험과 인식이 묵인・공유되는 것은 일탈이 더 이상 일탈이 아닌 것, 일탈이 일상화 되는 것, 일상으로 돌아갈 수 있도록 만드는 주체의 힘이었다. 이러한 힘은 일상 속에서 생성되고 재구성되고 재현되었다. '반복의 지속성과 시간성'으로 일상에서 생겨난 관계는 습관화되고 함께 공유되면서, 일정함을 유지한다. 일정함은 정체되고 이곳 그리고 저곳에 바로 살아갈 수 있도록 하는 생활의 방도가 된다. 그러므로 조선 후기 이곳 지역민의 일상은 법과 제도에 의해 제한되고 균질화 되도록 강요받았고, 또한 범죄자로 낙인찍히는 것을 면해야 하는 것이 당연한 일이었다. 그러나 지역민의 일상은 그들이 가진 역동성으로 스스로를 변화시킬 수 있을 뿐이었다. 이상과 같이 조선 후기 왜관 주변에 거주하는 지역민의 일상과 일탈 속에서 살펴볼 수 있는 지역사회에서의 무수한 관계망과 역동성은 반복되고 습관화되면서 로컬리티로 내재되었다.

참고문헌

『中宗實錄』, 『燕山君日記』, 『顯宗實錄』, 『肅宗實錄』

『經國大典』, 『續大典』, 『大典會通』, 『大明律直解』

權以鎭, 『有懷堂集』

『典客司別謄錄』, 『倭人求請謄錄』, 『邊例集要』, 『增正交隣志』

石幡貞, 『朝鮮歸好餘錄』, 日就社, 1878.

시볼트 폰, 柳尙熙 역, 『朝鮮見聞記』, 박영사, 1987.

김동철, 「『東萊府商賈案』을 통해서 본 19세기 후반의 東萊商人」, 『한일관계사연구』 창간호, 한일관계사학회, 1993.

______, 「17세기 일본과의 交易·交易品에 관한 연구－密貿易을 중심으로」, 『국사관논총』 61, 국사편찬위원회, 1995.

______, 「17~19세기 동래부 소통사의 편제와 대일활동」, 『지역과 역사』 17, 부경역사연구소, 2005.

______, 「조선후기 통제와 교류의 장소, 부산 왜관」, 『한일관계사연구』 37, 한일관계사학회, 2010.

손승철, 「〈倭人作拏謄錄〉을 통하여 본 倭館」, 『항도부산』 10, 부산직할시사편찬위원회, 1993.

양흥숙, 「17~18세기 譯官의 對日貿易」, 『지역과 역사』 5, 부경역사연구소, 1999.

______, 「조선후기 대일 접위관의 파견과 역할」, 『부대사학』 24, 부산대 사학회, 2000.

______, 「조선후기 東萊 지역과 지역민 동향－倭館 교류를 중심으로」, 부산대 박사논문, 2009.

______, 「조선후기 왜관 통제책과 동래 지역민의 대응」, 『역사와 세계』 37, 효원사학회, 2010.

이훈, 「1836년, 南膺中의 闌入사건 취급과 近世 倭館」, 『한일관계사연구』 21, 한일관계사학회, 2004.

장세룡, 「앙리 르페브르의 일상생활 비판－문화이론적 접근」, 『전남사학』 25, 전남사학회, 2005.

장순순, 「近世 東아시아 外國人 居住地의 특징」, 『전북사학』 27, 전북대 사학회, 2004.

부산박물관, 『반곡 이덕성, 강명과 풍력의 선비』, 부산박물관, 2009.
알프 뤼트케 외, 이동기 외역, 『일상사란 무엇인가』, 청년사, 2002.

환경(부)정의의 공간성과 스케일의 정치학*

밀양 송전탑 갈등 사건을 사례로

엄은희

〈그림 1〉 파열의 시작점[1]

* 이 글은 『공간과 사회』 제22권 4호(통권 42호), 2012에 게재된 논문을 수정한 것이다.

765 송전탑 막지 못하면[2]

이응로(시인)

전기 주전자로 커피를 끓이면서
텔레비전 켜 놓고 낄낄대면서
냉장고 문 열고 과일을 꺼내면서도
몰랐습니다.
우리 이웃 할아버지 할머니들이
전기 때문에, 송전탑 때문에
영하의 추위에 떨며
산에서 먹고 산에서 자는 줄은
정말 몰랐습니다.

밀양 땅 골짝골짝
765 송전탑 예순아홉 개나 서면
불 보듯 뻔한 전자파 위험 알면서도
내 집 앞으로 지나가지 않는다고
못 본 척했습니다. 바쁜 척했습니다.

새벽부터 밀고 들어오는
손자 같은 용역들

---

1 문규현 신부, 「이치우 선생은 차디찬 냉동고 안에서 마지막 저항과 호소를 하고 계십니다」, 『가톨릭뉴스 지금여기』, 2012.2.1(http://www.eco-catholic.ck/175).

2 이 시는 이응로 시인이 '765kv 송전탑 반대 故 이치우 열사 분신대책위 출범식'(2012.02.01)에서 낭송한 시의 전문이다.

자식 같은 공사 인부들에게
70, 80 어른들 짓밟히고 욕을 먹고
지옥 같은 전쟁이 벌어지는 줄 모르고
이쯤에서 해결이 되었겠지
뒷짐만 지고 있었습니다.

손톱 발톱 다 닳도록
평생 일구어온 논밭이, 늙은 몸뚱이 기댈 집이
송두리째 무너지는 줄도 모르고
무슨 대책이 있겠지 하며
남의 일 보듯 했습니다.

이치우 어르신 소식 듣고서야
이미 엎질러진 기름인데
아이쿠나 큰일이구나 했습니다.
산에 움막을 짓기 전부터
2005년 얼렁뚱땅 주민 설명회 때부터
2007년 12월 도지사의 우편물 받을 때부터
큰일은 이미 터졌던 것입니다.

새파랗게 젊은 것들이
살 날이 창창한 것들이
먼 산 보듯 할 때
시장이 국회의원이 관리들이
답을 찾지 못할 때

단장면, 산외면, 상동면, 부북면
70, 80 어르신들이
밀양을 지켰습니다.

765 송전탑 세워 놓고
어디 가서
아름다운 밀양, 돌아오는 밀양 내세우겠습니까?
살기 좋은 밀양, 맑고 깨끗한 밀양 자랑하겠습니까?

765 송전탑 막지 못하면
먼저 가신 어르신의 원한은
어찌하겠습니까?
가족들 찢어지는 가슴은
또 어찌하겠습니까?
마을 어르신들의 새까맣게 타버린 속은
누가 달래겠습니까?

765 송전탑 막지 못하면
어디 가서
밀양에 산다고 말할 수 있겠습니까?
누구에게 밀양을 사랑한다고
다짐할 수 있겠습니까?
765 송전탑 막지 못하면.

1. 한 노인의 분신과 두 방향의 자각

지난 1월 16일 밀양시 산외면 희곡리 보라마을에서 발생한 이치우 사건[3]은 여러모로 한국 사회에 충격적인 사건으로 기억되고 있다. 74세의 노인이 극단적인 선택을 했다는 것 자체도 놀라운 일이다. 하지만 그가 남겼다는 "오늘 내가 죽어야 문제가 해결되겠구나"라는 말에서 전해지는 고립과 절망은, 많은 사람들로 하여금 송전탑 / 선로를 둘러싼 밀양 지역에서의 갈등이 상당히 깊고 오래되었음을 깨닫게 만들었다.

이 사건은 두 가지 지점에서 세간의 주목을 받았다. 첫째, 주민들이 송전탑 건설에 대해 인지하기 시작했다고 주장되는 2005년(주민 설명회)을 기점으로 할 때, 밀양 지역에서 송전탑 갈등이 이미 7년이나 되었음에도 불구하고 그토록 오랫동안 대중의 관심사로 크게 부각되지 않았다는 점에 대한 시민들의 자각을 불러일으켰다. 1990년대 중반 이래로 송전탑과 송전선로 건설을 둘러싼 지역 갈등은 전국 각지에서 지속적으로 발생하였지만 대부분 지역적인 분쟁과 사안으로 멈춰버렸다. 정부에 의해 결정되고 추진되는 '공공의 이익을 구현하는' 국책사업이라는 국가 수준의 프레임은, '반체제적이다' 혹은 '지역이기주의NIMBY다'는 낙인과 함께 저항하는 주민들을 고립시키는 데 효과적이었기 때문이다.

개중에는 프레임 전환을 통해 선로변경이라는 한전의 양보를 얻어

---

3 한전의 밀양 송전탑 건설과 관련, 고 이치우 씨 유족이 반대주민들에게 제기한 '명칭사용금지' 가처분 신청(2012.9)에서 법원이 유족의 손을 들어주었다(2012.11.6). 이에 따라 '765kv 송전탑 건설반대대책위'와 '밀양시 4개면 주민대책위원회' 등 '반대주민'에게 '고 이치우 열사 분신 또는 사망'이라는 명칭을 사용할 수 없게 됐다. 따라서 이후에는 모두 '이치우 사건'으로 명명한다.

내었던 예외적인 사례나 계획 단계에서 송전선로 사업 계획이 일시 보류되는 등 가시적 변화를 낳은 개발 대 저항 진영 간의 합의가 없었던 것은 아니다. 하지만 국책사업이 주장하는 공공의 이익 대 지역이기주의라는 프레임하에서 지역민들의 저항의 결론은 국책사업에 대한 동의와 그에 따른 적절한(더 많은) 보상으로 귀결되는 경우가 다수였다. 대치의 국면에서 '전면 백지화'의 구호가 다수 등장하지만 대부분 수사적인 수준에 머물렀을 뿐 전면 백지화 자체의 가능성을 확신하고 이를 끝까지 밀고 가는 지역 세력은 많지 않았다.

두 번째는, 이 연구가 보다 주목하고 있는 관심의 방향은 이치우 사건을 계기로 송전탑과 핵발전을 연결시키는 관점이 개발되고 확산되고 있다는 점이다.[4] 2011년 3월 11일 후쿠시마 핵발전소 사고 이후, '핵발전의 역사는 이제 후쿠시마 이전과 이후로 나뉜다'는 주장이 제기될 만큼 한국 사회에서 핵발전에 대한 국민들의 인식은 현격히 달라졌다. 여전히 필요악으로 핵발전소의 불가피성을 강조하는 입장이 우세하지만, 후쿠시마 핵발전소 사고 이후 국내 핵발전소에서 터져 나오기 시작한 잦은 고장, 운영기관의 납품비리 사건, 직원 마약 투약 사건 등에 이르는 각종 문제들로 인해 핵발전에 대한 국민의 불안도 함께 높아져가고 있다.[5]

---

4 밀양 송전탑 투쟁에서 이러한 연결고리는 "송전탑은 핵발전소의 자식이다", "핵발전소가 없으면 송전탑도 없다"는 구호에서 집약적으로 표출되었다.

5 보수적 성향의 『동아일보』의 조사에서 원전의 필요성에 대한 국민 반응은 불필요 8.2%(2011) → 11.8(2012), 필요 72.5(2011) → 65.9(2012)로 나타났으며, 원전 추가건설 여부에 대해서는 줄여야한다는 의견이 늘려야 한다는 의견보다 두 배 가량 많았다. 김윤미, 「'후쿠시마 원전 쇼크 1년, 한국은…' 국민들 의식구조 어떻게 변했나」, 『동아일보』, 2012.3.8(http://news.donga.com/3/all/20120308/44600544/1). 현대경제연구원의 조사

그간 대부분의 지역 단위 송전선로 분쟁에서 주민들의 반론의 입장은 주로 자연환경보전 운동의 형식을 취해왔다. 송전탑과 송전선로를 전자파의 위해성이나 기후재난에 대한 취약성 등 자체의 환경적 문제점을 지닌 독립된 환경 위해 시설environmental 'bads'로 바라봤던 것이다. 그래서 대부분의 송전선로 반대 운동들은 생태계 내지 자연환경의 보전에 역점을 두며 진행되어 왔다. 하지만 다양한 환경적 가치(자연환경 훼손 방지, 생태 가치의 보전, 미래세대와의 형평성 등)를 옹호하는 입장은 개발의 경제적 가치에 비해 순진한naive 접근으로 폄하되었다. 나아가 개발계획 수용에 따른 경제적 보상이라는 목전의 경제적 이익이 가시화되는 시점이 되면, '백지화'를 전면에 내세우던 환경주의자들의 입지는 쉽게 무너져 내렸다. 그러나 2011년 후쿠시마 핵발전소 사고 이후 핵발전에 대한 사회적 인식의 변화라는 우연적 조건이 전제된 상황에서, 시골 지역의 주민 운동에 머물던 밀양 송전탑 분쟁은 기존의 송전탑 건설 사업과 핵발전소의 연관성을 주장하며 새로운 차원의 운동으로 진화되어 가고 있다.[6]

이 글에서는 2012년 1월 송전탑 건설에 반대하는 한 노인의 사건을 이 운동의 변화과정의 중요한 변곡점으로 주목한다. 이 죽음은 한편으로는 송전탑 건설을 포함하는 국책사업 추진의 일방성과 폭력성을 드러내는 파열의 순간이었으며, 다른 한편으로는 송전탑과 핵발전소의

결과에서도 국민의 46.1%가 보상이 있더라도 거주 지역 내 원전 건설은 반대한다는 조사결과를 발표했다고 전해진다.(『동아일보』, 2012.3.26)

6 물론 그렇다고 그 운동의 진행 과정이 순조롭다는 것을 의미하지는 않다. 갈등의 수위는 높고 해결의 가능성도 여전히 요원하다.

숨겨져 있던 고리가 가시화됨으로써 더 많은 세력들과의 연대의 공간을 창출하게 만들었다. 부연하자면, 이치우 사건은 언론과 대중들의 무관심 가운데 국책사업의 일방성과 폭력성에 온몸으로 저항하던 시골 노인들의 삶을 전면에 부상시켰다. 또한 송전선로 경과지 주민들과 밀양 지역 시민세력으로 구성된 '765kv 반대 故 이치우 열사 분신대책위원회(이하 대책위)'의 후속 활동들은 자기 지역의 이해관계를 넘어서 탈핵脫核과 '지금 이대로'의 원칙을 고수하며 급진적이고 보다 넓은 범위의 사회세력들과 결합하는 운동의 스케일 전환을 이루어냈다.

이 글에서는 구체적인 연구사례로 밀양의 이치우 사건을 계기로 가시화된 송전탑과 핵발전소의 연결고리를 연구의 초점으로 삼아 환경정의론의 공간성에 관한 지리학적 기여를 제언하고 탈핵 운동의 실천적의 함의를 제고하려는 목적을 가진다. 이를 위해 우선 기존의 환경정의 담론을 비판적으로 검토할 것이다. 한국에서 환경정의는 담론과 실천 양자 모두에서 일정한 한계를 지닌다. 이 글에서는 현실에서 행위주체들이 수행하는 운동의 역동성에 대한 관찰로 그 한계를 보완하고자 한다. 최근 정치지리학에서 주목하고 있는 '스케일의 정치학' 관련 연구들은 이를 위한 하나의 시사점을 제공해 줄 것으로 기대된다.

2. 환경정의, 사회 운동, 스케일의 정치학

1) 미국에서의 환경정의 – 운동, 담론, 제도화

환경정의의 아이디어는 1980년대 초반 독성폐기물 처분장의 입지 결정을 둘러싸고 유색인종 거주 지역을 토대로 출현한 미국의 풀뿌리 환경 운동에서 처음으로 제기되었다.[7] 초기 환경정의의 아이디어는 담론보다는 운동을 통해 발생하고 확산되어 왔다. 하지만 실천적 지향을 갖는 연구자들에 의해 이러한 사례들이 집중 조명을 받기 시작한 이래로 환경정의의 문제는 인권과 법학의 적용의 문제를 넘어서 철학 및 사회학과 지리학 등의 사회과학적 환경연구자들에 의해 학술적 담론의 장에서도 중요한 관심사로 대두되어 왔다.

담론의 차원에서 환경정의에 대한 가장 압축적인 환경정의에 대한 개념구성은 줄리안 어게먼의 것이 타당해 보인다. Agyeman[8]은 환경정의를 떠받치는 세 가지 기본 원리를 분배적 정의distributive justice, 절차적 정의procedural justice, 실질적 정의substantive justice의 세 가지 차원으로 구분하였다. 전통적인 사회 정의가 사회적으로 생산된 이익의 공정한 분배에 관심을 가졌다면, 환경정의는 환경 위험의 '사회적 부담'에 대

---

7 이념적인 측면에서 환경주의와 사회정의론(인종문제)이 결합된 환경정의론은 미국사회의 두 가지 오래된 운동의 흐름, 즉 환경 운동과 민권 운동이 합류함으로써 출현된 것이었다.(D. E. Newton, *Environmental Justice-A Reference Handbook*, Santa Barbbara : ABC-CLIO, Inc, 1996, p.15)

8 J. Agyeman, *Environmental Justice, Sustainable Communities and the Challenge of Environmental Justice*, New York : New York University Press, 2005.

해서도 관심을 갖는다. 이처럼 편익의 분배 뿐 아니라 위험의 사회적 부담에 대한 형평성을 강조하는 것이 분배적 정의이다. 절차적 정의는 환경 정책의 결정과 이행 과정에 민주적 참여, 특히 환경 위험을 과도하게 부담해온 사회적 집단의 참여가 보장되어야 한다는 것이며, 마지막으로 실질적 정의는 사회적 · 생물학적 차이에 무관하게 모든 사람들이 환경 위험으로부터 안전을 보장받아야 한다는 것을 강조한다.

환경정의를 타이틀로 삼고 있는 지리학 연구들은 주로 현실에서의 환경부정의 사례들에 주목해 왔다.[9] 환경정의론에 관심을 갖는 지리학자들은 이른바 'LULU 현상Locally Unwanted Land Use Syndrome', 다시 말해 지역주민이 반대하는 부동산 개발이나 각종 건설 프로젝트들이 지리적으로 불균등하게 분포하고 있음을 경험적으로 증명하는 다수의 사례연구들을 제공하였다. 이러한 연구들은, 주로 자신들의 거주지에서 환경적 위해의 분포와 집중의 문제를 환경부정의의 사례의 공간적 불균등을 통계적으로 증명하고, 이에 대한 담론화를 수행한다. 나아가 이러한 문제에 대응하며 정의에 원칙에 기초해 새로운 분배의 규칙을 주장하는 지역사회 풀뿌리 환경 운동에 대한 윤리적 옹호로 구성되어 있다. 여기서 풀뿌리 환경 운동이 구성하는 운동담론은 분배적 (부)정의 즉, 환경문제의 지리적 불균등성의 묘사와 분석, 나아가 문제에 대

9 R. Williams, "Environmental injustice in America and its politics of scale", *Political Geography* 18(1), 1999; D. Taylor, "The rise of the environmental justice paradigm : injustice framing and the social construction of environmental discourse", *American Behavioral Scientist* 43(4), 2000; H. Kurtz, "Scale frames and counter-scale frames : constructing the problem of environmental injustice", *Political Geography* 22, 2003; G. Towers, "Applying the political geography of scale : grassroots strategies and environmental justice", Professional *Geographer* 52(1), 2000.

한 비판과 이의 해결을 위한 생산적 혹은 절차적 정의에의 요구를 강조한다.

미국을 중심으로 진행되던 환경정의 운동과 환경정의 담론에 관한 연구는 1990년대에 접어들면서 두 차원에서 변화가 나타났다. 하나는 미국의 국경을 넘어서 환경정의론이 확산되기 시작한 것이다. 계기는 1991년 미국에서 개최된 '제1차 전국 유색인종 환경지도자 정상회의'다. 이 회의는 미국의 50개 주의 대표들 간의 정상회의의 형식을 취하였지만, 중남미와 아프리카의 제3세계 국가들의 대표단들도 다수 참석하게 되면서 환경정의론의 지리적 확산과 개념상의 확장을 가져온 것으로 평가된다.[10] 이 회의가 채택한 '환경정의의 원칙'은 보호받을 권리의 주체의 범주에 미국 내의 유색인종 외에도 생물종(일반), 개발도상국, 미래세대를 포함시킴으로써 환경정의의 개념적 / 지리적 확장을 가져온 것이다. 다른 하나는 1994년 클린턴 행정부하에서 행정명령executive order 12,898호를 통해 연방정부가 실현해야 할 하나의 목표이자 규범 중 하나로 환경정의의 제도화를 이루어 낸 점이다. 이 명령에 따라 미국 환경보호청 산하에는 환경정의사무소Office of Environmental Justice가 신설되었고, 이로써 미국에서 환경정의는 사회 운동과 학술적 담론을 넘어 정책적 과제로 제도화되는 계기가 마련되었다.[11]

10 E. L. Rhodes, *Environmental Justice in America-A New Paradigm*, Bloomington and Indianapolis : Indiana University Press, 2003.

11 이러한 제도화의 과정이 가져온 이로운 효과 못지않게, 환경정의 프레임의 급진성이 약화되고 풀뿌리 운동조직들과 환경단체들의 순치화 경향이 나타났다는 비판의 목소리도 존재한다.

2) 한국에서의 환경정의 – 담론과 실천의 간극

1990년대 후반 미국의 환경정의 운동이 소개된 이래로, 한국에서도 환경정의를 새로운 이념 혹은 활동 지침으로 수용하는 환경단체와 연구자들이 나타나기 시작하였다. 하지만 미국에서 환경정의 개념이나 담론의 확산이 법제도와 정책의 개혁을 통해 절차적・실질적인 수준으로 나아가기 위해 노력한 것과는 달리 한국에서 환경정의는 여전히 환경 운동 진영에서의 하나의 윤리적 지침 혹은 학계에서 담론에 대한 토론의 차원에 머물러 있다.

박재묵은 한국에서 이루어진 환경정의 연구를 세 가지 경향으로 구분한다. 첫째는 환경정의 운동과 환경정의 담론을 소개하고 규명하는 연구들이며, 둘째는 국내외적으로 발생하는 환경문제를 환경정의의 관점에서 조명하려는 연구이고, 마지막 세 번째 연구방향은 기존의 환경정의 담론을 비판적으로 성찰하면서 개념・담론의 보완 혹은 세련화를 추구하는 것이었다.[12] 첫 번째와 세 번째 방향은 환경정의의 담론에 연구들로 사실상 환경 운동계와 학계의 관심사에 머물 가능성이 높다. 두 번째 방향의 연구들은 환경정의를 일종의 분석과 평가의 렌즈로 활용한다는 점에서 환경정의의 개념・담론을 주어진 것으로 활용할 뿐이다.

이처럼 한국에서의 환경정의는 담론의 수준이든 운동이 수준에서든 미발전의 상태에 여전히 남아 있다. 한국에서 환경정의론은 담론적 / 개

---

12 박재묵, 「환경정의 개념의 한계와 대안적 개념화」, 『환경사회학연구(ECO)』 10(2), 2006, 77～78쪽.

념적 수준에 머물거나 환경현안에 대한 사후적 해석과 평가를 위한 기준으로는 사용될 수는 있겠으나 지금-여기(전국 각지)에서 벌어지고 있는 각종 환경현안들을 위한 실천적 함의를 제공하고 나아가 절차적 수준과 실질적 수준에서 환경정의를 실현하기 위한 정책적 과제의 도출에 이르기에는 여전히 부족하다. 물론 담론의 재구성을 넘어 '실천으로서의 환경정의'를 주장한 연구가 존재하기는 하지만(예컨대, 이상헌[13]과 조명래[14]의 연구), 이러한 제언은 현실의 환경정의 운동에 있어 지향태를 제시할 뿐이기 때문에 그 자체로 방법론적, 실천적 함의를 제공하기엔 한계가 있어 보인다.

3) 성공한 지역 운동, 유예된 실질적 환경정의

권위주의 정부하에서 '국책사업'의 이름으로 수행된 혐오시설과 기피시설의 입지에 대해 저항하는 자생적 지역 운동은 오랫동안 지역이기주의NIMBY(Not in My Backyard)로 치부되어 왔다. 서구에서 환경정의론의 대두는 이러한 지역의 환경 운동이 경제적 생산관계와 정치권력의 불평등에 다른 환경위험과 비용의 차별적 부담에 대한 정당한 저항으로 재해석될 수 있는 가능성을 열어주었다. 특정 지역 혹은 특정 사회계층에 속한 사회적 약자들이 다른 사람들의 행위의 결과로 양산된 환경위험에 노출되고 부담을 짊어지는 환경부정의의 구조적 측면에

13 이상헌, 「실천적 환경정의론을 위하여」, 『환경과 생명』 26, 1997.
14 조명래, 「환경정의론의 재조명 – 담론에서 실천으로」, 『환경과 생명』 26, 2000.

대해 환경정의적 접근이 새로운 시각을 제공해 주었기 때문이다. 나아가 이로써 현장성이 담보된 피해자 중심의 환경정의적 관점이 형성될 수 있었다.

현실에서 지역사회 풀뿌리 환경 운동이 성공한 운동으로 평가받는다는 것은 무엇을 의미할까? 송전탑 건설 분쟁으로 한정해 보자면, 1990년대 과천시 문원동을 기반으로 했던 '청계산 송전선로 분쟁'을 이끈 과천 지역의 생명 운동[15]은 비슷한 시기 다른 지역의 유사 분쟁들과는 달리 공기업 한전의 대폭양보를 끌어냈다는 점에서 성공한 운동으로 평가받는다. 청계산 송전선로 분쟁을 둘러싼 운동의 동학을 연구한 진위향[16]은 이 사례를 초기 주민들이 이익보호 차원에서 전개되었던 보수적인 주민 운동에서 정체성, 적대성, 전체성의 유의미한 의미구성을 통해 사회의 지배적인 문화모형을 바꾸려는 운동으로 승화되었다고 설명한다. 청계산 송전선로 분쟁은 성공한 운동으로서 지역사회의 정체성 형성과 차후 절차적 민주주의의 확보 등의 측면에서 이 지역사회에 추가적인 긍정적 변화도 가져온 것으로 평가된다.

이 운동을 촉발시킨 송전탑 건설 의제 자체는 초기 생명민회가 목표로 삼았던 송전선로 우회와 주민보상의 현실화의 수준에서 한전 측과 타협을 보는 선에서 마무리 되었다. 그러나 국책 사업으로서의 송전탑・선로 건설 사업은 오늘날에도 더욱 더 높은 고압선으로 교체되면

15 진위향(「지역생명운동의 의미구성과 사회적 행위자의 역할—청계산 송전선로 분쟁을 중심으로」, 성공회대 석사학위 청구논문, 2003)은 청계산 송전선로 분쟁은 다른 지역 운동과는 달리 전원개발 사업에 반대하는 환경 운동을 넘어 생명의 안전과 평화라는 '생명운동'의 단계로 발전한 드물게 성공한 운동으로 평가한다.

16 위의 글.

서 전자파에 대한 우려도 심화되었으며, 송전선로 설치의 지역적 범위도 전국적인 범위로 확대되어 왔다.[17] 이러한 집약화와 확산의 원인은 첫째, 기존 발전소가 위치한 곳에 건설용이성을 이유로 추가적인 발전소 건설이 집중되면서 발전소 입지가 단지화되었기 때문이며, 둘째, 이로써 전기를 생산하는 장소와 대규모 전기 소비가 집중되는 도시들 간의 공간적 불균등이 심화·확대되고 있기 때문이다. 이러한 점에서 지역사회에서 성공한 풀뿌리 환경 운동의 한 사례인 '청계산 송전선로 반대 운동'은 분배적 정의와 절차적 정의에서는 소기의 성과를 얻었을 수 있었지만, 전국적으로 확산되고 격화되고 있는 송전탑 건설 일반의 문제에 대한 근원적 갈등해결에 도움이 될 실질적 정의의 문제와는 무관하게 결론이 맺어졌다. 다시 말해, 지역단위에서 룰루LULU의 문제는 해결하였지만, 보다 넓은 차원의 니아비NIABY(Not in Anybody's Backyard)를 위한 대안에는 미치지 못하고 있는 것이다.

환경정의의 관점에서 봤을 때, 사회 운동이 해결하고자 하는 환경문제는 그 문제로 만들어지는 환경적 부담과 위기를 특정 지역이나 집단에서 다른 지역이나 집단으로, 현 세대에서 미래세대로, 더 넓게는 인간 종으로부터 다른 생물종에게로 전가하여 모면하는 방식으로는 해결되지 않는다. 롤스의 정의론에 근거한 사회정의의 핵심적 원리로서 (합리적 개인의) 권리에 기반한 분배적 정의와 절차적 정의의 요구만으

17 10여 년이 지난 후 2009년 당시 전국적으로 송전선로 및 변전소 건설을 둘러싼 갈등이 비화된 지역은 70여 곳이 넘어섰고, 관련 민원도 100여 건 이상 접수되었지만 대다수가 '전원개발촉진법'의 법적 테두리 내에서 민원 자체가 거부되는 비율이 상당히 높았다.(양현석, 「'TOPIC－전원설비갈등 '비등점'에 왔나' 송전탑 건설 반대 전국연합회 출범」, 『Electric Power』, 2009.4)

로 환경부정의가 해소되는 데는 많은 한계가 있다. 따라서 환경정의에서 실질적 정의에 이르는 길은 보다 거시적인 수준에서 환경 부담과 환경위기를 최소화하는 방식으로 사회구조 자체를 전환하려는 목표를 지향할 필요가 있다.[18]

4) 스케일의 정치학과 환경정의

> 지리적 스케일은 존재론적으로 주어지는 것이 아니라 사회적으로 구성된 개념이며, 만들어진 지리적 스케일은 그 자체로 **사회경제적 / 정치적 과정의 구조 안에서 의미를 획득한다.**[19]

1980년대 중반 이래로 서구의 비판적 지리학자들을 중심으로 스케일의 사회적 생산(혹은 구성) 및 다중스케일의 정치학을 강조하는 하나의 흐름이 형성되어 왔는데, 최근 한국에서도 사회-공간적 차원의 하나로 스케일에 대한 연구가 증가하고 있다.[20] 위의 인용문에서도 강조

---

18 윤순진, 「환경정의 관점에서 본 중·저준위 방사성폐기물처분장 입지 선정 과정」, 『환경사회학연구(ECO)』 10(1), 2006.

19 D. Delaney · H. Leitner, "The political construction of scale", *Political Geography* 16(2), 1997, p.93, 강조는 저자.

20 Y. T. Ryu, "The Politics of Scale-The Social and Political Construction of Geographical Scale in Korean Housing Politics", 『대한지리학회지』 42(5), 2007; 박배균, 「규모의 생산과 정치, 그리고 지구화」, 『공간과 사회』 16, 2001; 박배균, 「초국가적 이주와 정착을 바라보는 공간적 관점에 대한 연구-장소, 영역, 네트워크, 스케일의 4가지 공간적 차원을 중심으로」, 『한국지역지리학회지』 15(5), 2009; 박배균, 「발전주의 시기 국책사업을 매개로 한 국가와 지방 간의 상호작용에 관한 연구」, 『한국사회학회 사회학대회 논문집』, 2012; 정현주, 「사회운동의 공간성-사회운동연구에 있어서 지리학적 기여에 대한 탐색」, 『대한지리학회』 41(4), 2006; 정현주, 「이주, 젠더, 스케일-페미니스트 이주 연구의 새로운 지형과

되었듯, 이러한 연구에서 바라보는 스케일이란 존재론적으로 주어진 개념이 아니라 자연과 인문 현상을 아우르며 사건, 과정, 관계들이 발생하고, 펼쳐지며, 작동하는 공간적 범위이다. 따라서 스케일은 고정된 실체가 아니며, 식별 가능한 자연 혹은 인문현상의 작동범위는 현실에서의 정치, 경제, 사회문화적 과정을 통해 만들어지고 끊임없이 재편되는 과정을 거친다.

또한 현재 스케일의 정치학politics of scales의 관심사는 단순히 '스케일이 어떻게 생산되는가'라는 질문에 답하기보다 '생산된 스케일은 사회적 경합의 과정에서 어떻게 변화되는가?' 혹은 '다양한 스케일들 간의 상호 관계는 어떠한가?'와 같은 보다 근본적인 질문에 답하려는 학술적 노력을 경주한다. 스케일의 정치학의 역동성을 이해하기 위해서는 콕스가 제안한 의존의 공간space of dependence와 관계의 공간space of engagement의 구분이 유용하다. 콕스에 따르면, 의존의 공간은 사람들의 생활 공간, 즉 사람들이 물질적인 일상을 영위하기 위해 로컬화된(혹 고착화된) 사회관계의 범위를 의미하고, 관계의 공간은 로컬의 행위자들이 자신의 고착된 이해관계를 넘어서 원거리 타자들과 형성하는 사회적 네트워크의 공간적 범위를 의미한다. 여기서 스케일의 정치학은 특정 행위자가 의존의 공간과 관계의 공간을 넘나드는 전략적 혹은 의도적 행위에 의해 만들어지는 역학관계의 양상을 의미한다.[21]

쟁점」, 『대한지리학회지』 43(6), 2008. 스케일의 생산, 스케일의 구성, 사회-공간적 과정으로서의 스케일의 정치학에 관한 논의들은 시기적으로 구분되며 각각의 주장은 일정한 차별성을 지닌다. 스케일 관련 논의의 역사와 입장의 차이에 관한 보다 상세한 논의는 박경환, 「글로벌, 로컬, 스케일」, 『로컬리티 인문학』 5, 2011을 참고할 것.

21 콕스는 스케일의 정치학은 행위주체들의 전략적 혹은 의도적 실천에 따른 것일 수도 있

스케일은 실체에 대한 개념을 프레이밍하는 방식일 수 있다. 그래서 스케일의 정치학은 경쟁하는 '프레이밍들'의 형태를 띠곤 한다.[22] 예컨대 지역사회의 환경현안을 둘러싸고 경쟁하는 행위자들은 작동 스케일에서 헤게모니를 얻기 위해 담론적으로 물리적으로 충돌한다. 한편, 스케일을 둘러싼 싸움은 헤게모니 스케일의 선점에 관한 것일 수도 있지만, 경쟁자를 취약한 스케일에 가둬놓는 것도 하나의 전략으로 이해될 수 있다. 예컨대 기업이나 국가가 지역의 풀뿌리 운동를 비난하기 위해 주로 구사하는 NIMBY 공격은 자신들과는 달리 더 큰(혹은 중요한) 공공의 선에 관심 없는 자들로 만드는 매우 효과적인 스케일 전략이다. 이에 대항하여 소위 환경(정의) 활동가들이나 지역주민들 역시 스케일의 정치학을 수행한다. 이들은 자신들의 문제제기와 분노가 지역 안에 갇히는 것, 예컨대 NIMBY 현상으로 치부되는 것을 거부하며 지역의 환경위해는 더 넓은 공간 분포상의 일부로서 사회문제로 이해되는 것이기 때문에 그들의 분노는 정치적으로 공명할 수 있는resonant 사회적 분노라는 인식을 구성해 내려 노력한다.[23]

Williams[24]와 Towers[25]의 연구는 스케일의 정치학과 환경정의의 정치학의 상관성에 대한 유의미한 시사점을 제공해 준다. Williams는 스

지만, 행위자가 속한 사회관계를 통해 구성된 비의도적 결과에 의해서도 발생할 수 있음을 강조하였다. K. Cox, "Spaces of dependence, spaces of engagement and the politics of scale, or looking for local politics", *Political Geography* 17(1), 1998.

22 D. Delaney · H. Leitner, *op. cit.*, pp.94~95.

23 S. Sandweiss, "The social construction of environmental justice", in Camacho David(ed.), *Environmental injustices, political struggles*, *Durham,* NC : Duke University Press, 1998; H. Kurtz, op.cit., 2003.

24 R. Williams, op. cit.

25 G. Towers, op. cit.

케일의 정치는 기본적으로 "사회 문제의 스케일과 정치적 해결의 스케일 간의 상이함"[26]에서 유래한다고 주장하였다. 유사하게 Towers는 문제가 경험되고 정치적 담론의 틀이 형성되는 '의미화의 스케일scales of meaning'과 주로 원거리의 의사결정 기구들의 인식의 공간적 범주인 '규제의 스케일scales of regulation'을 구분하고 이 둘 스케일간의 긴장과 적대성을 스케일의 정치학으로 설명한다.[27]

대부분의 환경갈등에서 스케일의 정치학의 핵심에는 스스로를 상이한 공간 스케일에 인식론적으로 위치 짓거나 물리적으로 작동하는 행위자들과 제도화된 기구들의 담론과 실천에 따른 권력과 정당성의 구성manipulation이 존재한다.[28] 권력과 정당성은 물리적이면서 동시에 담론적이다. 따라서 환경갈등 상황에 놓인 행위자들은 수많은 협상과 투쟁에 참가하면서 권력과 정당성의 공간적 범위를 재구성하려 노력하며, 이들이 만들어 내는 스케일의 정치학은 매우 경합적인 과정으로 드러나게 된다.

이상의 스케일과 환경정의의 공간성 논의에 기초하여, 다음 절에서부터 송전탑 건설에 저항하는 주민들과 풀뿌리 환경그룹들의 자신들의 사회-공간적 차별성을 드러낸 담론의 과정과 이들이 펼치는 집단행동을 스케일의 정치학의 측면에서 묘사하고 해석하게 될 것이다.

---

26 R. Williams, op. cit., p.56.
27 G. Towers, op. cit., p.26.
28 H. Kurtz, op. cit., p.894.

3. 밀양송전탑 갈등의 개요와 전개과정

1) 765kv 신고리-북경남 송전선로 건설사업

산업자원부 고시와 경상남도 고시(2007)가 밝힌 '765kv 신고리-북경남 송전선로 건설사업'은 사업의 목적을 다음과 같이 밝히고 있다.

> 장기적인 전력수요 증가에 대비하여 현재 건설 중인 신고리 원자력 발전소의 발전전력을 전국 전력계통에 연결하여 대전력 수송체계를 구축하경남북부지역에 안정적인 전력을 공급하기 위해 전력설비를 확충하려함.

이 사업의 내용은 신고리 핵발전소 단지가 위치한 경북 울주군에서 기장군, 양산시, 밀양시를 거쳐 북경남변전소가 건설될 창녕까지, 총 길이 90.535km에 765kv급[29] 송전이 가능하도록 초고압선로와 선로를 지탱할 송전철탑 162기를 건설하고 각각을 연결하는 사업이다. 계획상의 사업 기간은 산업자원부의 실시계획이 승인된 2007년 11월을 기점으로 2011년 5월 완공을 목표로 하고 있었으나, 밀양시 4개 면 주민들과 다양한 시민세력의 반대로 완공이 지연되고 있다. 밀양시는 총 162기의 철탑 중 69개가 세워질 정도로 공사의 집중도가 높고 그만큼

29 765kv=765,000v(볼트). 154kv 송전선로의 약 18배, 345kv 송전선로의 약 5배의 전력수송력을 가진 고압선이다. 송전선로의 전압이 높을수록 자연적인 전력강압을 방지할 수 있는 장점이 있기는 하지만, 초고압선로일수록 전자파를 포함한 유해성에 대해 아직 충분한 연구가 이루어진 것은 아니다. 765kv급 송전시설은 용량을 지탱하기 위해 80~140m(평균 40층 규모의 아파트 높이)급 초대형 철탑구조물이 필요하며, 철탑과 철탑사이의 이격 거리는 지형조건에 따라 250m~500m 간격을 유지할 필요가 있다.

송전탑 건설을 위한 갈등이 악화되어 온 지역인데, 송전탑 건설예정지 지역이 산간 농촌 지역인 만큼 지역 주민들의 인구구성에서 노령층의 비중이 상대적으로 높다. 지역 주민들과 밀양시의 시민세력들은 2012년 1월 이치우 사건 이후로 송전탑 건설 '백지화' 주장을 다시금 제기하며 비타협적인 저항에 나서고 있다.

2) 사업 구간의 지리적 범위

위와 동일한 정부고시가 밝히고 있는 사업공구별 규모와 밀양시 지역의 편입위치 및 면적, 그리고 경과지를 표시한 지도는 다음과 같다.

〈표 1〉 공구별 시설규모

<table>
<tr><th>공구</th><th>구간</th><th>선로길이(km)</th><th>철탑수(기)</th><th>행정구역</th></tr>
<tr><td rowspan="2">1공구</td><td rowspan="2">발전소~36
(11-1, 34-1, 34-2, 34-3 포함)</td><td rowspan="2">20.576</td><td rowspan="2">39</td><td>울주군 5기
(No.1 ~3, 5, 6)</td></tr>
<tr><td>기장군 34기
(No.4, 7~35)</td></tr>
<tr><td>2공구</td><td>No.36~59</td><td>13,073</td><td>23</td><td rowspan="2">양산시 45기
(No.36~80)</td></tr>
<tr><td>3공구</td><td>No.59~87</td><td>15,512</td><td>28</td></tr>
<tr><td>4공구</td><td>No.87~112</td><td>14,715</td><td>25</td><td rowspan="3">밀양시 69기
(No.81~149)</td></tr>
<tr><td>5공구</td><td>No.112~136</td><td>14,322</td><td>24</td></tr>
<tr><td rowspan="2">6공구</td><td rowspan="2">No.136~변전소</td><td rowspan="2">12,337</td><td rowspan="2">23</td></tr>
<tr><td>창녕군 9기
(No.150~158)</td></tr>
<tr><td>합계</td><td></td><td>90.535</td><td>162</td><td>5개 시, 군</td></tr>
</table>

〈표 2〉 밀양시 지역 편입위치 및 면적

구분	편입지		계	위치(경과지)				
	필지	면적(㎡)		단장면	산외면	상동면	부북면	청도면
철탑수	90	30,005 (155명)	69기	20	7	17	7	18
선로길이 (선하지)	622	1,406,942 (579명)	39,157㎞	11,055	4,549	10,108	3,419	10,026

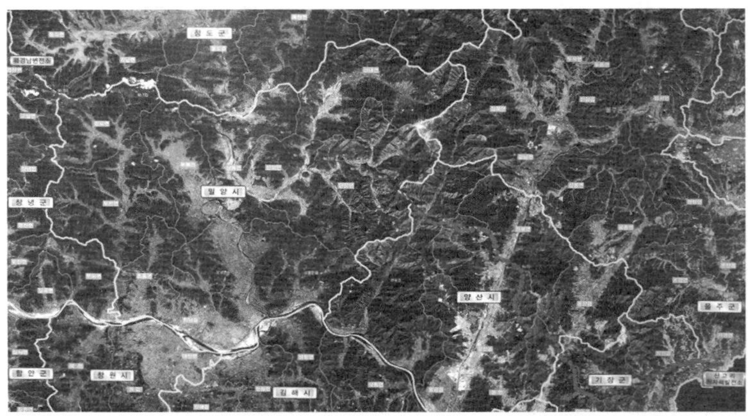

〈그림 2〉 765kv 신고리~북경남 송전선로의 범위[30]

3) 송전탑 건설을 둘러싼 갈등의 구조

국책사업이란 통상 일반적인 기업이 수행하기엔 어려움이 있지만 국민 일반의 이익('국익' 프레임)이 될 것으로 판단되는 정책 사업으로, 국가가 막대한 자금(세금)을 투여하여 장기적으로 운영해야 하는 기간

30 출처: 「765kv 신고리~북경남송전선로 건설구간」, 『연합뉴스』, 2012.7.3(http://www.yonhapnews.co.kr/).

산업 부문에서 주로 이루어진다. 하지만 국가의 자원배분과 정책결정은 정략적이든 정책적이든 일정한 지역 선택적 효과를 낳을 수밖에 없었다. 국가의 정책적 결정에 따라 특정 지역과 도시의 성장과 발전의 밑그림이 달라져 왔던 과거 정부들의 역사적 경험으로 인해 국가 개발사업을 둘러싼 지역 간 갈등도 심화되어 왔다.[31] 또한, 국책사업의 지역 간 갈등과 분쟁에 대한 연구한 우주호[32]는 갈등과 분쟁의 위계화를 시도한다. 그는 갈등conflict을 이해당사자 개인들 간의 심리적(외부화 되지 않은) · 사회적 의견불일치와 대립적인 상황으로 정의내린 후, 의견불일치의 강도에 따라 갈등의 하위개념들 간의 위계를 〈그림 3〉과 같이 설명한다. 사회적 문제화 단계issue는 자기 의견을 자율적으로 조정하는 단계, 분쟁dispute은 양립 불가능한 대립적인 견해가 존재하나 상호 조정과 타협이 이루어질 수 있는 단계, 마지막 난국impasse은 상호 간의 대립 격화로 당사자 간의 조정이나 타협이 불가능한 상태로 구분될 수 있다.

Concept of conflict

〈그림 3〉 갈등의 위계별 개념화[33]

31 박배균, 앞의 글, 2012.
32 우주호, 「국책사업의 지역 간 갈등과 분쟁, 그리고 극복 대안의 구상」, 『한국지방정부학회 학술대회발표집』, 한국지방정부학회, 2011.

최근 들어 국책사업 추진 과정에서 발생하는 다종 다기한 갈등들이 사회적 문제화 단계를 넘어서 타협이 불가능한 격화된 대립의 상태가 지속되는 난국의 상황에 봉착한 채 진행도 해결도 어려운 상황이 증가하고 있다. 과거 권위주의 정부 시절엔 국가에 의해 국가적 이익 혹은 공익公益으로 결정된 것은 구체적인 내용을 따질 필요도 없이 복종해야 하는 것으로 이해되었다. 국익은 곧 권위적 개념으로 이해되면서 "국가 이데올로기 관철의 유용한 도구"로 기능해 온 것이다. 하지만 공익이란 강력한 주술이 군사정권 시절에만 국한된 것은 아니다. 소위 민주정부 시대에도 공익이란 이름의 거대한 국책사업을 둘러싸고 사업지 주민들과 국가 간의 갈등은 심화되어 왔다. 정부는 정책 결정과 시행의 과정의 절차적 정의를 법률화하는 등의 노력을 기울여 왔지만, 이미 결정된 결과가 번복되는 일은 드물었다. 이에 갈등의 주체들은 절차상의 노력에 승복하기보다 갈등 상황을 유지, 심화시키는 경우가 점차 늘어만 갔다.

이경원・김정화[34]은 공공갈등에서 주요한 논쟁의 원인이 되는 공익에 대한 재검토를 시도한다. 이들은 공익의 판단에 있어서 정부의 정책결정 과정process와 이미 결정된 정책의 정당성justification을 구분한다. 정당성은 어떠한 관점에 대해 설득력 있는 논거(논증)의 제시를 포함해야 하는데, 여기서 논증은 상대방에 의해 받아들여 질 수 있는 그야말로 합당한 이유reasonable reason를 의미한다. 하지만 최근 갈등을

33 위의 글, 331쪽.
34 이경원・김정화, 「공공갈등과 공익의 재검토―제주해군기지 건설 사례」, 『경제와 사회』 89, 2011.

겪고 있는 다수의 국책사업 – 예컨대, 4대강, FTA, 민영화, 핵 발전소 확대, 제주 해군기지, 송전탑 문제 등 – 에 있어 정부(중앙 및 지방 혹은 개별 부처)는 여전히 국책 사업이라는 이유로 주민들을 설득, 정당성을 확보하는 데 적극적이지 않았다. 이런 점에서 정부가 정책 결정에 정당한 근거를 제시하지 못 하는(혹은 안 하는) 가운데 공공갈등의 단초를 스스로 제공하고 있다고 볼 수 있다.

송전탑 문제로 한정하면, 전력의 안정적 공급이라는 공익이라는 프레임으로는 설득되지 않는 송전선로 경과지의 주민들에게도 승복을 불가능하게 만드는 합리적인 이유가 존재한다. 이를 정리하면 그 논점은 크게 다음의 세 가지이다.[35]

〈표 3〉 송전탑 건설을 둘러싼 갈등의 구조

정부(한전, 산업자원부 장관)	지역주민, 환경단체
안전한 전력공급이라는 공익[36] 생활수준 향상에 따른 전력수요의 증가는 필연적 기투자된 수천억의 사업비라는 매몰비용 전기요금 인상으로 주민혈세 가중 법률에 의거한 정당한 절차의 준수 전원개발과 전력공급은 국가적 책무	안정성이 검증되지 않은 전자파 등의 위해성 현실적이지 못한 보상의 범위와 수준 지역경관의 파괴 생활양식의 강제적 변화 유발 법률 자체의 권위주의적 속성 및 폭력적 집행과정 중앙화된 공급중심 에너지 정책이 지닌 분배적·절차적 측면의 부정의

첫째, 잠재적 환경 위해로서의 송전탑이 가진 안정성 논란이다. 고압송전선로에서 발생하는 전자파의 안전성에 관한 논란은 수많은 국

35 이하의 쟁점들은 송전선로 건설에 관한 쟁점은 2009년 7월에 개최된 국회토론회(송전탑 변전소 건설반대 전국연합, 녹색연합, 조승수 의원실 공동주최) '한전 송전탑 건설, 이대로 좋은가?'의 논의 내용을 중심으로 정리한 것임. 송전탑 건설을 둘러싼 지역 간 갈등이 '비등점'에 이른 시기라 할 수 있다. 당시 345kv 및 765kv 특고압 송전선로와 송전탑 건설로 인한 갈등은 경남 밀양을 비롯하여 전국적으로 총 8개 지역에서 심화되고 있었다.(양현석, 앞의 글)

36 '대안 없는 지역이기주의로 공익사업이 지연돼서는 곤란하다'는 강력한 프레임을 구성한다.

내외의 역학조사에도 불구하고 아직까지 결론이 나지 않은 상태이다. 국제건강기구(WHO), 스위스, 네덜란드 등 일부 국가에서는 전자파에 대한 제도적 유해성을 인정하고 있으나 한국에서는 과학적 사실을 둘러싼 논쟁은 여전히 짙은 안개 속에 파묻혀있다. 전자파와 어린이 백혈병 발생증가와의 관련성에 대해서는 합의가 이루어지고 있지만, 다른 질병에 대해서는 '관련성을 부인할 수는 없지만 연구가 부족하다'는 것이 정부(한전) 측의 공식 주장이다. 이에 대해 송전선로 건설에 반대하는 지역주민들은 환경단체들의 지원에 힘입어 사전예방의 원칙을 강조한다. 즉 과학적으로 전자파의 인체무해성이 입증되기 전까지 잠재적인 건강상의 문제를 최소화기하기 위해 피해방지를 위한 조처가 필요하다는 주장으로 입장이 대별되고 있다.

둘째, 송전선로 건설사업이 터하고 있는 '전원개발촉진법'의 절차와 형식을 둘러싼 쟁점이 존재한다. 송전탑 갈등의 배경에는 2005년 국회에서 개정된 '전원개발촉진법'이 존재한다. 이 법에 따르면 토지소유자가 원하지 않아도 전원개발사업으로 지정되면 토지에 대한 강제수용이 가능하다. 땅을 팔지 않겠다는 주민들을 직접 상대하는 대신 한전은 법원에 공탁금을 걸어놓고, 땅 주인을 채무자로 만들어 버릴 수 있다. 주민들뿐만이 아니다 전원개발촉진법은 광역 시도지사의 의견만으로 승인되는 절차상의 문제를 지니고 있는 까닭에, 시장이나 군수 등 하위 지방자치단체장의 인허가 권한이 쉽사리 무력화되는 형식상의 한계를 지니고 있다. '전원개발촉진법'의 이와 같은 무소불위의 권한의 유래를 찾다보면, 박정희 정권이 전력수급 목표를 달성하기 위해 제정한 전원개발특례법(1978년 제정, 1979년 발효)까지 거슬러 가게 된다.[37] 최초의 전원개발특례법은 송전탑을 건설할 때 당시 동력자원부(현재의 지식경제부)의 건설계획 승인을 받으면 사업추진에 필요한 21개 법률 40여개 인・허가를 취득한 것으로 인정하고, 토지를 수용할 수 있는 조항이 포함되어 있다. 이 법은 2005년 일부개정을 통해 전원개발촉진법으로 이름이 바뀌었지만 전력공급을 명분으로 지역주민들의 의사수렴과 지방자치단체의 정당한 민주적 절차의 진행 자체를 봉쇄하는 특성은 유지되고 있다.

내용적인 측면에서도 송전선로 건설사업은 노선결정에 대한 규정이 없다는 점 그리고 모든 개발사업에 수행되어야 하는 사전환경영향성평가에서 전자파에 대한 항목이 부재하다는 점에서 중요한 법률적 공백이 존재한다는 비판을 받고 있다. 전자의 문제는 대부분의 토지 소유자나 인근 주민이 송전선로 사업을 인지하는 시점이 노선결정이 확정된 이후라는 점에서 문제를 일으킬 소지를 내재한다. 노선 결정 이후에는 주민들이 의견을 제시하더라도 추가적인 민원 발생의 우려와 공사비 증액을 이유로 정부 정책의 변화를 가져오는 것이 현실적으로 불가능해 지기 때문이다. 후자와 관련해서는 전자파의 가능한 위해성을 저감하기 위한 조처들을 절차 내에서 수행할 수 없기 때문에, 당사자인 주민들의 즉각적인 우려와 반발이 발생하는 것은 그네들의 입장에서는 합리적인 대응일 수밖에 없다는 점에서 분쟁의 단계를 난국의 상황으로 이끌게 된다.[38]

---

37 이유진, 「원자력이 사회에 미치는 영향과 갈등해소를 위한 과제」, 『기독교 사상』 639, 2012.

38 나아가 2009년 1월에는 법안의 일부 개정을 통해 '방사성 폐기물 관리사업자'까지 전원사업자에 포함되면서, 방사성폐기물 관리시설 역시 주민 동의 없이 건설이 가능해짐에 따라 이 법안을 둘러싼 갈등은 앞으로도 더욱 비화될 가능성을 안게 되었다.

마지막으로 송전탑은 왜 계속 늘어만 가는가라는 보다 근원적인 문제를 짚어볼 필요가 있겠다. 송전탑 갈등의 이해당사자인 주민들 사이에서 최근 들어 "송전탑 문제를 따라가다 보니 거기에 핵 발전소가 있다"는 깨달음이 확산되고 있다. 한국의 에너지 정책은 수요관리를 위한 정책은 부재한 채 중앙화 된 공급중심의 에너지 계획이 강하게 고착되어 있다. 이러한 에너지 계획은 단지화 된 대형 핵발전소와 화력발전소 중심의 에너지 생산 체계와 거미줄처럼 전국을 연결하는 초고압 송전설비를 갖춘 장거리 공급체계로 구성되어 있다.

이처럼 전력의 생산과 소비의 분리와 집중 그리고 장거리 수송은 다수의 문제점과 지역 갈등의 소지를 안고 있다. 서두에서도 말했듯이 그간 위험하지만 '어쩔 수 없는 대안'으로 인정되던 핵발전소에 대한 입장은 2011년 후쿠시마 핵발전소 사고 이후로 현격하게 변화되고 있다. 값싸고 안전한 핵발전소라는 등식이 의심받는 시대에 '핵 마피아'라는 별칭을 얻을 만큼 불투명하고 권위주의적으로 운영되던 핵발전소의 이면에 대한 시민들의 의구심은 날로 증폭되어가고 있다. 여전히 전력개발과 공급의 국가적 책무성을 주장하는 입장 대 대량으로 전력을 생산하고 원거리 송전하는 지금의 방식 대신 탈핵과 지역에너지로의 전환을 주장하는 입장 간의 대립은 앞으로도 상당 기간 한국 사회에서 지속될 것이 자명해 보인다.

4) 북경남 송전선로 건설을 둘러싼 주요 사건일지

① 계획 단계(1990~2005)

북경남 송전선로는 고리 및 신고리의 핵발전소 단지에서 생산된 전력을 경남 및 수도권으로 전송하기 위한 송전시설로 최초 계획되었다. 이 사업의 최초 입안은 아래의 사건 일지에서도 살펴 볼 수 있듯 1990년대 말에 이미 수립되었다. 송전선로 설치계획은 절대적으로 전력 생산의 밀집과 대단지화와 연동된 사업으로, 신규 핵발전소의 건설이 계획되는 과정에서 함께 수립된다. 이러한 과정은 Towers[39]가 지적한 '규제의 스케일'이 작동하는 단계라 할 수 있다. 이 시기 동안 송전선로의 건설에 관한 일체의 계획은 원거리 의사결정 기구(이 경우엔 공기업 한전)에 의해 전적으로 결정되며, 나아가 한국 사회에서는 '전원개발특례법'이란 제도적 장치에 의해 사업이 실시될 해당 지역의 의견을 수렴하게 되는 통로는 존재하지 않았다. 또한 1990년대 말, 2000년, 2001년에 수립된 각각의 송전계획이 상이함에도 불구하고 이러한 변경 과정에 대해서도 특별한 해명과 변경의 사유를 찾아보기 어렵다.

〈표 4〉 계획단계 주요 사건일지

일시	내용	비고
1990년대 말	신고리 원전에서 서경북~신충북 송전계획 수립	
2000년 경	북경남~서경북~신충북으로 송전계획 변경	
2001.5	한전 765kv 신고리~북경남 송전선로 경과지 및 변전소 부지 선정을 위한 환경영향평가 용역 착수	

39 G. Towers, op. cit.

2002.9	경과지 선정 완료	
2003.3	한전, 경과지 지자체에 대한 의견조회 완료	
2003.10	송전선로 경과지 확정	
2004.3	경과지에 대한 측량 및 철탑 자재 운반계획 수립	(1년간 진행)

② 주민 운동의 출현과 각종 동원의 시기(2005~2010)

밀양 대책위 주민들의 증언에 따르면, 송전선로 건설 사업에 대한 최초의 인지의 시점은 한전에 의한 경과지 면별 주민설명회가 열린 2005년 여름이었다. 이 사업의 최초 수립 시점과 비교할 때 5~6년이 경과한 후이며, 이미 경과지 확정 및 경과지에 대한 환경영향평가가 완료된 이후의 시점임을 알 수 있다. 이러한 사업 계획이 공개되자 시 정부와 시의회 그리고 밀양 시내와 경과지를 포괄하는 밀양시민에서 모두가 반대의견을 표명하였으며, 석 달 후 상동면 주민들의 시위를 시점으로 최초의 주민직접행동이 등장하게 되었다.

이후 밀양에서 펼쳐진 스케일의 정치학은 크게 세 방향에서 의존의 공간을 넘어선 관계의 공간을 창출하는 형태로 진행되었다. 첫 번째 출현하게 된 관계의 공간은 밀양이란 공간성을 확대하며 동원의 범위를 확대되는 형태이다. 최초에 직접적인 이해당사자인 경과지 주민들에 의해 직접행동(상동면민 한전 앞 시위, 2005)이 이루어진 이후, 지방정부와 의회 및 밀양시를 대표하는 각종 단체들이 결합하여 밀양시 행정구역 전역을 공간적 범주로 하는 '765kv 북경남 송전 백지화 투쟁 밀양대책위'(2005)가 구성된 것이다. 수 년에 걸쳐 다양한 반대 운동을 전개하던 시 수준의 대책위는 출향인사를 포함한 상상의 공동체로서 '범밀양

시민연대'(2009)를 구성함으로써 밀양의 공간성을 확장하고, 행정구역으로서의 지역을 넘어서려는 활동을 전개하였다. 이 단계에서 대책위와 시의회는 산업자원부에 '지자체의 의견을 수렴하라', '기존노선 증설 등 대체노선을 개발하라'고 요구한 반면 산업자원부는 '한전은 승인을 위한 모든 절차를 다 밟았다', '백지화는 어렵다,' '밀양시민이 다 반대하면 고려하겠다'는 입장으로 맞서고 있었다. 2007년에 이미 지역주민 대 산업자원부 사이의 갈등의 국면은 이슈의 단계에서 분쟁의 단계로 넘어서고 있었다.

지역주민들만의 저항이 한계에 부딪치게 되자 두 번째로 출현한 관계의 공간은 해당 지역의 행정단위를 넘어서 전국 차원의 환경단체들(환경운동연합, 녹색연합 등)의 지원을 얻기 위해 협력관계를 맺거나 유사한 갈등을 겪고 있는 지역들을 중심으로 '송전탑 건설 반대 전국연합회'(2009)를 결성한 것에서 찾아볼 수 있다.[40] 2009년 당시 전국적으로 70여 곳이 넘는 지역에서 송전탑 건설을 둘러싼 갈등이 진행된 것으로 알려진다. 하지만 이에 대한 대중과 여론의 인식은 기이할 정도로 낮은 수준에 머물렀다. '공공 이익'을 앞세운 대부분의 대형 토건사업은 비용편익분석과 법률에 따른 절차와 과정에 따라 추진되었고 따라서, 지역주민들이 주장하는 송전탑 건설의 각종 문제점들 – 전자파의 위해성, 기후재난의 취약성, 보상의 현실성 부족, 재산가치 하락 – '국책사업론'에 밀려 힘을 잃는 경우가 대부분이었다.[41]

---

40 당시 345kv 및 765kv 특고압 송전선로 및 송전탑 건설로 갈등이 발생한 경기도 광주, 경기도 가평, 경남 밀양 및 창녕, 충남 당진, 전남 진도군 등이 이 연대체 결성에 참여하였다.

41 전재경, 『국책사업의 친환경성 담보전략』, 『한국환경보고서』, 녹색연합, 2003.

세 번째 형태로 등장한 관계의 공간은 운동 진영이 아니라 공공사업의 행위자agency로서 중앙정부가 지역을 대상으로 수행한 다소 상이한 형태로 스케일의 정치학이 발현된 사례이다. 바로 2008년 이명박 정부에 의해 설치된 국민권익위원회의 중재활동이 그것이다. 한전의 요청에 따라 중앙정부(산업자원부 고시, 2007)와 도 정부(경상남도 공고, 2007)의 공사 결정이 내려졌음에도 불구하고, 밀양시정부 및 밀양시민들의 저항이 격렬해지자 국민권익위원회가 최초로 갈등조정위원회를 구성하여 공사를 중단한 채 약 8개월에 걸쳐 보상의 현실화와 각종 제도 개선을 위한 제언과 중재의 노력을 기울인 것이다. 이는 중앙정부 차원에서도 전원개발특례법의 한계를 인정하고, 지역주민들과 협상을 위한 추가적인 노력을 수행한 것으로 평가해 볼 수 있다.

하지만 민주정부 이래로 가시적으로 보완되어 온 이와 같은 절차적 개입의 노력에도 불구하고, 지역주민들에게 설득하기 위한 논리의 제시에는 이르지 못했다. 오히려 절차를 통한 국가 폭력의 집행의 가능성을 열어준 것이라는 비판을 증폭시킨 측면도 간과하기 어렵다. 국민권익위원회의 중재에 대한 한전과 밀양시의 상이한 해석이 있었음에도 불구하고, 결과 발표 1달 후 공사 재개가 선언되었기 때문이다. 이후 밀양대책위 출범 이후 시민과 주민들의 편에 서서 송전탑 건설을 반대해 오던 밀양시장이 '토지수용재결을 위한 열람 공고'(2010.10) 명령[42]이 이어진 후 시 차원의 대책위의 역할은 사실상 종결되었다.

---

42 토지수용 재결을 위한 열람 공고는 해당 지자체장의 고유 권한이기는 하나, 시의회와의 사전협의 없이 시장의 전격 열람 공고를 함으로써 주민들의 반발을 자초함. 며칠 후 주민대표와의 간담회 장에서 밀양시장은 한전 측에서 토지수용재결 신청서 공고열람을 장기

〈표 5〉 동원기 주요 사건일지

일시	내용	비고
2005.8	한전 밀양시 경과지 면별 주민설명회 개최 시장, 주민, 시의회 모두 반대의견 표출	5개면 주민이 사업을 최초 인식한 시점
2005.11	상동면 주민들의 한전밀양지점 앞 시위	최초의 주민직접행동
2006.4	765kv 북경남 송전 백지화투쟁 밀양대책위 구성	
2007.7	밀양시의회, 765kv 북경남 원천 백지화 대정부 건의	
2007.8	대책위와 시의회 산업자원부 항의방문	국익(절차) vs. 백지화 프레임 형성
2007.10	환경운동연합 주최 국회포럼에 대책위 참가	
2007.11	한전의 요청에 따라 산업자원부의 사업승인	산업자원부 고시 제 2007-138호
2007.12	경상남도, 전원개발사업 실시계획 승인사항 공고	
2008	765kv 북경남백지화투쟁 밀양시대책위의 활동 활발	밀양시민대회, 상경시위 등
2009.3	송전탑 건설 반대 전국연합회 출범	
2009.7	한전 송전탑 건설 관련 국회토론회	송전탑반대 전국연합, 조승수 의원실, 녹색연합
2009.8	한전의 공사 개시 및 벌목장에서 시공사와 주민 대치	
2009.9	국토를 사랑하는 범밀양시민연대 출범 및 활동	출향인사 포함, 공사장 대치, 릴레이단식, 서명작업 등
2009.11	국민권익위 중재로 갈등조정위원회 구성	최초의 사례
2010.7	갈등조정위원회 결과보고대회	
2010.8	한전 공사시작 선언	
2010.10	밀양창녕시민연대, 한전규탄 기자회견 중 '초전도케이블 설치'를 중심으로 한 대안제시	
2010.10	밀양시장에 의한 '토지수용재결을 위한 열람 공고'	보상비 공탁 및 토지 강제수용을 위한 필수절차

간 보류해 송전선로 공사가 지연된 것을 이유로 밀양시와 창녕군을 상대로 직무유기에 따른 손해배상 소송을 제기할 것을 선언했다는 점에서 공고의 불가피성을 호소하였다.

③ 공사개시와 고립된 주민 운동

밀양시장에 의한 '토지수용재결을 위한 열람 공고'는 법률적 절차 안에서 가능했던 시 정부의 지원과 시민들의 저항을 종결짓게 만드는 마지막 결정이었다. 공고 이후에는 한전이 책정한 보상비의 법정 공탁과 송전탑 건설지 및 선하부지에 대한 강제수용 절차가 가능해지기 때문이다. 이로서 송전탑 건설 현장에서의 대치 국면은 직접적인 이해당사자로서의 지역주민과 이들을 지원하는 일부 종교단체 대 한전과 건설사 간의 갈등으로 전면화되었다.

〈표 6〉 고립된 주민 운동기 주요 사건일지

일시	내용	비고
2010. 12	현장사무소 설치 및 시공사에 의한 용역동원	
2010. 12	신고리 1호기 준공	
2011. 1	구제역 파동 중 측량 등의 공사일정 진행에 따른 갈등 점화	
2011.2	토지수용 재결 보류 시민청원서 중앙토지수용위원회에 제출	시민 3만 명 서명참여
2011.4	가톨릭 교회와 시민들, 공사중단 촉구 미사 봉헌	장단면 현장
2011.4	송전탑 공사 중단 촉구 불교법회	시청앞
2011.4	한전, 직간접 피해보상은 '제도개선추진위'의 결정에 따르고, 피해액에 상응하는 지역지원사업비로 보상일부 보전을 제안	
2011.11	5개면 철탑공사 재개	
2011.11	산외면 공사현장 여스님 폭행사건 발생	
2011.12	신고리 2호기 준공	

4. 분신 사건과 탈핵 운동으로의 전환

〈표 7〉 분신 사건 이후 주요 사건일지

일시	내용	비고
2012.1	산외면 희곡리 이치우 사건 발생	
	밀양시 영남루 앞 분신대책위 주관 촛불집회 시작	(매주 수요일 정례화)
2012.2	765kv 송전탑 반대 故 이치우 열사 분신대책위 출범	
	여야의원 11명 '전원개발촉진법' 개정안 제출	
	765kv 분신사태의 정의로운 해결 촉구 미사 봉헌	(매주 금요일 정례화)
2012.3	이치우 씨 가족장 거행(장례 후 90일간 공사중단 합의)	
	1차 탈핵희망버스(3.17~3.18)	밀양 중심
2012.4	부산기장군청 앞 고리 1호기 폐쇄를 위한 기자회견 및 농성	
	2차 탈핵희망버스(4.28~4.29)	기장과 밀양 공동행사
2012.5	경과지 주민 간담회 및 국가인권위 진정을 위한 피해조사	
	야당 국회의원 초선당선자 밀양 현장 방문	
2012.6	한전 공사재개 선언[43]	
	대학생 100여 명 초록농활 실시	수도권 및 부산권 대학생
	한전, 주민상대 공사방해금지 가처분 신청 및 민사상 손배 소송 제기	주민 7인에게 1일당 100만 원
	신고리원전 5~6호기 주민공청회 참여	
2012.7	한전, 주민 3인에게 120억 손배소 제기	
	시공사, 공사재개를 위해 헬기로 장비와 자재 투입 실시	
	제3차 탈핵희망버스(7.14~7.15)	강원 삼척, 경북 영덕
	밀양 765kv 송전탑 피해자 국회 증언대회(7.23)	
	여야국회의원 전원개발촉진법 개정안 재발의[44]	
2012.10	국정감사 중, 김제남 의원실 765kv에 대한 대안 제시	365kv 회선 증가 및 지중화
	핵 없는 사회를 위한 공동행동의 날(10.20)	서울 청계광장
2012.11	제 4차 탈핵희망버스(11.17~11.18)	경남 월성 밀양, 경북 청도

2012년 1월 이치우 사건은 대립의 격화로 교착상태로 얼어붙은 밀양의 송전탑 갈등에 파열의 계기를 마련한 '주요한 사건critical event'로 해석되어야 한다. 74세의 노인이 자신의 몸을 던져 만들어 낸 파열구가 지역 주민들과 이들에게 심정적인 채무를 느끼고 있던 환경과 종교계 및 다수의 시민들 사이에서 '새로운 의미 구성'의 계기를 제공한 것이다. 고인의 죽음 이후 출범한 '대책위'의 이계삼 사무국장은 한 인터넷 매체에 기고한 글[45]을 통해 2012년 1월 16일 벌어진 참혹한 사건의 엄중함이 자신을 이 싸움의 중심으로 "불러들였다招待"다고 고백한다. (모두는 아니지만 일반) 지역민들에게도 마찬가지의 변화가 나타났다. 극보수의 도시라 할 수 있는 밀양에서 '핵발전소 반대', '살인마 한전', '이치우 열사'라는 문구가 적힌 선전물을 손에 쥔 채 60~80대 노인들이 앞장 서 도로를 점거하고 가두 행진을 하는 낯선 광경이 펼쳐진 것이다. 이 죽음에 채무감을 느낀 시민들은 '탈핵 희망버스'에 몸을 싣고 밀양으로 향했고, 이어서 유사한 싸움을 전개하고 있는 기장군 정관을 거쳐, 신규 핵발전소 단지 후보지로 발표된 삼척과 영덕으로 향하기도 했다. 분신 사건의 파고는 밀양이라는 지역의 경계를 넘어서 – 비록 그 양상과 효과는 불균등하고 이질적이기는 하지만 – 전국적인 이슈로서 이제 새롭게 명명되고 구성되어야 할 의미의 프레임을 필요로 하

---

43 강태봉, 「밀양 송전탑 갈등 또다시 원점으로…」, 『부산일보』, 2012.6.14 (http://news20.busan.com/controller/newsController.jsp?newsId =20120614000112)

44 핵심내용은 토지소유자의 3분의 2의 동의 확보를 의무화하는 조항이 포함으로, 2012년 2월 발의된 법안과 동일하다.

45 이계삼, 「"74세 노인의 분신 사진 속에 누워있는 건…"」, 『프레시안』, 2012.10.12 (http://www.pressian.com/article/article.asp?article_num=60121 011205807).

는 데까지 이르고 있는 것이다. 분신사건 이후 현재까지 새롭게 축적되고 있는 의미의 변화의 지점들은 다음과 같이 정리될 수 있다. 첫째, 국책사업의 폭력성이 절차적 정당성을 덮을 수 있는 비등점의 수준을 넘어섰다. 74세 노인의 죽음이라는 충격적이고 참혹한 사건은 이를 상징적으로 드러내었다. 평화롭던 시골 마을들을 극한으로 치닫는 직접적인 원인은 무소불위의 법인 '전원개발촉진법' 때문이었다. 이 법의 문제점은 현재 국가기관도 인정하고 있는 사안인데, 국민권익위원회는 밀양 송전탑 갈등에 대한 조사와 협의를 거쳐 2012년 고압 송전선로가 지나면서 생기는 분쟁과 민원을 해결하려고 지식경제부와 국토해양부에 개선안을 권고했다. 송전선로 경과 지역을 선정할 때 지방자치단체장도 협의 당사자로 인정하고, 지역 주민의 의견을 적극 반영하라는 것이다. 또 입지선정자문위원회를 구성하고 선하지 보상의 범위 등을 차등화하라고 제안했다.[46]

둘째, 공익 대 지역이기주의 프레임으로 대립하던 송전탑 분쟁에서 지역 주민들(대부분은 노인들)을 중심으로 '지금 이대로'의 비타협적 원칙이 출현하고 있다. 이들의 요구는 단기적이고 맹목적인 경제적 이익의 논리를 넘어서 전 세계 어디든, 토착 민중들이 개발과 독재, 세계화의 논리에 맞설 때 공통적으로 등장하는 바로 '지금, 있는 그대로'의 원칙을 지향한다. 지금까지 송전탑 갈등에서 지역주민들의 저항에서 '백지화'의 주장이 종종 등장했지만, 백지화는 최종적인 목표라기보다는 지중화, 송전선로 우회와 같은 대안 혹은 더 적절한 보상을 요구하는

46 국민권익위원회, 『송전선로 건설사업 개선방안』, 2010.

단기적인 목표 수정의 과정에서 쉽게 포기되어 왔다. 하지만 지금 남은 생이 그리 많이 남지 않은 노인들이 가슴에 또 다른 유서를 품고 산기슭에 움막을 치고 공사를 현장에서 막아서고 있는 사람들의 절박함과 더불어 '지금 이대로'라는 그들의 근본적 원칙에 대한 대중적 공감의 정도는 조용하지만 넓게 공감대를 형성해가고 있다.

이들의 태도는 그 절박함과 더불어 "금전에 오염되지 않은, 일생토록 땅을 지켜온 농민의 감수성과 자신의 삶터를 스스로 지켜내고자 하는 인간적 자존감"에 대한 신뢰를 통해 근대성을 넘어서는 새로운 가치 구성을 위한 가능성을 보여준다. 지역민들의 이러한 태도는 이들을 지원하는 다음과 같은 한 종교인의 근본적인 성찰의 요구와도 맞닿아 있다.

> 밀양의 송전탑 건설은 결코 밀양 지역만의 문제가 아니며, 송전탑 개수를 줄이는 문제가 아니다. 일차적으로는 원자력, 전체적인 전력 소비에 대한 문제이며, 도시의 전력 소비를 감당해야 하는 주변 지역의 소외문제, 국책사업의 진행방식 문제, 나아가 생명의 문제이다. 이 모든 것에 대한 성찰이 있기 전에는 또 다른 송전탑을 끊임없이 지으며, 다른 사람들의 살의 터전을 짓밟는 위에 살아가는 악순환의 고리를 끊을 수 없을 것이다.[47]

47 정현진, 「밀양 가르멜 수녀원, 송전탑으로 수도생활 위기」, 『가톨릭뉴스 지금여기』, 2011.11.29 (http://www.catholicnews.co.kr/news/articleView.html?idxno=6280).

48 왼쪽 그림 출처 : 전력거래소(http://http://www.kpx.or.la); 오른쪽 그림 출처 : 김병기 · 조정훈, 「34만 볼트 '벼락' 맞은 할머니 … "개 끌듯 끌고와"」, 『오마이뉴스』, 2012.10.

〈그림 4〉 전력의 생산과 소비의 불일치 현황[48]

셋째, 송전탑 건설은 지역의 문제가 아니라 전국적인 탈핵 운동진영과 절합하면서 전국단위 문제로 재구성re-scaling / re-framing 중에 있다. 전원 설비를 둘러싼 분쟁의 근본적인 원인으로 중앙집중형 전력공급 체계와 설립과정의 비민주성과 집행과정의 국가폭력의 문제가 제기되고 있다. 전력 생산의 대부분은 충남, 울진, 고리 등 일부 지역에 집중건설되어 있는 핵과 화력 발전소 단지에서 이루어지지만, 생산된 전력의 대부분이 소비되는 곳은 서울과 경기 등의 수도권 및 남부 해안가의 중후장대형 대공장 밀집 지역이기 때문이다. 생산지에서 소비지까지 생산된 전력을 수송하기 위해는 거미줄과 같이 전국 곳곳에 길목마다 송전탑과 변전소 등 전원 설비를 건설해야 한다. 밀양의 사건 이후에도 또 다른 송전선로 경과지의 싸움들이 언론의 주목을 받고 있다. (경상북도 청도군의 사례)[49] 나아가 이러한 문제의식은 전력의 생산과 소

27(http://www.ohmynews.com/nws_web/view/at_pg.aspx?CNTN_CD=A0001793717).
49 김병기 · 조정훈, 「34만 볼트 '벼락' 맞은 할머니 … "개 끌듯 끌고와"」, 『오마이뉴스』,

비의 불일치가 갖는 지리적인 환경 불평등에 대한 자각과 이에 대한 문제제기로 이어지고 있다.

넷째, 이치우 사건 이후 송전탑 문제와 핵 발전소 사이의 강한 연계 고리에 대한 인식이 확대되었고 나아가 더 높은 수준에서 '탈핵사회'를 향한 목소리도 강화되었다. 사실 그 동안 한국 사회에서 핵발전소의 문제에 환경정의의 아이디어를 적용하려는 담론 / 실천은 그리 발전하지 못해왔다. 방사성폐기물과 신규 핵발전소의 입지 갈등에 대한 윤순진[50]의 연구는 예외적인 경우이기는 하지만, 이 논의는 담론과 정책 제안의 수준에 머물렀을 뿐이다.

통상 환경정의적 접근의 출발점은 혐오시설이나 기피시설의 입지(혹은 입지예정) 지역의 주민들의 '특별한 희생'이 부각되며 이들에게 가해지는 잠재적 피해의 부당함을 지적하는 것에서 시작된다. 하지만 한국에서 핵 발전소 건설 과정은 위험과의 동거를 대가로 상당액의 재정 지원과 보상이라는 사탕이 동시에 주어지면서 지역주민들을 순치시켜 왔다. 한국에서 가장 오래된 핵발전소이자 후쿠시마 핵발전소와 마찬가지로 수명연장으로 운영되고 있는 고리 핵발전소 1호기에서 2011년 4월 발생한 사고 이후 지역별 대응의 전개양상의 차이점은 이러한 순치의 결과를 다음과 같이 드러낸다.

고리 1호기 운영중지 사고 직후 기장군을 포함하고 있는 부산광역시는 북구를 시작으로 연제구, 남구, 수영구 구의회에서 '고리 1호기 폐

2012.10.27(http://www.ohmynews.com/nws_web/view/at_pg.aspx?CNTN_CD=A0001793717).

50 윤순진, 앞의 글.

쇄를 위한 결의안'을 채택하였다. 부산시변호사회도 부산 지역의 시민사회의 요구를 받아들여 고리 1호기 발전소의 가동중지를 위한 가처분 신청서를 제출하는 등 다양한 활동이 전개된 것이다. 그러나 고리 1호기를 관내에 두고 있는 기장군 의회는 다른 구들의 움직임과는 반대로 폐쇄가 아니라 오히려 '안정성 강화 촉구 결의안'을 채택한다. 사고 이후 고리 1호기 폐쇄를 주장하는 사람들이 너무 많이 찾아와 안전운전도 방해받고 주민들도 불안해 하니, 중앙정부(한수원)이 알아서 더 높은 수준의 안전 대책을 내 놓고 지원도 더 내놓으라고 주장한 것이다. 국책사업이 만들어낸 침묵의 카르텔에 포획된 핵발전소 직접인근의 주민들은 환경부정의의 당사자로 나서기를 주저하고 있다. 환경부정의의 (잠재적) 피해자인 지역주민들의 결합 없이 전문적인 환경 운동 단체들이 주도해 온 그 동안의 탈핵 운동은 다소 추상적이었다. 하지만 이치우 사건은 핵발전소의 분배적, 절차적 부정의의 단면이 핵발전 단지가 위치한 지역의 반경 수 km에서 멈추는 것이 아니라 핵발전소에서 생산된 전기를 도시로 송전하기 위해 필수적으로 함께 건설해야 하는 송전탑과 송전선로의 망을 타고 전국으로 확대될 수 있다는 자각을 일깨운 것이다.

세계 5위의 핵 발전대국인 한국은 일본의 후쿠시마 사고 이후 전 세계적으로 진행되고 있는 탈핵의 방향과는 정반대로 오히려 일본이 주춤한 틈을 타 전 세계 핵발전 '시장'에서 지분을 높이려는 계획을 내세우고 있다. 그러함에도 후쿠시마가 가져온 파장은 국내적으로 핵발전을 더 이상 '녹색성장'의 기수가 아니라 '갈등의 에너지'로 바라보게 만들고 있다. 그동안 정부가 자신하던 가격 경쟁력과 안정성 주장에 어긋나는 새로운 증거들이 도출되고 있으며, 핵발전을 뒷받침하는 기술-사회-전문가 체제 자체의 '비민주성'에 대한 문제제기의 목소리도 높아져가고 있다.

더 이상 대량으로 전략으로 생산해서 원거리 송전하는 방식은 힘으로도 밀어붙일 수도 없고, 그렇게 해서는 안 된다는 인식이 확대되고 있다. 이러한 주장을 펼치는 사람들은 중앙화된 공급 중심 에너지-전력체계를 벗어나 대형 핵 발전소과 화력 발전소를 벗어나 지역에너지로의 정책전환을 대안으로 제시하고 있다. 이들의 제안은 오늘 당장의 '반핵anti-nuclear'을 넘어서 수명 다한 핵발전소의 단계적 폐쇄, 신규 핵 발전소 건설의 중단, 절약과 효율향상을 통해 총량적인 수준에서 전력소비의 감축, 재생 가능한 에너지 비율의 확대라는 다양한 노력의 총화로 에너지 믹스energy mix를 재조정해 나가자는 장기적인 '탈핵post-nuclear'의 주장으로 귀결되고 있다.[51]

5. 타자의 윤리학과 탈핵사회를 향한 소고

모든 단독적 진리는 어떤 사건에서 연유한다. 뭔가 새로운 것이 있으려면 뭔가 일어나야만 한다. 우리의 인적 삶에서도 어떤 조우, 계산되고, 예견되고, 감당할 수 없는 어떤 것 단지 우연에 근거한 단절이 있어야만 한다.[52]

51 탈핵의 논리와 탈핵의 방향에 대한 자세한 논의는 김명진 외, 『탈핵, 포스트 후쿠시마와 에너지 전환 시대의 논리』, 서울 : 이매진 , 2011을 참고할 것.
52 박일형, 「진리의 윤리학과 벌거벗은 생명-바디우와 베케트」, 『한국현대영미드라마』

바디우 식으로 설명하자면, 타자에 대한 윤리라는 일종의 진리 출현은 우연적 '사건'을 통해 그 진리에 헌신하려는 주체의 등장을 통해서 시작될 수 있다. 파열이 되는 사건은 기존의 진리(인식)체계로는 해명되기 어려운 인식의 공백을 가져오고, 그 공백으로부터 새로운 의미와 진리를 구성하는 새로운 스케일 생성과 전환의 과정은 주체의 헌신과 수행적 행동을 통해 진행된다. 한 노인의 죽음은 보수성을 개성으로 하던 지역의 소도시에서 '765kv 송전탑 반대 故 이치우 열사 분신대책위'라는 새로운 주체들의 등장으로 이어졌다. 이들은 스스로의 존재를 파열의 사건이 된 한 노인의 이름과 그를 죽음에 이르게 한 원인原因인 765kv 송전탑을 자신들을 '명명命名'하는데 사용하였다. 한 사람의 물리적 죽음은 장례식이라는 절차를 통해 그의 흔적을 이생에서 지우는 과정을 통해 종결되게 마련이다. 그런 점에서 이치우 사건은 2012년 3월 7일 일부 유족들이 장례에 합의하고 일부 가족과 '주민들끼리의 충돌을 우려한 수십 명 경찰'이 만들어 낸 '기이한 모습'의 장례행렬과 매장절차를 끝으로 마무리되었어야 할 것이다.

그러나 이 사건에는 지속적으로 새로운 역동성이 추가되었다. 자신들이 명명한 이름에 헌신하려는 초기 주체들은 스스로 '제 2의, 제 3의 이치우'를 말하고 있으며, 또 다른 밀양인 정관으로, 청도로, 영덕과 삼척으로 향하는 행렬을 새롭게 만들어 내고 또 그 일부를 구성하고 있다. 탈핵희망버스를 타고 이 지역을 찾았던 이른바 '외부세력'이자 일반 시민들은 또 다른 대책위의 분신이 되어 자신의 공간으로 회귀한

24(2), 2011, 62쪽에서 재인용.

뒤에도 다양한 접점 – 재방문, 서명이나 모금 참여, SNS나 기고 등의 활동, 지역별 탈핵 행사에의 참여 – 에서 자신들의 활동을 반복적으로 수행해 나가고 있다.

송전탑과 송전선로의 문제는 핵 발전소 문제와 연결되기보다 기후재난에 대한 취약성이나 전자파의 위해성 등 자체의 환경적 문제점을 지닌 독립된 환경 위해 시설environmental 'bads'로 해석되는 것이 일반적이었다. 하지만 이치우 사건을 계기로 송전탑과 핵발전소 사이에는 강한 연결고리가 형성되었다. 핵발전소에서 생산한 전력의 송출을 위한 송전탑 / 선로의 존재를 전제할 때, 핵발전의 환경적 위해는 국지적 혹은 핵발전소의 입지점을 중심으로 동심원상에서 멈추는 것이 아니라 망상으로 연결되고 전국적으로 확장된다. 따라서 입지상의 지리적 불균등으로 환원될 수 없는 전국적인 차원의 운동으로 도약할 수 있는 잠재력이 발현될 수 있었다. 최근 4차까지 이어진 탈핵희망버스는 동일하게 송전탑 건설에 저항하고 있는 이 지역주민들 간의 만남은 송전탑 갈등 지역 간의 네트워크 뿐 아니라 후쿠시마 사고 이후 한국에서도 번져가고 있는 탈핵 운동으로의 리스케일링re-scaling을 가능케 함으로써, 탈핵 운동의 전선확대에 기여하고 있다.

한 사회의 윤리적 수준은 타자로서 가장 취약한 계층에 대한 태도와 관계의 설정의 방식에서 드러나게 될 것이다. '밀양'이란 한 지역의 송전탑 갈등의 와중에 우연적으로 발생한 '이치우 사건'은 기존의 가치체계와 인식 체계에서는 해명도 납득도 어려운 '파열의 사건'이다. 이 사건은 새로운 의미의 구성 뿐 아니라 시민들 사이의 윤리적 관계맺음의 다른 방식을 요구하는 여전히 진행 중인 사건이다. 향후 더 많은 관찰과 성찰을 요구하는 시대적 과제로 밀양의 목소리에 귀 기울여야 할 필요가 바로 여기에 있다.

참고문헌

산업자원부고시 제2007-138.

박경환, 「글로벌, 로컬, 스케일」, 『로컬리티 인문학』 5, 2011.

박배균, 「규모의 생산과 정치, 그리고 지구화」, 『공간과 사회』 16, 2001.

______, 「초국가적 이주와 정착을 바라보는 공간적 관점에 대한 연구－장소, 영역, 네트워크, 스케일의 4가지 공간적 차원을 중심으로」, 『한국지역지리학회지』 15(5), 2009.

______, 「발전주의 시기 국책사업을 매개로 한 국가와 지방 간의 상호작용에 관한 연구」, 『한국사회학회 사회학대회 논문집』, 2012.

박일형, 「진리의 윤리학과 벌거벗은 생명－바디우와 베케트」, 『한국현대영미드라마』 24(2), 2011.

박재묵, 「환경정의 개념의 한계와 대안적 개념화」, 『환경사회학연구(ECO)』 10(2), 2006.

양현석, 「'TOPIC－전원설비갈등 '비등점'에 왔나' 송전탑 건설 반대 전국연합회 출범」, 『Electric Power』, 2009.4.

우주호, 「국책사업의 지역 간 갈등과 분쟁, 그리고 극복 대안의 구상」, 『한국지방정부학회 학술대회발표집』, 한국지방정부학회, 2011.

유종영, 「한국전기 116년. 그때 그 일들」, 『전기저널』 304, 2002.

윤순진, 「환경정의 관점에서 본 중・저준위 방사성폐기물처분장 입지 선정 과정」, 『환경사회학연구(ECO)』 10(1), 2006.

이경원・김정화, 「공공갈등과 공익의 재검토－제주해군기지 건설 사례」, 『경제와 사회』 89, 2011.

이상헌, 「실천적 환경정의론을 위하여」, 『환경과 생명』 26, 1997.

이유진, 「원자력이 사회에 미치는 영향과 갈등해소를 위한 과제」, 『기독교 사상』 639, 2012.

전재경, 「국책사업의 친환경성 담보전략」, 『한국환경보고서』, 녹색연합, 2003.

정현주, 「사회운동의 공간성－사회운동연구에 있어서 지리학적 기여에 대한 탐색」, 『대한지리학회지』, 41(4), 2006.

_____, 「이주, 젠더, 스케일—페미니스트 이주 연구의 새로운 지형과 쟁점」, 『대한지리학회지』 43(6), 2008.

조명래, 「환경정의론의 재조명—담론에서 실천으로」, 『환경과 생명』 26, 2000.

진위향, 「지역생명운동의 의미구성과 사회적 행위자의 역할—청계산 송전선로 분쟁을 중심으로」, 성공회대 석사논문, 2003.

최병두, 「자유주의 환경적 환경론과 환경정의」, 『대한지리학회지』 40(6), 2005.

국민권익위원회, 『송전선로 건설사업 개선방안』, 2010.

김명진 외, 『탈핵, 포스트 후쿠시마와 에너지 전환 시대의 논리』, 서울 : 이매진 , 2011.

조승수의원실, 『'한전 송전탑 건설, 이대로 좋은가?' 국회토론회 자료집』(2009.7.2 실시), 2009.

Brenner, N., "The Limits to Scale? Methodological Reflections on Scalar Structuration", *Progress in Human Geography* 25(4), 2001.

Cox, K., "Spaces of dependence, spaces of engagement and the politics of scale, or looking for local politics", *Political Geography* 17(1), 1998.

Delaney, D. · Leitner, H., "The political construction of scale", *Political Geography* 16(2), 1997.

Jones, K., "Scale as epistemology", *Political Geography* 17(1), 1998.

Kurtz, H., "Scale frames and counter-scale frames : constructing the problem of environmental injustice", *Political Geography* 22, 2003.

Marston, A., "The social construction of scale", *Progress in Human Geography* 24, 2000.

Ryu, Y-T., "The Politics of Scale-The Social and Political Construction of Geographical Scale in Korean Housing Politics", 『대한지리학회지』 42(5), 2007.

Sandweiss, S., "The social construction of environmental justice", *in* Camacho David(ed.), *Environmental injustices, political struggles*, *Durham*, NC : Duke University Prress, 1998.

Swyngedouw, E, "Excluding the other : the production of scale and scaled politics", *in* R. Lee · J. Wills(eds.), *Geographies of Economics*, London : Arnold, 1997.

Taylor, D., "The rise of the environmental justice paradigm : injustice framing and the social construction of environmental discourse", *American Behavioral Scientist* 43(4), 2000.

Towers, G., "Applying the political geography of scale : grassroots strategies and environmental justice", *Professional Geographer* 52(1), 2000.

Williams, R., "Environmental injustice in America and its politics of scale", *Political Geography* 18(1), 1999.

Agyeman, J., *Environmental Justice, Sustainable Communities and the Challenge of Environmental Justice*. New York : New York University Press, 2005

Newton, D. E., *Environmental Justice-A Reference Handbook*, Santa Barbbara : ABC-CLIO, Inc, 1996.

Rhodes, E. L., *Environmental Justice in America : A New Paradigm*, Bloomington · Indianapolis : Indiana University Press, 2003.

Smith, N., *Uneven development-nature, capital, and the production of space*, Oxford, UK : Blackwell, 1984.

웹사이트

『가톨릭뉴스』(http://www.catholicnews.co.kr).

꼬뮤넷 수유너머(http://suyunomo.net).

『동아일보』(http://news.donga.com).

『부산일보』(http://news20.busan.com).

『시사IN』(http://m.sisainlive.com).

『오마이뉴스』(http://www.ohmynews.com).

『전력거래소』(http://http://www.kpx.or.kr/).

『프레시안』(http://www.pressian.com).

『연합뉴스』(http://www.yonhapnews.co.kr).

3부

대안적 로컬리티의 실험

미즈오카 후지오 공간 포섭, 공간 투쟁 및 로컬의 위치의 변증법

손은하 커뮤니티를 위한 공유 공간의 위상

이상봉 대안적 공공 공간과 민주적 공공성

공간 포섭, 공간 투쟁 및 로컬 위치의 변증법*

미즈오카 후지오

1. 공간 포섭 및 공간 투쟁

사회는 사회학자나 경제학자가 전제하듯이 결코 '하나의 점으로 된 세상'에 존재할 수 없다. 공간은 사회적 과정과 구조의 필수요소이므로 사회과학 논리에도 필수요소로서 통합해야 한다. 지리학자는 이러한 논리를 발전시킬 수 있는 적합한 입장에 있는데 바로 사회와 공간 간의 변증법을 항상 활동의 중심지로 여기는 분야이기 때문이다. 현대 지리학 문헌에서는 논의와 해설은 충분하나[1] 지금까지 다루어진 사회

* 이 글은 *Localities* Vol.2(2012)에 게재된 "The Dialectics of SpaceSubsumption, Struggle in Space, and Position of Localities"를 번역하여 수록한 것이다.

1 e.g. D. Massey, *Forspace,* Los Angeles : Sage, 2005; E. Soja, "Socio-spatial dialectic", *Annalsofthe Association of American Geographers* 70 (2), 1980.

공간적 관계에 대한 전반적인 이해를 도모하기 위한 체계적인 변증법적 논리는 찾아보기 어렵다.

저자는 앞선 글에서 사회-공간 변증법[2] 이론을 제시한 적이 있는데, 여기에서 마르크스[3]가 『자본론』에서 처음으로 사용한 '포섭subsumptioin, 包攝'의 개념을 도출한 바 있다. 마르크스는 포섭 개념을 생산기술과 관련해서만 이론화하였으나, 이는 인간 사회의 영역을 초월하여 존재하는 더 폭넓은 물리적 현상으로까지 확장해도 될 만큼 강력한 개념이다.

공간포섭space subsumption 이론은 사회 공간적 변증법과 관련하여 여러가지 흥미로운 주제들로 이어진다. 비판지리학자가 가장 주의를 기울이는 쟁점은 어떻게 공간이 계급 및 민족적 투쟁의 수단으로서 전개될 수 있는가 하는 점이다. 이런 점에 있어서, 공간포섭 이론은 체계적인 추론으로서 많은 통찰력을 제공해준다.

사회적 투쟁에서 공간의 긍정적인 역할에 관해서는 영국의 몇몇 비판지리학자가 이미 다룬 바 있다.[4] 공간은 권력자들에게는 사회를 지배하기 위한 필수적인 수단이자 방편이며, 압제받는 이들에게는 스스로에게 자격을 부여하고 지배권력에 대항하여 투쟁에 참여하기 위한 필수적인 수단이자 방편이라고 할 수 있다.

이 글에서는 포섭의 개념에 근거하여 사회-공간적 관계의 변증법적 논리를 확립하고자 한다. 그런 다음 추론을 통해 나타나는 공간투쟁의

---

2 F. Mizuoka, F., *Keizai-Shakai no Chirigaku,* Tokyo : Yuhikaku, 2002; F. Mizuoka, "Subsumption of space into society and alternative spatial strategy", *Geographische Revue* 10 (2), 2008.

3 K. Marx, "Results of the immediate process of production", edited and translated by Rodney Livingstone, In *Capital,* Vol. 1, New York : Vintage, 1977b.

4 S. Pile · M. Keith, *Geographies of resistance,* London : Routledge, 1997.

다양한 전략에 대해서도 고찰할 것이다.

이 글에서는 제2절에서 원초적 공간의 포섭이라는 일반적인 개념에 대해 먼저 검토할 것이다. 이는 곧 변증법을 이해하기 위한 필수적인 출발점이라 할 수 있다. 제3절은 특히 '총유 Gesamteigentum, 總有' 개념과 사회 공유지의 의미에 맞춰서, 원초적 절대 공간을 포섭하는 과정과 또한 이 과정에 내재되어 있는 사회적 경쟁에 관해 조명해 볼 것이다. 제4절은 절대 공간의 포섭을 통해 생산되는 두 가지 유형의 영토 – '작업 공간Wirkungsraum, 作用空間, exclusive territory' 및 '행위 공간Aktionsraum, 行爲空間, action space' – 에 대해 그리고 이들 간의 모순에 대해 논한다. 이 연구의 주요 쟁점은 권력이 영토 확장을 통제하는가 하는 여부에서 제기되는 이 모순이 공간의 생산과정을 지배하는 권력을 둘러싼 투쟁과 밀접한 관련이 있다는 것이다. 제5절은 원초적 상대 공간을 포섭하는 과정과, 다양한 네트워크를 가진 공간 통합의 역설적인 결과에 대해 자세히 논한다. 공간적 접근성을 회복하려는 시도는 결과적으로 불균일한 공간구성을 만든다. 네트워크의 구성은 계급 또는 민족 특정적인 것으로서 사회적 투쟁에 내재해 있으며 공간적 전략으로 이어질 여지가 있다. 제6절은 공간적 통합에서는 제외되는 독특한 특성, 곧 '표류 공간'에 대하여 논한다. 이러한 공간은 폭동의 발판으로 작용할 수 있는 한편 지배권력은 이를 통제하에 두고 억누르고자 한다. 제7절은 지배권력이 '행위 공간'의 무정부적 본질을 '성공적으로' 포섭할 수 있기 위해 필요한 영토 통합 모델로서 발터 크리스탈러Walter Christaller의 중심-장소 시스템central-place system에 대해 다룬다. 이어서 중심-장소 시스템이 생산한 방식은 계급 및 민족 특정적임을 설명하며 대안계급 또는 민족집단의 지배하에 대안적 중심-장소 시스템이 나타날 가능성을 고찰하는 동시에 이를 이 글의 전반적인 맥락에서 바라보고자 한다. 제8절은 '스케일 점핑Scale jumping' 개념을 간략하게 제시하는데, 이는 북미 비판지리학자들 사이에서 자주 논의되는 공간적 전략이다. 이 연구의 결론을 제시하는 제9절은 공간 투쟁의 의의에 대해 역설하며 해방을 위한 공간적 적용의 필요성을 강조한다. 전반적으로 이 연구는 원초적인 공간과 생산된 공간이 계급 및 민족 투쟁을 전개함에 있어 중요한 역할을 수행하는 다양한 전략적 가능성에 대해 분석한다.

2. 공간 및 사회 간의 변증법적 관계

1) 공간 포섭

물리적 공간은 '빅뱅'과 함께 등장하여 그 이후로 줄곧 존재해 왔다. 우주에 있는 모든 사물은 공간 속에 포함되어 있으며 이는 곧 생물학적 인간 세상이 도래하기 위한 전제조건이기도 하다. 인간은 공간적 차원에 존재하며 공간을 오가며 활동한다. 인간이 조직한 사회들은 어떤 형태로든 자신의 존재와 기능을 지탱하는 일종의 물리적인 용기容器가 필요하다.

이 사실은 공간과 사회가 논리적으로 항상 하나의 종합적 요소인 것으로 취급되는, 곧 통합된 개체인 것처럼 여겨, 사회를 공간으로부터 분리하는 것은 잘못된 것이라는 그릇된 생각으로 이어지기도 한다. 그러나 변증법적 관점에서 보면, 공간과 사회는 분리되어 있으며 공간을 사회적으로 분리하여 분석하는 것은 여전히 '즉자Ding an sich, 卽自, thing in itself' 혹은 '혼돈스러운 표상einechaotisheVorstellung, a chaotic representation'의 논리 단계에 있는 것이다.

사실 대부분의 사회학 이론들은 사회를 공간과 구별된 개체로 다루면서 구성되어 있다. 여기서 공간은 이론적 틀에서 벗어날 수 있는 것처럼 보인다. 경제학과 사회학 이론들은 비공간적인 것으로 공식화 되거나, 혹은 공간을 분명한 논리적 요소로서 고려하지 않은 채 구성된다. 따라서 한편에는 점의 사회one-point society가, 다른 한편에는 물리적 공간이 있는 이분법이 나타나는 것이다.

우리는 일상적으로 공간을 고려하지 않고도 사회적 관계를 떠올릴 수 있다. 예를 들어, '사랑'과 '적개심'은 공간을 명확하게 고려하지 않고도 전적으로 유효한 개념이 될 수 있다. 우리가 공간을 사회와 변증법적으로 통일시키려는 여행을 떠난다고 하면, 지리학에서 가장 단순한 요소인 원초적 공간pristine space이 그 출발점이 될 것이다. 이 여행은 계속해서 '공간 포섭'의 변증법을 뛰어넘어 사회와 공간을 연계하는 매 순간들을 변증법적으로 일관된 맥락의 일부로 해석하고자 한다. 변증법의 한편에는 '빅뱅'을 통해 생성된 객관적인 존재인 '원초적 공간'이 있다. 다른 한편에는 최소 두 사람 사이의 관계로 정의되는 '사회'가 있는데, 여기에서 공간이 반드시 논리적 요소로 고려되지는 않는다.

'분리 속의 통일'이라는 사회-공간적 관계는 '대자Ding für sich, 對自, thing for itself'로 초월해 간다. 여기서 사회는, 공간의 생산을 통해 공간을 통합하고, 그렇게 함으로써 사회와 공간은 명확한 변증법적 상호

관계를 형성한다.

마르크스가 『자본론』 원고에서 자본주의에 포섭되는 장인의 기술에 관한 예를 제시했던바 대로 이 포섭 개념을 따라가 보면, 이 과정은 두 가지 단계, 곧 '형식적 포섭'과 '실질적 포섭'으로 나타나는 것으로 볼 수 있다.

원초적 공간이 '형식적 포섭' 안에 있을 때, 공간은 사회와는 적대적이고 모순적인 관계에 놓이게 된다. 그러면 사회는 물리적 공간을 변형하여 의도적으로 이러한 모순을 초월한다. 그리고 이것이 바로 공간의 '실질적 포섭' 과정이고, 또한 지리학자와 사회학자가 '공간의 생산'[5]이라 칭하는 것이다.

공간의 생산이라 함은 원초적 공간의 속성을 재구성하는 과정 또는 사회가 형식적으로 포섭된 공간의 모순을 지양하고자 시도하는 것을 말한다. 지양의 변증법적 과정에서 사회는 형식적으로 포섭한 공간의 불리한 속성들은 부정하고 그 필요와 요건에 맞는 새로운 구성을 만들어 낸다.

원초적 공간은 두 가지, 아주 대조적인 속성들 즉 '절대적'이고 '상대적'인 것의 변증법적 통일이다. 무제한적인 연계성과, 사회 집단이나 개인들의 독립성 사이의 모순은 경계짓기(경계의 생산)를 통해 초월된다. 그리고 상대적 공간의 분리와 고립 사이의 모순은 공간적 통합(운송과 통신의 생산)을 통해 초월된다. 이렇게 해서 원초적인 구성과 상반되는 인공적인 공간 구성이 생산되고, 그렇게 함으로써 원초적 공간은

---

5 H. Lefebvre, Trans. Donald Nicholson-Smith, *Production of space,* Oxford : Blackwell, 1991.

실제로 포섭된다. 이 과정에 대한, 보다 자세한 논의는 이어지는 다음 장들에서 다룰 것이다.

실질적 포섭 과정을 거친 후 공간은 어느 수준까지는 사실상 소멸된다. 따라서 생산된 공간은 경제학과 사회학에서 가정하는 '점에 위치한 세계one-point world' 혹은 공간 없는 사회처럼 여겨지는 것이다. 그럼에도 불구하고 공간 포섭은 결코 완벽할 수 없는데 이 점은 이 글의 후반부에서 다룰 것이다.

2) 공간 포섭과 계급사회

사회는 동일한 속성의 구성원들로만 이루어지기 보다는 일반적으로 수직적 권력계층구조으로 조직화 된다. 권력자들은 공간생산 과정에서 지배적인 역할을 한다. 따라서, 생산된 공간의 구성은 보통계급 특정적이다. 지배계층 또는 하위계층 그리고 민족 집단 각자는 공간을 포섭하고 생산함에 있어 자신만의 논리를 갖는다.

권력자들은 뛰어난 정치적 계획기구를 사용하여 형식적으로 포섭한 공간속에서 자신들의 지배력을 강화하고자 한다. 르페브르Lefebvre의 용어법을 빌리자면 '공간 재현la représentation de l'espace'이라 한다.

동시에 하위계급 또는 민족 집단은 자신들만의 공간을 생산하고자 시도하는데 이것이 공간적 '속박'을 깨기 위한, 지배적 '공간 재현'에 대한 도전이다. 르페브르는 이렇게 생산된 공간을 '재현 공간les espaces de représentation', 또는 하위 계층을 대변하는 공간이라 칭하였다.

계급 또는 다민족 사회에서는 실질적인 공간 포섭의 결과는 그 자체가 모순이다. 그렇게 생산된 공간적 구성은 여러 계층 또는 여러 등급으로 구성될 수 있는데, 이는 각자가 계급 또는 민족 특정적이다. 이러한 다중등급들 간의 상관관계는 관련된 계급 또는 민족집단 간의 관계만큼이나 모순적이고 쉽게 투쟁을 유발할 수 있다.

이러한 상호 간 등급 모순에서 하나의 스케일이 다른 하나를 약화시킬 수도 있다. 이러한 투쟁을 막기 위해 지배권력은 그 경계를 제도화하고, 그에 대해 감시하고, 하위계급 또는 (소수) 민족 집단이 만든 공간적 배치를 지배하고 통제하려 한다. 지배계층은 하위계층이 전복을 시도하려는 것을 포함하여 그들의 지배를 가장 잘 뒷받침할 수 있는 방식으로 (예컨대 '영토 통합'이나 다중 스케일의 수직적 조정을 통해) 다중 스케일적 영토 전체를 통합하려 한다. 따라서, 영토 통합은 지배계층이 그들의 권력을 구체화하는 방식이다.

물론 이것은 기존에 확립된 환경에서와 마찬가지로 상이한 계급 또는 민족집단이 공유하는 동일한 동급의 공간을 제외하지는 않는다. 오히려 지배계층은 하위계급 또는 사회집단을 흡수하고자 시도한다. 이어지는 섹션에서는 원초적 공간의 절대적, 상대적 속성에 대한 공간 포섭의 계급 특정적 과정과 추론의 대상인 공간 투쟁 전략에 대해 논한다.

3. 절대적 공간 포섭과 사회투쟁

1) 경계만들기Bounding–절대적 공간의 실질적 포섭

원초적인 공간의 절대적 속성은 무한적으로 이어지는 등방성과 확장성을 지닌, 그 안에 내재한 현상들 사이의 동등화의 잠재력을 말한다. 일단 사회에 형식적으로 포섭되고 나면 절대적 공간은 그와 관련하여 때로는 긍정적으로 때로는 부정적으로 기능한다.

긍정적인 의미에서는, 절대적 공간이 어떤 현상에 대해 사회에 용기容器를 제공하는데 그 중에는 생산, 생계, 레저, 인체 그 자체에 필요한 물리적 장비 등이 포함된다. 또한 사회적 관계의 용기容器, 곧 국가의 정치적 수단이나 거시경제에도 그 역할을 한다. 따라서 절대적 공간은 물리적으로 생산활동과 국가수단의 존재를 지원한다. 그 속성은 프랑스 혁명의 모토 곧 자유, 평등, 박애와도 다소 흡사하다. 이 모토와 같이, 원초적인 절대적 공간에 구체화 된 자유와 인류 평등주의의 속성은 무제한의 연관성을 발생시키는데 이것은 하위 계층민에 권한을 부여하는 물리적 잠재력을 갖는다.

그러나 전염성 있는 공간에서의 접속성은 결국 공간을 통해 구성원, 기관 또는 경제변수들 사이의 융합과 균형을 만들어 낸다. 이 절대 공간의 동등화 본성은 기존의 사회관계를 방해할 수 있다. 따라서, 이 속성은 사회단체의 무결성 또는 다른 사람보다 더 동등해 지려고 노력하는 시장기관의 사회와는 모순된다. 이들은 위태로운 경제환경으로 곤란을 겪는 이들에게 부를 넘겨주기를 원하지 않기 때문이다.

사람들이 절대적 공간을 자유롭게 오가는 경우가 있는데, 이때 사회는 하위계층이 다른 곳에서 새롭게 기반을 다지기 위해 공간적으로 사회를 떠나 독립적이고 더 부유한 사람의 지위를 얻고자 할 경우에만 붕괴된다. 예를 들어, 고대 일본에서 아시아적인 생산양식이 유행하고 있을 때 일본 왕(천황)의 정부(조정朝廷)는 '공민public men(농노)'에게 쌀을 경작하게끔 하였다. '공민'은 격자 형태의 직사각형 공간패턴으로 구성된 '공지public land(천황 정부에 의해 만들어진 논 및 관개 시설)'로 활동이 제한되었다. 농노는 자신들의 노동과 생활상태에 만족하지 못하고 '공지'에서 벗어나 대규모 사원의 개인영지로 도주하였다. 아시아적 생산 양식하에서 농노제도는 이로 말미암아 붕괴되었다. 따라서 지배권력자는 원초적인 절대적 공간의 자유롭고 인류평등주의적 본성을 파괴해야 한다. 이를 가리켜, 무제한으로 확장하는 원초적인 절대적 공간 주변의 경계윤곽을 만드는 행위, 곧 경계만들기bounding라 한다. 이것은 또한 절대 공간의 실질적 포섭 과정이기도 하다. 이렇듯 수직적인 사회관계가 공간안에 명확하게 새겨지는 것이다.

경계만들기를 통해 지배권력자는 현재 절대 공간의 한 구획에 대한 독점적인 통제권을 행사할 수 있다. 원초적인 공간에 대한 인공적 경계를 형성함으로써 지배 권력자는 공간적으로 독점적인 용기容器, 곧 영토를 얻게 된다. 이때 지배권력자는 공간의 물리적 특성과 수직적 권력관계 간의 모순을 초월한다. 따라서 영토는 권력이 독점적 지배권을 행사할 수 있는 공간적 구획이 되는 것이다.

국가는 이런 면에 있어 가장 전형적인 사례이다. 앤서니 기든스A. Giddens는 '민족-국가는 경계가 지어진 권력의 용기容器라고 언급한 바 있는데,[6] 이 용기容器 내에서 주권 또는 권력을 가진 사람이 독점적으로 정치적 지배권을 행사하는 것이다.

2) 경계가 지워진 영토의 제도화

그러나 단순히 지도상에 경계의 윤곽을 표시하는 것만으로는 경계 만들기가 끝났다고 볼 수는 없다. 냉전 중 베를린에서와 같이 경계는 반드시 경계를 구분하는 경계석이나 울타리, 콘크리트벽 등 물리적으로 보강함으로써 결코 침범할 수 없게 하지 않으면 안 된다. 이 경계는 현장 침입자를 감시함으로써 더 효과적으로 관리할 수 있다.

물리적인 장벽과 감시만으로도 한 구역 내에 있는 사람들이 경계를 넘나들지 못하게 하기에는 충분하지 않다. 경계는 국가적 수단이나 그 외 법적인 또는 물리적인 강압적 수단을 사용하여 제도화해야 한다. 국가는 법령을 선포하여 사람들이 형성된 경계를 존중하게 하고 들어가서는 안 될 영토를 침범하는 사람들이 불법침입에 따른 처벌을 받게 하여야한다. 이런 경우 보통 체포되어 법정에 서게 될 것이다. 극단적인 경우, 침범 행위나 영토 분쟁은 국가권력에 의해 물리적인 폭력을 행사하거나 전쟁을 일으키는 요인이 될 수도 있다.

경계는 경계를 공유하는 국가들간의 국제조약을 통해 세워질 수 있으며 관련 국가들이 상호 또는 독단적으로 법적인 통제권을 행사할 수

---

6 A. Giddens, "The nation-state and violence", *A contemporary critique of historical materialism*, Vol. 2, Berkeley, University of California Press, 1987.

있다. 영토를 보호하기 위한 물리적 장벽과 법적인 조치가 통합적으로 기능하고 여러 영토군 뿐만 아니라 개별 영토도 '철제 구조(틀)' 격자처럼 형성되어 하위계층 사람들은 밀폐된 그 안에서 일하고 인간으로서의 대부분의 활동을 그 안에서만 행하도록 강요받는 것이다.

그보다 낮은 공간 스케일의 영토의 제도화에 대한 또 하나의 중요한 사례로서 토지 소유권이 있다. 개인 소유의 토지는 인접한 부지와 정해진 경계 내로 국한되어 있어서 그 역시 독점적이며 소유주가 허락하지 않은 한 그 누구도 그 안에 출입하는 것이 허용되지 않는다. 만일 이를 어길 경우, 누구든 불법 침입자로 간주될 수 있다. 그러나 제도화하는 방식에 있어서는 차이가 있다. 불법 침입자를 막기 위한 개인 토지 소유주의 권한은 상위 공간을 지배하는 권력 혹은 국가로부터 온다. 국가는 개인 부지의 재산을 존중하는 법을 제정하고 토지등기소를 설립하며 허가받지 않은 무단 침입자를 체포하는 경찰 및 법률을 파기하는 자를 처벌하는 법적 절차를 관리한다. 이렇게 해서 '철제 구조(틀)'의 격자는 이 공간 스케일에서, 상위의 공간 스케일의 권력의 협조로 인해 만들어진다. 미국과 같은 일부 국가들에서는 예외가 있는데 토지 소유주가 불법 침입자에게 물리적인 힘을 가하거나 소유지의 독점권을 변호하는 것이 합법적인 것으로 간주된다.

결국 대부분의 사회-공간적 과정에서는 경계의 유효성을 입증하고, '공간 재현'의 '철제 구조(틀)'을 제도화하고, 사람들을 권력이 허용하는 영토 내로 제한하는 것은 국가 권력인 것이다.

3) 지배 권력으로 통제되는 경계의 다공성

영토 내에서 사회 경제적 관계는 앞서 기술한 '철제 구조(틀)'의 범위 내로 제한할 수 없는데 이는 다른 사회집단과 개개인의 경계가 상호작용해야 하기 때문이다. 따라서 영토는 다공성을 지녀, 지배적인 국가기관이 통제권을 유지해야 하는 것이다.

경계선은 양쪽에서 공유되며 각자가 다른 권력에 의해 통제 받는다. 어떤 경우에는 다공성을 상호통제할 수 있는 조약으로 체결하기도 하고 어떤 경우에는 그런 통제권을 일방적으로 행사하기도 한다. 후자의 경우는 고소득 국가에 적용되는데 소득을 극대화하고자 합리적인 노동 행위로 자발적으로 이주해 오는 노동력을 통제하여, 너무 많은 이주민이 유입될 경우 불가피하게 발생할 사회비용을 줄이고 일할 기회가 위협받지 않도록 보호한다. 즉 해당 영토에 대한 지배권을 가진 사람이 경계의 다공성을 조작하는 것이다. 예를 들어, 외교, 국제 무역, 외국 노동력의 고용이나 관광 등에 관여할 때 국가는 반드시 통제권하에 있는 경계에 대해 어느 정도의 다공성을 허용해야 하는 것이다.

다공성은 종종 선택적인 동시에 통제하에 놓이게 되는데 지배 권력이 그 지배 체계를 지지하고 촉진하는 데 도움이 될 만한 사람이 경계를 통과하는 것은 허용하되 이를 방해할 것으로 간주되는 사람은 거부하는 것이다. 다공성을 통제하기 위해서 국가는 다양한 이주 및 무역 법규를 만들고 세관을 통제하는 수단을 확립하여 지배권력이 바람직하지 않다고 보는 개인이나 물품의 입국 또는 출국은 거부한다.

인간과 재화의 자발적이고 자유로운 공간적 움직임은 엄격하게 제한된다. 원초적인 절대적 공간에 내재한 본질적인 자유와 평등을 보강하는 활동은 지배권력에 의해 부정된다.

4) 영토 독점과 총유에 관한 계급투쟁

일부 경제적으로 그리고 / 또는 사회적으로 종속된 사람들이 이처럼 지배 사회계급 또는 집단이 만들어 놓은 경계 지역의 '철제 격자'에 반대하여 투쟁을 벌이기도 한다. 이들은 국제적인 경계나 개인소유의 재산권에 대한 법적제도에 문제를 제기하면서 자신의 경제적, 사회적 혜택을 극대화할 수 있는 자신들만의 공간형태를 구성하고자 한다.

독점적 영토('작업 공간')와 관련된 한 가지 사례가 브라질의 '토지 없는 노동자 운동O Movimento dos Trabalhadores Sem Terra'이다. 이 운동은 빈민층과 토지 없는 소작농들로 하여금 농부, 지주, 또는 국가가 소유한 대규모 경작지에서 조그만 땅을 얻어 생계비를 벌 수 있는 사실상의 권리를 주장하도록 독려한 것이다.

여기서 한 구획의 공간을 주장함에 있어, 독점성은 지배자와 피지배자 간의 투쟁의 영역이 된다. '철제 구조(틀)' 내로 활동이 제한된, 경제적으로 불리한 사람들은 활동 공간을 확장할 의도로 기존에 확립된 경계를 무너뜨리고자 시도한다. 이들은 토지구획의 개인소유권이 폐지되어야 하며 전체 공간이 총유하에 있거나 보다 인류평등주의적으로 말하자면, 모두가 사용할 수 있는 공동 소유지로 전환해야 한다고 주장한다. 불리한 입장에 있는 이들은 원초적인 절대적 공간에 내재한 이상의 실현을 위해 무의식적으로 투쟁한다.

총유는 또한 활동 공간을 위한 전제조건이기도 하다. 통근이나 쇼핑 등의 활동을 위해서는 활동 공간에 수반된 무한의 참가자가 공동으로 공유하는 경로가 필요하다. 산책로를 예로 들면, 대부분의 실외 활동은 공동의 공간 개념이 없이는 수행할 수 없는데 통로는 보통 단순히 자발적으로 형성된 발자취가 누적되어 길을 형성하는 것이다.

따라서 총유 개념은 전적으로 개인 재산권에 기초해 있는 시장 자본주의를 지지하는 이들과 공간 활동에 있어 공동성을 기반으로 해석하는, 공생사회를 지지하는 이들 간의 논쟁의 영역이 된다. 전자의 경우, 유명한 '공유지의 비극'[7]에서 도출하여 개인 소유지로 편입시키는 경계만들기는 자원의 퇴화와 고갈의 위험성에 대한 유일한 궁극적 해결책이라고 주장하는 한편, 후자는 공동의 노력으로 세심하게 관리되는 공유지야말로 지속적이고 인류평등주의적인 사회를 위한 필수적인 전제 조건이라고 주장한다.

'공유지의 비극' 논란은 논쟁이 지속되는 사회-공간 투쟁이 원래는 평등주의적인 원초적 절대 공간의 전용과 독점적 경계만들기의 합법화란 문제를 둘러싸고 지속되고 있음을 시사한다. 경계가 만들어지고 제도화된 영토에 대한 이러한 투쟁은 결국 공간에 나타나는 또 다른 공간 투쟁으로 이어지는데 이것이 바로 '작업 공간'과 '행위 공간' 간의 모순이다.

---

7 G. Hardin, "The tragedy of the commons", *Science* 162(3859), 1968.

4. 제도화된 '작업 공간' 및 무정부적 '행위 공간' 간의 모순

앞 장에서 시사한 바와 같이, 절대적 공간의 실질적 포섭으로 형성된 영토는 두 가지 형태, 곧 상호 모순되는 아주 상이한 속성들로 구분된다.(〈표 1〉)

1) 두 가지 상이한 영토의 모순된 속성들

이 두 가지 유형 중 첫 번째 '작업 공간'은 『자본론』 속의 노동 과정에 관한 논의에서 나온다. 마르크스는 노동과정이 제조공장이나 농경지에서 독점적으로 영토를 차지해야 한다고 언급하였다. 마르크스는 노동과정이 일어나는 이 독점적인 공간 기반을 작업 공간'field of employment'[8]이라고 불렀다. 이 용어의 함축적인 의미는, 독점적으로 경계 지어진 영토 일반을 지칭하는 용어로 확대할 수 있다.

이 유형 중 두 번째는 '행위 공간' 또는 활동 공간이다. 이 용어는 독일의 사회지리학[9]에서 유래하였다. 인간의 행위와 사회, 경제적 활동 및 물리적 현상의 움직임은 절대 공간에 걸쳐 확산되며 공간 평등주의 성향을 나타낸다.

'행위 공간'은 전형적인 통근이나 오염물질의 방출 등과 같이 주변부에 대하여 중심부로부터 기인하는 현상이나 기관, 특정 활동이 반복적

---

8 K. Marx, *Capital,* Vol. 1, New York : Vintage, 1977a (1867).

9 K. Ruppert · J. Maier · R. Paesler, *Sozialgeographie,* Braunschweig : Westermann, 1993.

으로 공간을 이동하는 가운데 진행될 때 발생하는 '마디Node(결절)'이다. 이것은 일종의 영토인 동시에 그 범위의 한계는 지배자의 긍정적 행위에 의해 윤곽이 정해지는 것이 아니라 활동의 자발적인 감쇠 거리 distance-decay 효과에 의해 이루어지는데, 이때 공간상의 상호작용의 정도가 거리에 반비례하여 감소한다. 물리적 거리, 상대적 공간의 속성 및 자발적인 이동이 영토생산의 중추적인 역할을 수행한다. 따라서 그것은 지배 권력에 의해 통제되는 것이 아니라, 좀 더 무정부적이고 유동적이며 자유방임적이다. 다시 말해, 그것은 공간적 자유와 평등주의를 허용하는 원초적인 절대 공간에 더 잘 맞다. '행위 공간'의 또 다른 속성은 어떠한 기관이나 집단이 일정 구획의 공간을 독점적으로 차지하지 않는다는 점이다. 다른 기관들이나 활동들이 한 영토를 공유할 수 있으며 또한 하나 이상의 활동 공간이 서로 중첩될 수 있다.

각각의 '행위 공간'에서 행위자나 물리적 실체의 움직임은 실체나 본질에 따라서 고유의 공간적 영역을 지니는데, 이는 중심-장소 이론에서 가정한 바와 같이, 재화의 공간적 범위가 물품의 순서에 따라 결정되며, 서열이 낮은 물품보다는 서열이 높은 물품이 더 넓은 영역의 활동 공간을 수반하게 된다. 일정한 물리적 범위는 다소 유동적이며, 운송수단, 지역 경제의 성장과 쇠퇴, 도심 토지가격의 변동, 및 해당 행위자들 간의 물리적인 거리에 대한 인식의 변화 등 여러 가지 이유로 변할 수 있다.

그러나 '행위 공간'은 훨씬 더 많은 원인을 수반한다. 곧 일상의 일터에서 노동력을 팔거나, 통학을 할 때, 영구적 또는 일시적으로 이주할 때, 밀매를 포함한 상품 거래, 금융 또는 생산과 관련된 다국적 기업들의 활동, 군대 파병, 관광, 결혼 등의 가족 활동영역이 이에 해당된다. 그리고 특정 생태계의 동물과 식물 씨앗 및 오염물질의 이동 등 비인간적 행동들도 역시 '행위 공간'을 형성한다.[10]

〈표 1〉 '행위 공간'과 작업 공간의 모순된 속성

활동 공간 또는 행위 공간Aktionsraume	작업 공간Wirkungsraum
더 무정부적이고, 유동적이며, 자유방임적이다.	더 제도화되고, 통제되고, 강제적이다.
경계는 물리적 '감쇠 거리 효과'에 의해 결정되며, 이에 공간을 초월한 상호작용은 거리의 제곱에 반비례하여 감소한다.	경계는 물리적 전투와 뒤이은 평화 협상 등의 정치적 과정이나 명확한 경제적 거래로 인해 형성된다.
반복된 공간적 이동에 의해 형성된다.	경계만들기의 명확한 과정을 통해 생성된다.
상이한 행위자들이 하나의 영토를 공유하며, 하나 이상의 활동 공간이 서로 중첩될 수 있다.	사회 집단이나 경제 행위자가 독점적으로 차지한다.
불법침입이라는 개념이 없는 총유를 전제로 한다	영토의 개인 소유권을 전제로 하며, 무단침입 시 처벌의 대상이 된다.
지배 권력에 의해 통제되지 않는 자유롭고 유동적이며, 자발적인 인간 행동에서 기인한다.	일단 형성된 후에는 자유로운 인간 활동이 부정되거나 제한되는 '철제 구조(틀)'이 경계를 형성한다.
구성의 마디(결절)Node	구성에 있어 동질적이다.
권한의 부여와 자유.	지배와 강제

2) 사회적 투쟁과 '행위 공간'

앞서 논의한 바와 같이, 위에서 언급한 '행위 공간'은 덜 제도화되었고 더 자발적인 반면, '작업 공간', 또는 경계가 정해진 영토는 더욱 더 제도화되고 확고해졌다. 다양한 '행위 공간'은 공간 스케일 역시 다양한데, 예를 들어 대도시 지역의 스케일은 일상적 통근과 쇼핑, 장기 이주 노동의 범위, 민족 집단이나 공통 언어를 사용하는 집단의 거주 지

10 F. Mizuoka, op.cit, 2008.

역 등의 요소로 형성된다. '작업 공간'도 마찬가지로, 국가, 토지 사용, 지역 관할구역 등이 모자이크처럼 조직된 스케일들로 구성되어 있다.

이러한 스케일들 사이에 다양한 등급의 수직적인 내부 관계가 등장한다. 일부 스케일은 거의 전적으로 상위 질서의 스케일에 의존해 있는데 이는 마치 국가와 지방 관할구역 간의 관계와 흡사하다. 그러나 그 외에는 다른 스케일들에서보다 더 저항적이고 모순적이다. 가장 일반적인 투쟁은 무정부상태의 '행위 공간'과 제도화 된 '작업 공간' 간의 모순에서 기인한다. 지배 권력에 의해 제도화되고 경계가 정해진 영토는 항상 절대 공간의 보다 원초적인 속성에 내재한 활동들로부터 새로운 도전을 받는다. 사람들은 무지하든, 의도적으로든 제도화된 경계의 공간적 범위를 넘어서 행동한다. 따라서 활동 공간은 경계가 정해진 영토 내에서 행사되는 지배 권력을 침식하고 훼손할 수 있다.

'행위 공간'의 보다 무정부주의적이고 자발적인 특성이라 함은 제도화된 '작업 공간' 내에서 지배적 권위에 도전을 제기하는 것을 말한다. 권력자는 영토의 '철제 구조(틀)' 격자의 다공성을 통제하여 기관 또는 사회경제적 흐름의 자유로운 활동을 막는 한편, 하위 계층은 때로는 허가 없이도 이 경계를 뚫고 틀을 깨뜨려 자신들의 활동을 지속하려고 할지 모른다. 영토와 그에 대한 권위의 독점 및 경계는 그렇게 해서 훼손되는 것이다. 이러한 과정이 권위가 보기에 문제가 되는 것은, 제도화 된 영토 내에서의 지배 권력의 붕괴로 이어질 수도 있기 때문이다.

하위계층, 민족 집단 또는 개개인은 의도적으로 '작업 공간'과 '행위 공간' 사이의 모순을 사용하여 권위에 대항하는 투쟁을 위한 '재현 공간'을 만들 수 있다. 투쟁의 행위자는 공간화 된 억압에 공통된 속성에 근거하여 연합 전선을 형성할 수 있다. 예컨대 소수 민족 집단은 단체 행동을 위해 연합 전선을 형성 할 수 있다. 이들이 다른 경우에는 자신의 수입을 극대화 하기 위해 이성적으로 행동하는 시장 행위자들로서 더욱 더 개별적이고 분열되어 있다 할지라도 말이다. 역설적이게도, 이런 개별적 사례 중 다수는 시장 근본주의자들이 칭송하는 행위자들의 합리적 경제활동에서 비롯된 것이다. 이 경우 신자유주의의 사례와 같이 더 높은 임금을 위한 불법이주 혹은 더 높은 가격을 벌기 위한 밀매를 하기 위한 공간이 형성되기도 하는데, 이는 지배적인 권력에 의해 법적 제재를 받는 대상이 되기도 한다. 이러한 자유로운 이동은 합리적인 경제 주체의 자유방임적 행위에 기반하여 사람이나 재화의 자유로운 이동을 규제하려는 당국의 권력에 반하는 것이다. 이주와 관련된 전형적인 사례는 1970년대 영국 식민지 당국의 허가 없이 중화인민공화국에서 홍콩으로 고소득을 위해 중국인 노동력이 대거 이주한 경우이다. 밀수와 관련된 예로는, 태국에서 일용품 공급이 부족했던 버마로 생활필수품이 국경을 건너 수입되었던 일이다.

이러한 활동은 '행위 공간'을 만드는 활동하에서 제도화 된 영토구성을 바꾸어 놓는다. 이러한 '행위 공간'의 확산은 결국 제도화 된 영토를 훼손시켜 '철제 구조(틀)'를 용기容器로 사용하면서 살아남았던 권력은 붕괴될 것이다.

이 사회-공간 투쟁은 1989년 헝가리 국경의 '범유럽 피크닉'에서 분명하게 나타났다. 자발적으로 모여든 수천 명의 동독인들에 의해 만들어진 압력은 오스트리아와의 국경 울타리를 개방하도록 이끌었고, 그에 따라서 동독인들은 제도화 된 벽 – 이 벽은 동독인들을 '철제 구조

(들)'에 구속시켰고 이들의 잠재적 활동 공간을 제한했던 것이었다 – 에서 자유롭게 되었다. 그 후 독일 민주공화국의 스탈린 정권은 무너지고 말았다. 따라서 '작업 공간'과 '행위 공간' 간의 공간적 모순은, 지배적인 권력과 그 권력 아래에 종속된 이들 간의 사회적 투쟁의 표현이 되었다.

5. 상대적 공간의 포섭, 네트워크 및 사회적 투쟁

1) 상대적 공간의 포섭과 네트워크의 생산

원초적 공간의 상대적 속성은 절대적 공간과 대조되는 특성을 지닌다. 즉 고유의 공간적 지점을 개별화하고 그들 사이에 거리를 유지하는 것이다. 이러한 속성은 차별화, 고립 및 때로는 사회 내 차별 등과 같은 개념에 대해 더 수용적이다. 사회 또는 경제는 실체화되어 구성원 각자가 의사소통과 거래를 통해 상호연결되어 있을 때에만 적절히 기능한다. 일단 공식적으로 사회에 포섭된 후에는 이 상대적 공간 역시 사회와 관련하여 긍정적, 부정적으로 기능하게 된다.

긍정적 관점에서는, 상대적 공간이 사회에서 사람간의 상호작용과 경제적 거래를 위한 공간적 지표를 제공한다. 개인은 고유의 공간적 지점을 정하지 않고는 사회적 또는 경제적 상호작용을 수행할 수 없다.

그러나 부정적 관점으로는, 상대적 공간-거리의 또 다른 특성이 그러한 상호작용을 방해한다. 감쇠 거리 효과는 사회, 경제 활동의 공간적 확장에 한계를 정하여 상호작용을 어렵게 만든다. 거리상으로 멀어 어려움을 겪는 행위자들은 상호 간에 고립되거나 분열되고, 해당 사회 또는 경제는 붕괴의 위협에 내몰리게 된다.

따라서, 사회가 기술과 자금을 동원하여 원초적인 상대적 공간의 속성인 거리를 좁히려는 노력이 필수적이다. 이러한 부정적인 영향은 감쇠 거리 효과를 약화시키는 운송수단과 의사소통이라는 물리적 수단 또는 생산된 공간으로 사회가 극복해야 한다. 이것이 '공간통합' 또는 상대적 공간의 실질적 포섭과정이다.

국가 기관의 강제적 권력을 통해 성립되는 경계만들기와는 달리 공간적 통합은 물리적 수송 또는 의사소통 라인의 생산과 차후 유지관리를 통해 가능하다. 상대적 공간에 있어서는 '철제 구조(틀)'의 생산은 권력이 허가한 공적투자 또는 민영투자로 달성 가능하다. 절대적 공간의 실질적 포섭에 비석이나 울타리 또는 기둥과 같은 물리적 설치물이 필요하기는 하지만 상대적 공간의 제도화는 조성된 환경에 이보다 훨씬 더 막대한 양의 물리적 투자를 요구한다.

단순히 운송과 의사소통 수단으로 두 지점을 연결하는 것만으로는 충분하지 않은데 연결해야 할 지점들이 영토 여기, 저기에 분산되어 있을 경우 2차원적인 구조가 형성되기 때문이다. 따라서 여러 지점을 연결하는 다수의 1차원적 라인을 활용할 필요가 있으며 운송 및 의사소통 수단은 네트워크 형태로 생산되어야 한다.

여러 라인과 마디로 구성된 네트워크에 있어서 본질적인 '공간 통합의 역설'이라는 것이 있다. 더 빠른 속도로 더 많은 양을 운송할 수 있는 더 효과적인 수단을 건설하고 운영하는 데 있어 킬로미터 당 비용이 더 많이 소요된다. 따라서 그러한 네트워크는 불가피하게 전형적인 형태보다 수적으로 드물며, '바퀴살형hub-and-spoke' 공간 구성을 만들고 공간적 요철을 악화시킨다. 이로써 절대적 공간의 등방성, 동질성 회복이 한층 더 어려워지는 것이다.

거리의 소멸 자체가 본질적으로 계층-중립적이기는 하지만 계층의 본질은 네트워크의 공간적 구성에서 분명하게 나타난다. 지배권력은 보통 그 중심을 더 높은 순위에 두기 마련이다. 지배구조를 확고히 하기위해서 지배권력은 상위의 핵심부, 부수적인 마디 지점, 더 변두리의 주변 지역으로 구성된 계층적 공간체계를 형성한다. 이 지점들은 지배계층이 공적투자를 통해 건설한 운송 및 의사소통 네트워크와 연관되어 있다. 네트워크의 패턴은 정치지배, 자본축적, 군대파병을 원활히 하는 방향으로 계획되고 생산된다. 전형적인 공간의 경우, 그 수직적 사회 및 권력구조가 분명하게 내재 돼 있고 하위계층은 이에 복종해야 한다.

철도와 도로의 국가적 중추라인은 네트워크의 가장 중요한 지점을 차지하는 행정의 중심으로 건설된다. 식민지의 경우, 이러한 네트워크는 종주국과 식민지 경제를 연결하는 주요항구와 주변 지역을 연결 짓는 식민통치자의 관심에 따라 형성된다. 원주민을 고려하여 형성하는 경우는 없다. 공간적 이동과 공간의 동질성을 구성하고자 하는 원주민의 풀뿌리 요구는 거의 고려되지 않는다. 공간적 이동은 주로 지배권력이 생산한 공간을 위주로 형성되기 마련이다. 도시체계는 이러한 공간적 중추 지역을 따라 성장하는 반면, 고유의 전형적인 도시체계는 특히 식민지에서는 종종 무시되곤 한다.

2) 네트워크 구축을 통한 계급투쟁

공간적 네트워크를 통한 이러한 공간적 지배하의 하위계층은 자기들만의 공간 통합 네트워크를 생산하고자 하며 지배계층의 사회구조를 방해하고자 시도한다.

우선 하위계층은 밀집되어 있고 동질적이며, 편안하고 상대적으로 저렴한 비용과, 통근, 쇼핑, 레저 등의 일상의 필요를 충족시킬 서비스를 충분히 공급받을 수 있는 공공 운송 네트워크를 요구한다. 이처럼 보다 동질적인 '행위 공간'에 대한 필요는 포드주의 시대에 어느 정도 달성되었으나 신자유주의 정권 하에서는 충돌의 영역이 되었다. 이러한 성격의 네트워크를 달성하고자 보조금을 통한 보편적인 서비스의 원리를 채택할 것을 요구하였다. 따라서, 이 공간 투쟁은 신자유주의를 지지하는 쪽과 비판하는 쪽 모두에 공통적으로 나타났다.

하위계층은 더 긴 공간범위를 아우르는 공간적 통합을 이룰 대안적인 네트워크가 필요할 수 있다. 이 경우에, 권력에 대항하려는 이들은 자신들만의 운송 네트워크를 형성하여 목적을 달성하려 할 지 모른다. 하위계층은 대안적인 운송 네트워크를 건설하려는 움직임 속에서 자신들의 '행위 공간'을 실현할 수 있다.

이와 같은 대안적인 운송 네트워크의 예로서 미국에서 냉전시대에 운영되었던 '지하철'을 들 수 있다. 이를 사용하여 남부 농장지대에서 산업화된 북부 지역으로 흑인노예를 운송하였는데 이곳에서 노예들이 해방되었고 북부 자본가들이 운영하는 제조공장의 노동력으로 전환되었다. 또 다른 예로는 호치민 트레일Ho Chi Minh trail이 있는데, 이는 중화인민 공화국, 베트남 북부, 라오스 캄보디아를 베트남 남부와 연결하여 이후에 미국 허수아비 정권이 점령한 베트남 남부의 민족해방전선에 군수품과 기타 군용품을 수송했다. 호치민 트레일의 일부는 군용 트럭을 수용할 수 있었고 남부에 있는 여러 '해방구'를 베트남 북부와 연결하는 정교한 네트워크가 형성되게 되었다. 이러한 '트레일' 네트워크를 통해 북부 베트남인들은 베트남 전쟁을 승리로 이끌 수 있었다.

공간을 통합하기 위한 제도화된 수단과 비교했을 때, 이와 같은 대안적인 운송 네트워크는 때로는 초라한 수준인데 하위계층이 견고한 운송 기반구조를 형성할 만한 충분한 자금이 없기 때문이었다. 그럼에도 불구하고 지배 권력을 약화시키는데 있어서는 하위계층에게 여전히 필수적인 요소이었다.

6. '표류 공간'과 공간 투쟁

'공간통합의 역설'로 인해 일부 영토는 공간 통합의 네트워크에서 불가피하게 이탈하게 된다. 운송기술이 인간과 재화를 더 빠른 속도로 운송할 수 있게 됨에 따라, 네트워크의 공간적 요철은 더 악화되었다. 이러한 요철의 악화현상은 경계가 정해진 영토에서 권력에 의한 지배 강화가 차등적으로 적용됨을 의미한다. 곧 핵심 지역은 권력하에 굳건해 지는 한편, 주변에서의 지배는 더 약해질 수 있다. 지배권력이 그 장악력을 국가 영토전역으로 확대한다 하더라도, 이를 성공적으로 감시하기 위해서는 더욱 촘촘한 네트워크를 구축해야 하는데 이에 들어가는 자금 수준은 제한적일 수 있다.

이처럼 공간 통합이 불완전함으로 인해 영토의 일부는 당국의 권력이 약한 상태로 지속되거나 전혀 포섭되지 않기도 한다. 그로 인해 지배력으로부터 벗어나고자 애쓰는 사회 집단이 권력의 통제나 감시 없이 상대적으로 자유롭게 활동할 수 있게 된다. 따라서 실질적인 포섭의 영향을 벗어난 영토는 여전히 지배 권력의 불완전한 통제하에 있으며, 우리는 이를 '표류 공간'이라는 용어로 표현할 수 있다.

1) 표류 공간과 공간 투쟁

과거, 공간에 대한 감시체계를 확립하기 위한 기술이 더 원시적이었을 때 '표류 공간'은 여러 국가들에서 일반적으로 나타나는 특징이었다. 예를 들면, 만주국Manchukuo에서 중앙정부는 그 권력하에 있는 주변 산악지대에 대해서는 결코 완벽한 지배력을 행사할 수 없었다. 소련 국경 일대 지역은 항일투쟁에 가담한 게릴라 대원에 의해 침투될 수 있었다.

'표류 공간'은 제도화된 영토의 '철제 구조(틀)'의 영역을 벗어나 있어서 종속된 사회집단은 권력의 지배범위를 피하고 표류 공간을 투쟁의 대안적 마디 기지로 비밀리에 개발할 수 있었다. 이는 감춰진 '해방구'의 형태를 취하기도 하는데, 곧 권위에 대항하는 그리고 국가적 또는 글로벌적 반란에 가담하는 출발점 역할을 하기도 한다. 이런 의미에서 표류 공간은 '재현 공간'을 생산함에 있어 중요한 요소을 제공한다. 투쟁에 있어 그러한 마디기지의 효과는 권력의 감시로부터 감추기 위한 하위집단의 기술과 권위에 의한 공간적 점유의 힘에 따라 좌우된다. 그러한 마디기지의 예를 1960년대까지 말레이시아와 태국의 고립된 산악지대에서 찾아볼 수 있다. 마오쩌둥의 전략과 중국혁명으로 고무된 공산주의자 반란군이 이 국가들에서 공산주의 혁명을 일으킬 목적으로 북부경계 지역에서 투쟁의 중심지를 확립하였다.

2) 표류 공간을 차단시키려는 반대 투쟁

지배 권력은 항상 영토 전역에 굳건한 장악력을 유지하고자 하므로 표류 공간을 파악하여 반란 움직임을 차단하거나 공간을 가능한 효율적으로 감시하고 통제할, 보다 강력한 수단을 개발하려고 시도한다.

따라서, 지배권력은 도시의 거리 곳곳에 '보안 카메라'를 설치하고 자연환경 보전 지역에 들어가는 사람들에게 허가를 받도록 요청하거나 사전에 당국에 등록하도록 하며, '표류 공간'을 반란을 위한 대안적 중심지로 전환하려는 반체제 인사들의 어떠한 시도도 차단시키고자 '항구적인 대기' 상태로 특수 작전부대를 배치한다. 최근에 고급 정보 및 공간 테크놀로지는 심화되는 표류 공간을 통제하는데 크게 기여하였다. 인공위성은 표류 공간 내 '의심스런' 활동을 파악하기 위해 외부 공간에서 고해상도 항공사진을 확보한다. 소니Sony의 펠리카FeliCa로 개발된 대중교통용 IC 요금 카드는 홍콩에서 옥토퍼스 카드Octopus Card : 八達通로 처음으로 사용되었는데 이후 개인의 이동 경로에 대한 데이터를 지속적으로 수집하기 위해 전 세계 여러 도시로 확산되었다(이를테면 동경의 스이카Suica 카드). 이 데이터는 IC 요금 카드업체의 데이터베이스에 수록되어 개인기록을 추적하기를 원하는 당국이 언제든 사용할 수 있었다. 지배권력은 이처럼 '표류 공간'에 대해 적대적으로 활용될 수 있는 가능성을 말살하기 위해 한층 더 강화된 역량을 갖추게 된 것이다.

뉴턴이 '신의 유비쿼터스 센서'라 칭했던 '절대 공간의 연금술'을 이제 인간이 사용할 수 있게 된 것이다. 공간의 '철제 구조(들)'은 훨씬 더 강화된 통제력, 더 강력해진 체계를 갖추었다. 다른 한편, 하위계층은 이러한 '대안적' 영토를 비밀리에 활용하는 데 있어 더더욱 무력해 지고 있었다.

오늘날과 같은 그러한 "해방구"를 조성할 가능성은 국가영토에 대한 감시 및 통제기능이 불가능한 국가에만 존재한다. 아프리카의 소말리아가 좋은 예이다. 이곳의 반란 집단에게 있어서는 세계에서 보기 드문 '표류 공간'을 제공하여 세계적으로 지배적인 신자유주의적 권력에 대한 역공격의 대안적 중심지를 확립할 수 있게 해 주는 유용한 공간이다. 바로 이 때문에 신보수주의는 그러한 국가를 '실패한 국가'[11]로 치부하고, 이를 아프가니스탄의 사례에서처럼 식민통치와 흡사한 정치 지배체계하에 두고자 했다.

11 M. Wolf, "The need for a new imperialism", *Financial Times*, 10.October, 2001.

3) 경제력에 의한 표류 공간 배치

흥미롭게도, '표류 공간'은 신자유주의적 정권하에서 절대권력을 장악한 금융자본에 의해서도 전개될 수 있다. 금융자본은 자금을 '국가 관할구역의 규제범위 밖으로' 옮기거나 또는 재정운영을 통제하고 "조세 피난처tax havens"를 통해서 공식적인 금융규제를 벗어날 수 있다

이러한 조세 피난처는 지리적으로 글로벌 자본주의 주변영역에 자리하고 있으나 여전히 재정적으로 강력한 핵심지구 국가의 주권하에 있다. 일반적인 예로 캐리비안의 케이먼 아일랜드Cayman Islands를 들 수 있는데, 여전히 영국의 식민지 상태에 있다. 전 세계 금융의 중심지로 여겨지는 런던 시는 금융 컨설턴트가 고객들로 하여금 현행 금융규제의 허점을 활용하도록 조언하는 상황을 암암리에 동조하고 있다.

금융경제는 형식적으로는 조세 피난처를 더 엄격하게 통제할 필요성에 대해 반복적으로 역설한다. 그러나 이러한 금융 표류 공간에 대한 강경조치가 시행된 적은 없다. 지배적인 '글로벌 사회'는 그러한 '표류 공간'을 '실패한' 것으로 낙인찍은 적은 결코 없었으며 항상 감시와 반대 활동을 포기시키려는 시도를 하고 있다. 조세 피난처는 신자유주의적 금융경제의 필수적인 요소로서 지배적인 '공간 재현'의 구성요소를 형성한다. '표류 공간'의 계급 속성이 여기에서 분명해진다.

7. 중심-장소 시스템-영토 통합의 궁극적 '철제 구조(틀)'

1) 다중 스케일 공간 배치에 내재한 지배 권력

지배 권력은 영토의 구석구석을 효과적인 지배하에 둘 필요가 있다. 앞서 논의된 바와 같이, 이 작업은 크게 두 가지 요소로 나뉘는데 보다 무정부적인 '행위 공간'을 통제하는 것과 표류 공간에서 숨겨진 대안적 중심지를 확립하려는 시도를 약화시키는 것이다. '중심-장소 시스템'은 적어도 이상적으로는 이러한 작업을 달성한 궁극적인 공간적 모델이다.

사회적, 경제적 활동의 배열과 관련된 다양한 공간적 범위의 여러 '행위 공간'이 존재한다. 이들은 중첩되고 누적되어 무정부적 영토층을 형성한다. 이러한 '공간 재현'을 생산함에 있어 필요한 작업 중 하나는 그러한 '행위 공간'에 공간적 경계를 그음으로써 지배권력의 사회적 관계와 양립하는 질서를 확립하는 것이다. 따라서 권력은 다수의 '행위 공간'이 있는 전체영토를 단일조정 공간체계에 수직통합해야 한다. 이것이 '영토 통합'으로 알려진 사회적, 공간적 과정이다. 이 영토통합은 관련 공간의 실질적 포섭을 형성하는데, 이때 원초적 속성과 생산된 속성 간의 관계는 물론 공간의 절대적, 상대적 속성 간의 관계도 수반된다.[12]

영토통합의 궁극적인 해결책에 대한 모델이 중심-장소 시스템에 대

---

12 F. Mizuoka, *op.cit.,* 2002; F. Mizuoka, op.cit., 2008.

한 크리스탈러의 저서에서 제시된 바 있다.[13] 이 모델에서 물품구매 활동을 대변하는 모든 '행위 공간'은 다양한 공간범위로 보완 지역 Ergänzungsgebiet이라 불리는, 명확하게 구분되는 육방형 영토의 수직으로 중첩된 층안에서 꼭 맞게 배치되어 각 지역의 중심에서 계층적으로 형성된다. 전 영토에 걸쳐 균일하게 확산되어 있는 각 경제 행위자는 하나의 집단으로 간주되는 중심 지역들을 방문하도록 되어있는데, 이는 행위자가 살고 있는 곳에서 가장 가까운 지역들이다. 중심 지역에서 제공하는 활동에 참여하기 위해 이동 거리를 최소화하려는 개개의 기관들의 합리적 선호관계 덕분에 '행위 공간'은 이제 무정부적 본성을 빼앗겼고 여러 공간 스케일의 깔끔하게 겹치는 육각형 계층구조의 지배권력 아래로 완전히 복속되었다. 이처럼 통합된 영토 내에 구성형태는 표류 공간의 여지를 전혀 남겨두지 않는다.

생산된 '공간 재현'을 중심-장소 시스템만큼이나 엄격하고 완벽하게 확립하고 관리하는 것은 지배적인 권력 아래에 다채로운 공간 스케일 전체를 통제하기 위한 권위의 주요 임무이다. 따라서, 지배권력은 계층화된 중심 지역들과 그 주변 보완 지역들의 마디 네트워크를 구성한다. 이처럼 중심 지역들의 엄격하게 구조화된 체계는 기관들이 지정된 중심지만을 방문하고 인접한 보완 지역들의 '침입'하지 않는다는 것이다. 이 가설은 곧 지배 권력에 의한 통합 영토의 '철제 구조(틀)'로서 각 행위자의 공간적 이동을 제한한다.

---

13 W. Christaller, *Die zentralen Orte in Süddeutschland,* Darmstadt : Wissenschaftliche Buchgesellschaft, 1968.

따라서 중심-장소 시스템은 가치중립적인 공간적 산물이 아니다. 사회적 관계와 지배는 고요하지만 체제 깊숙이 내재해 있다. 이러한 사회 정치적 배태성은 현실적으로 중심-장소 시스템의 건설에서 국가 토지개발계획Raumordnung이라는 명목하에 도시 기반구조 마련을 위한 대규모 공공 투자를 시행하는 예에서 뚜렷이 드러난다.

2) 계급투쟁과 식민주의에서의 중심-장소 시스템

정치적, 사회적 관계가 계층화된 중심-장소 시스템 형성에 깊이 내재해 있다는 추론은 곧 공간적 계층구조의 패턴에서 어느 한 계급 또는 민족집단이 다른 집단과 상당히 달라야한다는 점을 암시한다.

한 가지 예는 피식민지 공간 배치이다. 식민지 모국은 일반적으로 자기 자신의 중심-장소 시스템을, 식민화 이전에 존재하던 기존의 토착적 중심-장소 시스템을 별로 고려하지 않은 채 이 토착적 중심-장소 시스템에 안착시킨다. 식민지에 대한 지배 권력은 일반적으로 가장 높은 서열의 중심지를 항구 도시에 배치하기 때문에, 이곳에서 식민 경제와 정치는 대양 운송 수단과 전신을 통해 종주국의 자본에 직결된다. 랑군(양곤)과 캘거타의 경우를 살펴보면, 이 항구 도시는 또한 식민 행정의 요충지로 기능할 수도 있다. 일단 그러한 중심-장소 시스템을 얹혀놓으면 서서히 식민 지형에 새겨지게 되어 결국 식민화 한 영토의 주요 공간적 요충지로 변화된다. 독립 이후에도 대부분의 식민 중심-장소 시스템은 새로 독립한 정부에 의해 계속 국가 영토의 요충지로 사용된다.

예를 들어, 식민화된 한국의 지방에서 일본은 조선왕조부터 이어진 전통 중심지에 인접하여 그 자체의 새 행정 중심지를 지었다. 한반도의 동해(일본해) 연안 경상북도에서 포항은 전통 흥해 다음가는 식민 행정 중심지로 지어졌다. 마찬가지로, 일본은 울릉도에 도동을 설치하여 대하(태하)의 전통 지역 중심지를 대체하게 하였다. 이렇게 구성된 환경이 독립 이후에도 공간구성을 계속 규제하였다. 대한민국은 포항과 도동을 중심 장소로 인수하여 계속 이 지역을 사용하였으며 그 지역의 경제 행정 중심지로 개발하였다. 그러나 최근 들어 한국 정부는 인근에 KTX역을 건설함으로써 흥해의 전통적인 중심지를 재건하고자 하였다. 반면 이전 만주에 일본 정착민들이 건설한 마을규모의 중심-장소 시스템은 거의 방치되었다가 만주국 붕괴 이후에 재건되었다.

절대적, 상대적 공간 포섭의 경우와 같이 중심 지역의 시스템들은 투쟁의 필수 도구가 된다. '공간 재현'으로 건설된 중심-장소 시스템에 반하여 하위 계층은, '표류 공간stray space'에 건립된 중심지를 가지고 비밀리에 해방을 위한 '대안적인' 중심-장소 시스템을 만들고자 할 수도 있다.

'재현 공간'으로서 중심 지역 체계는 지어진 네트워크가 부여하는 지배 권력을 파괴하는데 사용 할 수 있다. 하위계층이 지배권력에 의해 형성된 네트워크와 같이 전체 국가영토를 아우르는 촘촘한 네트워크를 건설하기란 힘든 일이다. 막대한 비용과 지배권력의 지속적인 감시 때문이다. 그럼에도 불구하고 중심 지역의 제도화된 체계 내 주변 지역의 로컬리티는 표류 공간과 사회적 투쟁을 위한 상위 지휘기능을 수행함으로써 대안시스템 내에서 상위 서열의 중심이 될 수 있다. 제도화된 지배 계층에게는 감춰진 대안적인 중심-장소 시스템은 적어도 지배계층의 체계보다는 단순화된 형태로 지배 정치체계를 성공적으로 전복시킴에 있어 필수적인 공간적 도구로 여겨진다. 예를 들어, 중국 국민당과 일본 침략군에 대항하는 투쟁 중에 중국의 공산당은 그 '해방구'에 다양한 계층구조의 공간적 체계를 조직하였다. 유토피아 공간을 추구한 데이비드 하비Harvey는 하스hearth(거주의 기본 단위), 에딜리아edilia(이웃), 리죠나regiona(자급자족하는 생태 지역) 및 네쇼나nationa(상호 교과 거래를 위한 연맹)[14]의 이름하에 그러한 대안적인 공간 계층구조를 규정하였다.

8. '스케일 점핑Scale jumping'

-상위의 공간등급을 투쟁의 도구로 장악

종속된 개인 또는 집단은 중심-장소 시스템 내에서 자신들의 '행위 공간'의 범위를 제한할 의무가 없다. 권한을 부여받기 위해서, 그들은 상위 공간등급에 도달하기 위해 로컬리티의 한계를 뛰어넘는 행동의 공간적 범위를 확장할 수도 있다. 이로써 신선하고, 더 힘을 실어주는 투쟁을 위한 공간적 기반이 열리게 되는 것이다.

이러한 공간적 전략을 '스케일 점핑'[15]이라 칭한다. 스케일 점핑은

---

14 D. Harvey, *Spaces of hope,* Edinburgh : Edinburgh University Press, 2000.

15 J. Glassman, "From Seattle (and Ubon) to Bangkok : The scales of resistance to corporate

하위계층의 입장에 있거나 억압되는 사람들의 행동으로서 더 낮은 공간적 스케일에 제한되어 있으면서 투쟁의 공간적 범위를 확장하는 것이다. 곧 행동의 공간 스케일을 상위의 공간 스케일로 전환시킴으로써, 더 효과적으로 역량을 강화하고, 정치적, 사회적 목적을 달성할 수 있는 더 나은 기회를 모색하는 것이다.

스케일 점핑은 '작업 공간' 및 '행위 공간' 간의 모순적 요소를 포함한다. 앞장에서 논의한 사회-공간적 과정과는 상반되게도 여기서는 '재현 공간' 생산은 필요하지 않다. 하위계층의 입장에 있는 개인은 어떻게든 자신의 공간적 범위를 확장하고자 할 것이며 기존의 더 낮은 공간 스케일에서 더 높은 공간 스케일로 점핑하여(뛰어 넘어) 영향력을 높이고 자신들의 목소리를 더 멀리 전달되게 할 것이다. 이러한 스케일 점핑은 제도화된 영토 – 여기에서 지배자는 종속된 이들을 억압하는 권력을 행사한다 – 의 경계를 너머 투쟁의 '행위 공간'을 확장함으로써 해방을 이끌어낸다. 국가의 권력은 이러한 제도화된 경계를 초월하여 힘을 행사할 수 없는 반면, 종속된 이들은 자신들의 투쟁을 위해 더 높은 공간 스케일에서 더 넓은 '행위 공간'을 통솔할 수 있는 것이다.

예를 들어, 다국적 기업이 소유한 공장에서 발생한 환경오염으로 고통을 겪는 지역의 주민들은 자신의 정치적 관할권 범위 밖에서 이 다국적 기업을 규제할 수 없는 한 무기력할 수밖에 없다. 더 엄격한 환경규제를 달성하려는 투쟁에서 성공할지라도 이 다국적 기업은 그러한 규제를 피할 수 있는 다른 곳으로 공장을 옮기기만 하면 되는 것이다.

---

globalization", *Environment and Planning D-Society and Space* 20(5), 2002.

이 경우 주민들은 다국적 기업의 '행위 공간'에 상응하는 공간 스케일을 가져야 한다. 그들은 스케일을 점핑할(뛰어 넘을) 필요, 예컨대 때로는 국가적 스케일을 뛰어 넘어 그린피스 같은 글로벌 영향력을 갖는 대안적인 비정부 기구에 지원을 요청하고, 이 대안적 비정부 기구가 다국적 기업의 글로벌한 활동에 대항 할 수 있는 힘을 집결하도록 설득해야 할 필요가 있다. 다국적 기업이 더 이상 '공간 조정spatial fix', 즉 지역 주민의 투쟁을 피하기 위해 동일한 공간 스케일에서 영토를 전환하는 것에 의지할 수 없게 되면, 마침내 주민들이 승리를 쟁취하게 될 것이다. 최종 분석에서 하비가 기술한 바와 같이, 상위의 공간 스케일을 확보하는 이들이 이 투쟁에서 승리할 가능성이 더 크다.[16]

9. 공간 투쟁을 통한 로컬의 생산

공간의 배치는 공간 포섭의 사회-공간적 과정의 산물이다. 공간은 원초적 공간 포섭의 모순을 초월할 때 생산된다. 이 과정은 공간의 구성을 제도화할 권력을 지닌 당국의 감시하에서 공식적으로 수행되고 관리된다. 그러나 이 과정은 또한 다른 계급과 민족집단에 의해 수평구조로 수행될 수도 있다. 공간 포섭의 과정과 공간을 사회내에서 생산하는 것은 언제나 계급 및 민족 특정적이다. 이 때문에 공간은 사회적 투쟁에 있어 매우 중요한 요소이며, 공간은 권위에 대항하여 싸우

16 D. Harvey, *Urbanization of capital,* Oxford : Blackwell, 1985.

는, 종속된 집단이 사용하는 '무기들' 중 하나로 기능한다.

'작업 공간'과 '행위 공간' 사이에 제기되는 논쟁에서 거론되고 맥락화 되는 제도화 되거나 대안적인 공간의 구성 그리고 궁극적으로는 '공간 재현'과 '재현 공간', 즉 공간적 지점과 상대적 공간의 특성은 불가피하게 고유한 사회 공간적 특성을 포용한다. 이것을 장소 또는 '로컬리티'라 칭한다.

비판지리학자의 임무는, 특정 로컬리티에서 뿐만 아니라 보편적으로도 성공적인 사회 투쟁을 위해, 또한 사람들의 역량 강화를 위해 공간이 가진 긍정적 잠재력을 분석하고 알리는 것이어야 할 것이다. 그리고 바로 이 때문에 지리학은 더 나은 사회와 경제를 달성하기 위한 중요한 사안으로 간주되어야 한다.

참고문헌

Glassman, J., "From Seattle (and Ubon) to Bangkok : The scales of resistance to corporate globalization", *Environment and Planning D : Society and Space*20(5), 2002.

Hardin, G., "The tragedy of the commons", *Science* 162(3859), 1968.

Marx, K., "Results of the immediate process of production", edited and translated by Rodney Livingstone, In *Capital*, Vol. 1, New York : Vintage, 1977b.

Mizuoka, F., "Subsumption of space into society and alternative spatial strategy", *Geographische Revue* 10(2), 2008.

Soja, E., '"Socio-spatial dialectic", *Annals of the Association of American Geographers* 70(2), 1980.

Wolf, M., "The need for a new imperialism", *Financial Times*, 10 October,2001.

Christaller, W., *Die zentralen Orte in Süddeutschland*, Darmstadt : Wissenschaftliche Buchgesellschaft, 1968.

Dicken, P., *Globalshif*, 6th ed, Los Angeles : Sage, 2011.

Giddens, A., *The nation : state and violence,* Vol. 2 *of A contemporary critique of historical materialism*, Berkeley : University of California Press, 1987.

Harvey, D., *Urbanization of capital*, Oxford : Blackwell, 1985.

_________, *Spacesofhope*, Edinburgh : Edinburgh University Press, 2000.

Lefebvre, H., Trans. Donald Nicholson-Smith, *Production of space*, Oxford : Blackwell, 1991.

Marx, K., *Capital*, Vol. 1, New York : Vintage, 1977a.

Massey, D., *For space*, Los Angeles : Sage, 2005.

Mizuoka, F., *Keizai-Shakai no Chirigaku*, Tokyo : Yuhikaku, 2002.

Pile, S. · Keith, M., *Geographies of resistance*, London : Routledge, 1997.

Ruppert, K · Maier, J., · R. Paesler, *Sozialgeographie*, Braunschweig : Westermann, 1993.

커뮤니티를 위한 공유 공간의 위상*

손은하

1. 공간의 다원화

최근 정보화의 급속한 발달로 인해 공간의 유형이 다원화되고 있다. 전통적인 공간의 유형에서 벗어난 새로운 모습의 공간이 나타나는 경향이 보인다. 워크맨이 처음 나왔을 때, 공공 공간에서 이어폰을 끼고 음악을 들으며 사적인 행위를 즐기는 것으로 공적 공간에서의 사적인 모습이 등장했었다. 요즘에는 모바일 폰의 진화로 인해 와이파이가 되는지 여부에 따라서 공간의 유형이 바뀌기도 한다. 이러한 맥락에서 나온 '노매딕 스케이프nomadic scape'라는 개념은 '공공 공간에서의 유목적 경관화'를 의미하는 말이다. 이는 공공 공간에서 기존의 공공적 역

* 이 글은 2012년 『동북아문화연구』 제32집에 게재된 「공유공간과 커뮤니티」를 수정한 글이다.

할을 수행함과 더불어 시공간으로부터 자유로울 수 있는, 기본적으로 휴식이 되면서 업무수행도 가능한 다양성을 지닌 공간으로 소통과 연계성을 구축할 수 있는 곳[1]으로 새로운 유형의 공간형태가 등장했다. 또한 이로 인한 새로운 형태의 커뮤니티들도 생성된다. 디지털 무선기기들의 동시 접속이 가능함으로 인해 유비쿼터스 형 커뮤니티 구현이 가능한 것이다. 이는 현대 산업과 기술의 발달로 인해 새로운 공간과 새로운 커뮤니티 유형이 생성되는 것을 알 수 있다.

가상공간cyber space[2]이 처음 등장했을 때도 새로운 공간에 대한 다양한 논의가 일었고, 이를 받아들이는 시각도 각 학문마다 학자마다 차이점이 나타났었다. 그 중에는 드디어 물리적인 공간이나 지리학적 경계에 대한 의미가 상실될 것이라는 전망들도 나타났다. 그러나 네트워크상에서 이루어지는 커뮤니티들의 생성은 (실제 공간에서는 상관없이) 그 가상공간에서만 가능할 것이라고 하던 전망과는 달리 오프라인 상으로까지 연결되기도 하고, 탈공간화와 더불어 탈 경계화로의 논의로까지 이끌기도 했다. 첨단으로 치닫는 기술의 발달은 생각지도 못한 공간의 개념을 만들어 낼 것이고, 이러한 양상은 시간이 갈수록 가속도가 붙을 것으로 전망된다.

공간에 대한 다양한 유형과 속성은 새로운 공간에 대한 개념을 이끌어 낸다. 이 글에서는 그 가운데 공유 공간에 대한 논의를 하고자 한다.

---

1 이지영, 「도시공원의 노매딕 스케이프에 관한 연구」, 홍익대 디자인 대학원 석사논문, 2009, 23쪽.

2 인공두뇌학을 의미하는 사이버네틱스cybernetics라는 용어로부터 온 말로, William Gibson이 자신의 소설에서 가상공간cyber space이라는 용어를 처음 사용함으로써 일반 대중들에게 소개되었다.

지금까지의 공유 공간에 관한 연구들을 살펴보면, 사회적 공간에서의 큰 시각에서 보기 보다는 건축물의 영역에서나, 주거 공간 내에서의 공동 영역에 주목하여 연구를 한 경우가 대부분이었다. 따라서 '공유 공간'에 대한 개념의 폭이 좁은 편이라고 할 수 있다. 또한 이 공간에 대한 연구는 연구사적으로 살펴보기가 미미할 만큼 성과물에 관해서도 많지 않았음을 밝혀둔다. 이 글에서는 사회적 공간에서 형성되는 사회적 관계와 상호 작용하는 모습에 주목하고, 공간의 다양한 시각을 물리적 영역과 더불어 사회적인 측면에 대한 논의를 하고자 한다. 특히 공유 공간의 역할을 통해서 인간의 행위와 심리를 어떻게 제어하고, 그 가치는 어떻게 발현되는지에 대한 것과 커뮤니티와의 관계 그리고 건축적인 어메니티amenity 요소와도 연계해서 논하고자 한다.

2. 공공 공간과 공유 공간

공간은 그것이 가지고 있는 성격에 따라 개방되거나 폐쇄되는 면이 나타난다. 일반적으로 공적인 공간은 열린 공간의 성격을, 사적인 공간은 닫힌 공간의 성격을 지닌다. '열려있다'는 것은 익명의 불특정 다수에게 공개되었다는 면에서 공공적이라고 볼 수 있다. 그렇지만 공적인 영역과 사적 영역의 경계는 결코 고정된 것이 아니다. 각 정의에 따라 담론이 달라지기도 하고, 새롭게 형성되기도 한다. 근대 공공성의 정의에서 결정적인 의미는 종교나 신앙을 '사적인 것'으로 다룸으로 공공적인 쟁점에서 제거하는 것이었다.[3] 그러나 이런 식의 담론은 자의적 해석으로 인해 기타 중요한 사안들이 공론화 되지 못하고 사적인 사안으로 치부되는 난점을 떠안게 된다. 이는 현 사회에서 종교적인 면뿐만 아니라 미시적인 일상 차원에서도 드러나고 있다. 사적인 공간인지, 공적인 공간인지에 따라 공권력의 행사여부도 결정된다. 따라서 현 사회에서 영역에 관한 부분에 대한 면밀한 검토가 필요한 것이다. 그러면 이 장에서는 사적영역과 공적영역의 두 영역 모두에 걸쳐 있어 비슷하게 사용되고(아니 구분을 하지 않고) 있는 공유 공간과 공공 공간에 대해 살펴보도록 하자. 이 두 공간의 차이점을 파악하는 것이 공유 공간 이해에 필요하다.

1) 공공 공간의 개념

먼저, 공공 공간에 대해서 살펴보면, 공공 공간에서의 공공은 영문으로 'public'을 사용한다. 사전적인 의미로는 '일반인의', '(특히 정부에서 제공하는) 대중을 위해', '관官, government service'이 개입하는 경우를 의미하고 있다. 소유와 사용면에서 공公적이면서, 공共적인 공간의 성격을 모두 지니고 있다. 공공 공간public space은 일종의 사회적 공간으로 일반적 대중들이 자유롭게 접근이 가능한 도심 공간으로 예를 들면 거리, 광장, 공원, 대중들에게 제공되는 공공도서관, 청사 등을 들 수 있다. 역사적으로 서양에서는 공공 공간을 일종의 기념비 주변에 공학적으

---

3 사이토 준이치, 윤대석 역, 『민주적 공공성』, 이음, 2004, 35쪽.

로 설계된 도시 광장, 교회광장 등을 의미하는 것이 대부분이었는데, 이러한 공간은 사람들에게 보편적commons으로 작용하여 정치, 사회, 문화적인 활동장소로 활용되었다.[4] 어원은 라틴어의 'pubes'에서 유래된 말로 개인의 행동이 다른 사람들에게 미치는 영향을 이해할 수 있는 능력, 전체를 볼 수 있는 능력을 의미한다. 기록상으로 'public'이 처음 사용되었을 때는 사회 내의 '공동선'을 의미했다고 한다. 그리스 · 로마 공화정의 '공적인 것res publica'에서, 지도자의 선출이나 전쟁과 같은 공동체의 운명을 결정하는 주요 정책을 결정하는 광장이라는 공간에서 시민 모두의 참여를 행하는 것을 말했다.[5]

그렇지만 현대 사회 도시에서의 공공 공간의 의미는 여러 가지 요인으로 인해 확대, 변화하기도 해 새로운 시각으로 해석할 필요가 있다. 또한 공공 공간 개념은 미국과 유럽에서 차이점을 보인다. 유럽인들은 중심부 광장에서 우연한 만남을 통해 공공과 접촉을 하고, 미국인들은 길거리의 패스트 푸드점에서 유리 너머로 세상을 보며 공공과 접하게 된다고 한다.[6] 그리고 심적으로 사람들이 느끼는 공간의 의미 변화는 매체의 발달과도 연관이 있음을 알 수 있다.

이와 같은 공공 공간은 공공성publicness을 담론으로 하기 때문에 공

4 Jurgen Habermas, *The Structural Transformation of the Public Sphere-An Inquiry into a Category of Bourgeois Society*, Cambridge, MA : MIT Press, 1989.

5 최기원, 「지역문화시설의 공공성과 계획요소에 관한 연구」, 서울대 건축학과 석사논문, 2005, 33쪽.

6 손종우, 「공공 공간의 도시적 의미에 관한 연구」, 서울대 건축학과 석사논문, 2000, 73쪽에서 재인용. 우리나라도 현대사회로 접어들면서 다양한 공간들이 사적인 공간으로 전환하게 된 경우를 볼 수 있다. 백화점 등과 같은 상업 공간은 물론이고, 공원이나 섬과 같은 공간도 사유지로 변환된 사례가 증가한다.

공성에 대한 개념을 짚어볼 필요성이 있다. 공공성에 대한 논의도 각 학문별로 층위가 다양하다. 공공성에 대한 측면이 다양하게 있으나 모두 같은 용어를 사용하고 있기 때문에 혼란이 야기된다. 먼저, 공공성이라는 용어에 대한 개념은, 문자 그대로의 해석대로라면 '모두에게 공평하고 정당하고자 하는 성격', '여럿이 함께하는 성질'을 뜻한다. 일반적으로 공적인 것과 밀접한 관계를 지녀, 개방적이고 집단적인 속성을 지니고 있다고 할 수 있다. 최근에는 개념의 폭을 확장시키고, 공공의 가치라는 점을 부각시켜서 탈 근대사회에서 지향해야 할 실천사항으로 삼고 있기도 하다. 그러나 그 안을 자세히 들여다보면, '집단'의 주체가 모호해지는 부분이 있다. 불특정 다수를 이야기하는 것인지, 사회적 소수자와 같은 사람들도 포함 가능한 것인지, 명확한 구분은 없다. 오히려 누구나에게 개방되어 있어 보이기는 하나 사회적 소수자와 같은 집단을 암묵적으로 배제하는 경향이 짙다고도 볼 수 있다. 하이데거가 공공성을 '일반인이 지배하는 영역이며 서로 차이나 특색을 잃고 섞이는 존재양식 밖에 허용하지 않는 비본래성의 공간이다'라고 말한 것은 고유성을 상실하는 혼합영역으로 성격을 규정한 것으로 볼 수 있다.

사이토 준이치가 '공공성'의 조건으로 '열림'을 이야기 한 것은 이런 양상을 이해하는데 매우 유용하다. 거기서 공공성의 조건은 폐쇄된 영역을 갖지 않아야 그것을 충족시킬 수 있다. 또한 그는 공공성을 '가치의 복수성을 조건으로 하여 공통의 세계에서 저마다의 방식으로 관심을 가지는 사람들 사이에서 생성되는 담론의 공간'으로 본다. 이 말은 균질하지 않은 복수의 가치와 의견 사이에서 생성되는 공간이라는 말이다.[7] "공공적 공간은 공사의 경계를 둘러싼 담론의 정치가 행해지는 장소이지, 공공적인 테마에 관해서만 논의해야 하는 장소가 아니다. 무엇이 공공적인 테마인가는 의사소통에 선행해 미리 결정되어 있는 것이 아니다."[8] 반면에 공공성과 대비한 본래적 의미에서 '공동체'는 '닫힌 영역'을 형성하고 균질한 가치로 채워진 공간으로 규정한다. 종교적이거나 도덕적, 문화적 가치 등의 공동체에서 본질적인 가치를 공유할 것을 요구하며 일원적이며 배타적인 귀속을 요구한다. 폐쇄성이 강한 종교적 단체와 같은 경우를 의미한다. 그렇지만 최근 공동체를 규정하는 다양한 함의들을 살펴보면, 열린 공간을 유도하고, 참여의 폭을 넓히려는 다양한 시도들을 하고 있다. 예컨대 그전에는 토지의 공동 소유 등으로 규정지어졌던 의미가 최근에는 정서적인 친밀함과 교류를 나누는 상호연대적인 성격을 가지고 있다. 그렇지만 이도 강한 결속력의 여부에 따라 개방성의 정도가 차이가 드러난다. 그러므로 모든 공공 공간이 열린 공간이고, 사적 공간은 닫힌 공간이라고 말할 수는 없다. 이 둘 모두가 서로의 경계를 넘나들며 공유하는 부분들이 존재한다. 학자들은 이를 '사이 공간in-between space',[9] '반半공간semi-space' 등의 다양한 이름으로 부르고 있다.

한나 아렌트도 공공성에 관하여 설명하면서 '사이'에 관해 언급을 하고 있다. 그녀는 공공성을 두 가지 측면에서 보고자 했다. '현상의 공

---

7 사이토 준이치, 앞의 책, 29쪽.

8 위의 책, 36쪽.

9 단순히 공간과 공간사이에 있는 개별적 영역으로 보다 도시 공간의 경계에 위치하는 중간적 영역으로 공간의 유연한 연결과 융합을 돕는 동시성의 공간으로 인식해야 한다.

간'과 '세계'와 관련된 것이다. 그러나 그녀는 두 측면 모두 인간의 행위에 중요한 의미를 두었다. 행위는 인간들 '사이'에서 이루어지는 것이고 이러한 행위가 발생되기 위해서는 공공 영역이 필요하다고 본 때문이다. 공중 앞에 나타나는 것은 누구나 보고 들을 수 있기 때문에 가장 폭넓은 공공성을 가지며 다른 사람에 의해서도 하나의 현상으로 지각되는 것이 실재를 구성하고 있다는 관점을 아렌트는 다음과 같이 표현한다. "공공적public이라는 용어는 서로 밀접하게 관련되어 있으나 완전히 일치하지 않는 두 현상을 의미한다. 첫째로 공중 앞에 나타나는 모든 것은 누구나 볼 수 있고 들을 수 있으며 그러므로 가능한 가장 폭넓은 공개성publicity을 가진다는 것을 의미한다. 우리에게는 현상이 이 현실성을 구성한다. 두 번째로 '공공적'이라는 용어는 세계가 우리 모두에게 공동의 것이고 우리의 사적인 소유지와 구별되는 세계 그 자체를 의미한다.[10] 세계에서 함께 산다는 것은 본질적으로 탁자가 그 둘레에 앉는 사람들 사이에 자리 잡고 있듯이 사물의 세계도 공동으로 그것을 취하는 사람들 사이에 존재하는 것을 의미한다. 모든 사이in between가 그러하듯이 세계는 사람들을 맺어주기도 하고 동시에 분리시키기도 하는 '사이'이다."[11]

하버마스는 공적 권위의 영역을 국가와 궁정 귀족사회로 간주하고

---

10 사회학에서 논의되는 공공성은 주로 공공 영역에 관한 부분이다. 공공성은 크게 보면 세 가지 층위를 가진다. 첫째, '공공적 가치'나 '공공적 특성'과 같은 개념에서 그것이 가지는 가치와 관련을 시킨다. 둘째, 공공적 가치가 구현되는 '공간'으로 공공적 행위가 이뤄지는 곳을 말한다. 셋째, 공공적 행위를 수행하는 주체로서의 매개자와 관련된 것으로 공공적 가치를 지향하는 집단, 기관으로 이해된다.(김세훈 외, 『공공성』, 미메시스, 2008, 26쪽 참조)

11 한나 아렌트, 이진우·태정호 역, 『인간의 조건』, 한길사, 2008, 102~105쪽.

있다. 그는 공공영역을 '문예 공공영역'과 '정치 공공영역'으로 구분하고 있다. 전자는 문학예술 활동을 중심으로 개인이 공론의 장에 참여하는 공간으로 점차 사사로운 영역을 넘어서 공공의 문제로까지 영역을 확장시킨다고 한다. 후자는 전자를 통해 논의 경험을 갖게 된 개인들이 확장된 영역으로 논의의 범위를 넓힘으로써 결과적으로 여론public opinion과 같은 비판적 공공 담론을 형성하는 공간으로 삼고 있다.[12]

마르쿠스 슈뢰르Markus Schroer는 도시성 개념과 공공성 개념이 밀접하게 결부되어 있다고 설명한다. 도시적 공간은 언제나 공적 공간이며, 고대로부터 이런 구분은 공적이란 '정치성의 공간'을, 사적이란 '가정 경제의 영역'을 의미하는 것으로 보았다.[13] 도시는 하나의 경계 긋기의 결과물로 그 안에 공적인 공간과 그 바깥에 사적인 공간이 존재하고 있다. 오랜 기간 동안 공공성의 고전적인 장소라고 할 수 있는 거리, 광장, 공원과 같은 곳들이 사적 공간화가 되어가고 점점 많은 공간들이 사적 공간화 되어 도시에 퍼져가고 있음을 지적한다. 그 또한 공적 · 사적의 개념쌍이 양극화에 대한 의미를 잃었다고 보는데, 이 두 공간은 상호침투하면서 파생물을 남기기 때문이다.[14] "공공 영역이 지니고 있는 특수한 성격으로 '공공성'을 형성해낸다는 점에서 그것은 하나의 규범적 틀이자, 구체적인 구성원들과 인적 물적 교류망을 지녔다는 점에서 특정한 사회 공간이다. 특정문제에 관한 견해와 내용들이

---

12 위르겐 하버마스, 한승완 역, 『공론장의 구조변동—부르주아 사회의 한 범주에 관한 연구』, 나남출판사, 2001.

13 마르쿠스 슈뢰르, 배정희 · 정인모역, 『공간, 장소, 경계』, 에코리브르, 2010, 261~263쪽.

14 위의 책, 264쪽.

교환되는 언어적 의사소통의 그물망이자, 문제해결의 합리적 방안을 제시하는 성찰적 이성의 저장소이다."[15] 또한 공공 영역이 사적 영역의 대응물이 아니라 한 부분이라는 것이다. 이러한 점은 구체적 공간의 영역이라기보다 보편적이고 일반적인 개념의 영역에 관계된다. 하버마스는 정치권력의 영역으로서의 공적 영역과 사회적 재생산의 영역으로서 사적 영역이라는 전통적인 구분을 따르지 않고 오히려 이런 구분을 무너뜨림으로써 진정한 공공 영역의 성격을 제시하고자 시도했다고 평가할 수 있다.[16] 그러나 현대가 목격한 것은 공공 영역의 사적 영역화이다. 공간적으로는 도시로 갈수록, 시간적으로는 미래로 갈수록 공공성의 사적 영역화에 대한 위험성이 도사리고 있다. 이는 자동차와 같은 산업 기술의 발달과 더불어 미디어의 발달도 한 몫을 한다고 볼 수 있다. 바르트는 이렇게 말한 바 있다. "사적 세계는 바리케이드 친 도피 요새가 되었다."[17] 전통적으로 공적 공간으로 인식되는 공간이 어떤 집단에게는 사적 공간과 뒤섞이게 되고, 사적 공간 또한 외부에 대해 완전히 폐쇄될 수 없다.

이제 공공 공간을 개념적으로만 접근할 경우에는 구체적으로 다가오지 않는 모호함이 있기 때문에 유형별로 구분을 지어보자. 건축기본법 제3조에는 공공 공간이란 "가로 · 공원 · 광장 등의 공간과 그 안에 부속되어 공중이 이용하는 시설물"을 뜻하고 있다. 크리어R. Krier는 건물 내부의 중정부터 건물과 건물 사이, 넓게는 자연으로 둘러싸인 오

---

15 위의 책, 위의 쪽.

16 최갑수, 「서양에서 공공성과 공공영역」, 『진보평론』 NO.9, 진보평론, 2001, 327~328쪽.

17 마르쿠스 슈뢰르, 앞의 책, 262쪽에서 재인용.

픈스페이스까지도 포함시키고 있다.[18]

오늘날에는 사용의 여부에서 점차 공공에 의해 사용되는 장소가 곧 공공 공간으로 보는 입장도 늘고 있다. 공公적인 개념에서 공共적인 개념으로 점차 느슨해지고, 확장된 것이다. 아렌트는 물리적으로 열려있는 것과 더불어 정신적으로도 공유하는 공동성을 모두 가지고 있는 공간을 지목하며, 개방적인 것과 동시에 사람들이 머무를 수 있는 체류성도 가지고 있어야 할 요소로 언급하고 있다. 현대 사회는 모든 면에서 급변하고 있기 때문에 공공 공간도 가변적인 면을 지닌 불확정성을 띄고 있다. 이런 점을 건축에서도 적극적으로 받아들여 여러 가지 이벤트를 지니는 공간들을 만들어 상호 작용에 따라 다르게 적용할 수 있는 설계들이 줄이어 등장하고 있다. 다시 말하면 처음 개발하거나 설계를 계획할 시부터 불확정적인 컨셉으로 진행을 하는 것이다. 이와 같은 형태의 효시를 연 것이 베르나르 추미Bernard Tschumi가 설계한 파리의 '라 빌레트 공원La Villete Park'이다. 이 공원은 '상호작용 철학의 해체주의 공원'이라고 불린다. 추미는 자크 데리다의 해체주의 철학에 기반하여 이 공원을 설계했다.[19] 흔히 알고 있는 휴양의 개념의 공원

18 고재웅, 「디자인 서울 공공 공간 가이드라인의 한계와 개선방안에 관한 연구」, 서울시립대 대학원, 2010, 17~20쪽. 오픈 스페이스의 구체적인 예를 살펴보면 공지의 주차장, 건물의 주변 공간, 고속도로 하부 등의 공간이다. 이는 가로와 광장을 연결해 주는 기능을 가진다.

19 100년 넘게 유럽 최대 규모의 소 도살장과 가축 거래소가 있던 곳을 음악복합관, 과학박물관 등의 건축물이 있는 도시문화공원으로 탈바꿈. 추미는 3차원, 점, 선, 면의 동선을 컨셉으로 10미터 높이의 빨간색 폴리를 120미터 간격으로 반복적으로 설치했다. 일부 폴리는 문화, 상업 공간으로 활용하기도 하지만 대부분의 폴리는 특별한 기능이 없는 미완성의 구조물로 시간의 흐름에 따라 인간의 활동과 이벤트, 프로그램이 우연하게 결합하여 새로운 상황을 발생시키도록 한다. 이러한 폴리는 문화의 (인간과 사회의)매개자로서의 역할을 감당하고 있다.

이 아니라 사람의 개인의 시각에 따라 공간 활용이 달라질 수 있음을 인지하고 상호작용을 지향하는 공원으로 다양한 사람들이 활동할 수 있는 공간으로 만들어졌다. 이러한 공간적 특성으로 말미암아 사람들에게서 특별한 활동activity이 일어나고, 일방적인 관계를 벗어나 다양한 상호 유대관계를 맺도록 유도하고 있는 것이다. 공간의 형태와 특성으로 인해 사람들의 다양한 행동을 만들도록 한다는 것이다. 이러한 해체주의적 공간은 공유 공간 개념이 대두할 수 있는 토대가 되었다.

2) 공유 공간의 개념

그러면 공공 공간과 비교해서 공유 공간이란 무엇인가? '공유'는 명사 'sharing몫, 할당'을 말한다. 동사로는 'share분배하다, 나누어 쓰다'라는 의미를 가진다. 이 같은 의미를 가진 공유에, 공간이라는 명사형을 붙인 공유 공간은 'shared space'를 보편적으로 사용한다. 그렇지만 우리나라에서 근래에 들어서는 'common space'로 사용하고 있는데 'common'의 의미에 중점을 두고 전유해서 사용한 것으로 보인다. 공유 공간shared space이라는 말은 팀 파로Tim Pharoah가 거리의 경계 없이 도로배치를 설명하기 위하여 사용하였으며,[20] 이후 이 용어는 주 도로, 교차로, 광장 등 도시설계의 컨셉에서 주로 사용되었다.[21] 그렇지만 처음 사용한 것에

---

20 Tim Pharoah, *Traffic Calming Guidelines*, Exeter-Devon County Council Engineering and Planning Department, 1991.

21 Robert D. Leighninger, Jr, "Cultural Infrastructure-The Legacy of New Deal Public Space,

서 점점 공공 공간과 공용 공간 등의 용어와 의미가 뒤섞이기도 하고, 새롭게 정의되기도 하면서 의미의 변화가 발생했다. 따라서 이 용어에 대한 다양한 부분들을 살펴보고 재 고찰할 필요성이 있다.

1968년 *Science*지에 실렸던 하딘의 글 「공유지의 비극The Tragedy of the Commons」에서 공유지common pool resource는 모두에게 개방되어 있는 공간을 말한다.[22] 이때 'commons'가 사용되었다. 공유 공간은 공적·사적 두 가지의 성격을 동시에 가지기에 반半공·사적 영역이다. 때에 따라서 이 공간의 역할은 관계를 좋게 만들기도 하지만, 사적인 영역을 보장하지 못하는 방해의 공간으로 전락하기도 한다. 모든 반半공·사적 공간이 공유 공간은 아닌 것이다. 이를 기점으로 해서 common은 다양한 분야에서 사용하고 있다. 건축학 쪽의 공간 논의에서도 공유든 공용이든 이를 사용하는 경우가 많은데 여기서는 사람들과 나누는 공간의 의미가 강하므로 'shard space'로 사용을 하고 정서적인 공유에 좀 더 깊은 의미를 두고자 한다.

여기서 짚고 넘어가야 할 용어 가운데 공용 공간이 있다. 이 공간 또한 반半공·사적 공간의 위치에 놓인다. '공용'이라고 하면 사용의 측면에서 바라본 개념이다. 집단의 사람들이 함께 사용한다는 의미이다. 그렇지만 이것도 소유의 의미를 가진 '공유' 공간을 포함하고 있는 경

Journal of Architectural Education, Vol.49 No.4, 1996, pp.226~236.

22 G. J. Hardin, "The Tragedy of the Commons", *Science* 28, November 1968, pp.1103~1107. 이 논문은 지나친 개인주의적인 면으로 인해 공유지가 황폐화되고 결국은 모두가 사용할 수 없는 단계에 이르고 만다는 것을 수학적으로 풀어내고 있다. 여기서 사용되고 있는 공유지는 소유의 개념적 의미로 정확한 사적·공적 소유 없이 여러 사람에게 개방되어 있는 공공재를 의미한다.

우가 발생하기도 하고, 때에 따라서는 혼용하기도 한다. 이 글에서는 '사용use'면과 '소유ownership'면으로 '공용'과 '공유'의 구별하기는 무리가 있다. 이 두 가지 면은 때로는 겹치기도 하고, 분리되기도 하기 때문에 이를 구별하는 잣대로 삼기에는 다른 많은 리스크가 발생을 한다. 앞서 말한 공공 공간도 의미가 점점 확장되어 이와 맞물리는 부분이 발생된다. 여기서는 공유 공간을 주체들의 소유 여부와 사용에 따른 개념의 차이는 잠시 접어두고, 정서적이고 친밀한 관계를 만들 수 있는 공간에서의 기능적인 의미가 있는지 여부에 따라 두 공간의 차별을 부각시켜 의미규정을 하고자 한다. 이러한 공간은 건축물 내에서의 좁은 규모에서도 있을 수 있고, 마을과 같은 단위에서 한 공간이 차지할 수도 있다.

공유 공간에 대한 의미부여 없이 피상적 차원에서 함께 사용하는 의미로서의 공용 공간은 사무적인 건물이라면 복도, 휴게실, 주차장, 엘리베이터와 같은 곳을 말할 수 있고, 주거 공간이라면 이외에도 쓰레기 처리장, 놀이터와 같은 곳을 들 수 있다.[23] 구체적인 예로 여직원 휴게실과 같은 장소에선 그들만의 공유의식을 가진 그룹이 형성될 것이고, 놀이터와 같은 곳은 또래 아이집단들이 이용을 할 것이므로 그들끼리의 커뮤니티(공동체)가 생길 것이다. 이러한 공간은 친밀한 교류의 장소로 지속될 가능성이 높다. 공유 공간이 가지고 있는 공간적 특성에서 좀 더 반사적半私的 영역으로 이끌어 낸 것이다. 이에 반해 복도와

23 Hoshiar Nooraddin, "in-between space-Towards establishing new methods in Street design", *GBER,* Vol.2 No.1, 1999, pp.50~57.

같은 경우는 사람이 지나치는 공간이지 머무르게 하는 공간은 아니다. 어떠한 면에서 그 공간은 소음이나 기타 다른 방해 요소로부터 안전한 거리를 유지하게 하는 방어의 기능도 가진다. 사회적 관계망이나 친밀한 교류의 성격을 지니지 못하는 엘리베이터나 복도, 주차장과 같은 공간은 공유 공간의 범위 안으로 들어오기는 어렵다. 공유 공간은 반공적 · 사적 공간의 성격을 가지고 있는 공용 공간의 큰 틀 안에 위치된다고 보면 되겠다. 다음의 그림을 참조하면 이해가 될 것이다.

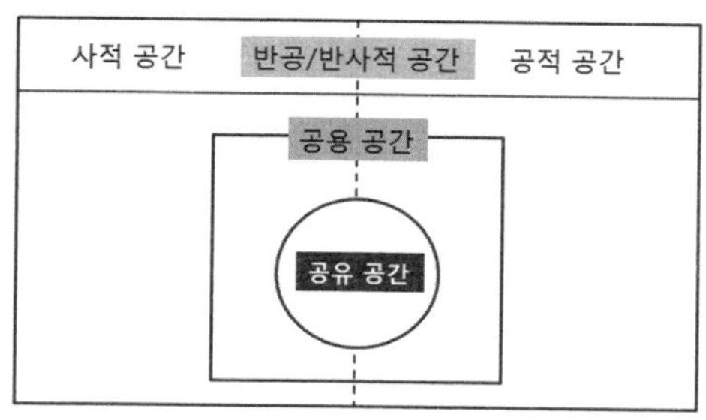

〈그림 1〉 유형에 따른 공간의 범위

"공유 공간의 존재는 공적영역으로부터 외부인의 접근을 여과 혹은 유도하며, 사적영역으로 부터는 거주자들의 주생활의 일부를 끌어내어 편의를 도모하며, 거주자 간 상호교류를 증대시키는 사회적 기능과 공적영역에서 사적영역에 이르기까지 다양하고 풍부한 공간적, 영역적 경험을 가능하게 한다. 또한 여러 공간을 연결시키는 통로로서의 역할 또는 인위적 건축 공간과 주변 자연환경을 유기적으로 결합시키는 형태적, 환경적 기능을 제공하는 곳이다"[24]라는 공간적이고 환경적

---

24 유창윤, 「도심 집합주거 공유공간의 프로그램 조직 및 공간 구축 방법에 관한 연구」, 건

인 영역의 입장에서 정서적인 친밀감의 형성될 수 있는 의미를 둔 공간으로 말하고자 하는 것이다. 이는 물리적인 면 뿐 아니라 비물리적인 면의 경계에서 상호 교류가 가능하며 이 두 측면의 성격을 완충하는 공간으로서의 기능을 가질 뿐만 아니라 확장된 공간을 누릴 수 있게 만들며 커뮤니티들의 유대관계 형성에도 직접적인 역할을 한다고 볼 수 있다. 그렇지만 이 공간이 공동체를 위한 공간으로만 사용되는 것은 아니다. 이는 협의의 개념으로 바라본 시각이다. '사회적 교류의 장', '정보 교환의 장', '친밀함을 나누는 장' 등 다양한 측면으로 이 공간을 누릴 수 있는 것이다. 소유와 사용의 주체는 차치하고, 이 공간에서 인간적인 교류와 신뢰관계를 만들어갈 가능성이 있느냐가 더욱 주목되는 점이다.

공유 공간의 특성과 기능이 잘 나타나는 곳은 미리 계획된 공동체 마을의 형태에서이다. 기능별로 매개 공간, 관리 공간, 교육 공간, 생산 공간 등이 명료하게 분할되어 있다. 최근 생태마을을 추구하며 인위적으로 공동체 마을을 형성한 경우에는 다양한 계획된 공간들이 마련되어있다. 주거 공간과 사회활동 공간이 마을 내에서 이뤄지는 경우가 많기 때문에 공동으로 자원을 활용하거나, 건축을 하거나 하는 등 일련의 활동들이 첨가된다. 그리고 이러한 유형은 공유 공간과 공용 공간이 겹치는 경우가 많이 발생한다. 그리고 계획적으로 마을을 구성했기 때문에 주거 공간과 공유 공간의 위치를 사람의 동선을 고려해 효율적이고, 자연스러운 친목 공간이 발생하도록 만들어진다.

국대 건축학과 석사논문, 2010, 22쪽.

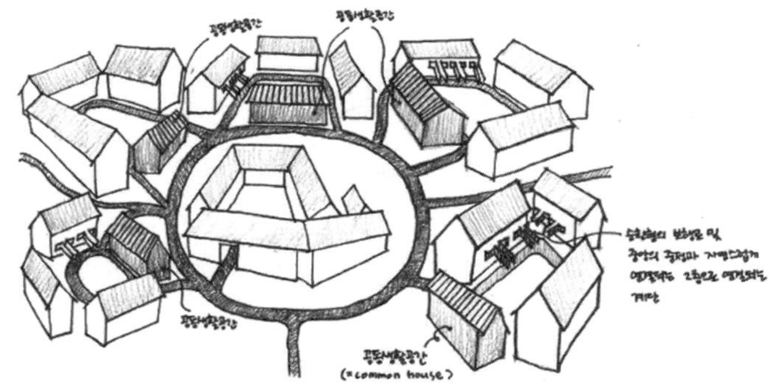

〈그림 2〉 뭉케쇠고르 마을의 배치도[25]

위의 그림은 덴마크 로스켈데에 위치한 농촌형 공동체 마을로, 생태마을을 조성하기 위해 설립된 '코보'라는 조직에 의해 시작되었다. 다양한 직업군을 가진 사람들이 모여 마을을 조성하였는데, 공동 주거와 다양한 공동의 형태 활동을 하는 공동체다. 이들의 주거 형태와 공용·공유 공간을 살펴보면 효율적인 동선과 공간과의 연결로 인해 접근성을 높이고, 다양한 기능성과 친밀성을 가진 공간의 형태를 보이고 있음을 알 수 있다. 지붕에 줄이 그어진 곳이 공유 공간의 역할을 하는 공간이다. 각 주거지마다 인접한 곳에 하나의 작은 공유 공간이 들어서 있고, 중앙에는 모든 사람이 접근하기 쉬운 곳에 이러한 성격의 공간이 자리 잡고 있음을 알 수 있다.

---

25 이은숙, 「생태공동체마을의 공용공간특성연구」, 숭실대학교 실내디자인학과 석사논문, 2012, 70쪽.

3. 공유 공간의 특성

근대에 들어서 사회적 공간에서 주목받았던 공간 개념은 공적 공간과 사적 공간으로 나뉘었다. 그러나 이와 같이 이분화된 공간 개념은 시간이 흐르면서 그 속에 결여된 공간을 인식하고, 중간 영역의 기능을 다시 찾아 그 공간에 대한 의미를 새롭게 부여하고자 하는 방향의 전환이 있어왔다. 그 이유는 극단적인 이분법적인 사고는 공간의 성격을 규정짓는데 있어 다양한 부분을 인정하거나 발견하지 못하게 만들기 때문이다. 그 지점에 위치 지워진 공간이 공유 공간shard space이다. 여기서 공유 공간은 반공적semi-public · 반사적semi-private 공간이라고 말할 수 있다. 건축학 쪽에서는 공유 공간의 의미를 "거주자들이나 건물의 사용자들이 함께 쓰는 모든 시설과 영역을 뜻하며 공유 건물 내에 제공된 각 공간"이라고 규정한다.[26] 본래 건축물에서 공동의 공간을 뜻하던 공유 공간 개념은, 커뮤니티 공간으로의 좀 더 넓은 의미까지 확장을 요청 받고 있다. 이 연구는 공간이해를 건축적인 면에서의 다원화뿐 만이 아니라, 커뮤니티 공간들에게서도 다원적인 시각이 필요하다는 관점에서 시작한다.

공유 공간은 단지 함께 사용한다는 공용common use이나, 소유ownership의 차원을 넘어서 친밀의 공간, 그리고 몸과 마음의 치유 곧 힐링healing의 공간으로서의 가능성을 타진할 필요성이 제기되고 있다. 현대 사회에서 나타나는 사람들의 피폐한 정서는 다른 사람들과의 연

26 최미옥, 「공간의 경계에 관한 연구」, 건국대 건축학과 석사논문, 1999, 59쪽에서 재인용.

대와 소통의 관계를 통해 회복할 가능성이 크다. 이 때 상호관계를 만들어주고, 지속시켜주는 기능적인 장소가 중요한 역할을 할 수 있다. 공유 공간은 사적 영역과 공적 영역의 완충지대이며, 공간이 가지고 있는 특성에서 친밀함을 이끌어낼 수 있는 면을 지니고 있다. 이런 점은 공유 공간이 물리적 공간으로부터 시작하지만 정신적인 면을 포함한 공간으로까지 확장해 다양한 기능을 담당할 수 있을 것으로 전망해 본다.

공간은 그것이 가지고 있는 자체로 다양한 특성이 발현됨을 알 수 있듯 공유 공간이 가지는 특성 또한 살펴볼 필요성이 있다. 이를 기능적인 면과 정서적인 면으로 구분하여 보고자 한다. 먼저, 기능적인 면으로는 '영역성', '접근성', '기능성'으로 나누고자 한다. 첫째, '영역성'은 '활동'과 같은 다양한 측면을 실행할 수 있는 영역을 확보하고 있어야 한다는 것이다. 앞에서 언급했듯이 공유 공간은 공적인면과 사적인 면의 성격을 모두 지니는 영역성을 지니고 있었다. 두 번째로 '접근성'이다. 물론, 물리적 거리에 의한 접근이 사회적 거리를 앞서는 것은 아니다. 수많은 형태의 커뮤니티 활동들이 가까이 있는 사람들끼리의 교류로 이뤄지지 않는다는 점은 이미 주지하는 바이다. 그럼에도 불구하고 접근성이 용이하다는 점은 많은 역할을 기대할 수 있는 부분이다. 특히, 생활 공간과 인접한 곳에 위치한 공간은 공유 공간으로 활용되기에 좋은 조건을 가졌다고 할 수 있다. 세 번째로는, '기능성'을 들 수 있다. 이것은 공간이 어떠한 기능을 가지냐에 관한 문제다. 비록 반공적・반사적인 공간이긴 하지만 누구나 개인의 프라이버시에 대해서는 보호를 받고 싶어 한다. 이러한 측면과 더불어 외부의 위험이나 방해요소를 차단하는 기능도 갖춰져야 한다. 그리고 이 공간에서는 사람들과의 '교류의 기능'도 있고, '생산의 기능'이 발생하기도 한다. 공동으로 경작하는 텃밭과 같은 곳에서는 수익성이 있는 작물의 재배로 생산의 기능까지도 담당할 수 있다. 그렇지만 두 번째의 특성인 '접근성'에 대한 시각은 학자들마다 견해가 나뉜다. 부르디외는 공간적인 접근성은 있지만 사회적으로 먼 관계에 놓인 사람들은 오히려 더 큰 거리감과 상실감을 느끼게 된다고 한다. 그는 공간적 접근으로부터 사회적 접근을 추론하는 것은 '환상'이라고 간주한다. "공간적으로 접촉은 하지만 사회적으로 멀리 떨어져 있는 사람들만큼 우리가 더 멀게, 또 더 참을 수 없다고 느끼는 사람은 없다."[27] 그는 도시사회학에서 말하는 공간적 근접과 사회적 근접의 상호관계성과는 반대의 입장에 있다. 그렇지만 부르디외는 사회적 접근이 공간적 접근보다 선행되는 것으로 본다.[28] 그리고, 공간의 이득이나 공간에 대한 처리력(처분권)은 '자본의 소유'에 따라 가능여부가 달라진다고 한다. 공간에 대한 처리력이 없는 자본이 없는 사람들은 이웃의 소음을 참아야 하고, 조망권을 차단당하는 등 공간이 부족하기 때문에 자신이 원하지 않는 모든 것으로부터 차단되지 못하는 것이다.[29] 이와는 대비되는 경향을 가진 학자로

27 마르쿠스 슈뢰르, 앞의 책, 109쪽에서 재인용.

28 위의 책, 107~108쪽. 사회적 접근은 공간적 접근을 통해 만들어질 수 없다는 입장으로, 오히려 사회적 공간 내의 근접이 물리적 공간 내의 접근이 일어나도록 만들어준다고 본다. 사회적으로 근접한 구성원들끼리 서로 더 가깝고 접근하려는 경향을 가진다는 것이다. 물론 작은 공간에 소속되어 있는 사람들 사이는 서로 더 가깝게 만들 수 있고, 이들을 움직일 수 있게도 만든다.

29 이는 생활 공간에서 직접적으로 일어난다. 같은 지역, 같은 동네에 살지만 경제력, 문화적 차이가 나는 경우 사회적인 접근성이 현저히 떨어진다. 같은 공간, 지정학적 위치만 같을 뿐이지 사회적인 친밀성을 형성하기가 어려운 것이다. 사회적 공간에서 먼 거리의

홀E. T. Hall은 공간에서의 행태연구를 통해 '근접학proxemics'이라는 용어를 만들어 냈다. 친밀감 형성은 거리distance와 관계가 깊다고 보는 것이다. 또한 그 관계를 규정짓는 데에는 '문화'의 요소가 필요함을 역설하고 있다. 공간적인 근접은 상호작용의 패턴들을 결정짓고, 또 물리적인 근접은 사람들 사이의 사회적인 상호작용을 촉진하여 그들에게 사회적인 조화를 제공한다.[30]

이번에는 공유 공간의 특성 가운데 정서적인 면을 살펴보기로 하자. 이 공간이 가지고 있는 가장 중요한 함의는 친밀함이다. 사적인 공간과 공적인 공간의 경계에 놓여 두 가지의 성격을 모두 지니고 있다고 하여도 친밀한 교류가 일어나고 그로 인한 상호 네트워크가 형성되기 어려운 공간은 공유 공간에 속하기가 어렵다. 따라서 이러한 특성이 잘 드러나도록 형태적인 면과 내용적인 면에서 추구하고자 하는 성격에 대한 개념을 세워야 한다. 여기서는 친화성, 개방성, 휴머니티 세 가지의 개념을 이 공간이 가져야 할 정서적인 특성으로 선정하고자 한다. 먼저, '친화성'이다. 친화성이라고 하면 사람과 사람사이에서 발생할 수 있는 개념이지만 사람과 자연, 건축물, 생물 등 다양한 계층과도 이어질 수 있는 개념이다. 자연 환경과 유사한 장소라면 사람들의 접근을 유도하는데 도움이 될 수 있다. 공유 공간이 힐링 공간으로의 가능성을 타진하기 위해서 친화력은 매우 중요한 요소이다.[31] 또한 공간

사람들이 물리적 공간에서도 만남이 이뤄지지 않는 것은 외부의 강압에 의해서가 아니라고 분석하고 있다. 공유를 위한 사회적인 측면은 오히려 개인적인 공간의 확보를 필요로 한다. 개인의 프라이버시가 확보되어 심리적 안정이 동반될 때 공유된 공간에서 일어나는 상호작용과 관계의 의미에 대한 이차적인 반응이 일어나는 것이다.

30 박광재, 「집합주거단지의 공간질서와 계획기법 연구」, 건국대 박사논문, 2000, 54쪽.

자체가 가지는 기능 이외에도 공유 공간에서 발생하는 다양한 이벤트나 프로그램들은 친화력을 높이는데 중요한 역할을 한다. 이 공간은 상업적인 공간이 아니기 때문에 어떤 이윤을 창출하는 목적을 가지고 있지 않다. 이곳에 모이는 사람들끼리는 친분이 있는 사람들일 가능성이 높다. 그러나 모두에게 공감을 가질 수 있고, 친밀함을 느끼게 할 수 있는 방법으로 공동의 목표를 지향하는 성격을 지닌, 프로그램을 가진 공간이면 이를 더욱 쉽게 만든다. 예를 들면, 교양이나 문화 강좌와 같이 교육의 기능을 가지거나 함께 뜨개질을 한다거나 하는 등의 프로그램이다. 최근에는 주거 지역에는 문화교실과 같은 형태의 공간이 동네마다 하나씩 있다. 이것들은 민간단체거나 공공단체에서 운영하기도 했지만 성격 면에서 공유 공간의 역할을 하고 있다고 볼 수 있다. 이는 주로 문화를 공유하는 집단들의 모임이 형성된다.[32]

두 번째로 '개방성'은 어느 누구에게나 열린 공간을 말한다. 그러나 친밀함의 단계까지로 가기 위해서는 일회성의 방문에서 그칠 것이 아니라 지속적인 방문과 사람 사이의 관계형성이 필요하다. 여기서 개방성의 의미는 낮은 문턱을 이야기한다. '누구나'에서 '누구나 쉽게'로 확장이 필요하다. 물론 사람들 사이에는 다양한 그룹이 자연스럽게 형성

---

31 요즘 건축물의 광고 문구를 보면, '친환경 소재', '자연 친화성 소재'와 같은 말을 많이 사용한다. 인간에게 해로운 화학적 물질이나 재료들을 배제하고, 자연 그대로의 것으로 만들어 친화성을 높이려는 것이다. 이는 소재에서만 국한될 것이 아니라 공간의 위치도 친화성이 높게 자리 잡을 필요성이 있다. 다시 말하면, 사람들 사이에 자연스럽게 녹아들 수 있는 장소가 친화성이 높다는 것이다.

32 공유 공간에서 사람들과의 교류가 다양한 문화를 통해 이뤄지는 것이 가장 자연스럽고, 함께 향유할 수 있는 부분을 창출해낸다. 공유하는 부분은 문화적인 면에서 가장 많이 찾아볼 수 있지만, 봉사활동이나 복지에 뜻을 같이하는 사람들과의 교류와 교제도 이 공간을 통해 이뤄지는 경우도 많다.

되고, 그 그룹을 만드는 매개체는 연령, 성별, 관심도에 따라 달라질 수 있다.[33]

마지막으로 '휴머니티'다. 공동체의 동질성에 대한 부분이 강조되면 공간의 역할은 변질되기가 쉽다. 끼리의 집단 문화가 형성되고, 그렇게 되면 더 이상의 개방성은 무의미한 것으로 전락되어 버린다. 이를 위해서는 가장 상위에 있는 개념이 '휴머니티'가 되어야 한다. 특별히 공유 공간으로서 '의미'가 있는 공간이 되기 위해서는 소외 계층의 방문 유도와 소속감을 줄 수 있는 공간이 되어야 한다. 마을의 한 구성원으로서, 더 나아가 한 국가에 속한 사람으로서 사회와 소통하고 사람과의 유대 관계를 맺을 수 있음을 알려주는 역할도 중요한 기능이다. 경제적으로, 사회적으로 소외 받는 계층이 이 공간에서 심리적, 정서적으로 안정감을 느끼고 공감대를 형성되는 것으로 '힐링'의 기능이 가능할 것이다. 이 공간이 물론 사회복지의 기능을 요구하는 것은 아니다. 만약, 그렇게 될 경우에는 관의 개입이 필요하고 공공적인 역할을 하는 공공기관이 되어야 함을 의미한다. 공유 공간은 이와는 차별성을 갖고 휴머니티를 상위 개념으로 삼고 다가가야 한다.

---

33 그럼에도 불구하고 누구나 쉽게 갈 수 있는 공간을 만든다는 것은 어려운 일이다. 이는 "누구에게나 열려있습니다"라는 홍보성 문구로 가능한 일이 아니다. 그 공간에서 무엇이 진행되며, 무엇을 할 수 있는가에 대한 고민이 더 필요한 것이다. 물론 처음 방문이 어려워 더 이상의 것도 진전이 되기 어려울 수 있기 때문에, 휴식의 공간으로서의 역할도 중요하다. 이는 사람과 사람사이에서 이뤄지는 친밀감 보다는 공간에서 나타나는 친밀함으로 '쉼'의 역할은 기본 전제가 되어야한다.

4. 공유 공간의 역할과 커뮤니티

르페브르는 헤겔에서부터 마르크스, 엥겔스의 생산 개념에서 출발하면서 광범위한 의미로 사회적 존재로서 인간은 자신의 삶과 역사와 의식, 세계를 생산하는데 주목한다. '생산'의 개념까지 포섭하는 사회적 공간은 상호 침투적이면서 또 서로 포개져있다. 서로 끼어들고 간섭하고 재구성되어 때로는 충돌하며 새롭게 다양한 관계를 만들어가는 것이다. 또한 유동적인 환경이나 단순한 추상도 아닌 하나의 내용물을 담고 있으며 사회적 관계를 내포하고, 대상과 생산물들이 맺고 있는 관계의 총체로서 공간에 주목한다. 그리고 하나의 불특정한 공간인 '사이' 공간을 하나의 사물이나 물질적인 개념이 아닌 공간으로 제시하고 있다.[34]

공간은 그 자체가 지니는 특성으로 인해, 사람들 사이에 다양한 교류가 발생하기도 하고, 이는 인적 관계망을 넓혀주는 계기를 만들며, 상호 간에 커뮤니티를 만들기도 한다. 이러한 사람들 사이의 접촉과 교류는 인간성 회복에도 일조하는 면이 있다. 이러한 점 때문에 공간에 대한 다양한 분석과 연구가 지속되고 있는 것이다. 공간은 사회적 의미를 생산해 내고, 그 사회적 특성은 공간에 반영이 된다. 따라서 물리적 공간의 연구는 그 사회적인 의미를 찾는데 유용한 지침이 될 수 있는 것이다. 최근에 지어진 아파트 공간을 보면, 삭막했던 콘크리트 빌딩과 더불어 자연적인 요소를 끌어들여 주거 공간에 휴식 공간을 제

---

34 앙리 르페브르, 양영란 역, 『공간의 생산』, 에코리브르, 2011, 550쪽.

공하려는 시도들이 많다.[35]

이러한 면에 주목하면서 먼저, 커뮤니티에 관한 다양한 논의에 대해 살펴보기로 하자. 커뮤니티는 다양한 측면에서 볼 수 있지만 일반적으로 두 범주로 나눠보면, 먼저 사회 조직으로서 지역의 단위를 나타내는 것을 들 수 있고, 둘째는 이 조직단위의 심리적인 결합성이나 소속감을 지칭할 때도 사용된다. 그렇지만 후자의 의미로 사용될 때도 어떤 물리적인 공간의 영역성은 존재한다. 커뮤니티는 유기체적인 성격을 띠기 때문에 환경의 변화에 따라서 변화를 가지기도 하고, 나름의 독자성을 유지하면서 지속적으로 발전하고 유지되어 간다. 이 커뮤니티에 관한 개념은 다양하게 사용되고 있는데 이를 '공동체'로 번역을 하고 공동체의 성격을 그대로 대입하는 경우도 있고, 물리적인 성격으로는 '근린지역'으로 해석을 하고 혼용해서 사용되는 경우도 있어 혼란이 생긴다.[36] 또한 커뮤니티의 구성요소를 말하고 있는 학자들이 다양한 가운데 힐러리는 커뮤니티에 관한 94개의 정의[37]를 분석한 후 지리적 영역성territory, 사회적 상호작용social interaction, 공동의 연대commonties로 구성된다고 밝히고 있다.[38]

---

35 작은 호수를 만들고 다리를 놓아 자연에 온 것 같은 기분이 들게 하기도 하고, 아이들의 놀이터도 나무와 같은 친환경 소재를 이용하여 만든다. 아파트에 작은 담화 공간을 만들어 자연스럽게 주민들과 어울릴 수 있는 공간을 인위적으로 조성해 놓기도 한다. 또한 같은 주민들의 공동체 의식을 높이기 위해 헬스장, 사우나 시설, 골프 연습장, 수영장과 같은 스포츠 시설들을 주민들끼리만 공유하도록 해 소속감을 높이기도 한다. 이러한 공간은 공동체의 회복과도 밀접한 관련이 있다.

36 이에 대해 버나드J. Bernard는 'the community'와 'community'를 구별하여 전자를 지역사회, 후자를 공동체로 사용하기를 제안한다.

37 George. A. Hillery Jr., "Definition of community-Areas of Agreement", *Rural Sociology* Vol.20 issue 2, 1955, pp.111~123.

38 김영도 · 김억, 「커뮤니티 시설에 따른 공원 활성화 방안에 관한 연구」, 대한건축학회,

공동체의 의미로서의 커뮤니티는 이해, 종교, 문화와 같은 것을 공유하고 공통의 특성을 가지는 사회나 단체, 집단이 형성하는 연대감을 말한다. 그렇지만 이 공동체와 같은 특질을 고수할 경우, 이 집단에 속하지 않는 소수의 사람들은 소외감을 느낄 수밖에 없게 된다.[39] 따라서 공동체와 같은 연대감은 현대 사회에 있어서 필요하기도 한 개념이지만, 자칫 오용될 경우에는 '소통의 불가'라는 경계 지우기를 만들 뿐이다. 이렇듯 지나친 동질성과 유대감을 요구하는 커뮤니티는 더욱 폐쇄적인 성격으로 고립되기가 쉽다. 따라서 소통과 연대가 가능한 커뮤니티의 성격으로 승화되어야 할 필요성이 있다. 이러한 커뮤니티적 속성은 현대 사회의 다양한 문제점을 효과적으로 치유할 수 있는 기능을 갖추게 되고, 더 나아가 도시문화에도 긍정적인 효과를 발현하게 될 것이다.

커뮤니티의 특성은 과거에 비해 많은 변화를 보인다. 전통적 커뮤니티는 자연발생적으로 생성이 되었고, 경계가 명확한 편이며, 공동체성이 중요시 되어 강하게 드러나 폐쇄성이 짙은 경향을 보였다. 반면에 현대의 커뮤니티는 네트워크형으로 발달해가는 모습을 띄고, 자연발생적이 아니라 인위적으로 조성이 되는 면을 보이며, 경계에 대해서도 불명확하다. 과거에 중요시 되었던 공동체성과 지역성은 약해지고, 대

Vol. 24 No. 2, 2004, 565쪽에서 재인용.

39 최근 이주 노동자와 결혼을 통한 이주민들이 늘어나고 있다. 우리나라는 특히 공동체 의식이 강한 나라이기 때문에 이러한 소수의 그룹에 대한 허용의 폭이 넓지 않다. 지역마다의 특성과 개성이 강하고, 대권과 같은 정치활동이 두드러지는 시기에는 더욱 지역 색이 나타난다. 이러한 특징은 '우리'라는 범주를 더욱 강력하게 만들고 그 안에 속하지 못한 사람들에게는 높은 벽을 실감하도록 만들어 버린다.

신에 개방성과 공공성에 강한 모습을 보인다.[40] 현대적 커뮤니티의 특성은 공유 공간에 필요한 요소와 겹치는 부분이 있다. 커뮤니티가 활성화되고, 성장하기 위해서는 공유 공간의 역할도 중요한 부분일 것이다. 공유 공간은 개인과 개인 뿐 아니라 개인과 단체, 단체와 단체 사이의 유기적인 관계를 형성하고 있다. 이 공간은 그 기능과 역할로 인해 커뮤니티의 활성화를 위한 장소로서 잘 부합될 수 있는 곳이다. 이에 따라 커뮤니티의 활성화를 위한 방안에 대한 고민은 공유 공간의 활성화와도 연결될 수 있다.

〈표 1〉 전통적 커뮤니티와 현대의 커뮤니티 비교

전통적 커뮤니티	현대의 커뮤니티
자연발생적	인위적인 조성
경계가 명확	경계가 불명확
공동체성을 중시	네트워크형
폐쇄성	개방성, 공공성

현대의 커뮤니티가 경계가 불명확 한 점은 공유 공간이 공적인 영역과 사적인 영역 모두에 걸쳐있어 경계가 모호하다는 점과 유사하다. 또한 네트워크형으로 발달되어 있는 점은 사람과의 유대관계를 형성하고자 하는 공유 공간의 특성과 비교해 볼 수 있고, 개방적이고 공공적인 면은 이 공간이 추구하고자 하는 면과 결을 같이한다.

커뮤니티의 활성화를 위한 방안은 결국 공유 공간의 활성화를 위한 방안과도 연결시킬 수 있다. 따라서 여기서는 이 방안의 하나로 어메니티 플랜amenity plan을 적용해 보려고 한다. '어메니티'의 정의는 시대

40 홍이식 · 정재용, 「집합주거단지에서 지역성을 통한 커뮤니티 형성에 관한 연구」, 대한건축학회, Vol.24 No.2, 2004, 28쪽.

나 국가에 따라 개념이 조금씩 변화되어왔다. 이 말의 어원은 '쾌적한'이나 '기쁜(라틴어 아모에니타스amoenitas)', 혹은 '사랑하다(라틴어 아마레amare)'에서 유래되었다. 어메니티에 관한 연구를 하는 학자 가운데 윌리엄 홀포트William Holford는 '단순히 하나의 성질이 아니라 복수의 정의를 가진 총체적인 것으로 예술가가 눈으로 보고 건축가가 디자인하는 아름다운 역사가 낳은 상쾌하고 친근감 있는 풍경, 그리고 일정한 상황하에서는 효용, 즉 있어야 할 것이 있어야 할 곳에 있는 것, 또는 전체적으로 쾌적한 상태'로 정의하고 있다. 컬링워스J.B Cullingworth는 어메니티를 환경 보전으로 이해하며 '정의하기보다는 의(인)식하는 것'이 낫다고 한다.[41] 사카이 겐이치가 말하는 어메니티의 다양한 의미는 '환경 지킴'의 개념에서 '환경 가꿈'의 개념으로 좀 더 적극적으로 변했으며, 이 개념은 지금도 현재 진행형임을 주장한다. 그는 농촌의 어메니티에 관해서 주로 논의하고 있다. 깨끗하고 오염되지 않은 농촌에서 문화적인 영역으로까지 확대되어 여러 가지 요소들과 함께 농촌 환경의 총체적인 의미를 포함한다고 밝힌다.[42] 국토연구원 보고서에서는 "있어야 할 것이 있어야 할 곳에 있어 아름다움 뿐 아니라 쾌적성, 평온성, 역사문화성 등을 주는 환경 또는 장소적 가치values 또는 요소elements, 자연과 인간의 조화를 도모하고자 하는 도시 및 지역계획의 본래의 역할과 철학 요소"라고 규정한다.[43]

---

41 J. B. Cullingworth, *The Political Culture of Planning-American land use planning in comparative perspective* Routledge, 1993; *Town and country planning in United Kingdom*(13th ed), Routledge, 1964, 2002(주명옥, 「도시 공공공간의 어메니티 추구형 장소마케팅 전략 연구」, 전남대학교 문화전문대학원 석사논문, 2009, 17쪽에서 재인용).

42 사카이 겐이치, 김해창 역, 『어메니티-환경을 넘어서는 실천사상』, 따님, 1998.

커뮤니티의 활성화에 목적을 두고 있는 랜드스케이프 건축을 적용한 어메니티 플랜을 살펴보면 다양한 특성들이 서로 교류하고 연계해 있음을 볼 수 있다. 이는 인공적, 자연적 부분이 모두 포함된다. 그 가운데 건축적 어메니티 플랜은 편리성과 자연 친화성, 심미성, 문화성에 관점을 두고 진행된다. 랜드스케이프 건축을 적용한 어메니티 플랜은 결국 환경의 종합적인 쾌적성을 의미하는 것으로, 공간의 질을 높여갈 수 있는 패러다임이라 할 수 있다. 또 환경의 개선과 커뮤니티 활성화를 위한 물리적 환경과 프로그램은 커뮤니티 인프라 구축을 가능케 한다.[44] 그리고 이 플랜은 외부와 내부의 경계가 명확하지 않고, 오히려 외부를 내부로 끌어들이거나 내부를 외부로 나타내려는 면을 나타낸다.[45] 그리고 랜드스케이프와 어메니티 플랜의 기능적인 요소를 수용함으로 공간은 랜드스케이프가 되는 영역의 연장으로 내부로 들어와 경계를 소멸시킨다. 이러한 점은 사람과 사람사이에서 소통의 가능성을 열어준다고 볼 수 있다. 자연스러운 접촉이 발생하고, 커뮤니티의 활성화에도 영향을 미치는 요소이다. 공유 공간도 건축적 어메니티 플랜에서와 같이 공적 공간의 성격을 가지고 있는 면을 사적 공간으로 이끌어 낼 수 있는 면이 충분히 발생하고, 이는 친밀감과 상호 유

---

43 김선희 외, 『미래 삶의 질 개선을 위한 국토 어메니티 발굴과 창출전략 연구』, 국토연구원, 2007, 12쪽.

44 전진한 · 김억, 「집합주거단지의 커뮤니티 활성화를 위한 외부 공간 계획에 관한 연구」, 『학술대회논문집 – 계획계 / 구조계』 Vol.24 NO.2, 대한건축학회, 2004, 46쪽.

45 건축물에서는 재료와 형태에서 내 / 외부의 경계를 불확실하게 나타내려는 움직임이 오래전부터 있어왔다. 유리나 철골과 같은 소재에서, 형태상으로는 내부의 것이 외부로 연결되거나 오픈되어 있어 개방적이고 공공적인 성격을 지우는 것이다. 또한 외부의 자연환경을 건축적으로 끌어들여 이로 인해 공간의 커뮤니티를 형성하는 경우도 있다.

대관계를 형성하게 되어 이 공간에서의 커뮤니티는 활성화 될 가능성이 높아진다. 건축에서의 외부와 내부를 공유 공간에서 공적 공간과 사적 공간으로 적용시켜 볼 수 있다. 재해나 사고, 범죄로부터의 안전과 청결 차원에서의 위생과 보건과 같은 기본적인 쾌적함에서 시각적인 쾌적함과 더불어 나아가 역사와 문화적 요소나 사회·경제적 분야로 영역을 확장시키고 있다.46 이는 도시미화 운동과 함께 성장하여 도시 정체성을 회복하기 위한 문화적인 해결 방안으로 편리성, 환경성, 심미성, 문화성의 축으로 나타난다. 장소에 대한 집단적 경험과 애착, 경험과 활동, 특정한 장소가 가지는 분위기나 특징적인 요소들은 그 장소가 가지고 있는 커뮤니티와의 애착과 연결시킬 수 있다. 도시계획이나 도시의 어메니티를 추구할 때에도 중요시 하는 것이 지역 커뮤니티와의 관계와 회복을 들고 있다.47

〈그림 3〉 세 개념의 관계

어메니티는 자연과 역사, 지역문화 그리고 인공적인 부분을 모두 포함하고 있고, 이것의 특성 가운데 '지역성'을 말할 수 있다. 그 지역 내의 물리적 환경과 문화적 환경으로 인해 독특한 지

46 주명옥, 앞의 글, 45~46쪽. 어메니티에 관한 요소들에 관해 이야기하는 부분은 많지만 학자들의 공통적인 부분을 도출하면 위생과 보건, 생명과 안전, 자연과의 친화, 편리, 심미성, 역사와 문화, 사회와 경제 등으로 말할 수 있다.

47 어메니티를 장소의 고유성과 연결시켜 지역 내의 문화적, 역사적인 부분을 부각해 지역의 발전을 위한 요소로 삼고 있는 것이다. 지역 주민들의 문화적인 자긍심을 높이고, 수준 높은 문화는 지역 발전의 사회적 자본으로서 활용할 수 있는 자원으로 삼는다. 도시 재생 차원에서도 어메니티는 유용하게 활용되는 개념이다. 도시 재생의 맥락에서 커뮤니티의 회복, 그리고 그 역할을 담당할 수 있는 공유 공간과의 관계가 유기적으로 잘 형성될 때, 도시가 추구하고자 하는 가치에 부합될 수 있다.

역 고유성을 지니는 것이다. 이러한 특성을 통해 지역 내의 어메니티의 향상은 지역발전의 무형 자원으로 활용된다. 또한 어메니티는 사회 구성원 모두에게 같은 활용 가치를 가지고 있기 때문에 공적인 성격을 지닌 공공재로서의 의미를 가진다. 어메니티의 개념이 형성되기 시작한 초기에는 편리성과 안전성, 심미성에 관심이 있었으나 시간이 갈수록 문화성에 대한 비중이 높아졌다. 도시의 정체성 회복을 추구하는 부분에 있어서도 문화에 대한 욕구가 커지고 있다. 문화적인 공유는 공유 공간에서 나누고자 하는 친밀성에 직접적인 영향을 주는 요소이다. 공유 공간의 활용은 휴식의 공간 뿐 아니라 교육과 공연, 전시 공간으로의 프로그램운영으로 커뮤니티 활성화에도 영향을 줄 수 있다. 물리적 요소인 공유 공간에, 지향하는 가치추구는 커뮤니티 회복에, 이를 위한 요소로 어메니티의 활성화가 유기적으로 형성되어 돌아갈 때, 각각의 요소가 진정한 의미를 발현할 수 있을 것이다.

5. 향유의 공간으로

탈근대 사회로 들어오게 되면서 시간에 대비한 공간에 대해 물리적 측면과 더불어 철학이나 사회학 등 다양한 분야에서 주목하기 시작했다. 현대사회의 산업화로 인한 급속한 발전은 피폐하고 고독한 인간상들을 만들어 냈다. 일반 대중들에게 다가가기 힘든 높은 빌딩과 폐쇄된 공간은 사람을 더욱 위축되게 만들었고, 옆으로 펼쳐지고 얽히는 관계 보다는 홀로 깊숙이 파고드는 고독한 관계를 만드는데 일조를 하고 있다. 특히 전통적 커뮤니티가 파괴되고, 도시의 사막화가 진행됨에 따라 공간에 의해 생성되는 인간과 인간 사이의 상호 관계망의 형성과 이 시대에 맞는 커뮤니티의 회복은 현 시점에서 매우 중요한 부분이다.

이렇듯 최근 들어 다양한 분야에서 관심을 가지고 연구되고 있는 공간에 대한 시각 가운데 공유 공간에 주목하여 이 공간의 기능과 역할에 관하여 논의했고 혼용되고 있는 공간의 유형 가운데 공유 공간과 공공 공간을 비교하여 개념 정리를 했다. 또한, 현대적 의미의 커뮤니티와의 연계와 어메니티의 개념과의 연계를 통해 커뮤니티의 회복과 공유 공간의 역할에 대한 타진도 전망해 보았다.

이 논고의 첫 출발점은 공간이 가지는 기능 가운데 과연 '치유healing의 기능이 가능한 것인가?'에 대한 의문이었다. 그리고 그 질문에 대한 타진은 공유 공간에 대한 논의에서 실마리를 찾으려 했다. 정신적인 질환인 중독자들의 치유를 위한 모임에서도 쉐어링sharing의 시간을 가진다. 자기가 겪었던 일이나 사건들을 이야기로 나눔으로 서로 위로를 받고 치유를 얻는 것이다. 쉐어링은 나누어야 함께 가질 수 있음의 의미를 지닌다. 이러한 면을 공간에서도 찾을 수 있을 것으로 진단하고 공유 공간의 역할에 대한 분석을 한 것이다.

현대인이 지니는 다양한 심리적인 병폐는 인간과의 상호연계와 유대감, 친밀함과 같은 정서적인 면의 회복으로 치유의 가능성이 있음을 조심스럽게 전망해본다. 이를 위해서는 현대적 의미에서의 커뮤니티가 정립되어야 하고, 개인이 존중되면서도, 공간 자체로 즐길 수 있는 새로운 의미의 공간이 마련되어야 할 것이다. 그러한 역할을 담당할 수 있는 것이 공유 공간의 기능으로 보았다. 또한, 최근 문화도시와 생태도시를 지향하면서 공간의 어메니티에 관한 다양한 부분이 도시로 확장된 개념으로 넓혀지고 있는 점에 착안하여 이에 대한 논의를 공유 공간으로 끌어들였다. 어메니티는 생명과 안전을 기본으로 하여 심리적, 육체적, 정서적인 쾌적함을 추구하는 것으로 편리함과 미적인 부분을 넘어 역사와 문화적인 요소까지를 포함하는 개념으로 확대되었다. 이러한 면은 공유 공간을 구성하는 요소에 적용시켜도 좋을 듯하다.

마지막으로 공유 공간은 어떤 공간으로 자리매김해야 할 것인가에 대해서는 '향유享有의 공간'으로 인식되기를 제안해 본다. '향유하다'라는 말은 '누리어 가지다'라는 의미를 지닌다. 공간에서 발생하는 다양한 이벤트나 문화를 향유하고, 함께 누릴 수 있는 공간이 될 때 치유의 공간으로 발돋움할 수 있는 가능성을 엿볼 수 있을 것이다. 공간을 누리고, 공간에서 발생되는 행위를 누리고, 그렇게 형성되는 관계를 향유하는 곳으로 공유 공간을 위치시켜 본다.

참고문헌

고재웅, 「디자인 서울 공공 공간 가이드라인의 한계와 개선방안에 관한 연구」, 서울시립대 대학원, 2010.

김세훈 외, 『공공성』, 미메시스, 2008.

김영도 · 김억, 「커뮤니티 시설에 따른 공원 활성화 방안에 관한 연구」, 대한건축학회, Vol 24 No.2, 2004.

박광재, 「집합주거단지의 공간질서와 계획기법 연구」, 건국대 박사논문, 2000.

손종우, 「공공 공간의 도시적 의미에 관한 연구」, 서울대 건축학과 석사논문, 2000.

유창윤, 「도심 집합주거 공유공간의 프로그램 조직 및 공간 구축 방법에 관한 연구」, 건국대 건축학과 석사논문, 2010.

이지영, 「도시공원의 노매딕 스케이프에 관한 연구」, 홍익대 디자인 대학원 석사논문, 2009.

전진한 · 김억, 「집합주거단지의 커뮤니티 활성화를 위한 외부 공간 계획에 관한 연구」, 『학술대회논문집－계획계/구조계』 Vol.24 NO.2, 대한건축학회, 2004.

주명옥, 「도시 공공공간의 어메니티 추구형 장소마케팅 전략 연구」, 전남대 문화전문대학원 석사논문, 2009.

최갑수, 「서양에서 공공성과 공공영역」, 『진보평론』 NO.9, 진보평론, 2001.

최기원, 「지역문화시설의 공공성과 계획요소에 관한 연구」, 서울대 건축학과 석사논문, 2005.

최미옥, 「공간의 경계에 관한 연구」, 건국대 건축학과 석사논문, 1999.

홍이식 · 정재용, 「집합주거단지에서 지역성을 통한 커뮤니티 형성에 관한 연구」, 대한건축학회, Vol.24 No.2, 2004.

사이토 준이치, 윤대석 역, 『민주적 공공성』, 이음, 2004.

사카이 겐이치, 김해창 역, 『어메니티－환경을 넘어서는 실천사상』, 따님, 1998.

슈뢰르, 마르쿠스, 배정희 · 정인모 역, 『공간, 장소, 경계』, 에코리브르, 2010.

아렌트, 한나, 이진우 · 태정호 역, 『인간의 조건』, 한길사, 2008.

하버마스, 위르겐, 한승완 역, 『공론장의 구조변동－부르주아 사회의 한 범주에 관한 연구』, 나남출판사, 2001.

Hardin, G. J., "The Tragedy of the Commons", *Science* 28, November 1968.

Hillery Jr, George. A., "Definition of community-Areas of Agreement", *Rural Sociology,* Vol.20 issue2, 1955.

Leighninger, Jr, Robert D., "Cultural Infrastructure-The Legacy of New Deal Public Space, *Journal of Architectural Education*, Vol.49, No.4, 1996.

Nooraddin, Hoshiar, "in-between space : Towards establishing new methods in Street design", *GBER,* Vol.2 No.1, 1999.

Habermas, Jurgen, *The Structural Transformation of the Public Sphere : An Inquiry into a Category of Bourgeois Society*, Cambridge, MA : MIT Press, 1989.

Pharoah, Tim, "Traffic Calming in West Europe", *Planning Department and Research* Vol.8 NO.1, 1993.

대안적 공공 공간과 민주적 공공성*

이상봉

1. 공공성에 대한 관심 증대

최근 들어 여러 학문분야에 걸쳐 이른바 '공공성'에 관한 관심과 논의가 증대하고 있다. 이것은 우리사회가 공공성의 위기에 봉착해 있다는 현실의 반영이기도 하고, 공공성이 새로운 사회를 전망하는 단초를 제공할 것이라는 적극적인 의미부여의 결과이기도 하다. 공공성이라는 키워드는 특정 분야에 국한되지 않고 철학, 정치학, 경제학, 사회학, 도시학, 예술학 등에서 폭넓게 다루어지고 있다. 하지만, '공공'이란 무엇인가? 라는 근본적인 문제를 포함해 그 개념과 내용에 대한 일반적인 합의는 존재하지 않는다. 다만 기존에 공공이라는 키워드가 법, 정치, 행정, 재정 등의 정부官와 관련된 거시적・제도적 분야에서 주로

* 이 글은 『대한정치학회보』 제19집 1호(2011.6)에 실린 「대안적 공공공간과 민주적 공공성의 모색—지역적 공공성과 생활정치의 가능성을 중심으로」를 수정하여 옮겨온 것임.

다루어져왔다면, 최근에는 '시장'을 포함하여 다양한 생활・사회분야에서도 논의가 활발하게 이루어지고 있다. 또한, 공공미술, 공공디자인 등과 같은 용어에서 알 수 있듯이, 가치나 담론의 차원을 넘어 구체적인 실천 전략으로서도 자주 등장하고 있다.

오랜 기간 논쟁의 대상이 되어 온 공공성에 관한 근원적이고 철학적인 탐구는 별도로 하더라도, 최근 들어 공공성이 다시 거론되는 것은, 공공성의 구조와 내용에 커다란 변환이 초래되고 있기 때문이다. 즉, 하버마스가 『공공성의 구조전환』(1962)에서 언급한 '부르주아 공공영역의 변환'(생활세계의 식민화)에 결코 뒤지지 않는 새로운 변환이 전개되고 있으며, 이는 글로벌화와 로컬화의 동시진행에 따른 이른바 '공공 공간의 재영역화'[1]와, 신자유주의적 경제 원리의 확산・심화에 따른 케인즈주의적 국가개입의 축소를 그 추동력으로 삼고 있다. 이러한 공공성의 새로운 구조변환에 대한 접근 또한 다양한 측면에서 이루어지고 있지만, 여기서는 이러한 변화를 초래한 힘을, 공共과 사私 또는 공공公共과 사사私事의 대상과 범위를 나누는 '영역구분'의 측면과, 공공성의 수행 주체 및 구성 원리와 관계된 '내용'의 측면이라는 두 가지 점에 주목하고자 한다.

우선 영역구분의 측면과 관련해서는, 흔히 글로컬라이제이션Glocalization으로 표현되는 공간의 재영역화는 국민국가를 중심으로 한 근대적 공간 인식에 커다란 변환을 초래했다. 글로벌화는 새삼스런 현상이 아니지만,

---

1 이에 관해서는, 이상봉, 「탈근대, 공간의 재영역화와 로컬・로컬리티」, 『한국민족문화』 第32집, 부산대 한국민족문화연구소, 2008 참조.

1990년대 이후의 이른바 신자유주의적 글로벌화는 자본과 정보의 이동량과 속도에서 과거의 그것과 확연히 구별된다. 이러한 초국가적인 흐름의 확산과 신자유주의적 시장영역의 확대는 국가가 담당하던 공공영역을 급속히 축소시켰고, 이는 또한 국가적 공공영역을 대신할 새로운 공공영역을 모색하는 계기가 되기도 한다. 이와 함께, 일상의 문제를 해결하기 위한 결정이나 행위가 생활 공간의 단위에서 이루어지게 되는 이른바 로컬화가 동시에 진행되면서, 국민국가는 더 이상 공공성의 독점적인 영역으로 인식되지 않고 있다. 공공 공간이 중층화 및 다원화되고 있는 것이다.

이러한 공공 공간의 중층화 및 다원화는 생활 공간의 의미와 위치를 규정하는데 매우 중요하다. 국가적 공공성이 지닌 비효율성이 한편으로는 시장영역의 확장으로 이어지면서, 다른 한편으로는 국가를 대신하는 역할을 지역사회에 부과하고 있기 때문이다. 국가의 획일적이고 관료적인 관리가 유연한 문제해결을 방해한다고 여기는 인식이 시장원리의 도입과 로컬 레벨의 분권화된 의사결정으로 이어지고 있는 것이다. 이처럼 기존의 국민국가의 영토성이 탈영역화되고 새로운 복합적 층위로 재영역화되면서, 공공성의 중요한 담지자였던 국민국가의 위상에 중요한 변화가 초래되며, 그것이 국가적 공공성에 대한 구조변화로 이어지는 것이다.

공공성의 구조에 변화를 초래한 요인을 이렇게 진단한다면, 향후의 공공성 논의가 지향해야 할 점 또한 분명해 진다. 즉, 기존의 국가적 공공 공간의 약화 또는 상대화에 따른 공공 공간의 중층화 및 다원화를 공공성 논의가 어떻게 읽어내고, 나아가 이에 대해 어떤 대안을 제시할 것인가? 라는 점과, 공공=관官=비효율=비민주라는 이른바 '공공성의 위기'를 초래한 논리에 대한 대안으로서, 어떻게 하여 이른바 '민주적 공공성'을 만들어 갈 것인가? 라는 점이 중요한 과제로 제기되는 것이다. 이 글은 이 같은 문제의식에서 출발하여, 대안적 공공 공간으로서의 '지역적 공공성'과 민주적 공공성의 계기로서의 '생활정치'의 가능성과 전망을 모색하는 것을 목적으로 삼는다.

2. 공공성의 위기에 대한 진단 — 이론적 검토

우선, 공공성에 관한 기존 이론들을 검토해 봄으로써 대안적 공공성의 제시를 위한 이론적 토대와 새로운 해석의 실마리를 찾아보고자 한다. 이는 공공성에 대한 다양한 해석과 전유가 나타나고 있는 현실의 상황 속에서, 이 글의 논지를 분명히 함과 동시에 단순한 아이디어의 차원이 아니라 이론에 기반 한 새로운 가치의 창출을 도모하기 위함이다. 공공권 또는 공공성에 관한 이론적 검토는 아렌트H. Arendt와 하버마스J. Habermas의 논의를 중심으로 하여, 스미스A. Smith 등 다양한 학자들의 논의를 필요에 따라 부분적으로 끌어올 것이다. 특히, 공동체주의자로 평가되는 아렌트와 자유주의자인 하버마스는, 전자가 고대 그리스의 폴리스를, 후자가 근대 초기의 부르주아적 공공성을 그 모델로 삼고 있는데서 알 수 있듯이, 공공성의 위기에 대한 인식과 처방을 달리하고 있다. 하지만 이들이 공히 생활세계의 중요성을 강조하고 있다는 점에서, 이 글이 의도하는 생활 공간을 통한 대안적 공공권 창출의 단초를 제공할 것으로 여겨진다.

1) 왜 공공성이 문제가 되는가?

오늘날 왜 공공성이 문제가 되는가? 그 중요한 계기가 된 것은 신자유주의 정책으로 표현되는 시장으로의 회귀(국가의 실패) 현상이다. 이에 앞서, '사적영역'의 시장 메커니즘이 가진 결함(시장의 실패)을 해결하기 위해 확대된 케인즈주의적 국가개입하에서, 국가는 공공성의 유력한 담지자로서 그 입지를 굳혀 왔다. 그러나 1970년대 이후 케인즈주의적 국가개입에 대한 시장의 반격(국가=비효율=비민주)이 시작되면서, 특히 1990년대 이후 본격적으로 진행된 신자유주의적 글로벌화와 결부되면서, 공공성의 담지자로서의 국가의 역할은 심각한 위기에 봉착한다. 공공성의 주된 주체였던 국가의 약화는 공공성의 위기로 인식되었으며, 이러한 위기는 대안적 공공성의 모색으로 이어진다. 여기에는 국가적 공공성을 대신하거나 보완할 방안을 모색한다는 기능적 의미와 함께, 확대되는 시장논리(자본주의)에 대한 비판의 거점, 즉 '인간의 얼굴을 한 사회주의'의 이념을 대신하는 새로운 시민운동의 지향점이라는 가치적 의미도 포함된다.

이처럼, 현재의 공공성 위기는 기존의 국가가 제공하던 공적 서비스의 보완 및 대체라는 기능적 측면을 넘어, 공공성의 주체와 영역, 그리고 원리에 대한 전반적인 재구성을 요구하고 있다. 일반적으로 공공성이라는 용어가 사용되는 맥락을 살펴보면, 이에는 크게 3가지 의미가 내포되어 있음을 알 수 있다. 첫째, 국가에 관계된 공적인official 것이라는 의미이며, 이에 대비되는 것은 민간의 사적 활동이다. 둘째, 모든 사람들과 관계된 공통적인 것common이라는 의미이며, 이 경우 대비되는 것으로는 개별적 이익, 관심사 등을 둘 수 있다. 셋째, 누구에게나 열려 있다open는 의미이며, 이 경우에는 비밀, 프라이버시와 같은 감춰진 것에 대비된다.[2] 또한 이러한 의미들은 각 각 공공성의 주체, 영역, 원리라는 3가지 차원에 부합한다.

2) 국가적 공공성에서 시민적 공공성으로

주체와 영역의 측면에서 그동안 공공성의 주요 담지자이자 대상영역이 되었던 것은 국가였다. 그렇다고 해서 공공성이 국가의 전유물은 아니다. 근대사회의 성립 이후, 공적영역을 나타내는 국가와 사적영역인 시장, 그리고 국가 및 시장에 대한 비판과 저항의 거점으로 간주되어 온 시민사회 영역은 상호 견제와 대립 속에서 존재해 왔다. 즉, 국가 이외의 시장영역과 시민사회영역에도 공공성은 존재할 수 있었다. 단지 국가영역의 비대화라는 역사적 과정을 거치면서 공공성은 곧 국가적 공공성을 의미한다는 관념이 형성되었을 뿐이다.[3] 공공성이 국가

2 사이토 준이치 저, 윤대석 외역, 『민주적 공공성』, 이음, 2009, 18쪽.

3 정치영역(국가)과 공동영역(시민사회)의 2가지로 나뉘어 출발한 근대 유럽의 가산제 국가시스템은, 18세기 이후 시장영역의 탄생에 의해, 국가, 시장, 시민사회의 3가지 영역으로 나눠진다. 하지만, 자유로운 시민의 공론장으로 비판적 기능을 수행하던 시민사회영역은 19세기 이후 시장영역과 국가영역이 비대화함에 따라 점차 축소해 간다.

적 공공성을 의미하는 상황에서 제기되는 공공성의 재구성이란 점차 축소되는 국가적 공공성을 보완 또는 대신할 새로운 공공성을 발견하려는 시도에 다름 아니다. 따라서 새로운 공공성을 찾는 일은 기존의 공공성이 봉착한 문제의식, 즉, 국가적 공공성이 노출한 문제점에서 출발해야 한다. 그것이 신자유주의자가 주장하는 국가적 공공성의 비효율성이든, 아니면 사회운동 세력이 주장하는 국가적 공공성의 비민주성이든, 모두가 변화하는 사회질서 속에서 더 이상 국가적 공공성만으로는 공공성의 수요를 충족할 수 없다는 인식에 근거하고 있다.

여기서 국가가 공공성의 주체로 등장하게 된 과정을 살펴보는 일은 공공성의 새로운 주체를 모색함에 있어 중요한 시사점을 제공한다. 국가가 공공성의 주체로 등장하는 과정에서는, 공공성을 개개인의 사익이 아닌 사회 전체의 공통이익, 즉 공동체 전체의 질서유지와 공통이익의 보장이 필요하다는 인식이 크게 작용했다. 이러한 의미의 공공성을 수행할 주체는 윤리적, 정치적인 자질과 능력을 갖춰야 하며 사회적 책임을 질 수 있어야 했다. 사회계약론에 근거해 탄생한 근대국가는 바로 이러한 수요에 가장 부합하는 공공성 실현의 장치였다. 시민혁명에 의해 탄생한 근대국가는, 과거의 가산제 국가와 달리, 재산을 가지지 않는 무산국가이며, 따라서 그 기능을 수행하기 위해서는 필요한 재원을 조세를 통해 얻는 조세국가이다. 사적소유의 원리를 기반으로 하여, 어느 개인에게도 부과하기 힘든 공통의 영역을 공적인 것으로 분리해 내고, 이를 공통으로 부담(조세)한 재정을 통해 해결하는, 이른바 '공공재정'의 등장이 공공성이라는 개념 성립의 중요한 계기가 되었다. 즉, 사적 소유와 조세국가의 등장이라는 모순을 해결하는 장치로서, 강제력을 내포하는 국가적 공공성이라는 개념이 성립하게 된 것이다.[4] 이와 관련하여 스미스는, '사적영역'과 구분되는 '공적영역'이 성립되는 논리를 두 가지로 설명한다. 그 하나는 민간부분에 있어서 '사적이익'의 자유로운 추구가 '공적이익'의 실현으로 이어진다는 전제 하에, '사적영역'과 '공적영역'의 관계를 술과 술병으로 보아, 술이 많아지면 질수록 술병을 더 크고 단단하게 해야 한다는 논리이다. 즉, '사적영역'을 보호하는 것이 '공적영역'인 것이다. 또 하나의 논리는 "소수의 개인이 감당할 수 없는 규모가 큰 사업의 설립과 유지는, 비용을 감당할 여유가 있는 사회 전체가 책임을 져야 하기 때문에" 정부가 이러한 공공성을 담당해야 한다는 논리이다.[5]

이러한 입장에서, 공공성의 주체로서 국가가 주로 해온 일은 무엇이 공공적인가를 결정하고, 그러한 공공의 수요에 부응하여 적절한 공적 서비스를 제공하는 것이었다. 그러나 무엇이 공공적인가를 결정하는 과정에서 국가적 공공성은 민주성을 담보하지 못했고, 필요한 공적 서비스의 제공에 있어서는 효율성을 담보하지 못했다. 이처럼, 공공성 수행의 주체로서의 국가가 기능부전에 빠지자, 이를 보완 또는 대체하는 주체로서 새롭게 관심을 끌고 있는 것이 시민사회이다. 따라서 시민사회에 관한 관심 증대에는, 의사결정과정과 관련한 측면, 즉 민의를 제대로 반영하기 위한 여론형성 및 활동의 장場으로서 시민사회를 위치 지우고자 하는 의도가 반영되어 있고, 이와 함께 공적 서비스의

---

4 山崎怜・多田憲一郎,『新しい公共性と地域の再生』, 昭和堂, 2006, 79쪽.

5 Adam Smith, R. L. Meek・D. D. Raphael・P. G. Stein(eds.), *Lectures on Jurisprudence*, Oxford : Clarendom Press, 1978, p.418・420.

효율적 제공과 관련한 측면, 즉 사적영역이 가진 유연성과 공적영역이 요구하는 공공성을 모두 갖춘 NPO나 NGO 등의 시민조직이 가진 사회적 자본을 활용하여 공공의 수요에 부합하는 공적 서비스를 제공해야 한다는(할 수 있다는) 계산도 반영되어 있다.[6]

국가적 공공성에 대비되는 시민적 공공성의 개념을 일찍이 제시한 학자가 하버마스이다. 그는 '시민적 공공성(영역)'을 자유로운 시민의 커뮤니케이션에 의해 합의가 형성되는 장으로 본다. 이를 위해 하버마스는 근대 초기에 출현 한 '부르주아 공공영역'에 주목한다. 이는 이성에 대한 신뢰를 기반으로 정치적 관심사항이 논의되는 열린 공간이었다. 그러나 이러한 공공영역에 시장과 상품관계가 침투하면서 '이성'은 '소비'로 변형되게 되고, 그 결과 공공영역은 상대적 역학관계에서 우위에 있는 기업이나 관료와 같은 대규모 조직(시스템)에 의해 조작되게 된다. 시장시스템(화폐매체)과 국가시스템(권력매체)이 결합하여 영향을 미친 결과 자율적이던 부르주아 공공영역은 조작의 공간으로 바뀌었다. 이는 이른바 시스템에 의한 공공영역의 파괴로서, 하버마스는 이러한 흐름에 대항하여 공공영역을 재생시키기 위한 개념적 장치로서 '시민적 공공영역'을 제시한다.[7] 즉, 시민사회가 가진 아직 완전히 고갈되지 않은 '비판적 공공영역'으로서의 잠재력을 일깨워, 그것을 '조작적 공공영역'에 대항시킨다는 것이다.

하버마스가 『공공성의 구조전환』(1962)을 집필할 당시는, 근대 초기

6 稲葉振一郎, 『公共性論』, NTT出版, 2008, 32쪽.
7 ユルゲン・ハーバーマス, 細谷貞雄 外譯, 『公共性の構造轉換』, 未來社, 1973, 57쪽.

에 시민사회가 지녔던 공공성이 거의 사라져가던 상태였다. 그러나 1970년대 이후 유럽에서 전개된 '신 사회 운동'이나 1980년대 이후 동유럽에서 부활한 시민사회론을 지켜본 그는, 근대 초기의 도구적 합리성에 기반 한 '부르주아 사회'가 아니라, 새로운 시민사회가 등장하고 있음을 자각했다. 이에 하버마스는 1990년에 출판된 『공공성의 구조전환 신판』의 서문에서 새로운 시민사회와 시민적 공공영역의 부활을 선언했으며, 이후의 논의는 정치시스템(국가)과 경제시스템(시장) 그리고 시민사회라는 3가지 영역구분을 전제로 하여, 이들 간의 상호작용과 대립 또는 협조를 주된 문제로 삼는다.[8]

여기서 하버마스는 시민사회를 공적영역(국가)과 사적영역(시장)으로부터 상대적으로 독립한 영역, 즉 '공적인 의미를 가진 사적영역'으로 규정한다.[9] 시민사회는 사적영역인 시장경제를 그 기반으로 삼고 있지만, 시장경제가 시민사회의 자율성을 제약하는 경우도 적지 않기에 시민사회는 시장경제와 항상 긴장관계를 유지하지 않으면 안 된다. 시민사회는 시장경제와 밀접한 관계를 맺고 있지만, 여러 사람들의 의견이나 활동이 공동으로 이루어지는 공적성격 또한 지닌다는 점에서 별개의 존재로 구별될 수 있으며, 이에 근거하여 시민사회를 시장경제의 논리를 비판하는 발판으로 삼는 것이다. 이와 동시에, 하버마스가 말하는 시민적 공공영역은 국가의 통제로부터도 상대적으로 자유로운 영역으로, 개인을 넘어 구조화된 사회적 행위와 의사소통이 이루어지

8 ユルゲン・ハーバーマス, 細谷貞雄 外譯, 『公共性の構造轉換(1990)』, 未來社, 1994 참조.
9 위의 책, 30쪽.

는 공간이다. 하버마스는 그래서 공공영역을 국가와 시장의 중간영역으로 본다. 국가와 시장을 매개하는 중간영역으로서의 공공영역이 활성화되면, 국가의 지배 권력은 시민의 삶을 보호하는 권리, 즉 시민권으로 표출되고, 개인은 시장논리가 지배하는 사적 영역을 박차고 나와 소통하고 연대하는 주체, 즉 공민으로서 집합적 삶을 살아가게 된다.[10]

3) 배제의 공간에서 드러남의 공간으로

공공 공간이란 무엇인가? 라는 질문에 대해 아렌트는 '드러남의 공간space of appearance', 즉 사람들이 모여서 대화하고 행위action하는 곳이면 어디든 성립하는 공간이라고 답한다.[11] 공간이 공공적이기 위해서는 광장이나 공유지와 같이 물리적인 공공장소로 존재하는 것만으로는 충분치 않으며, 거기서 이루어지는 인간의 활동이 중요하다는 것이다. 알다시피 아렌트는 고대 그리스의 폴리스를 공공성의 이상적인 형태로 삼는다. 그녀는 공공성이라는 화두를 던지면서, 이를 통해 자기와 타자의 결정권을 모두 존중하는 '관계성'의 회복을 시도한다. 구성원 각자가 지닌 유일성(개성)이 상호 인정되는 공동체를 토대로 하여, 거기서 전개되는 정치적 행위에 의해 공공성은 '만들어지는 것'이라고 보았다. 즉, 아리스토텔레스가 공적영역인 폴리스의 출현을 인간의 자

10 조명래, 「공공디자인, 공공영역을 디자인하라!」, 『건축과 사회』 vol.11, 새건축사협의회, 2008, 54쪽.

11 H. Arendt, *The Human Condition*, Chicago : University of Chicago Press, 1989, p.199.

연적 본성에서 기인한 것으로 파악한 반면, 아렌트는 인간에게 그 같은 주어진 본성이란 없으며, 단지 다양한 유일성을 가진 자유로운 인간들이 함께 존재해야만 하는 조건에 놓여 있을 뿐이다. 따라서 공적 영역은 주어진 것이 아니라 이러한 조건에 의해 만들어가야만 하는 것이다. 전체주의라는 극단적인 정치체제를 경험한 아렌트는 이러한 체제가 다시 출현하는 것을 막기 위해, 고대의 폴리스에서 새로운 공공 공간 창출의 계기를 발견한 것이다.

아렌트는 각 개체가 가진 유일성이 창조의 원동력이며, 인간의 '활동'은 곧 '창조'를 의미한다고 본다. 이질적인 복수의 개체들이 열린 공간에서 전개하는 경쟁적 활동의 결과로 그 때마다 새로운 세계가 재창조된다. 즉, 공공 공간은 활동에 의해 창조되며, 그 속에서 각 개체는 타자와의 관계성 속에서 존재의 의미가 승인되는 것이다. 루소를 비롯한 사회계약론자나 헤겔 등은 개체의 존재를 승인하는 장치로서, 국민국가나 절대적 정신 같은, 이른바 '제3자적 장치'를 제안했지만, 아렌트는 이러한 제3자적 장치가 아니라, 상호승인의 관계성이라는 인간의 활동 그 자체에서 계기를 찾는다. 즉, 존재 의미의 승인은 제3자의 입장에서 통제하는 국가와 같은 존재에 의해서가 아니라, 각 개체가 지닌 '유일성'(대체불가능성)을 상호 인정하는 데에 있다.

아렌트는 공공영역과 사적영역을 엄밀히 구분하는 것에서 논의를 시작한다. 그녀에 의하면, 인간의 활동은 노동labor, 일work, 행위action의 3가지로 나누어지며, 이러한 인간 활동의 구분과 공공・사적 영역의 구분은 긴밀히 관련된다. 즉, 노동은 인간의 생명유지활동과 관계된 것이고, 일은 자연과는 다른 인공적 세계를 만드는 것이며, 행위란 사람과 사람 사이에서 행해지는 것으로 구분되며, 이 가운데 행위, 특히 정치적 행위는 인간이 주체적으로 행하는 활동으로서, 이러한 행위에 의해 공공 공간이 창출된다.[12] 여기서 공공 영역이 인간의 정치적 행위에 의해 창출되는 공간이라면, 사적영역이란 인간의 생존에 꼭 필요한 일과 노동이 이루어지는 곳이며, 가부장적 지배가 관철되는 가정家政을 그 기반으로 한다. 아렌트는 정치영역과 경제영역, 공공영역과 사적영역 그리고 공적인 일과 사적인 가사가 엄격히 분리되지 않으면 안 된다고 보았다. 그런데 근대사회의 진전과 함께 점차 이러한 구분이 애매해지면서, 자본과 노동의 원리와 같은 사적영역이 공공영역을 침범하여 지배하게 되었다. 그녀는 그것이 공공성 붕괴의 가장 중요한 원인이 되었다고 본다.

이처럼 인간의 활동을 매개로 공공영역과 사적영역과 엄격히 구분한 다음, 아렌트는 속성을 통해 공공영역과 사적영역을 나누는 설명을 더한다. 그녀에 의하면, 공공영역이란 '드러남appearance'의 공간이며, 사적영역이란 이러한 드러남의 가능성이 박탈되는 공간이다. 즉, 공공영역이란 "자신이 보는 것을 똑 같이 보고, 자신이 듣는 것을 똑 같이 듣는 타인의 존재가 드러나는 열린 공간"인 것이다.[13] 드러남은 '표상representation'과의 대비를 통해 보다 분명해진다. 표상의 정치는 스스로의 동질성을 만들어 가는 과정으로, 여기서는 자신들과는 다른 타자가 대칭적으로 만들어진다. 즉, 동질적인 '우리'가 구성되기 위해서는 이

12 *Ibid.*, p.175.
13 *Ibid.*, p.50.

질적인 '그들'이 만들어지지 않으면 안 되며, 이러한 경계 짓기에 의해 '정치적인 것'이 사라진다. 타자의 유일성을 인정하고 배려하지 않으면, 그들의 존재를 공적 공간에 드러낼 수 없다. 하지만 표상의 정치는 의도적으로 그러한 존재를 무시한다. 표상의 정치는 항상 자신의 입장에서 타자를 그 무언가로 표상하며, 따라서 타자는 고정화된 표상만을 가진다. 이러한 표상만이 가시화되면 개체의 유일성은 드러나지 못한다. 즉, 표상이 지배적이 됨에 따라 드러남은 점차 봉쇄되어 간다. 아렌트는 이러한 표상의 기제가 해체될 때 생기는 공간을 드러남의 공간이라 부른다.

4) 획일화된 공간에서 복수성의 공간으로

드러남의 공간으로서의 공공 공간은, '다양한 사람들을 결합시키면서 동시에 분리하는 공간'이 되어야 한다. 즉, 사람들의 다양한 목소리가 하나의 전체의 목소리로 바뀌어 다양성이 상실되는 공간이 아니라, 개체의 유일성에 기반 한 차이가 경쟁적으로 존재하는 복수성plurality의 공간을 의미한다. 여기에는 그 누구(타자)에 대해서도 열려져 있다는 열린open 공간으로서의 의미와, 특정의 누군가만이 아니라 모든 사람들에게 공통common으로 관계되어 있다는 두 가지의 의미가 내포되어 있다.[14] 다만 여기서 공통적인 것이란 모든 사람들이 가진 '공통의

14 久保紀生,『ハンナ・アーレント－公共性と共通感覺』, 北樹出版, 2007, 71쪽.

본성'을 의미하는 것이 아니라, 다양한 입장이나 시각의 차이에도 불구하고, 모든 사람들이 항상 자신과 동일한 권리를 가진 타인들과 관계하고 있다는 사실이 공통적이라는 의미이다.

이처럼, 공공 공간은 획일화된 전체가 아니라 차이가 존재하는 공간이다. 국민국가 시스템으로 대변되는 표상의 공간은 유일성을 가진 개체들을 국민이라는 명분으로 포섭한다. 개체들은 특정 국가의 국민이 됨으로써, 국민성이라는 공통의 속성에 포섭되어 그것을 공유하게 된다. 하지만 아렌트는 이러한 공통의 속성에 의한 포섭을 공공 공간의 상실상태로 파악한다. 유일성을 가진 개체들이 자신의 유일성을 상실하지 않고 타인과 관계하기 위해서는 일정한 간격interval이 필요하기 때문이다. 따라서 공공 공간은 개체들을 관계성으로 묶는다는 의미에서는 공통의 공간이지만, 개체들이 서로 분리되면서도 결합되기 위해 간격 또한 필요로 하며, 이러한 간격이 존재하는 공공 공간이 바로 '드러남의 공간space of appearance'인 것이다. 자유주의자의 시각에서 보면, 공공성이란 개체들이 가진 공통성, 즉 대다수의 개체들에게 공통적으로 필요한 공약 가능한 가치와 주로 관계된다. 하지만, 공동체주의자로 분류되는 아렌트는 이와는 대조적으로, 개체들 사이에 존재하는 공약 불가능한 그 무언가를 공공성이라는 개념으로 나타내고자 했다. 개체들은 각자 자신의 유일성을 드러내고자 하는 욕구를 가지며, 따라서 공공 공간은 그러한 개체의 유일성이 모두 드러남으로써 구성되는 다양성의 공간인 것이다.[15]

---

15 齋藤純一, 『政治と複數性－民主的な公共性にむけて』, 岩波書店, 2008, 102쪽.

또한 아렌트는 국가적 공공성의 비민주적 측면을 신랄하게 지적한다. 대중사회를 기반으로 한 국민국가시스템은 군주제와 달리 관료제에 의한 무인지배를 표방한다. 하지만 관료제에 의한 무인지배가 곧 무지배no-rule인 것은 아니다. 실제로 그것은 가장 무자비하고 폭력적인 지배에 기여한 경험이 있다. 관료제에 의한 무인지배가 전체주의의 기반을 제공한 것이다. 모든 개체의 유일성을 평등한 공통의 국민성으로 포섭하는 국민국가의 논리에 의해 대중사회는 완성된다. 하지만 그 이면에는 국민국가의 포섭과 배제에 의한 희생자들이 항상 뒤따른다. 아렌트는 전체주의의 등장을 무질서한 시대 상황이 낳은 비정상적인 결과가 아니라, 사적영역이 공공영역을 포괄하여 기능할 수 없게 만든 상황이 낳은 충분히 예측 가능한 결과로 보았다. 이 같은 아렌트의 사상은 공공성을 국가가 독점한 공권력이 아니라, 개체들의 정치적 행위에 의해 만들어지는(가야 하는) 것으로 파악함으로써, 주체로서의 국가와 영역으로서의 국민국가를 넘어서는 새로운 공공 공간 형성의 단초를 제공한다. 종래의 공(=국가)과 사(=개인)라는 이분법적 시각을 벗어나지 않고서는 다양한 주체들이 만들어 내는 중층적 공공 공간의 가능성을 충분히 다루지 못한다. 이러한 점에서, 개체들이 정치적 활동을 통해 만들어 가는 공공 공간이란, 스케일의 측면에서, 초국가, 국가, 로컬 공간 등 다양한 층위에서 형성되게 된다.

3. 공간의 중층성과 지역적 공공성

이 절에서는 중층화하는 공공 공간의 변환 속에서 생활 공간으로서의 지역사회[16]가 과연 대안적 공공 공간으로서 자리매김 될 수 있을지에 관해 분석한다. 구체적으로는 우선, 스케일의 측면에서 친밀권-생활권-국가권-전지구권으로 중층화되어 있는 공간구조 속에서, 친밀권과 생활권이라는 지역사회 레벨의 공간이 차지하는 의미와 전망을 다룬다. 앞서 언급한 바와 같이, 새로운 공공 공간의 존재방식은 중층성과 다원성을 그 특징으로 한다. 생활 공간에 주목하여 이러한 공공 공간의 재영역화를 바라보면, 이는 국가 공간의 역할 축소와 함께 새로운 공공 공간으로서의 지역 공간의 역할이 강화되는 것으로 이해할 수 있다. 즉, 이제까지 국가 공간의 관점에서 주변이나 특수, 또는 닮은꼴의 하위 공간 정도로 파악되었던 지역 공간을 고유의 로컬리티를 가진 새로운 가능성의 공간으로 다시 바라볼 수 있게 되는 것이다. 이것이 공공 공간 재영역화의 중요한 의미 가운데 하나이다.

16 지역이란 용어는 근린 생활권에서부터 각 행정단위, 나아가 아시아 지역과 같이 광대한 범위에 이르기까지 광범위하게 사용되고 있다. 여기서는 지역을 근린 생활 공간이라는 의미에서 사용한다. 여기에는 특정 지역을 공동의 생활권으로 묶는 역사적·사회적 조건과 실재적인 상호활동이 이루어지는 관계라는 두 가지 측면이 경계설정에 중요하게 작용한다.

1) 공공성의 스케일과 지역적 공공성의 의미

앞서 살펴본 바와 같은 공공 공간의 재영역화가 진행되면서 공적 공간과 사적 공간을 나누던 기존의 경계도 점차 불명확해지고 있다. 한편으로 가정과 같은 사적인 공간에 공권력이 개입하여 이를 공적인 공간으로 편입해 가면서 다른 한편으로 전형적인 공적 공간으로 여겨지던 도로, 공원, 보건, 복지 등의 영역에 대한 사적 공간의 침투 또한 거침없이 이루어지고 있다. 또한 스케일의 측면에서 기존의 국가적 공공성의 후퇴는 국가를 넘은 글로벌한 공공성이나 국가 하위의 지역적 공공성에 대한 기대로 이어지기도 한다. 여기서 글로벌한 공공성이 환경위기와 같이 국가단위를 넘은 대응을 필요로 하는 것이라면, 지역적 공공성은 보다 작은 단위, 보다 가까운 단위인 생활 공간에서의 실천을 통해 만들어지는 공공성이다. 이처럼 공공 공간이 중층화 됨에 따라, 공공성 또한 기존의 국가적 공공성에 더해 글로벌 공공성 그리고 로컬(지역적) 공공성이라는 다원적인 형태를 나타내고 있다. 층위를 달리하는 이들 공공성은 때로는 보충적으로, 때로는 경합적인 형태를 띠며 공존하고 있으며, 여기에는 개인이나 가족에서 출발해 생활 공간, 기초-광역 자치단체, 국가, 글로벌의 스케일로 확대되면서, 각 각이 해결할 수 없는 공통의 문제에 적절히 대처해 나간다는 이른바 '보충성의 원리'가 작동하고 있다.

국가적 공공성이 지배하던 시기에는 개별국가의 안과 밖을 경계 짓는 공적 공간의 구획은 비교적 명확했다. 국민국가는 강력한 공권력을 기반으로 일상의 생활 공간에까지 시스템에 의한 질서를 부여했던 것이다. 생활 공간은 상상의 공동체인 국가공간과 달리 추상화되기 이전에 사실적으로 존재하는 공간이며, 신체를 매개로 인간과 연결되는 공간이다. 원래 이는 각 사람이 가진 다양한 관점이 교차하는 간間주관성의 공간이며, 항상 공공공간에 열려있는 영역이었다. 하지만 근대적인 관점은 인간의 의미와 가치의 원천인 생활공간을 감각이 지배하는 주관적인 오해의 공간에 불과하다고 보았다. 따라서 이성에 의해 설계된 시스템을 통해 생활공간에 질서를 부여하고자 했고, 이것이 이른바 '시스템에 의한 생활세계의 식민화'를 결과한 것이다.[17] 여기서 공권력과 시스템에 의해 지배되는 국가적 공공성이 노출한 한계가 새로운 공공성을 모색하게 되는 중요한 계기가 되었다는 점을 떠올린다면, 식민화된 생활 공간을 다시 해방하는 것은 새로운 공공성의 실마리가 될 수 있다.

국가적 공공성과 지역적 공공성의 원리를 대비시켜 보면 지역적 공공성에서 대안을 찾으려는 시도는 더욱 분명해 진다. 국민국가는 상상의 공동체라는 앤더슨B. Anderson의 말처럼, 국가적 공공성 또한 추상적, 이성적, 통치적 성격을 강하게 드러낸다. 즉, 무엇이 공공적인가를 결정함에 있어 일반화된 규범과 이성적 판단에 의존할 수밖에 없었으며, 공공성의 실현에 있어서는 수직적인 통제의 방식을 택할 수밖에 없었다. 이 경우 일상의 삶 속에서 공공성의 개입이 요구되는 지점을 정확하게 파악하기 힘들며, 공공성의 규범적 원칙에 대한 의견충돌이 발생할 경우 이성적 판단만으로는 이를 해결하지 못하고 공권력이 쉽

17 岩岡中正・伊藤洋典 編,『地域公共圏市の政治學』, ナカニシヤ出版, 2004, 59쪽.

게 개입하는 문제가 발생했다. 이에 비해, 지역적 공공성은 국가적 공공성의 추상적, 이성적, 통치적 성격에 대비되는 실천적, 감성적, 참여적 성격을 지니고 있고, 이것이 지역적 공공성에 주목하는 계기가 되는 것이다.

이러한 점에서 지역적 공공성의 모색은 지역의 생활 공간이 가진 가능성에 천착하여 국가적 공공성의 한계를 극복하고자 하는 시도에 다름 아니다. 인간과 자연의 파괴를 계속하면서 비대해져온 근대의 사회시스템과 그 시스템을 지지한 국가적 공공성에 대비하여, 지역을 자율적인 의사형성의 공간이자 연대의 공간으로 만들어 나가자는 것이다. 다른 측면에서 보면, 지역의 생활 공간은 국가적 공공성의 시스템이 구체적으로 작동하는 현장이기도 하다. 따라서 지역적 공공성에 주목하는 것은, 기능부전에 빠진 국가적 공공성의 현실을 그 토대를 이루는 생활 공간의 차원에서 비롯되는 새로운 공공성을 통해 해결하고자 하는 시도이다.

공공성의 위기를 촉발시킨 중요한 계기 가운데 하나가 신자유주의의 확산이다. 신자유주의자들은 국가적 공공성이 드러낸 비효율성을 이유로 시장논리에 의해 이를 대체하려 하였다. 사적 공간(시장)과 공적 공간(국가)의 엄격한 구분을 전제로 하여, 이른바 '시장의 실패'를 국가의 개입으로 해결하려했던 국가적 공공성의 한계(국가의 실패)를 다시 시장 논리의 확대를 통해 해결하려 했던 것이다. 이러한 신자유주의적 처방과는 달리, 시장으로의 회귀가 아니라, 기존의 공적 / 사적영역의 구분을 뛰어 넘는 제3의 영역을 창출함으로써 공공성의 위기를 극복하려는 시도도 활발하게 이루어지고 있다. 즉, 공공을 기존의 공과 사를 매개하는 제3의 영역(공-공공-사)으로 위치 지우려는 것이다. 공공公共을 종래의 권력적인 공公에서 분리시키고, 사적영역에서 발견되는 공동적인 공共을 받아들여 공公과 사私의 중간영역인 새로운 공공公共을 구상한다. 이 같은 제3의 영역으로서의 공공영역은 주체의 측면에서는 민간(시장=私)과 관(국가=公) 사이에 존재하는 시민(주민)이 이에 해당하며, 스케일의 측면에서는 가족私과 국가公의 사이에 존재하는 '생활 공간'이 새로운 공공성의 단위로 적합하다. 일상의 생활 공간을 공유하는 주민들의 공동성에 근거하여 권력적이지 않은 공공성을 만들어 가는 것이 바로 새로운 공공성인 것이다.

2) 근대성에 대한 성찰로서의 지역적 공공성

지역적 공공성이 대안이 되기 위해서는, 국가적 공공성이 그 토대로 삼고 있으면서 동시에 위기를 초래한 계기이기도 한 '근대성'에 대한 성찰을 바탕으로 해야 한다. 이에 대한 성찰 없이 제시되는 대안이란 비봉책에 그칠 뿐 진정한 대안이 될 수 없기 때문이다. 이러한 관점에서 보면, 지역적 공공성에는 단순한 규모의 차이만이 아니라 국가적 공공성과는 다른 논리가 작동하고 있음을 알 수 있다. 우선, 지역적 공간은 이성의 공간인 국가적 공간에 대비하여 감성이 작동하는 공간이다. 여기서는, 하버마스가 주장하는 바와 같은 '이성적 토의를 바탕으로 한 커뮤니케이션'이 아니라, '동감同感에 기반 한 커뮤니케이션'에 의해 공공성이 형성되어진다. 지역은 구체적인 생활 공간이며, 생활은 다양한 공동작업을 필요로 한다. 생활 공간의 본질은 공간 그 자체에 있는 것이 아니라, 거기서 어떠한 상호작용이 이루어지고, 그것을 통해 어떠한 관계성과 의미들이 생겨나는가에 있다. 생활 공간을 공유하는 사람들은 공동성에 입각한 자율적인 동의에 의해 생활의 룰을 만든다는 점에서, 지역적 공공성은 공동의 필요에서 비롯하고, 그로 인해 형성된 관계성으로 구성된다고 할 수 있다. 이성적 판단이 아닌 동감에 의해 일반적 룰(공공성)이 형성될 수 있음을 일찍이 주장한 자가 스미스이다. 스미스는 사람들의 사적인 경제활동도 '중립적인 관찰자'의 동감에 의해 지지되는 '일반적 룰'에 입각해 이루어지고 있다고 본다. 여기서의 '일반적 룰'은 '공공성'이라는 개념으로 바꿔 써도 무방한 의미로 사용된다는 점에서 스미스의 경제학 체계는 공공성을 기반으로 한 경제학이라고 할 수 있다. 중립적 관찰자의 동감을 일반적 룰의 기준으로 파악하는 스미스 사상의 핵심은 '타자성'이라는 중립적인 관찰자의 태도에 있다. 즉, 그는 자기를 타자보다 우위에 두지 않는 태도를 동감에 의한 중립적인 관찰자의 승인이라고 보고, 이를 자신의 '도덕철학'의 기초로 삼았다. 사익성을 내세우면서도 동감에 의한 공익성의 추구를 강조했던 것이다.[18] 사익을 추구하는 인간들 간에 형성되는 공공성이란, 중립적인 관찰자의 시선에 의한 동감과 같이, 다양한 사적인 존재들이 서로 구별되어지면서도, 상호작용을 통해 서로 도움을 받는, 말하자면 사적인 것을 지키기 위한 것인 것이다.

나아가, 공공성의 형성이 공동의 필요에서 비롯한다는 점에 주목하

18 山崎怜・多田憲一郎, 앞의 책, 29쪽.

면, 생활 공간인 지역사회는 새로운 공공성을 이끌어 낼 수 있는 좋은 계기가 된다. 인간의 존재 자체가 근원적인 공동성을 필요로 하지만, 일정한 공간에서 함께 생활함으로써 발생하는 주거의 공동성은 지역적 공공성으로 직결된다. 예로부터 사람들이 모여 사는 공간에서는 공동으로 대처할 문제가 발생했고, 이러한 집합성이 공동성을 만들어 낸 것이다. 하지만 집합성이 바로 공동성으로 이어지지는 않는다. 공동성은 상상되고 제도화되는 과정을 거쳐 만들어진다. "일상에서 얼굴을 맞대고 지내는 생활 공간보다 큰 모든 공동체는 상상된 것이다"라는 앤더슨의 말처럼,[19] 근대사회의 집합성의 단위는 상상을 통해 이전과 비교될 수 없을 정도로 확대되었다. 그것이 근대의 전형적인 공동체인 국가에까지 이르게 되면 추상적인 공동성은 존재하지만 그 기반이 되는 집합성은 실재하지 않게 된다. 이에 비해 대면적 관계를 매개로 하는 생활 공간에는 여전히 집합성이 실재한다. 이와는 다른 측면에서, 급속한 도시화의 진전은 생활 공간을 변화시켜, 이마저 익명성이 지배하는 공간으로 만들었다. 여기서는 집합성은 있지만 공동성은 희박하다. 공동체의 공동성에 입각한 문제해결을 대신하여 시스템에 의한 문제해결이 이를 대신하게 된 것이다. 여기서 지역에서 새로운 공공성의 계기를 찾는 작업의 의미는 지역공동체가 가진 공동성을 통해 공동체의 삶을 풍요롭게 할 공공성을 어떻게 형성해 나갈 것인가를 모색하는 데 있다.

19 베네딕트 앤더슨 저, 윤형숙 역, 『상상의 공동체 – 민족주의의 기원과 전파에 대한 성찰』, 나남, 2002, 26쪽.

지역공동체는 생활 공간의 공유를 매개로 한다는 점에서 일반적인 공동체(커뮤니티)와 구별된다. 일반적으로 공동체는 지역성과 공동성이라는 두 가지에 요소에 의해 주로 규정되어 왔다. 하지만 정보화의 진전과 함께 사이버 공간과 같은 지역성을 전제로 하지 않는 공동체가 확산되면서 지역 공동체의 의의가 점차 약화될 것이라는 전망도 제시되고 있다. 그러나 인간이 발 딛고 있고, 대면적 접촉에 의한 상호관계가 이루어지는 생활 공간에는 사이버 공간에서는 도저히 대신할 수 없는 공공성의 근거가 존재한다. 육아나 돌봄과 같이 인간의 신체를 통해 이루어지는 공동성은 생활 공간을 초월하는 것이 힘들 뿐 아니라, 다양한 로컬리티를 반영한 것이어야만 실효성을 가질 수 있기 때문이다. 신체와 생활 공간에서 유리된 공공성은 공허한 것이 되기 쉬우며, 그것은 로컬리티를 기반으로 한 대면성에 의해 지지되어질 때 비로소 의미가 더해진다는 점에서 공공성 논의는 지역공동체를 기반으로 하지 않으면 안 된다.[20]

생활 공간은 중층적 공간이다. 이곳은 거주를 중심으로 한 일상적 활동이 이루어지는 공간임과 동시에, 국가 규모의 통치 시스템과 시장 시스템이 작동하고 있는 말단의 단위이기도 하다. 따라서 생활 공간은 거주에 관한 문제에서부터 사회시스템의 문제에 이르기까지 모든 문제들이 중층적으로 존재하는 유일한 장소이며, 사회적 이슈가 일차적으로 공론화되는 공간이다. 다만 생활 공간이라는 측면에 주목하면, 국가적

20 武川正吾, 『グローカリティと公共性の轉換』, 『地域社會學會年報』 第15集, 地域社會學會, 2003, 17쪽.

공공성에서는 발견할 수 없었던 작은 공공 공간, 즉 골목길이나 공터, 사랑방 모임 등과 같은 '간격'의 공간이 드러난다. 공적 공간과 사적 공간이 대립하는 국가적 공공성에서와는 달리, 여기서는 사적 공간과 공적 공간을 매개하는 제3의 공간으로서의 가능성이 발견되는 지점이다.

마지막으로, 대안적 공공성으로서의 지역적 공공성이라는 관점에는, 국가적 공공 공간에 대한 비판 또는 저항의 의미가 포함되어 있다. 지역이 대안적 공공 공간이 된다는 의미는 국가 중심주의에 기반 하여 지역을 포섭하거나 배제하면서 성립한 근대국가의 구조를 지역의 자치를 토대로 한 분권형 구조로 바꿔나간다는 것이다. 생활 공간은 육아, 돌봄, 노동 등의 인간의 삶에 직결된 다양한 활동이 이루어지는 현장이기에 그 존재방식은 인간의 삶에 큰 영향을 미친다. 따라서 그곳은 함께 거주하는 다양한 사람들에게 열려 있고, 자발적으로 참여하여 토론이 이루어 질 수 있는 공공 공간이어야 한다. 생활 공간은 인간의 활동에 의해 '의미'가 발생하는 일차적 공간이다. 아렌트가 말하는 인간의 행위action가 이루어지는 현장인 것이다. 다만 생활 공간이 아렌트가 주장하는 '드러남의 공간'이 되기 위해서는 지역에 함께 거주한다는 것을 매개로 타자에 대한 상호인정이 이루어질 수 있어야 한다.

3) 친밀권의 확장과 지역적 공공성

하버마스가 『공공성의 구조전환』(1962)에서 근대의 소가족과 거의 겹치는 것으로 묘사한 바와 같이 친밀권은 전형적인 사적 공간으로 인식되어 왔다. 즉, 사랑을 매개로 한 남녀와 그 자녀로 이루어진 가족공동체로 대변되던 친밀권은 자유주의를 비롯한 근대 정치사상의 맥락에서, 전前정치적 혹은 비非정치적인 공간으로 간주되었던 것이다. 아렌트 역시 친밀권을 공적인 정치활동이 이루어지는 공간과 명확히 구분되는 사적 영역으로 파악하였다. 친밀권을 특징짓는 내부적 결속과 친밀감으로 인해 '드러남의 공간'으로서의 공공 공간이 될 수 있는 조건인 공개성을 결여하고 있다고 본 것이다.[21]

자유주의적 해석에 따르자면, 인간 생존의 토대인 가족은 근대성의 구조 속에서 안전한 공간이자 해방의 공간으로 위치하였다. 구성원에 대한 관심과 배려를 매개로 형성되는 친밀권은 그 내부적으로 안전을 지켜내는 보호막일 뿐 아니라 '사회적인 것'과도 일정한 거리를 둔 해방의 공간이었던 것이다. 또한 그곳은 시장원리에 의한 격렬한 경쟁이 작동을 멈추는 공간이며, 현실사회에서 상실된 가치들이 회복되는 공간이기도 하였다. 친밀권이 경쟁에서 벗어난 해방의 공간으로 남아 있음으로 해서, 개인들이 치열한 경쟁을 견딜 수 있도록 하는 보완적 장치로 기능하게 되는 것이다. 이와는 대조적으로, 아렌트는 친밀권을 '사회적인 것'을 보완하는 공간으로서가 아니라, 그것에 저항하는 공간으로 위치 지웠다. 인간 내부의 깊은 영역까지 침범해 오는 사회적인 것에 대한 저항 속에서 친밀한 관계성 형성의 계기를 찾을 수 있다는 것이다. 따라서 그녀는 '사회적인 것'의 압력에 복종하지 않는 가치들이 형성되는 영역으로서 친밀권을 이해하려 했다. 그러나 이러한 저항

21 H. Arendt, *op.cit.* 참조.

적 기능은 사회시스템에 의한 친밀권의 지배, 즉 사회적인 것과 친밀권과의 거리상실로 인해 사라졌다. 사회시스템에 의한 친밀권의 지배는 다양한 가치관과 차이가 공존하는 공간을 시스템에 의한 지배로 획일화하였던 것이다.[22] 그 어떤 해석을 따르든, 친밀권이 공공 공간과는 명확히 분리된 사적 공간이었던 점은 분명하다.

친밀권을 비정치적인 사적 공간으로 취급하려는 이 같은 근대적 사고를 먼저 비판하고 나선 것은, 친밀권이 가부장적 남성중심주의가 관철되는 위계적인 공간임을 주장한 페미니스트들이었다. 친밀권으로 대변되는 사적 공간에서도 정치적 활동이 이루어질 필요가 있다는 것이다. 여기에다, 기존의 공적 공간에서 이루어지던 복지서비스 등이 점차 개인이나 공동체의 영역으로 넘어오는 등, 공적영역과 사적영역의 구분이 불명확해지는 상황이 더해지면서, 사적 공간으로만 치부되던 친밀권에서 새로운 공공성의 계기를 찾으려는 시도가 나타나게 된다.

친밀권에서 새로운 공공성의 계기를 찾는 일은 친밀권에 대한 새로운 개념규정에서 출발해야 한다. 즉, 가족의 공간으로 협소하게 파악되어 온 친밀권을 장소를 매개로한 관계성의 공간으로 확장할 필요가 있는 것이다. 가족은 대표적인 친밀권이지만, 어디까지나 친밀권의 다양한 형태 가운데 하나에 불과하며, 또 현실의 가족이 반드시 친밀권의 속성, 즉 타자의 생에 대한 배려와 관심으로 충만해 있다고도 볼 수 없기 때문이다. 구체적인 친밀권 확장의 계기는 그 속성에서 유추할 수 있다. 우선, 친밀권은 대면관계에 기초한 '구체적'인 타자와의 관계

---

22 *Ibid.*, p.38.

를 통해 형성된다. 대면관계에 기초한 구체적인 타자는 '일반적'인 타자와는 다르다. 여기서의 타자는 대체 불가능하며 신체를 통해 관계하는 간間신체적인 존재이다. 친밀한 관계에 있는 타자에 대한 지속적인 배려와 관심이 친밀권을 형성하고 유지해 가는 근거가 되는 것이다. 그런데 이러한 배려와 관심은 가족이나 친족과 같은 협소한 공간에서만 형성되는 것은 아니다. 가족이나 친족을 넘어 특정 공간을 공유하는 지역공동체의 차원에서도 배려와 관심으로 서로의 삶을 지원하는 관계성은 형성될 수 있다.

친밀권이 가진 또 하나의 속성은 수동적 구속성이다. 친밀권은 어느 정도 동질한 자들의 능동적인 참여에 의해 형성되는 임의 단체인 결사association와는 달리 수동적인 구속성을 가진다. 가족의 경우 친족관계라는 관계성이 타자(구성원)에 대한 배려와 관심을 이끌어내는 것이다. 이러한 친족관계를 대신하여 특정 공간을 공유하며 살아가는 장소 구속성 역시 동일 공간에서 살아가는 구체적인 타자에 대한 배려와 관심의 계기가 된다.

친밀권을 주어진 공간이 아니라 형성되는 공간으로 파악할 경우, 새로운 친밀권의 형성은 친밀권의 속성, 즉 근접성과 친밀성(배려와 관심)의 재편을 의미한다. 장소를 매개로 한 생활 공간은 다양한 개체들이 함께 존재하는 공간이지만, 거기에 발 딛고 사는 사람들은 일상의 대면적 관계를 통해 타자에 대한 배려와 관심을 갖게 된다. 생활 공간은 추상적인 국가 공간과 같이 동일화된 공간이 아니라, 다양한 사람들이 관계하는 '사이in-between 공간'이며, 거기에는 구체적인 행위와 그에 대한 응답(드러남)이 있다. 응답할 수 있다는 점은 친밀권을 형성하는 가장 중요한 조건이 된다.[23] 대면적 관계에 기반 한 활동과 응답에서부터 새로운 공공성이 형성되는 것이다. 앞서, 아렌트가 말한 '드러남의 공간'으로서의 공공성은 다양한 인간들의 구체적인 활동과 응답이 이루어지는 생활 공간에 다름 아니며, 하버마스가 말한 공론장 역시 생활 공간의 대면적 관계를 벗어날 경우, 또 다시 시스템에 의해 지배될 위험에서 자유롭지 못하다.

4. 민주적 공공성과 생활정치의 가능성

1) 공공성의 새로운 주체

그 동안 공공성의 유일한 주체로 여겨져 왔던 국가官의 역할과 기능이 약화되면서 이를 보완하거나 대신할 새로운 공공성의 주체에 대한 논의가 활발하게 이루어지고 있다. 국가적 공공성의 위기는 단지 국가가 수행하던 역할과 기능이 약화되거나 민간으로 이전하는 것에만 있는 것은 아니다. 그 바탕에는 한편으로 대중들의 정치적 무관심과 참여부재로 인해 국가적 공공성으로 대변되는 공적 공간이 대중들과 유리되는 이른바 탈정치화와, 다른 한편으로 소수의 지배세력이 공적인 의사결정을 지배하면서 사익에 의한 공적영역의 잠식이 이루어지는, 이른바 과정치화라는 위기적 상황이 자리하고 있다. 공동체의 공적인

23 齋藤純一, 앞의 책, 216쪽.

의사결정과정이 특정 개인이나 집단들에 의해 전유되거나, 공동으로 노력으로 해결해야할 공적 과제들이 개인의 책임이나 노력의 대상으로 전가되었던 것이다.

이러한 위기적 상황을 해결하기 위한 새로운 주체로 자주 거론되는 것이 시민(사회)이다. 오늘날 공공성이라는 용어가 국가(시스템)의 논리로 개인의 권리나 자유를 제약할 때 자주 쓰이고 있지만, 원래 공공성의 주체는 자율적인 시민에서 출발했으며, 최근의 공공성에 대한 관심 증대도 엄밀히 말하자면 국가적 공공성의 복구가 아니라 새로운 시민사회의 공공성에 대한 기대 때문이라고 볼 수 있다. 앞서 언급한 바 있지만, 근대의 '부르주아 공공영역'이 '정부'나 '시장'과 같은 거대 시스템에 의해 식민화되는 상황을 직시하고, 이를 극복하기 위해 다시 시민사회에 기반을 둔 '자율적 공공성'을 강조하는 하버마스의 논의는 이러한 흐름을 잘 반영하고 있다.

이미 시장의 실패와 국가의 실패를 모두 거친 시점에서, 새로운 공공성의 창출은 기존의 관=공공, 민=사사라는 2분법적 구획이나, '정부-시장-시민사회'라는 3분법의 영역구분을 넘어서는 방식으로 모색되고 있다. 즉, 지금까지는 국가나 지자체 등이 공공성의 주된 주체로 인식되어, 이들이 행하는 서비스를 주로 공공으로 여겨왔다. 그러나 1980년대 이후, 국가의 실패를 내세운 시장의 반격이 시작되면서, 한편으로는 기존의 공적인 일들이 효율성을 명분으로 내세우며 '민간(시장)영역'으로 전환되고, 다른 한편으로는 이제까지 사적인 영역으로 취급되어온 개인 간의 다툼이나 가정 내의 문제 등에 공권력이 개입하는 경우가 자주 나타나고 있다. 이러한 변화를 바탕으로, 국가적 공公과 시장의 사私적 영역을 매개하는 중간영역 또는 제3의 영역으로서의 새로운 공공성(공-공공-사)을 창출하려는 시도가 나타나고 있다.

국가나 시장의 어느 한 편에 속하지 않으면서, 양자와의 특정한 관계 맺기를 지향하는 결사인 NPO나 NGO 등의 시민단체는 이러한 공공성을 만들어가는 모체가 된다. 공공성은 공적인 활동을 전개하는 시민단체에 의해 생성되고, 또 그 활동의 장場인 시민사회영역은 공공영역을 재창출하는 기지인 것이다. 시민사회에 많은 기대를 걸고 있는 이러한 논리는 기존의 국가적 공공성이 가진 비민주성과 협소함에 대한 비판을 담고 있다는 점에서 일면 타당성을 지닌다고 볼 수 있다. 하지만, 공공 공간의 스케일적 중층화를 고려한다면 분명한 한계 또한 지니고 있다. 사적인 주체에 의한 공적인 과제의 추진이라는 '시민적 공공성'의 논리만으로는 기존의 국가적 공공성이 지닌 한계, 즉 이성에 입각한 계몽적 사고와 대표의 불균등성을 근원적으로 극복하기 힘들다. 시민사회의 활동 역시 이성에 입각한 계몽주의적 방식에서 크게 벗어나지 않고 있으며, 국가적 스케일을 전제로 한 시민사회영역 역시 대의제의 논리가 가진 대표의 불균등성 문제에서 자유로울 수 없기 때문이다. 하버마스가 강조하는 시민적 공론장 역시 규모가 커질 경우 자율성을 담보하기보다는 이미 거대해진 미디어에 의해 지배되기 쉬운 개연성을 갖고 있다.

이에 비해, 지역적 공공성은 생활 공간을 매개로 대면적 관계를 형성하는 주민을 그 주체로 삼는다는 점에서 차이가 있다. 지역공동체는 이성과 동일성이 지배하는 폐쇄적인 공간인 국가적 공공 공간과 달리, 감성과 다양성이 지배하는 개방적인 공간이다. 대의제 민주주의하에서 그동안 공공의 의사결정에서 배제되었던 정치적 약자나 다양한 세력들이 생활정치의 과정에는 참여할 수 있기 때문이다. 따라서 지역 공간은 민주적 공공성 창출의 근거가 된다. 참여를 선거를 비롯한 제도권에 국한하는 대의민주주의와는 달리, 지역의 풀뿌리 민주주의는 제도화되지 않은 여성, 육아, 생태와 같은 영역에까지 공적 의제를 확장하여 생활에서 드러난 모순과 갈등을 주민 스스로 해결하려는 '실질적 참여'를 지향한다.

따라서 생활 공간에서는 국가적 공공성에서 배제되어 온 정치적 약자들이 주체로 등장할 수 있다. 대의적 메커니즘 속에서 주변화되고 소외되어 드러남의 기회를 상실했던 약자들이 생활 공간에서 이루어지는 정치적 행위를 통해 자신의 존재를 드러낼 수 있다. 정치적 약자들이 자신의 존재를 드러내기 위해서는 발언의 공간을 마련해야 하는데 생활정치가 이루어지는 지역적 공공 공간이 바로 그곳인 것이다. 즉, 새로운 공공성은 생활정치에 참여하는 주민이 그 주체가 되어, 생활의 공동성을 매개로 한 행위와 감성에 근거한 연대에 의해 생겨나는 것이며, 그것은 곧 지역적 공공성에 다름 아니다.[24] 적대적 관계를 전제로 한 이른바 '정치politics'에서 각 주체는 상위수준(국가)의 결정과정에 영향을 미치기 위해 서로 경쟁한다. 하지만 로컬수준에서 작동하는 생활정치에서는 참가형 거버넌스의 실현이 용이하다. 참가형 거버넌스에서는 로컬적 지식이나 실천적 경험 그리고 공동체의 네트워크 등과 같은 지역공동체에 기반한 사회적 자본이 중요한 역할을 한다.

---

24 山崎怜・多田憲一郎, 앞의 책, 79쪽.

2) 민주적 공공성의 구성원리

약간 다른 각도에서 보면, 민주적 공공성의 달성은 국가, 시장, 시민 또는 주민과 같은 주체 설정의 문제에 그치지 않고 공공성의 내용을 어떻게 구성할 것인가의 측면, 즉 공공성의 '구성원리'와도 긴밀하게 관련되어 있다. 단순한 주체의 변화가 아니라 그동안 공공성의 영역에서 소외되었던 다양한 목소리를 반영하여 민주성을 확보하고, 또 다양한 세력들 간에 동의와 협력을 이끌어내기 위해서는 새로운 구성원리, 즉 기존의 대의제 정치원리를 대신할 대안적 원리가 필요한 것이다.

이와 관련해서는 아렌트의 대의제 비판이 많은 참고가 된다. 아렌트는 대의제가 인간 존재의 근본조건인 정치적 행위와 자유를 상실케 한 원인이라고 지적한다. 그 이유는 대의제가 그녀가 인간존재의 조건이라고 파악한 행위action를 불가능하도록 하는 구조이기 때문이다. 그녀에 의하면, 인간은 행위를 통해서만 존재를 확인하고 자유로울 수 있는데, 여기서의 행위는 도구적인 활동인 '정치politics'와 구분되는 '정치적인 것the political'이어야 한다. 하지만 개인에게 선거에서 투표하는 권리만을 인정하는 대의제 민주주의하에서 정치는 통치행위로 전락하고 만다. 정치적 행위의 부재로 인해 '정치적인 것'이 상실된 빈 공간을 사적인 '사회적인 것the social'이 채움으로써, 공공 공간은 상실되는 것이다.[25] 따라서 대의제의 주된 정치활동인 선거는 구성원들의 관계성을 이끌어내지 못하며, 유일성을 가진 개체들의 관계성의 공간인 공공

25 한나 아렌트, 홍원표 역, 『혁명론』, 한길사, 2004, 368쪽.

공간을 형성하지 못한다. 유일성을 지닌 타자에 대한 인정이 전제되지 않은 채 이루어지는, 수단적인 활동에 불과한 선거로는 상호신뢰를 이끌어 내지 못하며, 따라서 정치는 통치를 위한 권력관계로 귀결되는 것이다.

아렌트는 공공 공간의 상실을 초래한 대의제 정치체제를 극복할 수 있는 대안적 정치원리로, 이른바 '평의회the council'에 주목한다. 평의회도 그 구성 원리에 따라 노동자평의회, 직능평의회, 지역평의회 등 다양한 형태가 있을 수 있지만, 지역평의회는 동일 지역에 거주하는 것을 매개로 한 자발적이고 자유로운 형태의 연합체라는 점에서 특히 주목되며, 기초자치체 단위의 평의회에 기반하여 보다 넓은 영역의 평의회 구성으로 확대되어가는 연방제 형태의 공화주의 정부를 바람직한 정치체제로 파악하고 있다.[26] 유일성을 가진 개체들이 정치적 행위를 통해 존재를 드러내기 위해서는, 그들의 목소리가 표출 되고, 그에 대한 응답이 이루어지는 자유로운 정치 공간이 새롭게 재구성되어야 하는데, 그것은 소규모의 자치 공간을 단위로 할 필요가 있다는 것이다. 하지만 새로운 공공 공간이 '사회적인 것'의 영향에서 완전히 단절되어야 한다는 그녀의 주장은 개인의 사적이고 사회적인 삶과 완전히 단절된 공간이란 또 하나의 통제 불가능한 추상적 공간의 창출로 받아들여질 수 있다는 점에서 비판받아야 한다. 대의제에 기반한 국가적 공공성이 국가와 시민사회 또는 제도와 일상이라는 2분법에 기초하여, 소수의 지배가 관철되는 독자적인 정치적 공간을 만들어가는 방식으로

---

26 위의 책, 419쪽.

작동했다는 점을 생각한다면, 국가적 공공성에 대한 대안은 사적 · 사회적 영역과 공적 · 정치적 영역의 엄격한 분리가 아니라, 사적인 삶과 공적인 정치적 활동이 동시에 이루어지는 새로운 공간 설정을 필요로 하는 바, 그 계기가 되는 것이 생활정치의 장場인 것이다.

국가적 공공성을 지배하던 '정치'의 논리가 국가라는 동질화된 공간과 이성적 합의에 기반 한 동질적인 '시민'을 전제로 삼고 있다면, 지역적 공공성에서 발견하는 '정치적인 것'의 논리는 유일성을 지닌 개체들에 의한 다양성의 공간을 상정한다. 무페C. Mouffe에 의하면, 생활 공간을 매개로 다양한 목소리들이 표출되고, 그것이 공통의 의견으로 모이는 과정은 이성에 의한 토의의 결과로 만들어지는 동의가 아니라 삶의 공동성과 동감에 의해 형성되는 다양한 목소리의 융합인 화창和唱: Einstimmung인 것이다.[27] 차이가 인정되고, 열려있는 공간인 지역에서 이루어지는 정치적 행위의 특징은 무페가 주장한 '경쟁적 다원주의'의 개념을 통해 확인할 수 있다. 그녀는 '정치politics'와 '정치적인 것the political'을 구분한다. 정치적인 것은 인간관계에 내재하는 적대(차이)에 근거하며, 그러한 적대는 사회적 관계의 상이한 형태에 따라 다양한 형태로 나타난다. 이에 비해 정치는 잠재적인 갈등의 조건 위에서 공존의 질서를 설정하고자 하는 실천, 담론 및 제도를 나타낸다. 정치는 갈등과 다양성의 맥락에서 단일성을 창조하는 것을 목표로 삼고 항상 적대적인 타자를 규정함으로써 동질적인 우리를 규정하고자 한다. 하지만 정치의 새로운 관점은 적과 우리 사이의 대립을 극복하는데 있는

27 샹탈 무페, 이행 역, 『민주주의의 역설』, 인간사랑, 2006, 111쪽.

것이 아니라 그것을 인정하는데 있다.[28] 하버마스나 그의 추종자들이 주장하는 계몽적 인식이나 이성적 합의는 민주주의의 기초가 되기보다는 민주주의의 가장 취약한 지점이 될 수 있다. 동일성을 둘러싼 권력투쟁이 아니라 생활 공간을 매개로한 참여와 차이의 인정이 이루어지는 정치가 새로운 정치의 논리가 된다. 이를 위해서는 국가라는 추상적 스케일에서 사회적 삶의 실천이 이루어지는 생활 공간으로 정치의 장이 바뀌어야 하며, 이 경우 정치는 국가적 공공 공간에서만 이루어지는 과정이 아니라 중층화된 스케일의 각 단위마다 각기 다른 공공성(공적문제)을 다루어가는 방식을 취하게 된다.

---

28 シャンタル・ムフ, 篠原雅武 譯,『政治的なものについて』, 明石書店, 2008, 80쪽.

참고문헌

이상봉, 「탈근대, 공간의 재영역화와 로컬·로컬리티」, 『한국민족문화』 제32집, 부산대 한국민족문화연구소, 2008.

조명래, 「공공디자인, 공공영역을 디자인하라!」, 『건축과 사회』 vol.11, 새건축사협의회, 2008.

앤더슨,베네딕트, 윤형숙 역, 『상상의 공동체－민족주의의 기원과 전파에 대한 성찰』, 나남, 2002.

사이토 준이치, 윤대석 외역, 『민주적 공공성』, 이음, 2009.

무페, 샹탈, 이행 역, 『민주주의의 역설』, 인간사랑, 2006.

아렌트, 한나, 홍원표 역, 『혁명론』, 한길사, 2004.

武川正吾, 「グローカリティと公共性の轉換」, 『地域社會學會年報』 第15集, 地域社會學會, 2003.

久保紀生, 『ハンナ・アーレント－公共性と共通感覺』, 北樹出版, 2007.

山崎怜・多田憲一郎, 『新しい公共性と地域の再生』, 昭和堂, 2006.

松田昇 外, 『市民學の挑戰』, 梓出版社, 2008.

岩岡中正・伊藤洋典編, 『地域公共圈市の政治學』, ナカニシヤ出版, 2004.

仲正昌樹編, 『ポスト近代の公共空間』, お茶の水書房, 2005.

齋藤純一, 『政治と複數性－民主的な公共性にむけて』, 岩波書店, 2008.

稻葉振一郎, 『公共性論』, NTT出版, 2008.

シャンタル・ムフ,　篠原雅武譯, 『政治的なものについて』, 明石書店, 2008.

ユルゲン・ハーバーマス, 細谷貞雄 外譯, 『公共性の構造轉換(1990)』, 未來社, 1994.

______, ______, 『公共性の構造轉換』, 未來社, 1973.

Arendt, H., *The Human Condition*, Chicago : University of Chicago Press, 1989.

Smith, A., Meek, R. L.・Raphael, D. D.・ Stein, P. G.(eds.), *Lectures on Jurisprudence*, Oxford : Clarendom Press, 1978.

필자소개

배윤기裵潤基 Bae, Yoon-gi는 부산대학교 한국민족문화연구소 HK연구교수이다. 영미문화와 소설 전공이며, 미국의 문화정치와 흑인문화, 로컬리티에서 로컬화의 공간 정치 및 언어적 구성과 관련하여 영화, 문학, 문화정치적 담론을 주시한다.

조명기曺鳴基 Cho, Myung-ki는 부산대학교 한국민족문화연구소 HK교수이다. 부산대학교 문학박사이며, 한국 현대소설 전공이다. 문화 텍스트가 재현하는 공간인식들의 층위와 관계 양상, 대안적 공간 기호체계의 가능성 등에 관심을 두고 있다.

신지은辛智恩 Shin, Ji-eun은 부산대학교 한국민족문화연구소 HK교수이다. 프랑스 파리5대학교 사회학박사이며, 최근 논문으로는 「일상의 탈중심적 시공간 구조에 대하여」(2010), 「장소의 상실과 기억－조르쥬 페렉(Georges Perec)의 장소 기록에 대하여」(2011) 등이 있다. 연구 관심 분야는 문화사회학, 일상생활의 사회학, 공간사회학, 문학사회학이다.

공윤경孔允京 Kong, Yoon-kyung은 부산대학교 한국민족문화연구소 HK연구교수이다. 부산대학교 공학박사이며, 도시계획・주택정책・주거환경심리 전공이다. 장소, 건축, 도시에 주목하여 공간과 로컬리티에 관한 연구를 수행하고 있다. 「영국 글래스고에서의 도시재생과 창조산업」(2013), 「부산 산동네의 도시경관과 장소성에 관한 고찰」(2010) 등의 논문이 있다.

양흥숙梁興淑 Yang, Heung-sook은 부산대학교 한국민족문화연구소 HK교수이다. 부산대학교 문학박사이며, 한일교류사, 한국지역사 전공이다. 지역의 사람들의 경험, 누적되는 시간이 로컬리티 형성에 어떻게 관여하는지에 대해 관심이 많다. 대표 논문으로 「개항기 부산항의 조선인과 일본인의 관계 형성」(2012), 「개항 후 초량 사람들과 근대 공간의 형성」(2012) 등이 있다.

엄은희嚴銀姬 Eom, Eun-hui는 서울대학교 아시아연구소 선임연구원이다. 서울대학교 교육학 박사이며, 공정무역・윤리적 소비・사회적 경제에 기초한 대안 발전에 대해 연구하고 있다. 주요 논문으로 「반광산 지역 운동과 다중 스케일적 연대－라푸라푸 광산 개발의 정치생태학」(2008), 「공정무역 생산자의 조직화와 국제적 관계망－필리핀 마스코바도 생산자 조직을 사례로」(2010), 「중도좌파 정부 집권기 로마시의 '다른 경제' 실험」(2011) 등이 있다.

미즈오카 후지오水岡不二雄 Mizuoka, Fujio는 히토쓰바시대학교 대학원 경제학연구과 교수이다. 1986년 미국 클라크대학교 대학원 지리학부를 수료했고, 지리학박사이다. 주요저서로 『경제지리학』(青木書店, 1992), 「영국인 식민지지배에 내면화한 공간의 모순」(『アジア研究』 44권 1호, 1997) 등이 있다.

손은하孫銀河 Son, Eun-ha는 부산대학교 한국민족문화연구소 HK연구교수이다. 부산대학교 공학박사이며, 영상정보공학 전공이다. 대표 논문으로는 「일본 애니메이션 '바다가 들린다海がきこえる, Can Hear the Sea'에서 나타난 로컬 이미지」, 「공공미술의 전개와 로컬공간의 재생」 등이 있고, 영상물을 통한 로컬리티 연구와 환경색채와 도시이미지 연구에 관심이 있다.

이상봉李尙峰 Lee, Sang-bong은 부산대학교 한국민족문화연구소 HK교수이다. 부산대학교 정치학 박사이며, 지역정치 전공이다. 문화정치, 공간정치, 공공성 등의 키워드를 중심으로 로컬리티의 의미와 가능성에 대해 연구하고 있다. 최근의 논문으로는, 「초국가시대 시티즌십의 재구성과 로컬 시티즌십」(2013), 「디아스포라적 공간으로서의 오사카 코리안타운의 로컬리티」(2012) 등이 있다.